Sapiens
De animales a dioses

Sapiens
De animales a dioses

Breve historia de la humanidad

YUVAL NOAH HARARI

**Traducción de
Joandomènec Ros**

Papel certificado por el Forest Stewardship Council®

Título original: *Sapiens. From Animals into Gods: A Brief History of Humankind*

Octava edición: noviembre de 2016
Vigésima reimpresión: noviembre de 2019

© 2013, Yuval Noah Harari
© 2015, Penguin Random House Grupo Editorial, S. A. U.
Travessera de Gràcia, 47-49. 08021 Barcelona
© 2014, Joandomènec Ros i Aragonès, por la traducción

Printed in Spain – Impreso en España

ISBN: 978-84-9992-622-3
Depósito legal: B-21.586-2015

Compuesto en Fotocomposición 2000, S. A.
Impreso en Black Print CPI Ibérica (Barcelona)

C926223

Penguin
Random House
Grupo Editorial

En recuerdo cariñoso de mi padre, Shlomo Harari

Índice

Parte IV
La revolución científica

La línea temporal de la historia

Años antes del presente

13. 800 millones	Aparecen la materia y la energía. Inicio de la física. Aparecen los átomos y las moléculas. Inicio de la química.
4.500 millones	Formación del planeta Tierra.
3.800 millones	Aparición de los organismos. Inicio de la biología.
6 millones	Última abuela común de humanos y chimpancés.
2,5 millones	Los humanos evolucionan en África. Primeros utensilios líticos.
2 millones	Los humanos se extienden desde África a Eurasia. Evolución de las diferentes especies humanas.
500.000	Los neandertales aparecen por evolución en Europa y Oriente Próximo.
300.000	Uso cotidiano del fuego.
200.000	Aparición de *Homo sapiens* por evolución en África oriental.
70.000	La revolución cognitiva. Aparición de lenguaje ficticio. Inicio de la historia. Los sapiens se extienden fuera de África.
45.000	Los sapiens colonizan Australia. Extinción de la megafauna australiana.
30.000	Extinción de los neandertales.
16.000	Los sapiens colonizan América. Extinción de la megafauna americana.

13.000	Extinción de *Homo floresiensis*. *Homo sapiens* es la única especie humana superviviente.
12.000	La revolución agrícola. Domesticación de plantas y animales. Asentamientos permanentes.
5.000	Primeros reinos, escritura y dinero. Religiones politeístas.
4.250	Primer imperio: el Imperio acadio de Sargón.
2.500	Invención de la acuñación: dinero universal. El Imperio persa; un orden político universal «para beneficio de todos los humanos». Budismo en la India: una verdad universal «para liberar del sufrimiento a todos los seres».
2.000	Imperio Han en China. Imperio romano en el Mediterráneo. Cristianismo.
1.400	Islam.
500	La revolución científica. La humanidad admite su ignorancia y empieza a adquirir un poder sin precedentes. Los europeos empiezan a conquistar América y los océanos. Todo el planeta se convierte en una única liza histórica. Auge del capitalismo.
200	La revolución industrial. Familia y comunidad son sustituidas por Estado y mercado. Extinción masiva de plantas y animales.
El presente	Los humanos trascienden los límites del planeta Tierra. Las armas nucleares amenazan la supervivencia de la humanidad. Los organismos son cada vez más modelados por el diseño inteligente que por la selección natural.
El futuro	¿El diseño inteligente se convierte en el principio básico de la vida? ¿Primeros seres vivos no orgánicos? ¿Los humanos ascienden a dioses?

Parte I

La revolución cognitiva

FIGURA 1. Impresión de una mano efectuada hace unos 30.000 años, en la pared de la cueva de Chauvet-Pont-d'Arc, en el sur de Francia. Tal vez alguien intentó decir «¡Yo estuve aquí!».

1

Un animal sin importancia

Hace unos 14.000 millones de años, materia, energía, tiempo y espacio tuvieron su origen en lo que se conoce como el big bang. El relato de estas características fundamentales de nuestro universo se llama física.

Unos 300.000 años después de su aparición, materia y energía empezaron a conglutinarse en estructuras complejas, llamadas átomos, que después se combinaron en moléculas. El relato de los átomos, las moléculas y sus interacciones se llama química.

Hace unos 4.000 millones de años, en un planeta llamado Tierra, determinadas moléculas se combinaron para formar estructuras particularmente grandes e intrincadas llamadas organismos. El relato de los organismos se llama biología.

Hace unos 70.000 años, organismos pertenecientes a la especie *Homo sapiens* empezaron a formar estructuras todavía más complejas llamadas culturas. El desarrollo subsiguiente de estas culturas humanas se llama historia.

Tres revoluciones importantes conformaron el curso de la historia: la revolución cognitiva marcó el inicio de la historia hace unos 70.000 años. La revolución agrícola la aceleró hace unos 12.000 años. La revolución científica, que se puso en marcha hace solo 500 años, bien pudiera poner fin a la historia e iniciar algo completamente diferente. Este libro cuenta el relato de cómo estas tres revoluciones afectaron a los humanos y a los organismos que los acompañan.

Hubo humanos mucho antes de que hubiera historia. Animales muy parecidos a los humanos modernos aparecieron por primera vez hace unos 2,5 millones de años. Pero durante innumerables generaciones no destacaron de entre la miríada de otros organismos con los que compartían sus hábitats.

En una excursión por África oriental hace dos millones de años, bien pudiéramos haber encontrado un reparto familiar de personajes humanos: madres ansiosas que acariciarían a sus bebés y grupos de niños despreocupados que jugarían en el fango; adolescentes temperamentales que se enfadarían ante los dictados de la sociedad, y ancianos cansados que solo querrían que se les dejara en paz; machos que se golpearían el pecho intentando impresionar a la belleza local, y matriarcas sabias y viejas que ya lo habrían visto todo. Estos humanos arcaicos amaban, jugaban, formaban amistades íntimas y competían por el rango social y el poder... pero también lo hacían los chimpancés, los papiones y los elefantes. No había nada de especial en ellos. Nadie, y mucho menos los propios humanos, tenían ningún atisbo de que sus descendientes caminarían un día sobre la Luna, dividirían el átomo, desentrañarían el código genético y escribirían libros de historia. Lo más importante que hay que saber acerca de los humanos prehistóricos es que eran animales insignificantes que no ejercían más impacto sobre su ambiente que los gorilas, las luciérnagas o las medusas.

Los biólogos clasifican a los organismos en especies. Se dice que unos animales pertenecen a la misma especie si tienden a aparearse entre sí, dando origen a descendientes fértiles. Caballos y asnos tienen un antepasado común reciente y comparten muchos rasgos físicos, pero muestran muy poco interés sexual mutuo. Se aparean si se les induce a hacerlo; sin embargo, sus descendientes, llamados mulas y burdéganos, son estériles. Por ello, las mutaciones en el ADN de asno nunca pasarán al caballo, o viceversa. En consecuencia, se considera que los dos tipos de animales son dos especies distintas, que se desplazan a lo largo de rutas evolutivas separadas. En cambio, un bulldog y un spaniel pueden tener un aspecto muy diferente, pero son miembros de la misma especie y comparten el mismo acervo de ADN. Se aparearán fácilmente, y sus cachorros crecerán y se aparearán con otros perros y engendrarán más cachorros.

Las especies que evolucionaron a partir de un ancestro común se agrupan bajo la denominación de «género». Leones, tigres, leopardos y

UN ANIMAL SIN IMPORTANCIA

jaguares son especies diferentes dentro del género *Panthera*. Los biólogos denominan a los organismos con un nombre latino en dos partes, el género seguido de la especie. Los leones, por ejemplo, se llaman *Panthera leo*, la especie *leo* del género *Panthera*. Presumiblemente, todo el que lea este libro es un *Homo sapiens*: la especie *sapiens* (sabio) del género *Homo* (hombre).

Los géneros, a su vez, se agrupan en familias, como las de los gatos (leones, guepardos, gatos domésticos), los perros (lobos, zorros, chacales) y los elefantes (elefantes, mamuts, mastodontes). Todos los miembros de una familia remontan su linaje hasta una matriarca o un patriarca fundadores. Todos los gatos, por ejemplo, desde el minino doméstico más pequeño hasta el león más feroz, comparten un antepasado felino común que vivió hace unos 25 millones de años.

También *Homo sapiens* pertenece a una familia. Este hecho banal ha sido uno de los secretos más bien guardados de la historia. Durante mucho tiempo, *Homo sapiens* prefirió considerarse separado de los animales, un huérfano carente de familia, sin hermanos ni primos y, más importante todavía, sin padres. Pero esto no es así. Nos guste o no, somos miembros de una familia grande y particularmente ruidosa: la de los grandes simios. Nuestros parientes vivos más próximos incluyen a los chimpancés, los gorilas y los orangutanes. Los chimpancés son los más próximos. Hace exactamente 6 millones de años, una única hembra de simio tuvo dos hijas. Una se convirtió en el ancestro de todos los chimpancés, la otra es nuestra propia abuela.

Esqueletos en el armario

Homo sapiens ha mantenido escondido un secreto todavía más inquietante. No solo poseemos una abundancia de primos incivilizados; hubo un tiempo en que tuvimos asimismo unos cuantos hermanos y hermanas. Estamos acostumbrados a pensar en nosotros como la única especie humana que hay, porque durante los últimos 10.000 años nuestra especie ha sido, efectivamente, la única especie humana de estos pagos. Pero el significado real de la palabra humano es «un animal que pertenece al género *Homo*», y hubo otras muchas especies de este género además de

Homo sapiens. Por otra parte, como veremos en el último capítulo del libro, quizá en el futuro no muy distante tendremos que habérnoslas de nuevo con humanos no *sapiens*. A fin de aclarar este punto, usaré a menudo el término «sapiens» para denotar a los miembros de la especie *Homo sapiens*, mientras que reservaré el término «humano» para referirme a todos los miembros actuales del género *Homo*.

Los humanos evolucionaron por primera vez en África oriental hace unos 2,5 millones de años, a partir de un género anterior de simios llamado *Australopithecus*, que significa «simio austral». Hace unos dos millones de años, algunos de estos hombres y mujeres arcaicos dejaron su tierra natal para desplazarse a través de extensas áreas del norte de África, Europa y Asia e instalarse en ellas. Puesto que la supervivencia en los bosques nevados de Europa septentrional requería rasgos diferentes que los necesarios para permanecer vivo en las vaporosas junglas de Indonesia, las poblaciones humanas evolucionaron en direcciones diferentes. El resultado fueron varias especies distintas, a cada una de las cuales los científicos han asignado un pomposo nombre en latín.

Los humanos en Europa y Asia occidental evolucionaron en *Homo neanderthalensis* («hombre del valle del Neander»), a los que de manera popular se hace referencia simplemente como «neandertales». Los neandertales, más corpulentos y musculosos que nosotros, sapiens, estaban bien adaptados al clima frío de la Eurasia occidental de la época de las glaciaciones. Las regiones más orientales de Asia estaban pobladas por *Homo erectus*, «hombre erguido», que sobrevivió allí durante cerca de dos millones de años, lo que hace de ella la especie humana más duradera de todas. Es improbable que este récord sea batido incluso por nuestra propia especie. Es dudoso que *Homo sapiens* esté aquí todavía dentro de 1.000 años, de manera que dos millones de años quedan realmente fuera de nuestras posibilidades.

En la isla de Java, en Indonesia, vivió *Homo soloensis*, «el hombre del valle del Solo», que estaba adaptado a la vida en los trópicos. En otra isla indonesia, la pequeña isla de Flores, los humanos arcaicos experimentaron un proceso de nanismo. Los humanos llegaron por primera vez a Flores cuando el nivel del mar era excepcionalmente bajo y la isla era fácilmente accesible desde el continente. Cuando el nivel del mar subió de nuevo, algunas personas quedaron atrapadas en la isla, que era pobre en recursos. Las personas grandes, que necesitan mucha comida, fueron las primeras en morir. Los individuos más pequeños sobrevivieron mucho mejor. A lo largo de generaciones, las gentes de Flores se convirtieron en enanos. Los individuos de esta especie única, que los científicos conocen como *Homo floresiensis*, alcanzaban una altura máxima de solo un metro, y no pesaban más de 25 kilogramos. No obstante, eran capaces de producir utensilios de piedra, e incluso ocasionalmente consiguieron capturar a algunos de los elefantes de la isla (aunque, para ser justos, los elefantes eran asimismo una especie enana).

En 2010, otro hermano perdido fue rescatado del olvido cuando unos científicos que excavaban en la cueva Denisova, en Siberia, descubrieron un hueso del dedo fósil. El análisis genético demostró que el dedo pertenecía a una especie previamente desconocida, que fue bautizada como *Homo denisova*. Quién sabe cuántos otros parientes nuestros perdidos esperan a ser descubiertos en otras cuevas, en otras islas y en otros climas. Mientras estos humanos evolucionaban en Europa y Asia, la evolución en África oriental no se detuvo. La cuna de la humanidad continuó formando numerosas especies nuevas, como *Homo rudolfensis*, «hombre del lago Rodolfo», *Homo ergaster*, «hombre trabajador», y finalmente nuestra propia especie, a la que de manera inmodesta bautizamos como *Homo sapiens*, «hombre sabio».

Los miembros de algunas de estas especies eran grandes y otros eran enanos. Algunos eran cazadores temibles y otros apacibles recolectores de plantas. Algunos vivieron solo en una única isla, mientras que muchos vagaban por continentes enteros. Pero todos pertenecían al género *Homo*. Todos eran seres humanos (véase la figura 2).

Es una falacia común considerar que estas especies se disponen en una línea de descendencia directa: *H. ergaster* engendró a *H. erectus*, este a los neandertales, y los neandertales evolucionaron y dieron origen a nosotros. Este modelo lineal da la impresión equivocada de que en cualquier momento dado solo un tipo de humano habitaba en la Tierra, y que todas las especies anteriores eran simplemente modelos más antiguos de nosotros. Lo cierto es que desde hace unos 2 millones de años hasta hace aproximadamente 10.000 años, el mundo fue el hogar, a la vez, de varias especies humanas. ¿Y por qué no? En la actualidad hay muchas especies de osos: pardos, negros, grizzli, polares. La Tierra de

FIGURA 2. Nuestros hermanos, según reconstrucciones especulativas. De izquierda a derecha: *Homo rudolfensis* (África oriental); *Homo erectus* (Asia oriental), y *Homo neanderthalensis* (Europa y Asia occidental). Todos son humanos.

hace cien milenios fue hollada por al menos seis especies diferentes de hombres. Es nuestra exclusividad actual, y no este pasado multiespecífico, lo que es peculiar... y quizá incriminador. Como veremos en breve, los sapiens tenemos buenas razones para reprimir el recuerdo de nuestros hermanos.

EL COSTE DE PENSAR

A pesar de sus muchas diferencias, todas las especies humanas comparten varias características distintivas. La más notable es que los humanos tienen un cerebro extraordinariamente grande en comparación con el de otros animales. Los mamíferos que pesan 60 kilogramos tienen en promedio un cerebro de 200 centímetros cúbicos. Los primeros hombres y mujeres, de hace 2,5 millones de años, tenían un cerebro de unos 600 centímetros cúbicos. Los sapiens modernos lucen un cerebro que tiene en promedio 1.200-1.400 centímetros cúbicos. El cerebro de los neandertales era aún mayor.

El hecho de que la evolución seleccionara a favor de cerebros mayores nos puede parecer, digamos, algo obvio. Estamos tan prendados de nuestra elevada inteligencia que asumimos que cuando se trata de potencia cerebral, más tiene que ser mejor. Pero si este fuera el caso, la familia de los felinos también habría engendrado gatos que podrían hacer cálculos. ¿Por qué es el género *Homo* el único de todo el reino animal que ha aparecido con estas enormes máquinas de pensar?

El hecho es que un cerebro colosal es un desgaste colosal en el cuerpo. No es fácil moverlo por ahí, en especial cuando está encerrado en un cráneo enorme. Es incluso más difícil de aprovisionar. En *Homo sapiens*, el cerebro supone el 2-3 por ciento del peso corporal total, pero consume el 25 por ciento de la energía corporal cuando el cuerpo está en reposo. En comparación, el cerebro de otros simios requiere solo el 8 por ciento de la energía en los momentos de reposo. Los humanos arcaicos pagaron por su gran cerebro de dos maneras. En primer lugar, pasaban más tiempo en busca de comida. En segundo lugar, sus músculos se atrofiaron. Al igual que un gobierno que reduce el presupuesto de defensa para aumentar el de educación, los humanos desviaron energía desde los bíceps a las neuronas. No es en absoluto una conclusión inevitable que esto sea una buena estrategia para sobrevivir en la sabana. Un chimpancé no puede ganar a *Homo sapiens* en una discusión, pero el simio puede despedazar al hombre como si fuera una muñeca de trapo.

Hoy en día nuestro gran cerebro nos compensa magníficamente, porque podemos producir automóviles y fusiles que nos permiten desplazarnos mucho más deprisa que los chimpancés y dispararles desde una distancia segura en lugar de pelear con ellos. Pero coches y armas son un fenómeno reciente. Durante más de dos millones de años, las redes neuronales humanas no cesaron de crecer, aunque dejando aparte algunos cuchillos de pedernal y palos aguzados, los humanos tenían muy poca cosa que mostrar. ¿Qué fue entonces lo que impulsó la evolución del enorme cerebro humano durante estos dos millones de años? Francamente, no lo sabemos.

Otro rasgo humano singular es que andamos erectos sobre dos piernas. Al ponerse de pie es más fácil examinar la sabana en busca de presas o de enemigos, y los brazos que son innecesarios para la locomoción quedan libres para otros propósitos, como lanzar piedras o hacer señales. Cuantas más cosas podían hacer con las manos, más éxito tenían sus dueños, de modo que la presión evolutiva produjo una concentración creciente de nervios y de músculos finamente ajustados en las palmas y los dedos. Como resultado, los humanos pueden realizar tareas muy intrincadas con las manos. En particular, puede producir y usar utensilios sofisticados. Los primeros indicios de producción de utensilios datan de hace unos 2,5 millones de años, y la fabricación y uso de útiles son los criterios por los que los arqueólogos reconocen a los humanos antiguos.

Pero andar erguido tiene su lado negativo. El esqueleto de nuestros antepasados primates se desarrolló durante millones de años para sostener a un animal que andaba a cuatro patas y tenía una cabeza relativamente pequeña. Adaptarse a una posición erguida era todo un reto, especialmente cuando el andamiaje tenía que soportar un cráneo muy grande. La humanidad pagó por su visión descollante y por sus manos industriosas con dolores de espalda y tortícolis.

Las mujeres pagaron más. Una andadura erecta requería caderas más estrechas, lo que redujo el canal del parto, y ello precisamente cuando la cabeza de los bebés se estaba haciendo cada vez mayor. La muerte en el parto se convirtió en un riesgo importante para las hembras humanas. A las mujeres que parían antes, cuando el cerebro y la cabeza del niño eran todavía relativamente pequeños y flexibles, les fue mejor y vivieron para tener más hijos. Por consiguiente, la selección natural favoreció los nacimientos más tempranos. Y, en efecto, en comparación con otros animales, los humanos nacen prematuramente, cuando muchos de sus sistemas vitales están todavía subdesarrollados. Un potro puede trotar poco después de nacer; un gatito se separa de la madre para ir a buscar comida por su cuenta cuando tiene apenas unas pocas semanas de vida. Los bebés humanos son desvalidos, y dependientes durante muchos años para su sustento, protección y educación.

Este hecho ha contribuido enormemente tanto a las extraordinarias capacidades sociales de la humanidad como a sus problemas sociales únicos. Las madres solitarias apenas podían conseguir suficiente comida para su prole y para ellas al llevar consigo niños necesitados. Criar a los niños requería la ayuda constante de otros miembros de la familia y los vecinos. Para criar a un humano hace falta una tribu. Así, la evolución favoreció a los que eran capaces de crear lazos sociales fuertes. Además, y puesto que los humanos nacen subdesarrollados, pueden ser educados

y socializados en una medida mucho mayor que cualquier otro animal. La mayoría de los mamíferos surgen del seno materno como los cacharros de alfarería vidriada salen del horno de cochura: cualquier intento de moldearlos de nuevo los romperá. Los humanos salen del seno materno como el vidrio fundido sale del horno. Pueden ser retorcidos, estirados y modelados con un sorprendente grado de libertad. Esta es la razón por la que en la actualidad podemos educar a nuestros hijos para que se conviertan en cristianos o budistas, capitalistas o socialistas, belicosos o pacifistas.

Suponemos que un cerebro grande, el uso de utensilios, capacidades de aprendizaje superiores y estructuras sociales complejas son ventajas enormes. Resulta evidente que estas hicieron del ser humano el animal más poderoso de la Tierra. Pero los humanos gozaron de todas estas ventajas a lo largo de dos millones de años, durante los cuales siguieron siendo criaturas débiles y marginales. Así, los humanos que vivieron hace un millón de años, a pesar de su gran cerebro y de sus utensilios líticos aguzados, vivían con un temor constante a los depredadores, raramente cazaban caza mayor, y subsistían principalmente mediante la recolección de plantas, la captura de insectos, la caza al acecho de pequeños animales y comiendo la carroña que dejaban otros carnívoros más poderosos.

Uno de los usos más comunes de los primeros utensilios de piedra fue el de romper huesos con el fin de llegar a la médula. Algunos investigadores creen que este fue nuestro nicho original. De la misma manera que los picos carpinteros se especializan en extraer insectos de los troncos de los árboles, los primeros humanos se especializaron en extraer el tuétano de los huesos. ¿Por qué la médula? Bueno, supongamos que observamos a una manada de leones abatir y devorar una jirafa. Esperamos pacientemente hasta que han terminado. Pero todavía no es nuestro turno, porque primero las hienas y después los chacales (y no nos atrevemos a interferir con ellos) aprovechan lo que queda. Solo entonces nosotros y nuestra banda nos atrevemos a acercarnos al cadáver, miramos cautelosamente a derecha e izquierda, y después nos dedicamos al único tejido comestible que queda.

Esto es fundamental para comprender nuestra historia y nuestra psicología. La posición del género *Homo* en la cadena alimentaria estuvo, hasta fecha muy reciente, firmemente en el medio. Durante millones de años, los humanos cazaban animales más pequeños y recolectaban lo que podían, al tiempo que eran cazados por los depredadores mayores. Fue solo hace 400.000 años cuando las diversas especies de hombre empezaron a cazar presas grandes de manera regular, y solo en los últimos 100.000 años (con el auge de *Homo sapiens*) saltó el hombre a la cima de la cadena alimentaria.

Este salto espectacular desde la zona media a la cima tuvo consecuencias enormes. Otros animales de la cumbre de la pirámide, como leones y tiburones, evolucionaron hasta alcanzar tal posición de manera muy gradual, a lo largo de millones de años. Esto permitió que el ecosistema desarrollara frenos y equilibrios que impedían que los leones y los tiburones causaran excesivos destrozos. A medida que los leones se hacían más mortíferos, las gacelas evolucionaron para correr más deprisa, las hienas para cooperar mejor y los rinocerontes para tener más mal genio. En cambio, la humanidad alcanzó tan rápidamente la cima que el ecosistema no tuvo tiempo de adecuarse. Además, tampoco los humanos consiguieron adaptarse. La mayoría de los depredadores culminales del planeta son animales majestuosos. Millones de años de dominio los han henchido de confianza en sí mismos. Sapiens, en cambio, es más como el dictador de una república bananera. Al haber sido hasta hace muy poco uno de los desvalidos de la sabana, estamos llenos de miedos y ansiedades acerca de nuestra posición, lo que nos hace doblemente crueles y peligrosos. Muchas calamidades históricas, desde guerras mortíferas hasta catástrofes ecológicas, han sido consecuencia de este salto demasiado apresurado.

UNA RAZA DE COCINEROS

Un paso importante en el camino hasta la cumbre fue la domesticación del fuego. Algunas especies humanas pudieron haber hecho uso ocasional del fuego muy pronto, hace 800.000 años. Hace unos 300.000 años, *Homo erectus*, los neandertales y *Homo sapiens* usaban el fuego de

manera cotidiana. Ahora los humanos tenían una fuente fiable de luz y calor, y un arma mortífera contra los leones que rondaban a la busca de presas. No mucho después, los humanos pudieron haber empezado deliberadamente a incendiar sus inmediaciones. Un fuego cuidadosamente controlado podía convertir espesuras intransitables e improductivas en praderas prístinas con abundante caza. Además, una vez que el fuego se extinguía, los emprendedores de la Edad de Piedra podían caminar entre los restos humeantes y recolectar animales, nueces y tubérculos quemados.

Pero lo mejor que hizo el fuego fue cocinar. Alimentos que los humanos no pueden digerir en su forma natural (como el trigo, el arroz y las patatas) se convirtieron en elementos esenciales de nuestra dieta gracias a la cocción. El fuego no solo cambió la química de los alimentos, cambió asimismo su biología. La cocción mataba gérmenes y parásitos que infestaban los alimentos. A los humanos también les resultaba más fácil masticar y digerir antiguos platos favoritos como frutas, nueces, insectos y carroña si estaban cocinados. Mientras que los chimpancés invierten cinco horas diarias en masticar alimentos crudos, una única hora basta para la gente que come alimentos cocinados.

El advenimiento de la cocción permitió que los humanos comieran más tipos de alimentos, que dedicaran menos tiempo a comer, y que se las ingeniaron con dientes más pequeños y un intestino más corto. Algunos expertos creen que hay una relación directa entre el advenimiento de la cocción, el acortamiento del tracto intestinal humano y el crecimiento del cerebro humano. Puesto que tanto un intestino largo como un cerebro grande son extraordinarios consumidores de energía, es difícil tener ambas cosas. Al acortar el intestino y reducir su consumo de energía, la cocción abrió accidentalmente el camino para el enorme cerebro de neandertales y sapiens.[1]

El fuego abrió también la primera brecha importante entre el hombre y los demás animales. El poder de casi todos los animales depende de su cuerpo: la fuerza de sus músculos, el tamaño de sus dientes, la envergadura de sus alas. Aunque pueden domeñar vientos y corrientes, son incapaces de controlar estas fuerzas naturales, y siempre están limitados por su diseño físico. Las águilas, por ejemplo, identifican las columnas de corrientes térmicas que se elevan del suelo, extienden sus alas gigantescas y permiten que el aire caliente las eleve hacia arriba. Pero las águilas no pueden controlar la localización de las columnas, y su capacidad de carga máxima es estrictamente proporcional a su envergadura alar.

Cuando los humanos domesticaron el fuego, consiguieron el control de una fuerza obediente y potencialmente ilimitada. A diferencia de las águilas, los humanos podían elegir cuándo y dónde prender una llama, y fueron capaces de explotar el fuego para gran número de tareas. Y más importante todavía, el poder del fuego no estaba limitado por la forma, la estructura o la fuerza del cuerpo humano. Una única mujer con un pedernal o con una tea podía quemar todo un bosque en cuestión de horas. La domesticación del fuego fue una señal de lo que habría de venir.

GUARDIANES DE NUESTROS HERMANOS

A pesar de los beneficios del fuego, hace 150.000 años los humanos eran todavía criaturas marginales. Ahora podían asustar a los leones, caldearse durante las noches frías e incendiar algún bosque. Pero considerando todas las especies juntas, aun así no había más que quizá un millón de humanos que vivían entre el archipiélago Indonesio y la península Ibérica, un mero eco en el radar ecológico.

Nuestra propia especie, *Homo sapiens*, ya estaba presente en el escenario mundial, pero hasta entonces se ocupaba únicamente de sus asuntos en un rincón de África. No sabemos con exactitud dónde ni cuándo animales que pueden clasificarse como *Homo sapiens* evolucionaron por primera vez a partir de algún tipo anterior de humanos, pero la mayoría de los científicos están de acuerdo en que, hace 150.000 años, África oriental estaba poblada por sapiens que tenían un aspecto igual al nuestro. Si uno de ellos apareciera en una morgue moderna, el patólogo local no advertiría nada peculiar. Gracias a la bendición del fuego tenían dientes y mandíbulas más pequeños que sus antepasados, a la vez que tenían un cerebro enorme, igual en tamaño al nuestro.

Los científicos también coinciden en que hace unos 70.000 años sapiens procedentes de África oriental se extendieron por la península

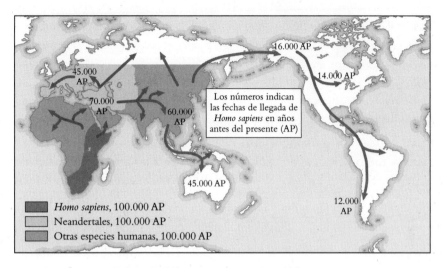

Los números indican las fechas de llegada de *Homo sapiens* en años antes del presente (AP)

■ *Homo sapiens*, 100.000 AP
□ Neandertales, 100.000 AP
▨ Otras especies humanas, 100.000 AP

MAPA 1. *Homo sapiens* conquista el planeta.

Arábiga y, desde allí, invadieron rápidamente todo el continente euroasiático (véase el mapa 1).

Cuando *Homo sapiens* llegó a Arabia, la mayor parte de Eurasia ya estaba colonizada por otros humanos. ¿Qué les ocurrió? Existen dos teorías contradictorias. La «teoría del entrecruzamiento» cuenta una historia de atracción, sexo y mezcla. A medida que los inmigrantes africanos se extendían por todo el mundo, se reprodujeron con otras poblaciones humanas, y las personas actuales son el resultado de ese entrecruzamiento.

Por ejemplo, cuando los sapiens alcanzaron Oriente Próximo y Europa, encontraron a los neandertales. Estos humanos eran más musculosos que los sapiens, poseían un cerebro mayor y estaban mejor adaptados a los climas fríos. Empleaban utensilios y fuego, eran buenos cazadores y aparentemente cuidaban de sus enfermos y débiles. (Los arqueólogos han descubierto huesos de neandertales que vivieron durante muchos años con impedimentos físicos graves, que son prueba de que eran cuidados por sus parientes.) A menudo se ilustra en las caricaturas a los neandertales como la «gente de las cuevas», arquetípicamente bestiales y estúpidos, pero pruebas recientes han cambiado su imagen (véase la figura 3).

FIGURA 3. Una reconstrucción especulativa de un niño neandertal. Las pruebas genéticas indican que al menos algunos neandertales pudieron haber tenido la piel y el pelo claros.

Según la teoría del entrecruzamiento, cuando los sapiens se extendieron por las tierras de los neandertales, los sapiens se reprodujeron con los neandertales hasta que las dos poblaciones se fusionaron. Si este fuera el caso, entonces los euroasiáticos de la actualidad no son sapiens puros. Son una mezcla de sapiens y neandertales. De manera parecida, cuando los sapiens alcanzaron Asia oriental, se entrecruzaron con los erectus locales, de manera que chinos y coreanos son una mezcla de sapiens y erectus.

La hipótesis opuesta, la llamada «teoría de la sustitución», cuenta una historia muy distinta: una historia de incompatibilidad, aversión y quizá incluso genocidio. Según esta teoría, los sapiens y los otros humanos tenían anatomías diferentes, y muy probablemente hábitos de apareamiento e incluso olores corporales diferentes. Habrían tenido escaso interés sexual los unos hacia los otros. E incluso si un Romeo neandertal y una Julieta sapiens se enamoraron, no pudieron procrear hijos fértiles, porque la brecha genética que separaba las dos poblaciones ya era insalvable. Las dos poblaciones permanecieron completamente distintas, y cuando los neandertales se extinguieron, o fueron exterminados, sus genes murieron con ellos. De acuerdo con esta teoría, los sapiens sustituyeron a todas las poblaciones humanas anteriores sin mezclarse con ellas. Si este fuera el caso, los linajes de todos los humanos contemporáneos pueden remontarse, exclusivamente, a África oriental, hace 70.000 años. Todos somos «sapiens puros».

Muchas cosas dependen de este debate. Desde una perspectiva evolutiva, 70.000 años es un intervalo relativamente corto. Si la teoría de la sustitución es correcta, todos los humanos actuales tienen aproximadamente el mismo equipaje genético, y las distinciones raciales entre ellos son insignificantes. Pero si la teoría del entrecruzamiento es cierta, bien pudiera haber diferencias genéticas entre africanos, europeos y asiáticos que se remonten a cientos de miles de años. Esto es dinamita política, que podría proporcionar material para teorías raciales explosivas.

En las últimas décadas, la teoría de la sustitución ha sido la que ha tenido más aceptación en la disciplina. Tenía el respaldo arqueológico más firme y era más políticamente correcta (los científicos no tenían ningún deseo de abrir la caja de Pandora del racismo al afirmar que entre las poblaciones humanas modernas había una diversidad genética significativa). Pero esto se acabó en 2010, cuando se publicaron los resultados de un estudio que duró cuatro años para cartografiar el genoma de los neandertales. Los genetistas habían podido reunir el suficiente ADN intacto de neandertales a partir de fósiles para efectuar una comparación general entre este y el ADN de humanos contemporáneos. Los resultados sorprendieron a la comunidad científica.

Resultó que entre el 1 y el 4 por ciento del ADN humano único de poblaciones modernas de Oriente Próximo y Europa es ADN de neandertal. No es un porcentaje muy grande, pero es importante. Una segunda sorpresa llegó varios meses después, cuando se mapeó el ADN extraído del dedo fosilizado de Denisova. Los resultados demostraron que hasta el 6 por ciento del ADN humano único de los melanesios y aborígenes australianos modernos es ADN denisovano.

Si estos resultados son válidos (y es importante tener en cuenta que se están realizando más investigaciones, que pueden reforzar o modificar estas conclusiones), los partidarios del entrecruzamiento acertaron al menos en algunas cosas. Pero esto no significa que la teoría de la sustitución sea totalmente errónea. Puesto que neandertales y denisovanos contribuyeron solo con una pequeña cantidad de ADN a nuestro genoma actual, es imposible hablar de una fusión entre los sapiens y otras especies humanas. Aunque las diferencias entre ellos no eran suficientemente grandes para impedir por completo la cópula fértil, lo eran lo bastante para hacer que tales contactos fueran muy raros.

Así pues, ¿cómo hemos de entender el parentesco biológico entre los sapiens, neandertales y denisovanos? Es obvio que no se trataba de especies completamente diferentes, como los caballos y los asnos. Por otra parte, no se trataba simplemente de poblaciones diferentes de la misma especie, como bulldogs y spaniels. La realidad biológica no es blanca y negra. Existen asimismo importantes áreas grises. Cada dos especies que evolucionaron a partir de un antepasado común, como caballos y asnos, fueron en algún momento dos poblaciones de la misma especie, como los bulldogs y los spaniels. Tuvo que haber existido un momento en el que las dos poblaciones ya eran muy distintas entre sí, pero que todavía eran capaces, en raras ocasiones, de tener sexo y procrear descendientes fértiles. Después, otra mutación cercenó este último hilo que las conectaba, y siguieron sus caminos evolutivos separados.

Parece que hace unos 50.000 años, sapiens, neandertales y denisovanos se hallaban en este punto limítrofe. Eran casi especies completamente separadas, pero no del todo. Como veremos en el capítulo siguiente, los sapiens ya eran muy diferentes de los neandertales y denisovanos no solo en su código genético y en sus rasgos físicos, sino también en sus capacidades cognitivas y sociales, pero parece que todavía era posible, en raras ocasiones, que un sapiens y un neandertal procrearan un hijo fértil. De manera que las poblaciones no se mezclaron, pero unos pocos genes neandertales afortunados sí que consiguieron un pasaje en el Expreso Sapiens. Es inquietante (y quizá emocionante) pensar que nosotros, sapiens, pudimos en una época haber tenido sexo con un animal de una especie diferente, y pudimos haber engendrado hijos juntos.

Pero si los neandertales, los denisovanos y otras especies humanas no se fusionaron con los sapiens, ¿por qué desaparecieron? Una posibilidad es que *Homo sapiens* los empujara hacia la extinción. Imagine el lector una banda de sapiens que llega a un valle de los Balcanes en el que han vivido neandertales durante cientos de miles de años. Los recién llegados empezaron a cazar los ciervos y a recolectar las nueces y bayas que eran los alimentos básicos de los neandertales. Tal como veremos en el capítulo siguiente, los sapiens eran cazadores y recolectores más diestros (gracias a una mejor tecnología y a habilidades sociales superiores), de manera que se multiplicaron y se expandieron. Los neandertales, menos ingeniosos, encontraron cada vez más dificultades para procurarse alimento. Su población se redujo y se extinguieron lentamente, excepto quizá por uno o dos miembros que se unieron a sus vecinos sapiens.

Otra posibilidad es que la competencia por los recursos derivara en violencia y genocidio. La tolerancia no es una marca de fábrica de los sapiens. En tiempos modernos, pequeñas diferencias en el color de la piel, el dialecto o la religión han sido suficientes para animar a un grupo de sapiens a que se dispusiera a exterminar a otro grupo. ¿Habrían sido los antiguos sapiens más tolerantes hacia una especie humana completamente diferente? Bien pudiera ser que cuando los sapiens se toparon con los neandertales el resultado fuera la primera y más importante campaña de limpieza étnica de la historia.

Ocurriera como ocurriese, los neandertales (y las demás especies humanas) plantean uno de los grandes interrogantes de la historia. Imagine el lector cómo podrían haber ido las cosas si los neandertales o los denisovanos hubieran sobrevivido junto con *Homo sapiens*. ¿Qué tipo de culturas, sociedades y estructuras políticas habrían surgido en un mundo en el que coexistían varias especies humanas diferentes? Por ejemplo, ¿cómo se habrían desplegado las distintas creencias religiosas? ¿Habría declarado el libro del Génesis que los neandertales descendían de Adán y Eva, habría muerto Jesús por los pecados de los denisovanos, y habría reservado el Corán moradas celestiales para todos los humanos virtuosos, fuere cual fuese su especie? ¿Habrían podido servir los neandertales en las legiones romanas, o en la extensa burocracia de la China imperial? ¿Acaso la Declaración de Independencia de Estados Unidos habría sostenido como una verdad evidente que todos los miembros del género *Homo* son creados iguales? ¿Habría animado Karl Marx a los trabajadores de todas las especies a que se unieran?

Durante los últimos 10.000 años, *Homo sapiens* se ha acostumbrado tanto a ser la única especie humana que es difícil para nosotros concebir ninguna otra posibilidad. Nuestra carencia de hermanos y hermanas hace que nos resulte más fácil imaginar que somos el epítome de la creación, y que una enorme brecha nos separa del resto del reino animal. Cuando Charles Darwin indicó que *Homo sapiens* era solo otra especie animal, sus coetáneos se sintieron ofendidos. Incluso en la actualidad muchas personas rehúsan creerlo. Si los neandertales hubieran sobrevivido, ¿nos imaginaríamos todavía que somos una criatura diferente? Quizá esta sea exactamente la razón por la que nuestros antepasados eliminaron a los neandertales. Eran demasiado familiares para ignorarlos, pero demasiado diferentes para tolerarlos.

Tengan de ello la culpa los sapiens o no, tan pronto como llegaban a una nueva localidad, la población nativa se extinguía. Los últimos restos de *Homo soloensis* datan de hace unos 50.000 años. *Homo denisova* desapareció poco después. Los neandertales hicieron lo propio hace unos 30.000 años. Los últimos humanos enanos desaparecieron de la isla de Flores hace aproximadamente 12.000 años. Dejaron algunos huesos, utensilios líticos, unos pocos genes en nuestro ADN y un montón de preguntas sin respuesta. También nos dejaron a nosotros, *Homo sapiens*, la última especie humana.

¿Cuál fue el secreto del éxito de los sapiens? ¿Cómo conseguimos establecernos tan rápidamente en tantos hábitats tan distantes y ecológicamente tan diferentes? ¿Qué hicimos para empujar a las demás especies humanas a caer en el olvido? ¿Por qué ni siquiera los neandertales, con un cerebro grande, fuertes y a prueba de frío, sobrevivieron a nuestra embestida? El debate continúa abierto. La respuesta más probable es lo mismo que hace posible el debate: *Homo sapiens* conquistó el mundo gracias, por encima de todo, a su lenguaje único.

2
El árbol del saber

En el capítulo anterior hemos visto que aunque los sapiens ya habían poblado África oriental hace 150.000 años, no empezaron a invadir el resto del planeta Tierra y a llevar a la extinción a las otras especies humanas hasta hace solo unos 70.000 años. En los milenios intermedios, aunque estos sapiens arcaicos tenían nuestro mismo aspecto y su cerebro era tan grande como el nuestro, no gozaron de ninguna ventaja notable sobre las demás especies humanas, no produjeron utensilios particularmente elaborados y no lograron ninguna otra hazaña especial.

De hecho, en el primer encuentro registrado entre sapiens y neandertales, ganaron los neandertales. Hace unos 100.000 años, algún grupo de sapiens emigró al norte, al Levante, que era territorio neandertal, pero no consiguió establecer una posición firme. Pudo deberse a los nativos belicosos, a un clima inclemente o a parásitos locales extraños. Fuera cual fuese la razón, los sapiens acabaron por retirarse, dejando a los neandertales como dueños de Oriente Próximo.

Este número escaso de logros ha hecho que los expertos especulen que la estructura interna del cerebro de estos sapiens probablemente era diferente de la nuestra. Tenían nuestro mismo aspecto, pero sus capacidades cognitivas (aprendizaje, memoria, comunicación) eran mucho más limitadas. Enseñar a estos sapiens antiguos español, persuadirlos de la verdad del dogma cristiano o conseguir que comprendieran la teoría de la evolución habría sido probablemente una empresa imposible. Y al revés: nosotros habríamos tenido muchas dificultades en aprender su sistema de comunicación y su manera de pensar.

Pero entonces, a partir de hace aproximadamente 70.000 años, *Homo sapiens* empezó a hacer cosas muy especiales. Alrededor de esta fecha,

FIGURA 4. Una figurita de marfil de mamut de un «hombre león» (o de una «mujer leona»), de la cueva de Stadel en Alemania (hace unos 32.000 años). El cuerpo es humano, pero la cabeza es leonina. Este es uno de los primeros ejemplos indiscutibles de arte, y probablemente de religión, así como de la capacidad de la mente humana de imaginar cosas que no existen realmente.

bandas de sapiens abandonaron África en una segunda oleada. Esta vez expulsaron a los neandertales y a todas las demás especies humanas no solo de Oriente Próximo, sino de la faz de la Tierra. En un período notablemente reducido, los sapiens llegaron a Europa y a Asia oriental. Hace unos 45.000 años, de alguna manera cruzaron el mar abierto y desembarcaron en Australia, un continente que hasta entonces no había sido hollado por los humanos. El período comprendido entre hace unos 70.000 y unos 30.000 años fue testigo de la invención de barcas, lámparas de aceite, arcos y flechas y agujas (esenciales para coser vestidos cálidos). Los primeros objetos que pueden calificarse con seguridad de arte y joyería proceden de esta época, como ocurre con las primeras pruebas incontrovertibles de religión, comercio y estratificación social (véase la figura 4).

La mayoría de los investigadores creen que estos logros sin precedentes fueron el producto de una revolución en las capacidades cognitivas de los sapiens. Sostienen que las gentes que llevaron a los neandertales a la extinción, colonizaron Australia y cincelaron el hombre león de Stadel eran tan inteligentes, creativos y sensibles como nosotros. Si nos encontráramos con los artistas de la cueva de Stadel, podríamos aprender su lenguaje y ellos el nuestro. Podríamos explicarles todo lo que sabemos, desde las aventuras de Alicia en el país de las maravillas hasta las paradojas de la física cuántica, y ellos podrían enseñarnos de qué manera veían el mundo.

La aparición de nuevas maneras de pensar y comunicarse, hace entre 70.000 y 30.000 años, constituye la revolución cognitiva. ¿Qué la causó? No estamos seguros. La teoría más ampliamente compartida aduce que mutaciones genéticas accidentales cambiaron las conexiones internas del cerebro de los sapiens, lo que les permitió pensar de maneras sin precedentes y comunicarse utilizando un tipo de lenguaje totalmente nuevo. Podemos llamarla la mutación del árbol del saber. ¿Por qué tuvo lugar en el ADN de los sapiens y no en el de los neandertales? Fue algo totalmente aleatorio, hasta donde podemos decir. Pero es más importante comprender las consecuencias de la mutación del árbol del saber que sus causas. ¿Qué es lo que tenía de tan especial el nuevo lenguaje de los sapiens que nos permitió conquistar el mundo?*

No era el primer sistema de comunicación. Cada animal sabe comunicarse. Incluso los insectos, como las abejas y las hormigas, saben cómo informarse unos a otros de la localización del alimento. Tampoco era el primer sistema de comunicación vocal. Muchos animales, entre ellos todas las especies de monos y simios, emplean señales vocales. Por ejemplo, los monos verdes emplean llamadas de varios tipos para advertirse unos a otros del peligro. Los zoólogos han distinguido una llamada que significa: «¡Cuidado! ¡Un águila!». Otra algo diferente advierte: «¡Cuidado! ¡Un león!». Cuando los investigadores reprodujeron una grabación de la primera llamada a un grupo de monos, estos dejaron lo que estaban haciendo y miraron hacia arriba espantados. Cuando el mismo grupo escuchó una grabación de la segunda llamada, el aviso del león, rápidamente treparon a un árbol. Los sapiens pueden producir muchos

---

* Aquí y en las páginas que siguen, cuando hablo acerca del lenguaje de los sapiens, me refiero a las capacidades lingüísticas básicas de nuestra especie, y no a un dialecto concreto. El inglés, el hindi y el chino son todos variantes del lenguaje de los sapiens. Aparentemente, incluso en la época de la revolución cognitiva, diferentes grupos de sapiens tenían diferentes dialectos.

más sonidos distintos que los monos verdes, pero ballenas y elefantes poseen capacidades igualmente impresionantes. Un loro puede decir todo lo que Albert Einstein pudiera decir, y además imitar los sonidos de teléfonos que suenan, puertas que se cierran de golpe y sirenas que aúllan. Cualquiera que fuera la ventaja que Einstein tenía sobre un loro, no era vocal. ¿Qué es, pues, lo que tiene de tan especial nuestro lenguaje?

La respuesta más común es que nuestro lenguaje es asombrosamente flexible. Podemos combinar un número limitado de sonidos y señales para producir un número infinito de frases, cada una con un significado distinto. Por ello podemos absorber, almacenar y comunicar una cantidad de información prodigiosa acerca del mundo que nos rodea. Un mono verde puede gritar a sus camaradas: «¡Cuidado! ¡Un león!». Pero una humana moderna puede decirles a sus compañeras que esta mañana, cerca del recodo del río, ha visto un león que seguía a un rebaño de bisontes. Después puede describir la localización exacta, incluidas las diferentes sendas que conducen al lugar. Con esta información, los miembros de su cuadrilla pueden deliberar y discutir si deben acercarse al río con el fin de ahuyentar al león y cazar a los bisontes.

Una segunda teoría plantea que nuestro lenguaje único evolucionó como un medio de compartir información sobre el mundo. Pero la información más importante que era necesaria transmitir era acerca de los humanos, no acerca de los leones y los bisontes. Nuestro lenguaje evolucionó como una variante de chismorreo. Según esta teoría, *Homo sapiens* es ante todo un animal social. La cooperación social es nuestra clave para la supervivencia y la reproducción. No basta con que algunos hombres y mujeres sepan el paradero de los leones y los bisontes. Para ellos es mucho más importante saber quién de su tropilla odia a quién, quién duerme con quién, quién es honesto y quién es un tramposo.

La cantidad de información que se debe obtener y almacenar con el fin de seguir las relaciones siempre cambiantes de unas pocas decenas de individuos es apabullante. (En una cuadrilla de 50 individuos, hay 1.225 relaciones de uno a uno, e incontables combinaciones sociales complejas más.) Todos los simios muestran un fuerte interés por esta información social, pero tienen dificultades en chismorrear de manera efectiva. Probablemente, los neandertales y los *Homo sapiens* arcaicos también tenían dificultades para hablar unos a espaldas de los otros, una capacidad muy perniciosa que en realidad es esencial para la cooperación en gran número. Las nuevas capacidades lingüísticas que los sapiens modernos adquirieron hace unos 70.000 años les permitieron chismorrear durante horas. La información fiable acerca de en quién se podía confiar significaba que las cuadrillas pequeñas podían expandirse en cuadrillas mayores, y los sapiens pudieron desarrollar tipos de cooperación más estrecha y refinada.[1]

La teoría del chismorreo puede parecer una broma, pero hay numerosos estudios que la respaldan. Incluso hoy en día la inmensa mayoría de la comunicación humana (ya sea en forma de mensajes de correo electrónico, de llamadas telefónicas o de columnas de periódicos) es chismorreo. Es algo que nos resulta tan natural que parece como si nuestro lenguaje hubiera evolucionado para este único propósito. ¿Acaso cree el lector que los profesores de historia charlan sobre las razones de la Primera Guerra Mundial cuando se reúnen para almorzar, o que los físicos nucleares pasan las pausas para el café de los congresos científicos hablando de los quarks? A veces. Pero, con más frecuencia, hablan de la profesora que pilló a su marido mientras la engañaba, o de la pugna entre el jefe del departamento y el decano, o de los rumores según los cuales un colega utilizó sus fondos de investigación para comprarse un Lexus. El chismorreo se suele centrar en fechorías. Los chismosos son el cuarto poder original, periodistas que informan a la sociedad y de esta manera la protegen de tramposos y gorrones.

Lo más probable es que tanto la teoría del chismorreo como la teoría de «hay un león junto al río» sean válidas. Pero la característica realmente única de nuestro lenguaje no es la capacidad de transmitir información sobre los hombres y los leones. Más bien es la capacidad de transmitir información acerca de cosas que no existen en absoluto. Hasta donde sabemos, solo los sapiens pueden hablar acerca de tipos enteros de entidades que nunca han visto, ni tocado ni olido.

Leyendas, mitos, dioses y religiones aparecieron por primera vez con la revolución cognitiva. Muchos animales y especies humanas podían decir previamente «¡Cuidado! ¡Un león!». Gracias a la revolución cognitiva, *Homo sapiens* adquirió la capacidad de decir: «El león es el espíritu guardián de nuestra tribu». Esta capacidad de hablar sobre ficciones es la característica más singular del lenguaje de los sapiens.

Es relativamente fácil ponerse de acuerdo en que solo *Homo sapiens* puede hablar sobre cosas que no existen realmente, y creerse seis cosas imposibles antes del desayuno. En cambio, nunca convenceremos a un mono para que nos dé un plátano con la promesa de que después de morir tendrá un número ilimitado de bananas a su disposición en el cielo de los monos. Pero ¿por qué es eso importante? Después de todo, la ficción puede ser peligrosamente engañosa o perturbadora. A simple vista, podría parecer que la gente que va al bosque en busca de hadas y unicornios tendría menos probabilidades de supervivencia que la que va en busca de setas y ciervos. Y si uno se pasa horas rezando a espíritus guardianes inexistentes, ¿no está perdiendo un tiempo precioso, un tiempo que invertiría mejor buscando comida, luchando o fornicando?

Pero la ficción nos ha permitido no solo imaginar cosas, sino hacerlo colectivamente. Podemos urdir mitos comunes tales como la historia bíblica de la creación, los mitos del tiempo del sueño de los aborígenes australianos, y los mitos nacionalistas de los estados modernos. Dichos mitos confirieron a los sapiens la capacidad sin precedentes de cooperar flexiblemente en gran número. Las hormigas y las abejas también pueden trabajar juntas en gran número, pero lo hacen de una manera muy rígida y solo con parientes muy cercanos. Los lobos y los chimpancés cooperan de manera mucho más flexible que las hormigas, pero solo pueden hacerlo con un pequeño número de individuos que conocen íntimamente. Los sapiens pueden cooperar de maneras extremadamente flexibles con un número incontable de extraños. Esta es la razón por la que los sapiens dominan el mundo, mientras que las hormigas se comen nuestras sobras y los chimpancés están encerrados en zoológicos y laboratorios de investigación.

LA LEYENDA DE PEUGEOT

Nuestros primos chimpancés suelen vivir en pequeñas tropillas de varias decenas de individuos. Forman amistades estrechas, cazan juntos y luchan codo con codo contra papiones, guepardos y chimpancés enemigos. Su estructura social tiende a ser jerárquica. El miembro dominante, que casi siempre es un macho, se llama «macho alfa». Otros machos y hembras muestran su sumisión al macho alfa inclinándose ante él al tiempo que emiten gruñidos, de manera no muy distinta a los súbditos humanos que se arrodillan y hacen reverencias ante un rey. El macho alfa se esfuerza para mantener la armonía social dentro de su tropilla. Cuando dos individuos luchan, interviene y detiene la violencia. De forma menos benevolente, puede monopolizar los manjares particularmente codiciados e impedir que los machos de categoría inferior se apareen con las hembras.

Cuando dos machos se disputan la posición alfa, suelen hacerlo formando extensas coaliciones de partidarios, tanto machos como hembras, en el seno del grupo. Los lazos entre los miembros de la coalición se basan en el contacto íntimo diario: se abrazan, se tocan, se besan, se acicalan y se hacen favores mutuos. De la misma manera que los políticos humanos en las campañas electorales van por ahí estrechando manos y besando a niños, también los aspirantes a la posición suprema en un grupo de chimpancés pasan mucho tiempo abrazando, dando golpecitos a la espalda y besando a los bebés chimpancés. Por lo general, el macho alfa gana su posición no porque sea más fuerte físicamente, sino porque lidera una coalición grande y estable. Estas coaliciones desempeñan un papel central no solo durante las luchas abiertas para la posición alfa, sino en casi todas las actividades cotidianas. Los miembros de una coalición pasan más tiempo juntos, comparten comida y se ayudan unos a otros en tiempos de dificultades.

Hay límites claros al tamaño de los grupos que pueden formarse y mantenerse de esta manera. Para que funcionen, todos los miembros de un grupo han de conocerse entre sí íntimamente. Dos chimpancés que nunca se han visto, que nunca han luchado y nunca se han dedicado a acicalarse mutuamente, no sabrán si pueden confiar el uno en el otro, si valdrá la pena que uno ayude al otro y cuál de ellos se halla en una posición jerárquica más elevada. En condiciones naturales, una tropilla de chimpancés consta de unos 20-50 individuos. Cuando el número de chimpancés en una tropilla aumenta, el orden social se desestabiliza, lo que finalmente lleva a una ruptura y a la formación de una nueva tropilla por parte de algunos de los animales. Solo en contadas ocasiones los zoólogos han observado grupos de más de 100 individuos. Los grupos separados rara vez cooperan, y tienden a competir por el territorio y el alimento. Los investigadores han documentado contiendas prolongadas entre grupos, e incluso un caso de «genocidio» en el que una tropilla masacró sistemáticamente a la mayoría de los miembros de una banda vecina.[2]

Probablemente, patrones similares dominaron la vida social de los primeros humanos, entre ellos los *Homo sapiens* arcaicos. Los humanos, como los chimpancés, tienen instintos sociales que permitieron a nuestros antepasados formar amistades y jerarquías, y cazar o luchar juntos. Sin embargo, como los instintos sociales de los chimpancés, los de los humanos estaban adaptados solo a grupos pequeños e íntimos. Cuando el grupo se hacía demasiado grande, su orden social se desestabilizaba y la banda se dividía. Aun en el caso de que un valle particularmente fértil pudiera alimentar a 500 sapiens arcaicos, no había manera de que tantos extraños pudieran vivir juntos. ¿Cómo podían ponerse de acuerdo en quién sería el líder, quién debería cazar aquí, o quién debería aparearse con quién?

Como consecuencia de la revolución cognitiva, el chismorreo ayudó a *Homo sapiens* a formar bandas mayores y más estables. Pero incluso el chismorreo tiene sus límites. La investigación sociológica ha demostrado que el máximo tamaño «natural» de un grupo unido por el chismorreo es de unos 150 individuos. La mayoría de las personas no pueden conocer íntimamente a más de 150 seres humanos, ni chismorrear efectivamente con ellos.

En la actualidad, un umbral crítico en las organizaciones humanas se encuentra en algún punto alrededor de este número mágico. Por debajo de dicho umbral, comunidades, negocios, redes sociales y unidades militares pueden mantenerse basándose principalmente en el conocimiento íntimo y en la actividad de los chismosos. No hay necesidad de rangos formales, títulos ni libros de leyes para mantener el orden.[3] Un pelotón de 30 soldados, e incluso una compañía de 100 soldados, pueden funcionar bien sobre la base de unas relaciones íntimas, con un mínimo de disciplina formal. Un sargento muy respetado puede convertirse en el «rey de la compañía» y ejercer su autoridad incluso sobre los oficiales de grado. Un pequeño negocio familiar puede subsistir y medrar sin una junta directiva, un director ejecutivo o un departamento de contabilidad.

Pero una vez que se cruza el umbral de los 150 individuos, las cosas ya no pueden funcionar de esta manera. No se puede hacer funcionar una división con miles de soldados de la misma manera que un pelotón. Los negocios familiares de éxito suelen entrar en crisis cuando crecen y emplean a más personal. Si no se pueden reinventar, van a la quiebra.

¿Cómo consiguió *Homo sapiens* cruzar este umbral crítico, y acabar fundando ciudades que contenían decenas de miles de habitantes e imperios que gobernaban a cientos de millones de personas? El secreto fue seguramente la aparición de la ficción. Un gran número de extraños pueden cooperar con éxito si creen en mitos comunes.

Cualquier cooperación humana a gran escala (ya sea un Estado moderno, una iglesia medieval, una ciudad antigua o una tribu arcaica) está establecida sobre mitos comunes que solo existen en la imaginación colectiva de la gente. Las iglesias se basan en mitos religiosos comunes. Dos católicos que no se conozcan de nada pueden, no obstante, participar juntos en una cruzada o aportar fondos para construir un hospital, porque ambos creen que Dios se hizo carne humana y accedió a ser crucificado para redimir nuestros pecados. Los estados se fundamentan en mitos nacionales comunes. Dos serbios que nunca se hayan visto antes pueden arriesgar su vida para salvar el uno al otro porque ambos creen en la existencia de la nación serbia, en la patria serbia y en la bandera serbia. Los sistemas judiciales se sostienen sobre mitos legales comunes. Sin embargo, dos abogados que no se conocen de nada pueden combinar sus esfuerzos para defender a un completo extraño porque todos creen en la existencia de leyes, justicia, derechos humanos... y en el dinero que se desembolsa en sus honorarios.

Y, no obstante, ninguna de estas cosas existe fuera de los relatos que la gente se inventa y se cuentan unos a otros. No hay dioses en el universo, no hay naciones, no hay dinero, ni derechos humanos, ni leyes, ni justicia fuera de la imaginación común de los seres humanos.

La gente reconoce fácilmente que las «tribus primitivas» cimenten su orden social mediante creencias en fantasmas y espíritus, y que se reúnan cada luna llena para bailar juntos alrededor de una hoguera. Lo que no conseguimos apreciar es que nuestras instituciones modernas funcionan exactamente sobre la misma base. Tomemos por ejemplo el mundo de las compañías de negocios. Los hombres y las mujeres de negocios y los abogados modernos son, en realidad, poderosos hechiceros. La principal diferencia entre ellos y los chamanes tribales es que los abogados modernos cuentan relatos mucho más extraños. La leyenda de Peugeot nos proporciona un buen ejemplo.

Un icono que se parece algo al hombre león de Stadel aparece hoy en día en automóviles, camiones y motocicletas desde París a Sidney. Es el ornamento del capó que adorna los vehículos fabricados por Peugeot, uno de los más antiguos y mayores fabricantes de automóviles de Europa. Peugeot empezó como un pequeño negocio familiar en el pueblo de Valentigney, a solo 300 kilómetros de la cueva de Stadel. En la actualidad, la compañía da trabajo a 200.000 personas en todo el mundo, la mayoría de las cuales son completamente extrañas para las demás. Dichos extraños cooperan de manera tan efectiva que en 2008 Peugeot produjo más de 1,5 millones de automóviles, que le reportaron unos beneficios de alrededor de 55.000 millones de euros (véase la figura 5).

¿En qué sentido podemos decir que Peugeot S.A. (el nombre oficial de la compañía) existe? Hay muchos vehículos Peugeot, pero es evidente que estos no son la compañía. Incluso si todos los Peugeot del mundo se redujeran a chatarra y se vendieran como metal desguazado, Peugeot S.A. no desaparecería. Continuaría fabricando nuevos automóviles y produciendo su informe anual. La compañía es propietaria de fábricas, maquinaria y salas de exhibición y emplea a mecánicos, contables y secretarias, pero todos ellos juntos no abarcan Peugeot. Un desastre podría matar a todos y cada uno de los empleados de Peugeot, y seguir destruyendo todas sus cadenas de montaje y sus despachos ejecutivos. Incluso entonces, la compañía podría pedir dinero prestado, contratar a nuevos empleados, construir nuevas fábricas y comprar nueva maquinaria. Peugeot tiene gerentes y accionistas, pero tampoco ellos constituyen la compañía. Se podría despedir a todos los gerentes y vender todas sus acciones, pero la compañía permanecería intacta.

Esto no significa que Peugeot S.A. sea invulnerable o inmortal. Si un juez ordenara la disolución de la compañía, sus fábricas seguirían en pie y sus trabajadores, contables, gerentes y accionistas continuarían viviendo; pero Peugeot S.A. desaparecería inmediatamente. En resumen:

FIGURA 5. El león de Peugeot.

Peugeot S.A. parece no tener ninguna conexión real con el mundo físico. ¿Existe realmente?

Peugeot es una invención de nuestra imaginación colectiva. Los abogados llaman a eso «ficción legal». No puede ser señalada; no es un objeto físico. Pero existe como entidad legal. Igual que el lector o yo, está obligada por las leyes de los países en los que opera. Puede abrir una cuenta bancaria y tener propiedades. Paga impuestos, y puede ser demandada e incluso procesada separadamente de cualquiera de las personas que son sus propietarias o que trabajan para ella.

Peugeot pertenece a un género particular de ficciones legales llamado «compañías de responsabilidad limitada». La idea que hay detrás de estas compañías es una de las invenciones más ingeniosas de la humanidad. *Homo sapiens* vivió durante incontables milenios sin ellas. Durante la mayor parte de la historia documentada solo podían tener propiedades los humanos de carne y hueso, del tipo que andaba sobre dos piernas y tenía un cerebro grande. Si en la Francia del siglo XIII Jean establecía un taller de construcción de carros, él mismo era el negocio. Si uno de los carros que construía se estropeaba una semana después de haber sido comprado, el comprador descontento habría demandado personalmente a Jean. Si Jean hubiera pedido prestadas 1.000 monedas de oro para establecer su taller y el negocio quebrara, habría tenido que devolver el préstamo vendiendo su propiedad privada: su casa, su vaca, su tierra. Incluso podría haberse visto obligado a vender a sus hijos en vasallaje. Si no podía cubrir la deuda, podría haber sido encarcelado por el Estado o esclavizado por sus acreedores. Era completamente responsable, sin límites, de todas las obligaciones en las que su taller hubiera incurrido.

Si el lector hubiera vivido en esa época, probablemente se lo habría pensado dos veces antes de abrir un negocio propio. Y, en efecto, esta situación legal desanimaba a los emprendedores. A la gente le asustaba iniciar nuevos negocios y asumir riesgos económicos. No parecía que valiera la pena correr el riesgo de que sus familias terminaran en la completa indigencia.

Esta es la razón por la que la gente empezó a imaginar colectivamente la existencia de compañías de responsabilidad limitada. Tales compañías eran legalmente independientes de las personas que las fundaban, o de las que invertían dinero en ellas, o de las que las dirigían. A lo largo de los últimos siglos, tales compañías se han convertido en los principales actores de la escena económica, y nos hemos acostumbrado tanto a ellas que olvidamos que solo existen en nuestra imaginación. En Estados Unidos, el término técnico para una compañía de responsabilidad limitada es «corporación», lo que resulta irónico, porque el término deriva del latín *corpus* («cuerpo»), lo único de lo que carecen dichas corporaciones. A pesar de no tener cuerpos legales, el sistema legal estadounidense trata las corporaciones como personas legales, como si fueran seres humanos de carne y hueso.

Y lo mismo hizo el sistema legal francés en 1896, cuando Armand Peugeot, que había heredado de sus padres un taller de metalistería que fabricaba muelles, sierras y bicicletas, decidió dedicarse al negocio del automóvil. A tal fin, estableció una compañía de responsabilidad limitada y le puso su nombre, aunque esta era independiente de él. Si uno de los coches se estropeaba, el comprador podía llevar a Peugeot a los tribunales, pero no a Armand Peugeot. Si la compañía pedía prestados millones de francos y después quebraba, Armand Peugeot no debería a los acreedores ni un solo franco. Después de todo, el préstamo se había hecho a Peugeot, la compañía, no a Armand Peugeot, el *Homo sapiens*. Armand Peugeot murió en 1915. Peugeot, la compañía, sigue todavía vivita y coleando.

¿Cómo consiguió Armand Peugeot, el hombre, crear Peugeot, la compañía? De manera muy parecida a como sacerdotes y hechiceros han creado dioses y demonios a lo largo de la historia, y a como los *curés* franceses creaban todavía el cuerpo de Cristo, cada domingo, en las iglesias parroquiales. Todo giraba alrededor de contar historias, y de convencer a la gente para que las creyera. En el caso de los *curés* franceses, la narración crucial era la de la vida y muerte de Jesucristo tal como la cuenta la Iglesia católica. Según dicha narración, si el sacerdote católico ataviado con sus vestiduras sagradas pronunciaba las palabras correctas en el momento adecuado, el pan y el vino mundanos se transformaban en la carne y la sangre de Dios. El sacerdote exclamaba «Hoc est corpus meum!» («¡Este es mi cuerpo!»), y, ¡abracadabra!, el pan se convertía en la carne de Cristo. Viendo que el sacerdote había observado de manera adecuada y asiduamente todos los procedimientos, millones de devotos católicos franceses se comportaban como si realmente Dios existiera en el pan y el vino consagrados.

En el caso de Peugeot S.A., la narración crucial era el código legal francés, escrito por el Parlamento francés. Según los legisladores franceses, si un abogado autorizado seguía la liturgia y los rituales adecuados, escribía todos los conjuros y juramentos en un pedazo de papel bellamente decorado, y añadía su adornada rúbrica al final del documento, entonces (¡abracadabra!) se constituía legalmente una nueva compañía. Cuando en 1896 Armand Peugeot quiso crear una compañía, pagó a un abogado para que efectuara todos estos procedimientos. Una vez que el abogado hubo realizado los rituales adecuados y pronunciado los conjuros y juramentos necesarios, millones de honestos ciudadanos franceses se comportaron como si la compañía Peugeot existiera realmente.

Contar relatos efectivos no es fácil. La dificultad no estriba en contarlos, sino en convencer a todos y cada uno para que se los crean. Gran parte de la historia gira alrededor de esta cuestión: ¿cómo convence uno a millones de personas para que crean determinadas historias sobre dioses, o naciones, o compañías de responsabilidad limitada? Pero cuando esto tiene éxito, confiere un poder inmenso a los sapiens, porque permite a millones de extraños cooperar y trabajar hacia objetivos comunes. Piense el lector lo difícil que habría sido crear estados, o iglesias, o sistemas legales si solo pudiéramos hablar de cosas que realmente existen, como los ríos, árboles y leones.

En el transcurso de los años, la gente ha urdido una compleja red de narraciones. Dentro de dicha red, ficciones como Peugeot no solo existen, sino que acumulan un poder inmenso. Los tipos de cosas que la gente crea a través de esta red de narraciones son conocidos en los círculos académicos como «ficciones», «constructos sociales» o «realidades imaginadas». Una realidad imaginada no es una mentira. Yo miento cuando digo que hay un león cerca del río y sé perfectamente bien que allí no hay ningún león. No hay nada especial acerca de las mentiras. Los monos verdes y los chimpancés mienten. Por ejemplo, se ha observado a un mono verde emitiendo la llamada «¡Cuidado! ¡Un león!» cuando no había ningún león por las inmediaciones. Esta alarma asustó convenientemente e hizo huir al otro mono que acababa de encontrar un plátano, lo que dejó solo al mentiroso, que pudo robar el premio para sí.

A diferencia de la mentira, una realidad imaginada es algo en lo que todos creen y, mientras esta creencia comunal persista, la realidad imaginada ejerce una gran fuerza en el mundo. El escultor de la cueva de Stadel pudo haber creído sinceramente en la existencia del espíritu guardián del hombre león. Algunos hechiceros son charlatanes, pero la mayoría de ellos creen sinceramente en la existencia de dioses y demonios. La mayoría de los millonarios creen sinceramente en la existencia del dinero y de las compañías de responsabilidad limitada. La mayoría de los activistas de los derechos humanos creen sinceramente en la existencia de los derechos humanos. Nadie mentía cuando, en 2011, la ONU exigió que el gobierno libio respetara los derechos humanos de sus ciudadanos, aunque la ONU, Libia y los derechos humanos son invenciones de nuestra fértil imaginación.

Así, desde la revolución cognitiva, los sapiens han vivido en una realidad dual. Por un lado, la realidad objetiva de los ríos, los árboles y los leones; y por el otro, la realidad imaginada de los dioses, las naciones y las corporaciones. A medida que pasaba el tiempo, la realidad imaginada se hizo cada vez más poderosa, de modo que en la actualidad la supervivencia de ríos, árboles y leones depende de la gracia de entidades imaginadas tales como dioses, naciones y corporaciones.

PASANDO POR ALTO EL GENOMA

La capacidad de crear una realidad imaginada a partir de palabras permitió que un gran número de extraños cooperaran de manera efectiva. Pero también hizo algo más. Puesto que la cooperación humana a gran escala se basa en mitos, la manera en que la gente puede cooperar puede ser alterada si se cambian los mitos contando narraciones diferentes. En las circunstancias apropiadas, los mitos pueden cambiar rápidamente. En 1789, la población francesa pasó, casi de la noche a la mañana, de creer en el mito del derecho divino de los reyes a creer en el mito de la soberanía del pueblo. En consecuencia, desde la revolución cognitiva *Homo sapiens* ha podido revisar rápidamente su comportamiento de acuerdo con las necesidades cambiantes. Esto abrió una vía rápida de evolución cultural, que evitaba los embotellamientos de tránsito de la evolución genética. Acelerando a lo largo de esta vía rápida, *Homo sapiens* pronto dejó atrás a todas las demás especies humanas y animales en su capacidad de cooperar.

El comportamiento de otros animales sociales está determinado en gran medida por sus genes. El ADN no es un autócrata. El comportamiento animal está asimismo influido por factores ambientales y peculiaridades individuales. No obstante, en un mismo ambiente los animales de la misma especie tienden a comportarse de manera similar. Los cambios importantes en el comportamiento social no pueden darse en general sin mutaciones genéticas. Por ejemplo, los chimpancés comunes tienen una tendencia genética a vivir en grupos jerárquicos encabezados por un macho alfa. Una especie de chimpancés estrechamente emparentada, los bonobos, viven por lo general en grupos más igualitarios dominados por alianzas entre hembras. Las hembras de chimpancé común no pueden tomar lecciones de sus parientas bonobos y organizar una revolución feminista. Los machos de chimpancé no pueden reunirse en una asamblea constituyente para abolir el cargo de macho alfa y declarar que a partir de ahora todos los chimpancés tendrán que ser tratados como iguales. Estos cambios espectaculares de comportamiento solo se darían si algo cambiara en el ADN de los chimpancés.

Por razones similares, los humanos arcaicos no iniciaron ninguna revolución. Hasta donde podemos decir, los cambios en los patrones sociales, la invención de nuevas tecnologías y la colonización de hábitats extraños resultaron de mutaciones genéticas y de presiones ambientales más que de iniciativas culturales. Esta es la razón por la que a los humanos les llevó cientos de miles de años dar estos pasos. Hace dos millones de años, unas mutaciones genéticas dieron como resultado la aparición de una nueva especie humana llamada *Homo erectus*. Su surgimiento estuvo acompañado del desarrollo de una nueva tecnología de los utensilios líticos, que ahora se reconoce como un rasgo que define a esta especie. Mientras *Homo erectus* no experimentó más alteraciones genéticas, sus útiles de piedra continuaron siendo aproximadamente los mismos... ¡durante cerca de dos millones de años!

En contraste, y ya desde la revolución cognitiva, los sapiens han sido capaces de cambiar rápidamente su comportamiento y de transmitir nuevos comportamientos a las generaciones futuras sin necesidad de cambio genético o ambiental. A título de ejemplo, basta considerar la repetida aparición de élites sin hijos, como el sacerdocio católico, las órdenes monásticas budistas y las burocracias de eunucos chinas. La existencia de dichas élites va contra los principios más fundamentales de la selección natural, ya que estos miembros dominantes de la sociedad aceptan de buen grado renunciar a la procreación. Mientras que los machos alfa de los chimpancés utilizan su poder para tener relaciones sexuales con tantas hembras como sea posible (y en consecuencia son los padres de una gran proporción de los jóvenes de la tropilla), el macho alfa que es el sacerdote católico se abstiene completamente del acto sexual y del cuidado de los hijos. Esta abstinencia no resulta de condiciones ambientales únicas como una carencia severa de alimentos o la falta de parejas potenciales, ni es el resultado de alguna mutación genética peculiar. La Iglesia católica ha sobrevivido durante siglos, no por transmitir un «gen del celibato» de un Papa al siguiente, sino por transmitir los relatos del Nuevo Testamento y de la Ley canónica católica.

En otras palabras, mientras que los patrones de comportamiento de los humanos arcaicos permanecieron inalterables durante decenas de miles de años, los sapiens pueden transformar sus estructuras sociales, la naturaleza de sus relaciones interpersonales, sus actividades económicas y toda una serie de comportamientos en el decurso de una década o dos. Consideremos el caso de una residente de Berlín que hubiera nacido en 1900 y que hubiera vivido cien años. Habría pasado la infancia en el imperio de

Guillermo II, de los Hohenzollern; sus años adultos en la República de Weimar, el Tercer Reich nazi y la Alemania Oriental comunista; y habría muerto siendo ciudadana de una Alemania democrática y reunificada. Habría conseguido formar parte de cinco sistemas sociopolíticos muy diferentes, aunque su ADN habría seguido siendo exactamente el mismo.

Esta fue la clave del éxito de los sapiens. En una pelea cuerpo a cuerpo, un neandertal probablemente hubiera vencido a un sapiens. Pero en un conflicto de centenares de individuos, los neandertales no tuvieron ninguna oportunidad. Los neandertales podían compartir información acerca del paradero de los leones, pero probablemente no podían contar (ni revisar) relatos acerca de espíritus tribales. Sin una capacidad para componer ficción, los neandertales eran incapaces de cooperar de manera efectiva en gran número, ni pudieron adaptar su comportamiento social a retos rápidamente cambiantes.

Aunque no podemos penetrar en la mente de un neandertal para entender cómo pensaban, tenemos pruebas indirectas de los límites de su cognición en comparación con sus rivales sapiens. Los arqueólogos que excavan localidades sapiens de 30.000 años de antigüedad en el centro de Europa encuentran ocasionalmente conchas de las costas del Mediterráneo y del Atlántico. Con toda probabilidad, estas conchas llegaron al interior del continente a través del comercio a larga distancia entre diferentes bandas de sapiens. Las localidades de neandertales carecen de indicios de un comercio parecido. Cada grupo manufacturaba sus propios utensilios a partir de materiales locales.[4]

Otro ejemplo procede del Pacífico Sur. Bandas de sapiens que vivieron en la isla de Nueva Irlanda, al norte de Nueva Guinea, utilizaron un vidrio volcánico llamado obsidiana para producir utensilios particularmente fuertes y aguzados. Sin embargo, Nueva Irlanda no tiene depósitos naturales de obsidiana. Las pruebas de laboratorio revelaron que la obsidiana que usaron fue transportada desde yacimientos en Nueva Bretaña, una isla situada a 400 kilómetros de distancia. Algunos de los habitantes de dichas islas debieron de ser diestros navegantes que comerciaban de isla en isla a lo largo de grandes distancias.[5]

Quizá parezca que el comercio es una actividad muy pragmática, que no necesita una base ficticia. Pero lo cierto es que no hay otro animal aparte de los sapiens que se dedique al comercio, y todas las redes comerciales de los sapiens se basaban en ficciones. El comercio no puede existir sin la confianza, y es muy difícil confiar en los extraños. La red comercial global de hoy en día se basa en nuestra confianza en entidades ficticias como el dinero, los bancos y las corporaciones. Cuando dos extraños de una sociedad tribal quieren comerciar, establecen un lazo de confianza recurriendo a un dios común, a un ancestro mítico o a un animal totémico. En la sociedad moderna, los billetes de banco suelen mostrar imágenes religiosas, antepasados venerados y tótems corporativos.

Si los sapiens arcaicos que creían en tales ficciones comerciaban con conchas y obsidiana, es razonable pensar que también pudieron haber intercambiado información, creando así una red de conocimientos mucho más densa y amplia que la que servía a los neandertales y a otros humanos arcaicos.

Las técnicas de caza proporcionan otra ilustración de estas diferencias. Por lo general, los neandertales cazaban solos o en pequeños grupos. Los sapiens, en cambio, desarrollaron técnicas que se basaban en la cooperación entre muchas decenas de individuos, e incluso quizá entre bandas diferentes. Un método particularmente efectivo consistía en rodear a todo un rebaño de animales, como caballos salvajes, y después perseguirlos y acorralarlos en un barranco estrecho, donde era fácil sacrificarlos en masa. Si todo funcionaba de acuerdo con lo planeado, las bandas podían conseguir toneladas de carne, grasa y pieles de animales en una sola tarde de esfuerzo colectivo, y o bien consumir esta abundancia de carne en un banquete gigantesco, o bien secarla, ahumarla y congelarla para su consumo posterior. Los arqueólogos han descubierto localidades en las que manadas enteras eran sacrificadas anualmente de esta manera. Hay incluso lugares en los que se erigían vallas y obstáculos con el fin de crear trampas artificiales y terrenos de matanza.

Podemos suponer que a los neandertales no les gustó ver sus terrenos de caza tradicionales transformados en mataderos controlados por los sapiens. Pero si entre las dos especies estallaba la violencia, los neandertales no saldrían mucho mejor parados que los caballos salvajes. Cincuenta neandertales que cooperasen según los estáticos patrones tradicionales no eran rivales dignos para quinientos sapiens versátiles e innovadores. E incluso si los sapiens perdían el primer asalto, pronto podían inventar nuevas estratagemas que les permitieran ganar la próxima vez.

¿QUÉ OCURRIÓ EN LA REVOLUCIÓN COGNITIVA?

Nueva capacidad	*Consecuencias más generales*
La capacidad de transmitir mayores cantidades de información acerca del mundo que rodea a *Homo sapiens*.	Planificar y ejecutar acciones complejas, como evitar a los leones y cazar bisontes.
La capacidad de transmitir mayores cantidades de información acerca de las relaciones sociales de los sapiens.	Grupos mayores y más cohesivos, que llegan a ser de hasta 150 individuos.
La capacidad de transmitir información sobre cosas que no existen realmente, como espíritus tribales, naciones, sociedades anónimas y derechos humanos.	a) Cooperación entre un número muy grande de extraños. b) Innovación rápida del comportamiento social.

HISTORIA Y BIOLOGÍA

La inmensa diversidad de las realidades imaginadas que los sapiens inventaron, y la diversidad resultante de patrones de comportamiento, son los principales componentes de lo que llamamos «culturas». Una vez que aparecieron las culturas, estas no han cesado nunca de cambiar y desarrollarse, y tales alteraciones imparables son lo que denominamos «historia».

La revolución cognitiva es, en consecuencia, el punto en el que la historia declaró su independencia de la biología. Hasta la revolución cognitiva, los actos de todas las especies humanas pertenecían al ámbito de la biología o, si el lector lo prefiere, de la prehistoria (tiendo a evitar el término «prehistoria» porque implica erróneamente que incluso antes de la revolución cognitiva los humanos pertenecían a una categoría propia). A partir de la revolución cognitiva, las narraciones históricas sustituyen a las teorías biológicas como nuestros medios primarios a la hora de explicar el desarrollo de *Homo sapiens*. Para entender la aparición del cristianismo o de la Revolución francesa, no es suficiente comprender la interacción de genes, hormonas y organismos. Es necesario tener en cuenta asimismo la interacción de ideas, imágenes y fantasías.

Esto no quiere decir que *Homo sapiens* y la cultura humana estuvieran exentos de leyes biológicas. Seguimos siendo animales, y nuestras capacidades físicas, emocionales y cognitivas están todavía conformadas por nuestro ADN. Nuestras sociedades están construidas a partir de las mismas piezas fundamentales que las sociedades de los neandertales o los chimpancés, y cuanto más examinamos estas piezas fundamentales (sensaciones, emociones, lazos familiares) menos diferencias encontramos entre nosotros y los demás simios.

Sin embargo, es un error buscar diferencias al nivel del individuo o de la familia. De uno en uno, incluso de diez en diez, somos embarazosamente parecidos a los chimpancés. Las diferencias significativas solo empiezan a aparecer cuando cruzamos el umbral de los 150 individuos, y cuando alcanzamos los 1.000-2.000 individuos, las diferencias son apabullantes. Si intentáramos agrupar miles de chimpancés en la plaza de Tiananmen, en Wall Street, el Vaticano o la sede central de las Naciones Unidas, el resultado sería un pandemonio. Por el contrario, los sapiens se reúnen regularmente a millares en estos lugares. Juntos, crean patrones ordenados (por ejemplo, redes comerciales, celebraciones masivas e instituciones políticas) que nunca hubieran podido crear aislados. La verdadera diferencia entre nosotros y los chimpancés es el pegamento mítico que une a un gran número de individuos, familias y grupos. Este pegamento nos ha convertido en los dueños de la creación.

Desde luego, también necesitamos otras habilidades, como la capacidad de fabricar y usar utensilios. Pero la producción de utensilios tiene pocas consecuencias a menos que esté emparejada con la capacidad de cooperar con muchos otros. ¿Cómo es que en la actualidad tenemos misiles intercontinentales con cabezas nucleares, mientras que hace 30.000 años solo teníamos palos con puntas de lanza de pedernal? Fisiológicamente, no ha habido una mejora importante en nuestra capacidad de producir utensilios a lo largo de los últimos 30.000 años. Albert Einstein era mucho menos diestro con sus manos que un antiguo cazador-recolector. Sin embargo, nuestra capacidad de cooperar con un gran número de extraños ha mejorado de manera espectacular.

La antigua punta de lanza de pedernal era producida en cuestión de minutos por una única persona, que contaba con el consejo y la ayuda de unos pocos amigos íntimos. La producción de una moderna cabeza nuclear requiere la cooperación de millones de extraños en todo el mundo: desde los obreros que extraen el mineral de uranio en las profundidades de la tierra hasta los físicos teóricos que escriben largas fórmulas matemáticas para describir las interacciones de las partículas subatómicas.

Para resumir la relación entre biología e historia después de la revolución cognitiva:

a. La biología establece los parámetros básicos para el comportamiento y las capacidades de *Homo sapiens*. Toda la historia tiene lugar dentro de los límites de esta liza biológica.
b. Sin embargo, esta liza es extraordinariamente grande, lo que permite que los sapiens jueguen a una asombrosa variedad de juegos. Gracias a su capacidad para inventar la ficción, los sapiens crean juegos cada vez más complejos, que cada generación desarrolla y complica todavía más.
c. En consecuencia, para poder comprender de qué manera se comportan los sapiens, hemos de describir la evolución histórica de sus acciones. Referirse únicamente a nuestras limitaciones biológicas sería como si un comentarista de deportes radiofónico, al retransmitir los campeonatos de la Copa del Mundo de Fútbol, ofreciera a sus radioyentes una descripción detallada del campo de juego en lugar de la narración de lo que estuvieran haciendo los jugadores.

¿A qué juegos jugaban nuestros ancestros de la Edad de Piedra en la liza de la historia? Hasta donde sabemos, las gentes que esculpieron el hombre león de Stadel hace unos 30.000 años tenían las mismas capacidades físicas, emocionales e intelectuales que nosotros. ¿Qué hacían cuando se despertaban por la mañana? ¿Qué comían en el desayuno y en el almuerzo? ¿Qué aspecto tenían sus sociedades? ¿Tenían relaciones monógamas y familias nucleares? ¿Poseían ceremonias, códigos morales, torneos deportivos y rituales religiosos? ¿Se enzarzaban en guerras? El capítulo siguiente fisga a hurtadillas tras el telón de los tiempos, y analiza cómo era la vida en los milenios que separan la revolución cognitiva de la revolución agrícola.

3

Un día en la vida de Adán y Eva

Para comprender nuestra naturaleza, historia y psicología, hemos de penetrar en la cabeza de nuestros antepasados cazadores-recolectores. Durante casi la totalidad de la historia de nuestra especie, los sapiens vivieron como recolectores de alimento. Los últimos 200 años, durante los cuales un número cada vez mayor de sapiens han obtenido su pan de cada día como trabajadores urbanos y oficinistas, y los 10.000 años precedentes, durante los cuales la mayoría de los sapiens vivieron como agricultores y ganaderos, son como un parpadeo comparados con las decenas de miles de años durante los cuales nuestros antepasados cazaron y recolectaron.

El campo floreciente de la psicología evolutiva argumenta que muchas de nuestras características sociales y psicológicas actuales se modelaron durante esta larga era preagrícola. Incluso en la actualidad, afirman los expertos de este campo, nuestro cerebro y nuestra mente están adaptados a una vida de caza y recolección. Nuestros hábitos alimentarios, nuestros conflictos y nuestra sexualidad son resultado de la manera en que nuestra mente cazadora-recolectora interactúa con nuestro ambiente postindustrial actual, con sus megaciudades, aviones, teléfonos y ordenadores. Este ambiente nos proporciona más recursos materiales y una vida más larga de los que gozó cualquier generación anterior, pero a veces hace que nos sintamos alienados, deprimidos y presionados. Para comprender el porqué, aducen los psicólogos evolutivos, necesitamos ahondar en el mundo de los cazadores-recolectores que nos modeló, el mundo que, en el subconsciente, todavía habitamos.

¿Por qué razón, si no, la gente se atiborra de comida con un elevado contenido calórico que no le hace ningún bien al cuerpo? Las sociedades ricas actuales están a punto de padecer una plaga de obesidad, que se está extendiendo rápidamente a los países en vías de desarrollo. La razón por la que nos regodeamos en los alimentos más dulces y grasientos que podemos encontrar es un enigma, hasta que consideramos los hábitos alimentarios de nuestros ancestros recolectores. En las sabanas y los bosques en los que habitaban, los dulces con un alto contenido calórico eran muy raros y la comida en general era escasa. Un recolector medio de comida de hace 30.000 años solo tenía acceso a un tipo de alimento dulce: la fruta madura y la miel. Si una mujer de la Edad de Piedra daba con un árbol cargado de higos, la cosa más sensata que podía hacer era comer allí mismo tantos como pudiera, antes de que la tropilla de papiones local dejara el árbol vacío. El instinto de hartarnos de comida de alto contenido calórico está profundamente arraigado en nuestros genes. En la actualidad, a pesar de que vivimos en apartamentos de edificios de muchos pisos y con frigoríficos atestados de comida, nuestro ADN piensa todavía que estamos en la sabana. Esto es lo que nos hace tragarnos una copa grande de helado Ben & Jerry cuando encontramos una en el congelador, y la acompañamos con una Coca-Cola gigante.

Esta teoría del «gen tragón» está ampliamente aceptada. Otras teorías son mucho más discutidas. Por ejemplo, algunos psicólogos evolutivos aducen que las antiguas bandas de humanos que buscaban comida no estaban compuestas de familias nucleares centradas en parejas monógamas. Por el contrario, los recolectores vivían en comunas carentes de propiedad privada, relaciones monógamas e incluso paternidad. En una banda de este tipo, una mujer podía tener relaciones sexuales y formar lazos íntimos con varios hombres (y mujeres) simultáneamente, y todos los adultos de la banda cooperaban en el cuidado de sus hijos. Puesto que ningún hombre sabía a ciencia cierta cuál de los niños era el suyo, los hombres demostraban igual preocupación por todos los jóvenes.

Esta estructura social no es una utopía propia de la era de Acuario. Está bien documentada entre los animales, en especial en nuestros parientes más próximos, los chimpancés y los bonobos. Existen incluso varias culturas humanas actuales en las que se practica la paternidad colectiva, como, por ejemplo, los indios barí. Según las creencias de dichas sociedades, un niño no nace del esperma de un único hombre, sino de la acumulación de esperma en el útero de una mujer. Una buena madre intentará tener relaciones sexuales con varios hombres diferentes, en especial cuando está embarazada, de manera que su hijo goce de las cualidades (y del cuidado paterno) no solo del mejor cazador, sino también del mejor narrador de cuentos, del guerrero más fuerte y del amante más considerado. Si esto parece ridículo, recuerde el lector que hasta el desarrollo de los estudios embriológicos modernos, la gente no disponía de pruebas sólidas de que los bebés son siempre hijos de un único padre y no de muchos.

Los defensores de esta teoría de la «comuna antigua» argumentan que las frecuentes infidelidades que caracterizan a los matrimonios modernos, y las elevadas tasas de divorcio, por no mencionar la cornucopia de complejos psicológicos que padecen tanto niños como adultos, es el resultado de obligar a los humanos a vivir en familias nucleares y relaciones monógamas, que son incompatibles con nuestro equipo lógico biológico.[1]

Muchos estudiosos rechazan de forma vehemente esta teoría, e insisten que tanto la monogamia como la formación de familias nucleares son comportamientos humanos fundamentales. Aunque las antiguas sociedades cazadoras-recolectoras tendían a ser más comunales e igualitarias que las sociedades modernas, aducen estos investigadores, estaban constituidas por células separadas, cada una de las cuales estaba formada por una pareja celosa y los hijos que tenían en común. Esta es la razón de que hoy en día las relaciones monógamas y las familias nucleares sean la norma en la inmensa mayoría de las culturas, de que hombres y mujeres tiendan a ser muy posesivos con su pareja y con sus hijos, y de que incluso en estados modernos como Corea del Norte y Siria la autoridad política pase de padre a hijo.

Con el fin de resolver esta controversia y de entender nuestra sexualidad, nuestra sociedad y nuestra política, necesitamos conocer algo acerca de las condiciones de vida de nuestros antepasados, para examinar de qué manera vivieron los sapiens entre la revolución cognitiva de hace 70.000 años y el inicio de la revolución agrícola hace unos 12.000 años.

Lamentablemente, existen muy pocas certezas en lo que a la vida de nuestros antepasados se refiere. El debate entre las escuelas de la «comuna antigua» y de la «monogamia eterna» se basa en pruebas endebles. Sin duda, carecemos de documentos escritos de la época de nuestros ancestros, y las pruebas arqueológicas consisten principalmente en huesos fosilizados y utensilios líticos. Los artefactos hechos con materiales más perecederos (como madera, bambú o cuero) sobreviven solo en condiciones únicas. La impresión común de que los humanos preagrícolas vivían en una Edad de Piedra es una idea falsa basada en este sesgo arqueológico. Sería más exacto llamar Edad de la Madera a la Edad de Piedra, porque la mayoría de los utensilios utilizados por los antiguos cazadores-recolectores estaban hechos de madera.

Cualquier reconstrucción de la vida de los antiguos cazadores-recolectores a partir de los artefactos que han sobrevivido es muy problemática. Una de las diferencias más notables entre los recolectores antiguos y sus descendientes agrícolas e industriales es que, para empezar, los cazadores-recolectores tenían muy pocos artefactos, y estos desempeñaban un papel comparativamente modesto en su vida. A lo largo de su vida, un individuo medio de una sociedad moderna rica poseerá varios millones de artefactos, desde automóviles y casas hasta pañales desechables y botellas de leche. Apenas hay una actividad, una creencia o incluso una emoción que no estén mediadas por objetos que hemos inventado nosotros mismos. Nuestros hábitos alimentarios están mediados por una colección apabullante de tales objetos, desde cucharas y vasos hasta laboratorios de ingeniería genética y enormes barcos que surcan los mares. En el juego, utilizamos una plétora de juguetes, desde tarjetas de plástico hasta estadios con 100.000 localidades. Nuestras relaciones románticas y sexuales están equipadas con anillos, camas, bonitos vestidos, ropa interior excitante, condones, restaurantes de moda, moteles baratos, vestíbulos de aeropuertos, salones de bodas y compañías de catering. Las religiones aportan lo sagrado a nuestra vida con iglesias góticas, mezquitas musulmanas, ashrams hindúes, rollos de pergaminos de la Torá, molinetes de oraciones tibetanos, casullas sacerdotales, cirios, incienso, árboles de Navidad, bolas de pan ácimo, lápidas e iconos.

No nos damos cuenta de lo ubicuo que es nuestro material hasta que tenemos que transportarlo a una nueva casa. Los cazadores-recolectores cambiaban de casa cada mes, cada semana y a veces incluso cada día, cargando a la espalda todo lo que tenían. No había compañías de mudanzas, carros, ni siquiera animales de carga para compartir la carga. Por consiguiente, tenían que ingeniárselas solo con las posesiones más esenciales. Entonces es razonable suponer que la mayor parte de su vida mental, religiosa y emocional se realizaba sin la ayuda de artefactos. Un arqueólogo que trabajara dentro de 100.000 años podría componer una imagen razonable de las creencias y las prácticas de los musulmanes a partir de la miríada de objetos que desenterraría en las ruinas de una mezquita. Sin embargo, nosotros apenas acertamos a comprender las creencias y los rituales de los antiguos cazadores-recolectores. Es un dilema muy parecido al que se enfrentaría un futuro historiador si tuviera que ilustrar el mundo social de los adolescentes del siglo XXI únicamente sobre la base de lo que sobreviviera de su correo postal, puesto que no quedarán registros de sus conversaciones telefónicas, correos electrónicos, blogs y mensajes de texto.

Así, fiarse de los artefactos sesgará cualquier relato de la vida de los antiguos cazadores-recolectores. Una manera de no incurrir en este error es observar las modernas sociedades de cazadores-recolectores. Estas se pueden estudiar directamente mediante la observación antropológica; pero hay buenas razones para ser muy precavido a la hora de extrapolar conclusiones de las sociedades de cazadores-recolectores modernas a las antiguas.

En primer lugar, todas las sociedades de cazadores-recolectores que han sobrevivido hasta la época moderna han sido influidas por las sociedades agrícolas e industriales modernas. En consecuencia, es arriesgado suponer que lo que es cierto para ellas también lo fue hace decenas de miles de años.

En segundo lugar, las sociedades de cazadores-recolectores modernas han sobrevivido principalmente en áreas con condiciones climáticas difíciles y terreno inhóspito, poco apto para la agricultura. Sociedades que se han adaptado a las condiciones extremas de lugares tales como el desierto de Kalahari, en el África austral, bien pudieran proporcionar un modelo engañoso para la comprensión de sociedades antiguas en áreas fértiles tales como el valle del río Yangtsé. En particular, la densidad de población en una región tal como el desierto de Kalahari es mucho menor de lo que era en las inmediaciones del antiguo Yangtsé, y esto tiene implicaciones importantes para cuestiones clave sobre el tamaño y la estructura de las bandas humanas y las relaciones entre ellas.

En tercer lugar, la característica más notable de las sociedades de cazadores-recolectores es lo diferentes que son unas de otras. No solo difieren de una parte del mundo a otra, sino incluso dentro de una misma región. Un buen ejemplo es la enorme variedad que los colonos europeos encontraron entre los pueblos aborígenes de Australia. Inmediatamente antes de la conquista inglesa, en el continente vivían entre 300.000 y 700.000 cazadores-recolectores en 200-600 tribus, cada una de las cuales se dividía asimismo en diversas cuadrillas.[2] Cada tribu tenía su propio lenguaje, religión, normas y costumbres. Alrededor de lo que ahora es Adelaida, en el sur de Australia, había varios clanes patrilineales que creían descender de la línea paterna. Estos clanes se unían en tribus sobre una base estrictamente territorial. En cambio, algunas tribus del norte de Australia daban más importancia al linaje materno, y la identidad tribal de una persona dependía de su tótem y no de su territorio.

Parece razonable que la variedad étnica y cultural entre los antiguos cazadores-recolectores fuera asimismo impresionante, y que los 5-8 millones de cazadores-recolectores que poblaban el mundo en los albores de la revolución agrícola estuvieran divididos en miles de tribus separadas, con miles de lenguajes y culturas diferentes.[3] Después de todo, esta fue una de las principales herencias de la revolución cognitiva. Gracias a la aparición de la ficción, incluso personas con la misma constitución genética que vivían en condiciones ambientales similares pudieron crear realidades imaginadas muy diferentes, que se manifestaban en normas y valores diferentes.

Por ejemplo, existen razones para creer que una banda de cazadores-recolectores que viviera hace 30.000 años en el lugar en el que ahora se encuentra Madrid habría hablado un lenguaje diferente de una cuadrilla que viviera donde ahora está situada Barcelona. Una banda podía haber sido belicosa y la otra pacífica. Quizá la banda castellana era comunal, mientras que la catalana se basaba en familias nucleares. Los antiguos castellanos pudieron haber pasado muchas horas esculpiendo estatuas de madera de sus espíritus guardianes, mientras que sus contemporáneos catalanes quizá los adoraran mediante la danza. Quizá los primeros creyeran en la reencarnación, mientras que los otros pensaran que eso eran tonterías. En una sociedad podrían haberse aceptado las relaciones homosexuales, mientras que en la otra podrían haber sido tabú.

En otras palabras, mientras que las observaciones antropológicas de los modernos cazadores-recolectores nos pueden ayudar a comprender algunas de las posibilidades de que disponían los antiguos recolectores, el horizonte de posibilidades de los antiguos era mucho más amplio, y la mayor parte del mismo nos está vedado.* Los acalorados debates sobre «el modo de vida natural» de *Homo sapiens* no aciertan el punto principal. Desde la revolución cognitiva, no ha habido un único modo de vida natural para los sapiens. Existen solo opciones culturales, con una asombrosa paleta de posibilidades.

LA SOCIEDAD OPULENTA ORIGINAL

¿Qué generalizaciones podemos hacer, no obstante, acerca de la vida en el mundo preagrícola? Parece seguro decir que la gran mayoría de la gente vivía en pequeñas cuadrillas que sumaban en total varias decenas, o como mucho varios cientos de individuos, y que todos estos individuos eran humanos. Es importante señalar este último punto, porque está lejos de ser una obviedad. La mayoría de los miembros de las sociedades agrícolas e industriales son animales domésticos. Desde luego que estos no son iguales que sus dueños, pero así y todo son miembros de dichas sociedades. En la actualidad, la sociedad llamada Nueva Zelanda está formada por 4,5 millones de sapiens y 50 millones de ovejas.

Solo había una excepción a esta regla general: el perro. El perro fue el primer animal en ser domesticado por *Homo sapiens*, y esto tuvo lugar antes de la revolución agrícola. Los expertos no se ponen de acuerdo sobre la fecha exacta, pero tenemos pruebas incontrovertibles de perros

---

* Un «horizonte de posibilidades» significa todo el espectro de creencias, prácticas y experiencia que una sociedad concreta tiene abierto ante sí, dadas sus limitaciones ecológicas, tecnológicas y culturales. Por lo general, cada sociedad y cada individuo exploran solo una minúscula fracción de su horizonte de posibilidades.

domesticados de hace unos 15.000 años, si bien pudieron haberse unido a la jauría humana miles de años antes.

Los perros eran empleados para cazar y luchar, y como un sistema de alarma contra las bestias salvajes y los intrusos. Con el paso de las generaciones, las dos especies coevolucionaron para comunicarse bien entre sí. Los perros que estaban más atentos a las necesidades y sentimientos de sus compañeros humanos recibían cuidados y comida adicional, y tenían más probabilidades de sobrevivir. Simultáneamente, los perros aprendieron a manipular a la gente para sus propias necesidades. Un vínculo de 15.000 años ha producido una comprensión y afecto mucho mayores entre humanos y perros que entre humanos y cualquier otro animal.[4] En algunos casos, los perros muertos se enterraban incluso ceremonialmente, de manera parecida a los humanos (véase la figura 6).

Los miembros de una banda se conocían entre sí íntimamente, y estaban rodeados durante toda su vida de amigos y parientes. La soledad y la privacidad eran raras. Las bandas vecinas competían por los recursos e incluso luchaban entre sí, pero también tenían contactos amistosos. Intercambiaban miembros, cazaban juntas, intercambiaban productos de lujo y raros, celebraban festividades religiosas y unían fuerzas contra los extranjeros. Esta cooperación era una de las improntas más importantes de *Homo sapiens*, y le confirió una ventaja crucial sobre otras especies humanas. A veces las relaciones con las bandas vecinas eran lo bastante estrechas para que constituyeran una única tribu, que compartía un lenguaje común, mitos comunes y normas y valores comunes.

Pero no hemos de sobrestimar la intensidad de estas relaciones externas. Aunque en tiempos de crisis la tribu actuaba como una, e incluso si la tribu se reunía periódicamente para cazar, luchar o festejar todos juntos, la mayoría de la gente todavía pasaba la mayor parte de su tiempo en una banda pequeña. El comercio se limitaba sobre todo a objetos de prestigio, tales como conchas, ámbar y pigmentos. No existen pruebas de que la gente comerciara con bienes básicos como frutos y carne, o que la existencia de una cuadrilla dependiera de importar bienes de otra. Las relaciones sociopolíticas, asimismo, tendían a ser esporádicas. La tribu no servía como una estructura política permanente, e incluso

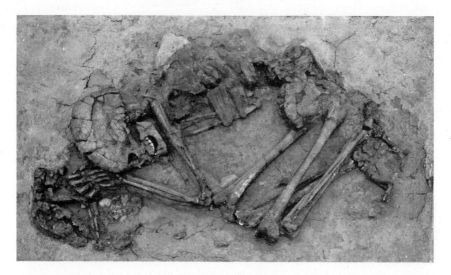

FIGURA 6. ¿La primera mascota? Tumba de 12.000 años de antigüedad descubierta en el norte de Israel. Contiene el esqueleto de una mujer de cincuenta años de edad junto al de un cachorro (ángulo inferior izquierdo). El cachorro estaba enterrado cerca de la cabeza de la mujer. La mano izquierda de esta se halla sobre el perro de una manera que pudiera indicar un vínculo emocional. Existen, desde luego, otras explicaciones posibles. Por ejemplo, quizá el cachorro era un regalo al guardián del otro mundo.

si tenía lugares de encuentro estacionales, no había pueblos ni instituciones permanentes. La persona media podía pasar muchos meses sin ver ni oír a ningún humano de fuera de su propia banda, y a lo largo de toda su vida no encontraba más que a unos pocos miles de humanos. La población de sapiens estaba tenuemente extendida sobre vastos territorios. Antes de la revolución agrícola, la población humana de todo el planeta era más pequeña que la de Andalucía en la actualidad.

La mayoría de las cuadrillas de sapiens vivían viajando, vagando de un lugar a otro en busca de comida. Sus movimientos estaban influidos por las estaciones cambiantes, las migraciones anuales de los animales y los ciclos de crecimiento de las plantas. Por lo general se desplazaban en un sentido y en otro por el mismo territorio conocido, un área que oscilaba desde varias decenas a muchos cientos de kilómetros cuadrados.

A veces, las bandas salían de su territorio y exploraban nuevas tierras, ya fuera debido a desastres naturales, a conflictos violentos, a presiones demográficas o a la iniciativa de un jefe carismático. Estos desplazamientos eran el motor de la expansión humana por todo el mundo. Si una banda de cazadores-recolectores se dividía cada 40 años y su grupo escindido emigraba a un territorio nuevo situado 100 kilómetros al este, la distancia desde África oriental a China se habría cubierto en unos 10.000 años.

En algunos casos excepcionales, cuando los recursos alimenticios eran particularmente abundantes, las bandas se establecían en campamentos estacionales e incluso permanentes. Técnicas para secar, ahumar y (en zonas árticas) congelar la comida hicieron también posible permanecer en el mismo lugar por períodos más prolongados. Y, aún más importante, a lo largo de mares y ríos ricos en peces, marisco y aves acuáticas, los humanos establecieron aldeas permanentes de pescadores: los primeros poblados permanentes de la historia, que precedieron con mucho a la revolución agrícola. Aldeas de pescadores pudieron aparecer en las costas de islas indonesias hace ya 45.000 años. Estas pudieron haber sido la base desde las que *Homo sapiens* emprendió su primera aventura transoceánica: la invasión de Australia.

En la mayoría de los hábitats, las bandas de sapiens se alimentaban de una manera flexible y oportunista. Extraían termitas, recogían bayas, excavaban para obtener raíces, acechaban a conejos y cazaban bisontes y mamuts. A pesar de la imagen popular del «hombre cazador», la recolección era la principal actividad de los sapiens, y les proporcionaba la mayor parte de sus calorías, así como materiales en bruto como pedernal, madera y bambú.

Los sapiens no andaban únicamente en busca de comida y materiales. También buscaban afanosamente conocimiento. Para sobrevivir, necesitaban un mapa mental detallado de su territorio. Para maximizar la eficiencia de su búsqueda diaria de comida, precisaban información sobre las pautas de crecimiento de cada planta y las costumbres de cada animal. Necesitaban saber qué alimentos eran nutritivos, cuáles los hacían enfermar y cómo usar otros como curas. Necesitaban saber el progreso de las estaciones y qué señales de aviso precedían una tronada o un período de sequía. Estudiaban cada río, cada nogal, cada osera y cada yacimiento de pedernal en sus inmediaciones. Cada individuo tenía que saber cómo hacer un cuchillo de piedra, cómo remendar una capa rota, cómo disponer una trampa para conejos y cómo actuar ante avalanchas, mordeduras de serpientes o leones hambrientos. La pericia en cada una de estas muchas habilidades requería años de aprendizaje y práctica. El cazador-recolector medio podía transformar un pedernal en una punta de lanza en cuestión de minutos. Cuando intentamos imitar esta hazaña, por lo general fracasamos estrepitosamente. La mayoría de nosotros carecemos del conocimiento experto de las propiedades del pedernal y del basalto para proporcionar lascas y de las habilidades motrices finas para trabajarlos de manera precisa.

En otras palabras, el cazador-recolector medio tenía un conocimiento más amplio, más profundo y más variado de su entorno inmediato que la mayoría de sus descendientes modernos. Hoy en día, la mayoría de las personas de las sociedades industriales no necesitan saber mucho acerca del mundo natural con el fin de sobrevivir. ¿Qué es lo que uno necesita saber realmente para arreglárselas como ingeniero informático, agente de seguros, profesor de historia u obrero de una fábrica? Necesitamos saber mucho acerca de nuestro minúsculo campo de experiencia, pero para la inmensa mayoría de las necesidades de la vida nos fiamos ciegamente de la ayuda de otros expertos, cuyos propios conocimientos están asimismo limitados a un diminuto campo de pericia. El colectivo humano sabe en la actualidad muchísimas más cosas de las que sabían las antiguas cuadrillas. Pero a nivel individual, los antiguos cazadores-recolectores eran las gentes más bien informadas y diestras de la historia.

Existen algunas pruebas de que el tamaño del cerebro del sapiens medio se ha reducido desde la época de los cazadores-recolectores.[5] En aquella época, la supervivencia requería capacidades mentales soberbias de todos. Cuando aparecieron la agricultura y la industria, la gente pudo basarse cada vez más en las habilidades de los demás para sobrevivir, y se abrieron nuevos «nichos para imbéciles». Uno podía sobrevivir y transmitir sus genes nada especiales a la siguiente generación trabajando como aguador o como obrero de una cadena de montaje.

Los cazadores-recolectores dominaban no solo el mundo circundante de animales, plantas y objetos, sino también el mundo interno de sus propios cuerpos y sentidos. Escuchaban el más leve movimiento en la hierba para descubrir si allí podía acechar una serpiente. Observaban detenidamente el follaje de los árboles con el fin de descubrir frutos, colmenas y nidos de aves. Se desplazaban con un mínimo de esfuerzo y ruido, y sabían cómo sentarse, andar y correr de la manera más ágil y eficiente. El uso variado y constante de su cuerpo hacía que se hallaran en tan buena forma como los corredores de maratón. Poseían una destreza física que la gente de hoy en día es incapaz de conseguir incluso después de años de practicar yoga o taichi.

El modo de vida de los cazadores-recolectores difería de manera significativa de una región a otra y de una estación a la siguiente, pero en su conjunto parece que los cazadores-recolectores gozaban de un estilo de vida más confortable y remunerador que la mayoría de los campesinos, pastores, jornaleros y oficinistas que les siguieron los pasos.

Aunque las personas de las sociedades opulentas actuales trabajan una media de 40-45 horas semanales, y las personas del mundo en vías de desarrollo trabajan 60 e incluso 80 horas por semana, los cazadores-recolectores que viven hoy en día en el más inhóspito de los hábitats (como el desierto de Kalahari) trabajan por término medio solo 35-45 horas por semana. Cazan solo un día de cada tres, y recolectar les ocupa solo 3-6 horas diarias. En épocas normales, esto es suficiente para alimentar a la cuadrilla. Bien pudiera ser que los cazadores-recolectores antiguos, que vivían en zonas más fértiles que el Kalahari, invirtieran todavía menos tiempo para obtener alimentos y materiales en bruto. Además de esto, los cazadores-recolectores gozaban de una carga más liviana de tareas domésticas. No tenían platos que lavar, ni alfombras para quitarles el polvo, ni pavimentos que pulir, ni pañales que cambiar, ni facturas que pagar.

La economía de los cazadores-recolectores proporcionaba a la mayoría de la gente una vida más interesante que la que da la agricultura o la industria. En la actualidad, una obrera china de una fábrica se va de casa alrededor de las siete de la mañana, recorre las calles contaminadas hasta llegar a un taller cuyas condiciones de trabajo son infames, y allí hace funcionar la misma máquina, de la misma manera, un día y otro, durante diez largas y tediosas horas; después vuelve a casa hacia las siete de la tarde, y se pone a lavar los platos y hacer la colada. Hace 30.000 años, los cazadores-recolectores chinos podían abandonar el campamento, pongamos por caso, a las ocho de la mañana. Vagaban por los bosques y prados cercanos, recolectando setas, extrayendo del suelo raíces comestibles, capturando ranas y, ocasionalmente, huyendo de tigres. A primera hora de la tarde, estaban de vuelta en el campamento para comer. Esto les dejaba mucho tiempo para chismorrear, contar relatos, jugar con los niños y simplemente holgazanear. Desde luego, a veces los tigres los alcanzaban, o una serpiente los mordía, pero por otra parte no tenían que habérselas con los accidentes de automóvil ni con la contaminación industrial.

En muchos lugares y la mayor parte de las veces, la caza y la recolección proporcionaban una nutrición ideal. Esto no debería sorprendernos, ya que esta ha sido la dieta humana durante cientos de miles de años, y el cuerpo humano estaba bien adaptado a ella. Las pruebas procedentes de esqueletos fosilizados indican que los antiguos cazadores-recolectores tenían menos probabilidades de padecer hambre o desnutrición, y eran generalmente más altos y sanos que sus descendientes campesinos. La esperanza de vida media era aparentemente de treinta o cuarenta años, pero esto se debía en gran medida a la elevada incidencia de la mortalidad infantil. Los niños que conseguían sobrepasar los peligrosos primeros años tenían buenas probabilidades de alcanzar los sesenta años de edad, y algunos llegaban incluso a los ochenta y más. Entre los cazadores-recolectores actuales, las mujeres de cuarenta y cinco años de edad pueden esperar vivir otros veinte años, y alrededor del 5-8 por ciento de la población tiene más de sesenta años.[6]

El secreto del éxito de los cazadores-recolectores, que los protegió de las hambrunas y la malnutrición, fue su dieta variada. Los agricultores tienden a comer una dieta muy limitada y desequilibrada. Especialmente en la época premoderna, la mayoría de las calorías que alimentaban a una población agrícola provenían de una sola planta de cultivo (como el trigo, las patatas o el arroz), que carece de algunas de las vitaminas, minerales y otros materiales nutritivos que los humanos necesitan. La campesina media en la China tradicional comía arroz en el desayuno, arroz en el almuerzo y arroz en la cena. Si tenía suerte, podía esperar comer lo mismo al día siguiente. En cambio, los antiguos cazadores-recolectores comían regularmente decenas de alimentos diferentes. La tatarabuela cazadora-recolectora de la campesina pudo haber comido bayas y setas en el desayuno; frutos, caracoles y tortuga en el almuerzo, y carne de conejo con cebollas silvestres en la cena. El menú del día siguiente podía ser completamente distinto. Esta variedad aseguraba que los antiguos cazadores-recolectores recibían todos los nutrientes necesarios.

Además, al no depender de un tipo único de comida, tenían menos probabilidades de padecer cuando un recurso alimentario concreto escaseaba. Las sociedades agrícolas son asoladas por las hambrunas cuando la sequía, los incendios o los terremotos devastan la cosecha anual de arroz o patatas. Las sociedades de cazadores-recolectores no eran en absoluto inmunes a los desastres naturales, y padecían períodos de escasez y hambre, pero por lo general eran capaces de habérselas más fácilmente con estas calamidades. Si perdían algunos de sus alimentos básicos, podían recolectar o cazar otras especies, o desplazarse hasta un lugar menos afectado.

Los antiguos cazadores-recolectores también padecían menos enfermedades infecciosas. La mayoría de las enfermedades infecciosas que han atormentado a las sociedades agrícolas e industriales (como la viruela, el sarampión y la tuberculosis) se originaron en animales domésticos y se transfirieron a los humanos después de la revolución industrial. Los antiguos cazadores-recolectores, que solo habían domesticado perros, se vieron libres de estos flagelos. Además, la mayoría de la gente en las sociedades agrícolas e industriales vivía en poblados permanentes, densos y antihigiénicos, focos ideales para la enfermedad. En cambio, los cazadores-recolectores vagaban por la tierra en pequeñas bandas que no podían sufrir epidemias.

La dieta saludable y variada, la semana laboral relativamente corta y la rareza de las enfermedades infecciosas han llevado a muchos expertos a definir las sociedades de cazadores-recolectores preagrícolas como «las sociedades opulentas originales». Sin embargo, sería una equivocación idealizar la vida de los antiguos humanos. Aunque vivían una vida mejor que la mayoría de la gente de las sociedades agrícolas e industriales, su mundo podía ser igualmente duro e implacable. Los períodos de privaciones y penurias no eran insólitos, la mortalidad infantil era elevada, y un accidente que hoy en día sería menor podía convertirse fácilmente en una sentencia de muerte. Quizá la mayor parte de la gente gozaba de la intimidad de la banda errante, pero aquellos desgraciados que eran objeto de la hostilidad o la burla de los demás miembros de su cuadrilla con probabilidad sufrían mucho. Los cazadores-recolectores actuales suelen abandonar e incluso matar a las personas ancianas o inválidas que no pueden seguir el ritmo de la cuadrilla. Los bebés y los niños no queridos pueden ser sacrificados, y existen incluso casos de sacrificio humano de inspiración religiosa.

Los aché, cazadores-recolectores que vivieron en las junglas de Paraguay hasta la década de 1960, ofrecen una idea del lado oscuro de la recolección de alimento. Cuando un miembro estimado de la banda moría, era costumbre entre los aché matar a una niña y enterrarlos juntos. Los antropólogos que entrevistaron a los aché registraron un caso en el que una cuadrilla abandonó a un hombre de edad mediana que enfermó y no podía mantener el paso de los demás. Lo dejaron bajo un árbol, sobre el que se posaron buitres, a la espera de una sustanciosa pitanza. Pero el hombre se recuperó y, con paso enérgico, consiguió dar alcance a la banda. Su cuerpo estaba cubierto de las heces de las aves, de manera que desde entonces lo apodaron Deyecciones de Buitre.

Cuando una mujer aché vieja se convertía en una carga para el resto de la banda, uno de los hombres jóvenes se colocaba a hurtadillas detrás de ella y la mataba con un golpe de hacha en la cabeza. Un hombre aché contaba a los inquisitivos antropólogos los relatos de sus años de juventud en la jungla. «Yo solía matar a las mujeres viejas. Maté a mis tías. [...] Las mujeres me tenían miedo. [...] Ahora, aquí con los blancos, me he vuelto débil.» Los recién nacidos que carecían de pelo, a los que consideraban subdesarrollados, eran sacrificados inmediatamente. Una mujer recordaba que su primer bebé, una niña, fue muerta porque los hombres de la cuadrilla no querían otra niña. En otra ocasión, un hombre mató a un niño porque estaba «de mal humor y el niño lloraba». Otro niño fue enterrado vivo porque «era divertido verlo, y los otros niños se reían».[7]

No obstante, hemos de ser cautelosos a la hora de juzgar demasiado deprisa a los aché. Los antropólogos que vivieron con ellos durante años informan que la violencia entre los adultos era muy rara. Tanto hombres como mujeres eran libres de intercambiar parejas a voluntad. Sonreían y reían constantemente, carecían de una jerarquía de caudillaje y por lo general evitaban a la gente dominante. Eran muy generosos con sus pocas posesiones, y no estaban obsesionados con el éxito o las riquezas. Las cosas que más valoraban en la vida eran las buenas interacciones sociales y las buenas amistades.[8] Consideraban el matar a niños, a personas enfermas y a los ancianos de la misma manera que hoy en día muchas personas consideran el aborto y la eutanasia. Hay que señalar asimismo que los aché fueron cazados y muertos sin piedad por granjeros paraguayos. La necesidad de eludir a sus enemigos hizo probablemente que los aché adoptaran una actitud excepcionalmente dura hacia cualquiera que pudiera convertirse en un impedimento para la banda.

Lo cierto es que la sociedad aché, como toda sociedad humana, era muy compleja. Hemos de guardarnos de demonizarla o de idealizarla sobre la base de un conocimiento superficial. Los aché no eran ángeles ni demonios; eran humanos. Y también lo eran los antiguos cazadores-recolectores.

HABLANDO A LOS ESPÍRITUS

¿Qué podemos decir acerca de la vida espiritual y mental de los antiguos cazadores-recolectores? Se puede reconstruir con cierta fidelidad los rasgos esenciales de la economía de los cazadores-recolectores sobre la base de factores cuantificables y objetivos. Por ejemplo, podemos calcular cuántas calorías diarias necesitaba una persona para sobrevivir, cuántas calorías obtenía a partir de un kilogramo de nueces, y cuántas nueces podían recogerse en un kilómetro cuadrado de bosque. Con estos datos, podemos hacer una conjetura bien fundamentada sobre la importancia relativa de las nueces en su dieta.

Pero ¿consideraban ellos que las nueces eran una exquisitez o un alimento básico y trivial? ¿Creían que los nogales estaban habitados por espíritus? ¿Encontraban bonitas las hojas de nogal? Si un muchacho cazador-recolector quería llevar a una muchacha a un lugar romántico, ¿bastaba la sombra de un nogal? Por definición, el mundo del pensamiento, las creencias y los sentimientos es mucho más difícil de descifrar.

La mayoría de los expertos están de acuerdo en que las creencias animistas eran comunes entre los antiguos cazadores-recolectores. El animismo (del latín *anima*, «alma» o «espíritu») es la creencia de que casi todos los lugares, todos los animales, todas las plantas y todos los fenómenos naturales tienen conciencia y sentimientos, y pueden comunicarse directamente con los humanos. Así, los animistas pueden creer que la gran roca de la cumbre de la colina tiene deseos y necesidades. La roca puede enfadarse por alguna cosa que la gente hizo y alegrarse por alguna otra acción. La roca podría amonestar a la gente o pedirle favores. Los humanos, por su parte, pueden dirigirse a la roca, para apaciguarla o amenazarla. No solo la roca, sino también el roble del fondo del valle es un ser animado, y lo mismo el río que fluye bajo la colina, la fuente en el calvero del bosque, los matorrales que crecen a su alrededor, el sendero hasta el calvero y los ratones de campo, los lobos y los cuervos que allí beben. En el mundo animista, los objetos y los seres vivos no son los únicos seres animados. Hay asimismo entidades inmateriales: los espíritus de los muertos y seres amistosos y malévolos como los que en la actualidad llamamos demonios, hadas y ángeles.

Los animistas creen que no hay barreras entre los humanos y otros seres. Todos pueden comunicarse directamente mediante palabras, canciones, bailes y ceremonias. Un cazador puede dirigirse a un rebaño de ciervos y pedirle que uno de ellos se sacrifique. Si la caza tiene éxito, el cazador puede pedirle al animal muerto que lo perdone. Cuando alguien cae enfermo, el chamán puede contactar con el espíritu que produjo la enfermedad e intentar pacificarlo o asustarlo para que se vaya. Si es necesario, el chamán puede pedir ayuda a otros espíritus. Lo que caracteriza todos estos actos de comunicación es que las entidades a las que se invoca son seres locales. No son dioses universales, sino más bien un ciervo concreto, un árbol concreto, un río determinado, un espíritu particular.

De la misma manera que no hay barreras entre los humanos y otros seres, tampoco hay una jerarquía estricta. Las entidades no humanas no existen simplemente para satisfacer las necesidades de los hombres. Ni tampoco son dioses todopoderosos que gobiernan el mundo a su antojo. El mundo no gira alrededor de los humanos ni alrededor de ningún otro grupo concreto de seres.

El animismo no es una religión específica. Es un nombre genérico que engloba miles de religiones, cultos y creencias muy distintos. Lo que hace que todos ellos sean «animistas» es este enfoque común con respecto al mundo y al lugar del hombre en él. Decir que los antiguos cazadores-recolectores eran probablemente animistas es como decir que los agricultores premodernos eran principalmente teístas. El teísmo (del griego *theós*, «dios») es la idea de que el orden universal se basa en una relación jerárquica entre los humanos y un pequeño grupo de entidades etéreas llamadas dioses. Es ciertamente verdad decir que los agriculturalistas premodernos tendían a ser teístas, pero esto no nos dice mucho acerca de los detalles. Bajo la etiqueta genérica «teístas» encontramos los rabinos judíos de la Polonia del siglo XVIII, los puritanos del Massachusetts del siglo XVII, que quemaban brujas, los sacerdotes aztecas del México del siglo XV, los místicos sufíes del Irán del siglo XII, los guerreros vikingos del siglo X, los legionarios romanos del siglo II y los burócratas chinos del siglo I. Cada uno de ellos consideraba que las creencias y las prácticas de los demás eran extrañas y heréticas. Las diferencias entre las creencias y las prácticas de los grupos de cazadores-recolectores «animistas» eran probablemente igual de grandes. Su experiencia religiosa pudo haber sido turbulenta y llena de controversias, reformas y revoluciones.

Pero lo máximo que podemos afirmar son prácticamente estas generalizaciones cautelosas. Cualquier intento de describir los detalles de la espiritualidad arcaica es un ejercicio especulativo, porque apenas hay pruebas y las pocas que tenemos (un reducido número de artefactos y pinturas rupestres) pueden ser interpretadas de mil maneras distintas. Las teorías de los expertos que afirman saber qué es lo que sentían los cazadores-recolectores arrojan más luz sobre los prejuicios de sus autores que sobre las religiones de la Edad de Piedra (véanse las figuras 7 y 8).

FIGURA 7. Una pintura de la cueva de Lascaux, hace entre 15.000 y 20.000 años. ¿Qué es lo que vemos, exactamente, y cuál es el significado de la pintura? Hay quien dice que representa a un hombre con la cabeza de un pájaro y un pene erecto, que es abatido por un bisonte. Bajo el hombre hay otro pájaro que podría simbolizar el alma, liberada del cuerpo en el momento de la muerte. Si es así, la pintura no representa un prosaico accidente de caza, sino más bien el paso de este mundo al otro. Pero no tenemos manera de saber si alguna de estas especulaciones es cierta. Es un test de Rorschach que revela mucho acerca de las preconcepciones de los eruditos modernos, y poco acerca de las creencias de los antiguos cazadores.

En lugar de erigir montañas de teoría a partir de unas pocas reliquias de tumbas, pinturas rupestres y estatuillas de hueso, es mejor ser franco y admitir que solo tenemos unas ideas muy vagas acerca de las religiones de los antiguos cazadores-recolectores. Suponemos que eran animistas, pero este dato no es muy informativo. No sabemos a qué espíritus rezaban, qué festividades celebraban, o qué tabúes observaban. Y, lo más importante, no sabemos qué relatos contaban. Esto constituye una de las mayores lagunas en nuestra comprensión de la historia humana.

FIGURA 8. Unos cazadores-recolectores hicieron estas impresiones de manos hace unos 9.000 años en la cueva de las Manos, en Argentina. Parece como si estas manos, desaparecidas ya hace mucho tiempo, se extendieran hacia nosotros desde el interior de la roca. Esta es una de las reliquias más emotivas del mundo de los antiguos cazadores, pero nadie sabe qué significa.

El mundo sociopolítico de los cazadores-recolectores es otra área de la que no sabemos apenas nada. Tal como se ha explicado anteriormente, los expertos ni siquiera pueden ponerse de acuerdo en los aspectos básicos, como la existencia de la propiedad privada, las familias nucleares y las relaciones monógamas. Es probable que las diversas bandas tuvieran estructuras diferentes. Algunas pudieron haber sido tan jerárquicas, tensas y violentas como el más avieso de los grupos de chimpancés, mientras que otras eran tan relajadas, pacíficas y lascivas como un grupo de bonobos.

En Sungir, Rusia, los arqueólogos descubrieron en 1955 un cementerio perteneciente a una cultura de cazadores de mamuts de hace 30.000 años. En una tumba encontraron el esqueleto de un hombre de cincuenta años, cubierto con ristras de cuentas de marfil de mamut, que en total contenían unas 3.000 cuentas. En la cabeza del hombre había un sombrero decorado con dientes de zorro, y en sus muñecas 25 brazaletes de marfil. Otras tumbas de la misma localidad contenían muchos menos bienes. Los expertos dedujeron que los cazadores de mamuts de Sungir vivían en una sociedad jerárquica, y que el hombre muerto era quizá el cabecilla de una banda o de toda una tribu que constaba de varias bandas. Es improbable que unas pocas decenas de miembros de una única banda pudieran haber producido por sí mismos tantas riquezas como había en la tumba.

Los arqueólogos descubrieron después una tumba más interesante todavía. Contenía dos esqueletos, enterrados frente a frente. Uno pertenecía a un chico de entre doce y trece años de edad, el otro a una chica de entre nueve y diez años. El chico estaba cubierto con 5.000 cuentas de marfil. Llevaba un sombrero de dientes de zorro y un cinturón con 250 dientes de zorro (al menos tuvieron que extraerse los dientes de 60 zorros para conseguir tantos). La niña estaba adornada con 5.250 cuentas de marfil. Ambos niños estaban rodeados por estatuillas y varios objetos de marfil. Un artesano (o artesana) diestro probablemente necesitara unos 45 minutos para preparar una sola cuenta de marfil. En otras palabras, preparar las 10.000 cuentas de marfil que cubrían a los dos niños, por no mencionar los demás objetos, requirió unas 7.500 horas de trabajo delicado, ¡mucho más de tres años de trabajo por parte de un artesano experimentado!

Es muy poco probable que a esta edad tan temprana los niños de Sungir se hubieran distinguido como líderes o cazadores de mamuts. Solo las creencias culturales pueden explicar por qué recibieron un entierro tan extravagante. Una teoría es que debían su rango a sus padres. Quizá eran los hijos del cabecilla, en una cultura que creía o bien en el carisma de la familia, o bien en reglas estrictas de sucesión. De acuerdo con una segunda teoría, los niños habrían sido identificados al nacer como la encarnación de algunos espíritus muertos hacía tiempo. Una tercera teoría aduce que la tumba de los niños refleja la manera en que murieron y no su nivel social en vida. Fueron sacrificados ritualmente (quizá como parte de los ritos de enterramiento del cabecilla), y después enterrados con pompa y circunstancia.[9]

Sea cual sea la respuesta correcta, los niños de Sungir son una de las mejores pruebas de que hace 30.000 años los sapiens podían inventar códigos sociopolíticos que iban mucho más allá de los dictados de nuestro ADN y de las pautas de comportamiento de otras especies humanas y animales.

¿Paz o guerra?

Finalmente está la peliaguda cuestión del papel de la guerra en las sociedades de cazadores-recolectores. Algunos eruditos imaginan que las sociedades antiguas de cazadores-recolectores eran paraísos pacíficos, y aducen que la guerra y la violencia comenzaron solo con la revolución agrícola, cuando la gente empezó a acumular propiedad privada. Otros especialistas sostienen que el mundo de los antiguos cazadores-recolectores era excepcionalmente cruel y violento. Ambas escuelas de pensamiento son castillos en el aire, conectados al suelo por delgados cordeles de escasos restos arqueológicos y observaciones antropológicas de los cazadores-recolectores actuales.

Las pruebas antropológicas son intrigantes pero muy problemáticas. En la actualidad, los cazadores-recolectores viven en áreas inhóspitas como el Ártico y el Kalahari, en las que la densidad de población es muy baja y las oportunidades para luchar con otras gentes son limitadas. Además, en las generaciones recientes los cazadores-recolectores han estado cada vez más sometidos a la autoridad de los estados modernos, que impiden la eclosión de conflictos a gran escala. Los investigadores europeos han tenido solo dos oportunidades de observar poblaciones grandes y relativamente densas de cazadores-recolectores independientes: en Norteamérica noroccidental en el siglo XIX y en el norte de Australia durante el siglo XIX y principios del XX. Tanto las culturas amerindias como las aborígenes australianas dieron pruebas de conflictos armados frecuentes. Sin embargo, es discutible si ello representaba una condición «intemporal» o el impacto del imperialismo europeo.

Los hallazgos arqueológicos son a la vez escasos y opacos. ¿Qué pistas reveladoras podrían quedar de cualquier guerra que hubiera tenido lugar hace decenas de miles de años? En aquel entonces no había fortificaciones ni muros, no había cascos de artillería ni espadas o escudos. Una antigua punta de lanza pudo haber sido usada en la guerra, pero también en la caza. Los huesos humanos fosilizados no son menos difíciles de interpretar. Una fractura podría indicar una herida de guerra o un accidente. Y tampoco la ausencia de fracturas y cortes en un esqueleto antiguo es una prueba concluyente de que la persona a la que pertenecía el esqueleto no muriera de una muerte violenta. La muerte puede ser causada por traumatismos en los tejidos blandos que no dejan marcas en el hueso. Y aún más importante: durante las guerras preindustriales, más del 90 por ciento de los muertos lo fueron por hambre, frío y enfermedades, y no por armas. Imagine el lector que, hace 30.000 años, una tribu derrotara a su vecina y la expulsara de tierras de forrajeo codiciadas. En la batalla decisiva, murieron 10 miembros de la tribu derrotada. Al año siguiente, otros 100 miembros de la tribu vencida murieron de hambre, frío y enfermedad. Los arqueólogos que hallaran estos 110 esqueletos podrían llegar muy fácilmente a la conclusión de que la mayoría fueron víctimas de algún desastre natural. ¿De qué otro modo podrían decir que todos fueron víctimas de una guerra despiadada?

Debidamente advertidos, podemos considerar ahora los hallazgos arqueológicos. En Portugal se hizo un estudio de 400 esqueletos del período inmediatamente anterior a la revolución agrícola. Solo dos esqueletos mostraban marcas claras de violencia. Un estudio similar de 400 esqueletos del mismo período en Israel descubrió una única resquebrajadura en un único cráneo que podría atribuirse a la violencia humana. Un tercer estudio de otros 400 esqueletos de varias localidades preagrícolas en el valle del Danubio encontró pruebas de violencia en 18 esqueletos. Dieciocho de un total de 400 puede no parecer mucho, pero en realidad es un porcentaje muy alto. Si los 18 murieron en realidad de forma violenta, esto significa que alrededor de un 4,5 por ciento de las muertes en el antiguo valle del Danubio fueron causadas por la violencia humana. En la actualidad, la media global es de solo el 1,5 por ciento, considerando la suma de las causadas por la guerra y el crimen. Durante el siglo xx, solo el 5 por ciento de las muertes humanas resultaron por la violencia humana, y eso en un siglo que vio las guerras más sangrientas y los genocidios más masivos. Si esta revelación se puede extrapolar, el antiguo valle del Danubio fue tan violento como el siglo xx.*

Los deprimentes hallazgos del valle del Danubio están respaldados por una serie de descubrimientos igualmente deprimentes en otras re-

---

* Podría aducirse que no todos los 18 danubianos murieron realmente por las marcas de violencia que pueden verse en sus restos. Algunos solo resultaron heridos. Sin embargo, es probable que esto esté compensado por las muertes debidas a traumatismo en los tejidos blandos y a las privaciones invisibles que acompañan a la guerra.

giones. En Jebel Sahaba, en Sudán, se descubrió un cementerio de hace 12.000 años que contenía 59 esqueletos. Se encontraron puntas de flecha y de lanza incrustadas en los huesos o situadas cerca de ellos en 24 esqueletos, un 40 por ciento del total. El esqueleto de una mujer revelaba 12 heridas. En la cueva de Ofnet, en Baviera, los arqueólogos descubrieron los restos de 38 cazadores-recolectores, principalmente mujeres y niños, que habían sido arrojados en dos pozos de enterramiento. La mitad de los esqueletos, incluidos los de niños y bebés, presentaban claras señales de heridas por armas humanas, como garrotes y cuchillos. Los pocos esqueletos pertenecientes a varones maduros presentaban las peores marcas de violencia. Con toda probabilidad, una cuadrilla al completo de cazadores-recolectores fue masacrada en Ofnet.

¿Qué representa mejor el mundo de los antiguos cazadores-recolectores, los esqueletos pacíficos de Israel y Portugal o los mataderos de Jebel Sahaba y Ofnet? La respuesta es ninguno de ellos. De la misma manera que los cazadores-recolectores exhibían una amplia gama de religiones y estructuras sociales, probablemente también demostraban una variedad de tasas de violencia. Mientras que algunas áreas y algunos períodos de tiempo pudieron haber gozado de paz y tranquilidad, otros estuvieron marcados por conflictos brutales.[10]

EL TELÓN DE SILENCIO

Si el panorama general de la vida de los antiguos cazadores-recolectores es difícil de reconstruir, los acontecimientos concretos son irrecuperables en gran medida. Cuando una cuadrilla de sapiens se adentró por primera vez en un valle habitado por neandertales, los años siguientes pudieron haber contemplado un drama histórico pasmoso. Lamentablemente, nada habría sobrevivido de un encuentro tal excepto, en el mejor de los casos, algunos huesos fosilizados y unos cuantos utensilios líticos que permanecen mudos bajo las más intensas indagaciones de los expertos. De ellos podemos extraer información acerca de la anatomía humana, la tecnología humana, la dieta humana y quizá incluso la estructura social humana. Pero no revelan nada acerca de la alianza política establecida entre bandas de sapiens vecinas, sobre los espíritus de los muertos que bendijeron dicha alianza, o sobre las cuentas de marfil que se dieron en secreto al hechicero local con el fin de asegurarse la bendición de los espíritus.

Este telón de silencio oculta decenas de miles de años de historia. Estos largos milenios bien pudieran haber contemplado guerras y revoluciones, exaltados movimientos religiosos, profundas teorías filosóficas, incomparables obras maestras artísticas. Los cazadores-recolectores pudieron haber tenido sus napoleones conquistadores, que gobernaban imperios con un tamaño que era la mitad de Luxemburgo; dotados beethovens que carecían de orquestas sinfónicas pero que conmovían a su auditorio hasta las lágrimas con el sonido de sus flautas de bambú; y profetas carismáticos que revelaban las palabras de un roble local en lugar de las de un dios creador universal. Pero todo esto son simples suposiciones. El telón de silencio es tan grueso que ni siquiera podemos estar seguros de que tales hechos ocurrieran, y mucho menos describirlos en detalle.

Los expertos tienden a plantear únicamente aquellas cuestiones que pueden responder de manera razonable. Sin el descubrimiento de herramientas de investigación de las que hasta ahora no disponemos, probablemente no sabremos nunca qué es lo que creían los antiguos cazadores-recolectores o qué dramas políticos vivieron. Pero, aun así, es vital formular preguntas para las que no tenemos respuesta, de otro modo, podríamos sentirnos tentados de descartar 60.000 o 70.000 años de historia humana con la excusa de que «las gentes que vivieron entonces no hicieron nada de importancia».

Lo cierto es que hicieron muchas cosas importantes. En particular, modelaron el mundo que nos rodea en un grado mucho mayor de lo que la mayoría de la gente piensa. Los viajeros que visitan la tundra siberiana, los desiertos de Australia central y la pluviselva amazónica creen haber penetrado en paisajes prístinos, prácticamente intocados por manos humanas. Pero es una ilusión. Los cazadores-recolectores estuvieron allí antes que nosotros y produjeron cambios espectaculares incluso en las junglas más densas y en los desiertos más desolados. En el capítulo siguiente se explica de qué manera los cazadores-recolectores remodelaron completamente la ecología de nuestro planeta mucho antes de que se construyera la primera aldea agrícola. Las bandas merodeadoras de sapiens contadores de relatos fueron la fuerza más importante y más destructora que el reino animal haya creado nunca.

4

El Diluvio

Antes de la revolución cognitiva, los humanos de todas las especies vivían exclusivamente en el continente afroasiático. Es cierto que habían colonizado unas pocas islas nadando cortos trechos de agua o cruzándolos con almadías improvisadas. Flores, por ejemplo, fue colonizada muy pronto, hace 850.000 años. Pero fueron incapaces de aventurarse en mar abierto, y ninguno llegó a América, Australia o a islas remotas como Madagascar, Nueva Zelanda y Hawái.

La barrera que constituía el mar impidió no solo a los humanos, sino también a otros muchos animales afroasiáticos, alcanzar este «mundo exterior». Como resultado, los organismos de tierras distantes como Australia y Madagascar evolucionaron en aislamiento durante millones y millones de años, adoptando formas y naturalezas muy diferentes de las de sus parientes afroasiáticos. El planeta Tierra estaba dividido en varios ecosistemas distintos, cada uno de ellos constituido por un conjunto único de animales y plantas. Sin embargo, *Homo sapiens* estaba a punto de poner punto final a esta exuberancia biológica.

A raíz de la revolución cognitiva, los sapiens adquirieron la tecnología, las habilidades de organización y quizá incluso la visión necesaria para salir de Afroasia y colonizar el mundo exterior. Su primer logro fue la colonización de Australia, hace unos 45.000 años. Los expertos tienen dificultades para explicar esta hazaña. Con el fin de alcanzar Australia, los humanos tuvieron que cruzar varios brazos de mar, algunos de más de 100 kilómetros de ancho, y al llegar tuvieron que adaptarse casi de la noche a la mañana a un ecosistema completamente nuevo.

La teoría más razonable sugiere que, hace unos 45.000 años, los sapiens que vivían en el archipiélago indonesio (un grupo de islas separadas de Asia y entre sí únicamente por estrechos angostos) desarrollaron las primeras sociedades de navegantes. Aprendieron cómo construir y gobernar bajeles que se hacían a la mar y se convirtieron en pescadores, comerciantes y exploradores a larga distancia. Esto habría producido una transformación sin precedentes en las capacidades y estilos de vida humanos. Todos los demás animales que se adentraron en el mar (focas, sirenios, delfines) tuvieron que evolucionar durante eones para desarrollar órganos especializados y un cuerpo hidrodinámico. Los sapiens de Indonesia, descendientes de simios que vivieron en la sabana africana, se convirtieron en navegantes del Pacífico sin que les crecieran aletas y sin tener que esperar a que su nariz migrara a la parte superior de la cabeza, como les ocurrió a los cetáceos. En lugar de ello, construyeron barcas y aprendieron cómo gobernarlas. Y estas habilidades les permitieron alcanzar Australia y colonizarla.

Es cierto que los arqueólogos todavía no han desenterrado balsas, remos o aldeas de pescadores que se remonten a hace 45.000 años (serían difíciles de descubrir, porque el nivel del mar ha subido y ha sumergido la antigua línea de costa de Indonesia bajo 100 metros de océano). No obstante, existen sólidas pruebas circunstanciales que respaldan esta teoría, especialmente el hecho de que, en los miles de años que siguieron a su instalación en Australia, los sapiens colonizaron un gran número de islas pequeñas y aisladas en el norte. Algunas, como Buka y Manus, estaban separadas de la tierra más próxima por 200 kilómetros de aguas abiertas. Es difícil creer que alguien hubiera alcanzado y colonizado Manus sin embarcaciones complejas y habilidades de navegación. Tal como se ha mencionado anteriormente, existen asimismo pruebas fehacientes de comercio marítimo regular entre algunas de dichas islas, como Nueva Irlanda y Nueva Bretaña.[1]

El viaje de los primeros humanos a Australia es uno de los acontecimientos más importantes de la historia, al menos tan importante como el viaje de Colón a América o la expedición del Apolo 11 a la Luna. Fue la primera vez que un humano consiguió abandonar el sistema ecológico afroasiático (en realidad, la primera vez que un mamífero terrestre grande había conseguido cruzar desde Afroasia a Australia). De mayor importancia todavía fue lo que los pioneros humanos hicieron en este nuevo mundo. El momento en el que el primer cazador-recolector pisó una playa australiana fue el momento en el que *Homo sapiens* ascendió el peldaño más alto en la cadena alimentaria y se convirtió en la especie más mortífera que ha habido en los cuatro mil millones de años de la historia de la vida en la Tierra.

Hasta entonces, los humanos habían mostrado algunas adaptaciones y comportamientos innovadores, pero su efecto en su ambiente había sido insignificante. Habían demostrado un éxito notable a la hora de desplazarse y adaptarse a diversos hábitats, pero lo hicieron sin cambiar drásticamente dichos hábitats. Los colonizadores de Australia o, de manera más precisa, sus conquistadores, no solo se adaptaron. Transformaron el ecosistema australiano hasta dejarlo irreconocible.

La primera huella humana en una playa arenosa australiana fue inmediatamente borrada por las olas. Pero cuando los invasores avanzaron tierra adentro, dejaron tras de sí una huella diferente, una huella que jamás se borraría. A medida que se adentraban en el continente encontraron un extraño universo de animales desconocidos, que incluían un canguro de 2 metros y 200 kilogramos y un león marsupial, tan grande como un tigre actual, el mayor depredador del continente. En los árboles forrajeaban koalas demasiado grandes para acariciarlos y en las llanuras corrían aves ápteras que tenían el doble de tamaño de los avestruces. Bajo la maleza se deslizaban lagartos de aspecto de dragón y serpientes de 5 metros de largo. El gigantesco diprotodonte, un uómbat de 2,5 toneladas, vagaba por los bosques. Con excepción de las aves y los reptiles, todos estos animales eran marsupiales: como los canguros, parían crías minúsculas y desvalidas, de aspecto fetal, que después alimentaban con leche en bolsas abdominales. Los mamíferos marsupiales eran casi desconocidos en África y Asia, pero en Australia eran los dueños supremos.

En cuestión de unos pocos miles de años, prácticamente todos estos gigantes desaparecieron. De las 24 especies animales que pesaban 50 kilogramos o más, 23 se extinguieron.[2] También desapareció un gran número de especies más pequeñas. Las cadenas alimentarias en todo el ecosistema australiano se descompusieron y se reorganizaron. Fue la transformación más importante del ecosistema australiano durante millones de años, pero ¿acaso fue todo culpa de *Homo sapiens*?

Culpable de los cargos imputados

Algunos estudiosos intentan exonerar a nuestra especie, cargando las culpas a los caprichos del clima (el chivo expiatorio habitual en tales casos). Sin embargo, es difícil creer que *Homo sapiens* fuera completamente inocente. Hay tres tipos de pruebas que debilitan la coartada del clima e implican a nuestros antepasados en la extinción de la megafauna australiana.

En primer lugar, aunque el clima de Australia cambió hace unos 45.000 años, esto no supuso ningún trastorno notable. Es difícil creer que únicamente unas nuevas pautas meteorológicas pudieron haber causado una extinción tan generalizada. Hoy en día es común explicarlo todo como resultado del cambio climático, pero lo cierto es que el clima de la Tierra nunca descansa. Se halla en un flujo constante. Así pues, podemos afirmar que todos los acontecimientos de la historia tuvieron lugar con algún cambio climático de fondo.

En particular, nuestro planeta ha experimentado numerosos ciclos de enfriamiento y calentamiento. Durante el último millón de años ha habido una glaciación cada 100.000 años de promedio. La última tuvo lugar desde hace unos 75.000 años hasta hace 15.000. No fue especialmente severa para un período glacial, y tuvo un par de máximos, el primero hace unos 70.000 años y el segundo hace unos 20.000 años. El diprotodonte gigante apareció en Australia hace más de 1,5 millones de años y resistió con éxito al menos a diez glaciaciones previas. También sobrevivió al primer máximo del último período glacial, hace unos 70.000 años. ¿Por qué, entonces, desapareció hace 45.000 años? Desde luego, si los diprotodontes hubieran sido los únicos animales grandes en desaparecer en esa época, podría ser fruto de la casualidad. Pero junto con el diprotodonte desapareció más del 90 por ciento de la megafauna australiana. Las pruebas son circunstanciales, si bien resulta difícil imaginar que los sapiens, solo por coincidencia, llegaron a Australia en el momento preciso en que todos estos animales caían muertos por el frío.[3]

En segundo lugar, cuando el cambio climático causa extinciones en masa, los organismos marinos suelen verse tan afectados como los terrestres. Sin embargo, no existe evidencia de ninguna desaparición significativa de la fauna oceánica hace 45.000 años. La implicación humana puede explicar fácilmente por qué la oleada de extinciones obliteró a la megafauna terrestre de Australia y no afectó a la de los océanos circundantes. A pesar de sus capacidades iniciales de navegación, *Homo sapiens* era todavía una amenaza abrumadoramente terrestre.

En tercer lugar, extinciones en masa parecidas a la diezmación arquetípica australiana tuvieron lugar una y otra vez a lo largo de los milenios siguientes... cada vez que los humanos colonizaban otra parte del mundo exterior. En estos casos, la culpabilidad de los sapiens es irrefutable. Por ejemplo, la megafauna de Nueva Zelanda (que había resistido sin el menor rasguño el supuesto «cambio climático» de hace unos 45.000 años), sufrió golpes devastadores inmediatamente después de que los primeros humanos pusieran el pie en las islas. Los maoríes, los primeros sapiens que colonizaron Nueva Zelanda, alcanzaron las islas hace unos ochocientos años. En un par de siglos, la mayoría de la megafauna local se había extinguido, junto con el 60 por ciento de todas las especies de aves.

Una suerte similar tuvo la población de mamuts de la isla de Wrangel, en el océano Ártico (a 200 kilómetros al norte de la costa de Siberia). Los mamuts habían prosperado durante millones de años en la mayor parte del hemisferio norte, pero cuando *Homo sapiens* se extendió, primero sobre Eurasia y después por Norteamérica, los mamuts se retiraron. Hace 10.000 años, no podía encontrarse un solo mamut en el mundo, con excepción de unas pocas islas árticas, en especial la de Wrangel. Los mamuts de Wrangel continuaron prosperando unos cuantos milenios más y después, de repente, desaparecieron hace unos 4.000 años, justo cuando los primeros humanos llegaron a la isla.

Si la extinción australiana fuera un acontecimiento aislado, podríamos conceder a los humanos el beneficio de la duda. Pero el registro histórico hace que *Homo sapiens* aparezca como un asesino ecológico en serie.

Todo lo que los colonizadores de Australia tenían a su disposición era tecnología de la Edad de Piedra. ¿Cómo pudieron causar un desastre ecológico? Hay tres explicaciones que encajan muy bien.

Los animales grandes (las principales víctimas de la extinción australiana) se reproducen lentamente. La preñez es prolongada, las crías por parto son pocas, y hay largos intervalos entre embarazo y embarazo. En consecuencia, si los humanos eliminaban aunque solo fuera un diprotodonte cada pocos meses, esto era suficiente para hacer que las muertes de diprotodontes superaran a los nacimientos. Al cabo de unos pocos miles de años, moriría el último y solitario diprotodonte, y con él toda su especie.[4]

De hecho, y a pesar de su tamaño, tal vez los diprotodontes y los otros animales gigantes de Australia no habrían sido tan difíciles de cazar porque sus asaltantes de dos patas los habrían pillado totalmente desprevenidos. Varias especies humanas habían estado vagando y evolucionando en Afroasia durante dos millones de años. Perfeccionaron lentamente sus habilidades de caza, y empezaron a ir tras los animales grandes hace unos 400.000 años. Las grandes bestias de África y Asia comprendieron gradualmente qué pretendían los humanos, y aprendieron a evitarlos. Cuando el nuevo megadepredador (*Homo sapiens*) apareció en la escena afroasiática, los grandes animales ya sabían mantenerse a distancia de animales que se parecían a él. En cambio, los gigantes australianos no tuvieron tiempo de aprender a huir. Los humanos no tienen un aspecto particularmente peligroso. No poseen dientes largos y afilados ni un cuerpo musculoso y elástico. De modo que cuando un diprotodonte, el mayor marsupial que haya hollado la Tierra, fijó la vista por primera vez en este simio de aspecto endeble, le dedicó una mirada y después continuó masticando hojas. Estos animales tenían que desarrollar el miedo a los humanos, pero antes de que pudieran hacerlo ya habían desaparecido.

La segunda explicación es que, cuando los sapiens llegaron a Australia, ya dominaban la agricultura del fuego. Enfrentados a un ambiente extraño y amenazador, incendiaban deliberadamente vastas áreas de malezas infranqueables y bosques densos para crear praderas abiertas, que entonces atraían a animales que se podían cazar con más facilidad, y que eran más adecuadas a sus necesidades. De esta manera cambiaron completamente la ecología de grandes partes de Australia en unos pocos milenios.

Un conjunto de pruebas que respaldan esta hipótesis es el registro fósil vegetal. Los árboles del género *Eucalyptus* eran raros en Australia hace 45.000 años. Sin embargo, con la llegada de *Homo sapiens* se inauguró una edad dorada para estas especies. Puesto que los eucaliptos se regeneran particularmente bien después de un incendio, se extendieron por todas partes mientras otros árboles desaparecían.

Estos cambios en la vegetación influyeron en los animales que comían las plantas y en los carnívoros que comían a los herbívoros. Los koalas, que subsisten únicamente a base de hojas de eucaliptos, se abrieron camino masticando felizmente a nuevos territorios, mientras que la mayoría de los demás animales sufrieron mucho. Numerosas cadenas alimentarias australianas se desplomaron, conduciendo a la extinción a los eslabones más débiles.[5]

Una tercera explicación coincide en que la caza y la agricultura del fuego desempeñaron un papel importante en la extinción, pero sostiene que no se puede ignorar por completo el papel del clima. Los cambios climáticos que hostigaron a Australia hace unos 45.000 años desestabilizaron el ecosistema y lo hicieron particularmente vulnerable. En circunstancias normales es probable que el sistema se hubiera recuperado, como había ocurrido muchas veces con anterioridad. Sin embargo, los humanos aparecieron en escena precisamente en esta encrucijada crítica y empujaron al abismo al frágil ecosistema. La combinación de cambio climático y caza humana es particularmente devastadora para los grandes animales, puesto que los ataca desde diferentes ángulos y es difícil encontrar una buena estrategia de supervivencia que funcione de manera simultánea contra múltiples amenazas.

Sin más pruebas, no hay manera de decantarse entre estas tres situaciones hipotéticas. Pero, ciertamente, hay buenas razones para creer que si *Homo sapiens* no hubiera ido nunca a Australia, todavía habría allí leones marsupiales, diprotodontes y canguros gigantes.

EL FINAL DEL PEREZOSO

La extinción de la megafauna australiana fue probablemente la primera marca importante que *Homo sapiens* dejó en nuestro planeta. Fue seguida por un desastre ecológico todavía mayor, esta vez en América. *Homo sapiens* fue la primera y única especie humana en alcanzar la masa continental del hemisferio occidental, a la que llegó hace unos 16.000 años, es decir, alrededor de 14000 a.C. Los primeros americanos llegaron a pie, gracias a que en aquella época el nivel del mar era lo bastante bajo para que un puente continental conectara el nordeste de Siberia con el noroeste de Alaska. No es que la travesía fuera fácil; el viaje era arduo, incluso más si cabe que la travesía hasta Australia. Para emprenderlo, los sapiens tuvieron primero que aprender a soportar las extremas condiciones árticas del norte de Siberia, una región en la que el sol no luce nunca en invierno, y en la que la temperatura puede descender hasta −50 grados Celsius.

Ninguna especie humana anterior había conseguido penetrar en lugares como el norte de Siberia. Incluso los neandertales, que estaban adaptados al frío, se hallaban limitados a regiones relativamente más cálidas, situadas más al sur. Pero *Homo sapiens*, cuyo cuerpo estaba adaptado a vivir en la sabana más que en los países de nieve y hielo, inventó soluciones ingeniosas. Cuando las bandas errantes de sapiens cazadores-recolectores emigraron a climas más fríos, aprendieron a hacer raquetas de nieve y ropa térmica efectiva compuesta de capas de pieles y cuero, cosidas juntas y muy apretadas con ayuda de agujas. Desarrollaron nuevas armas y elaboradas técnicas de caza que les permitieron rastrear y matar a mamuts y a otros animales grandes del lejano norte. A medida que sus ropajes térmicos y sus técnicas de caza mejoraban, los sapiens se atrevieron a adentrarse cada vez más profundamente en las regiones heladas. Y al tiempo que se desplazaban hacia el norte, sus vestidos, sus estrategias de caza y otras habilidades de supervivencia continuaron mejorando.

Pero ¿por qué se molestaron? ¿Por qué desterrarse a Siberia voluntariamente? Quizá algunas bandas fueron empujadas hacia el norte por guerras, presiones demográficas o desastres naturales. Aunque también había razones positivas para ir. Una de ellas era la proteína animal. En las tierras árticas abundaban los animales grandes y suculentos, como los renos y los mamuts. Cada mamut era fuente de una enorme cantidad de carne (que, dadas las bajas temperaturas, incluso podía congelarse para su uso posterior), gustosa grasa, piel caliente y valioso marfil. Tal como atestiguan los hallazgos de Sungir, los cazadores de mamuts no solo sobrevivieron en el helado norte, sino que prosperaron. A medida que pasaba el tiempo, las bandas se extendieron por todas partes, persiguiendo a mamuts, mastodontes, rinocerontes y renos. Hacia 14000 a.C., la cacería llevó a algunos de ellos desde el nordeste de Siberia a Alaska. Desde luego, no sabían que estaban descubriendo un nuevo mundo. Tanto para los mamuts como para los hombres, Alaska era una mera extensión de Siberia.

Al principio, los glaciares bloqueaban el camino desde Alaska al resto de América, aunque unos pocos pioneros pudieron haber superado estos obstáculos navegando a lo largo de la costa. Hacia el año 12000 a.C. el calentamiento global fundió el hielo y abrió un paso terrestre más fácil. Utilizando el nuevo corredor, la gente se desplazó hacia el sur en masa, extendiéndose por todo el continente. Aunque originalmente se habían adaptado a cazar animales grandes en el Ártico, pronto se ajustaron a una sorprendente variedad de climas y ecosistemas. Los descendientes de los siberianos se instalaron en los densos bosques del este de Estados Unidos, los pantanos del delta del Mississippi, los desiertos de México y las húmedas junglas de América Central. Algunos establecieron su hogar en la cuenca del Amazonas, otros echaron raíces en los valles de las montañas andinas o en las pampas abiertas de Argentina. ¡Y todo esto ocurrió en solo uno o dos milenios! Hacia 10000 a.C., los humanos ya habitaban en el punto más meridional de América, la isla de Tierra del Fuego, en la punta austral del continente. El *blitzkrieg* humano a través de América atestigua el ingenio incomparable y la adaptabilidad sin parangón de *Homo sapiens*. Ningún otro animal se había desplazado nunca a una variedad tan enorme de hábitats radicalmente distintos con tanta rapidez, utilizando en todas partes casi los mismos genes.[6]

La colonización de América por parte de los sapiens no fue en absoluto incruenta. Dejó atrás un largo reguero de víctimas. La fauna americana de hace 14.000 años era mucho más rica que en la actualidad. Cuando los primeros americanos se dirigieron hacia el sur desde Alaska hacia las llanuras de Canadá y el oeste de Estados Unidos, encontraron mamuts y mastodontes, roedores del tamaño de osos, manadas de caballos y camellos, leones de enorme tamaño y decenas de especies grandes cuyos equivalentes son hoy en día completamente desconocidos, entre ellos los temibles felinos de dientes de sable y los perezosos terrestres gigantes que pesaban hasta 8 toneladas y alcanzaban una altura de 6 metros. Sudamérica albergaba un zoológico todavía más exótico de grandes mamíferos, reptiles y aves. Las Américas eran un gran laboratorio de experimentación evolutiva, un lugar en el que animales y plantas desconocidos en África y Asia habían evolucionado y medrado.

Sin embargo, toda esa diversidad desapareció. Dos mil años después de la llegada de los sapiens, la mayoría de estas especies únicas se habían extinguido. Según estimaciones actuales, en este corto intervalo Norteamérica perdió 34 de sus 47 géneros de mamíferos grandes y Sudamérica perdió 50 de un total de 60. Los felinos de dientes de sable, después de haber prosperado a lo largo de más de 30 millones de años, desaparecieron, y la misma suerte corrieron los perezosos terrestres gigantes, los enormes leones, los caballos americanos nativos, los camellos americanos nativos, los roedores gigantes y los mamuts. Tras ellos, miles de especies de mamíferos, reptiles y aves de menor tamaño e incluso insectos y parásitos se extinguieron también (cuando los mamuts desaparecieron, todas las especies de garrapatas de mamuts cayeron en el olvido).

Durante décadas, paleontólogos y zooarqueólogos (personas que buscan y estudian restos animales) han estado peinando las llanuras y las montañas de las Américas en busca de huesos fosilizados de antiguos camellos y de las heces petrificadas de los perezosos terrestres gigantes. Cuando encuentran lo que buscan, los tesoros son cuidadosamente empaquetados y enviados a los laboratorios, donde cada hueso y cada coprolito (el nombre técnico de los excrementos fosilizados) son estudiados y datados con meticulosidad. Una y otra vez, estos análisis arrojaron los mismos resultados: las pelotas de excremento más frescas y los huesos de camello más recientes se remontan al período en el que los humanos inundaron América, es decir, aproximadamente entre 12000 y 9000 años a.C. Solo en una región, los científicos han descubierto pelotas de excremento más recientes: en varias islas del Caribe, en particular Cuba y La Española, encontraron heces petrificadas de perezoso terrestre datadas alrededor de 5000 a.C., fecha en la que los primeros humanos consiguieron atravesar el mar Caribe y colonizar estas dos grandes islas.

De nuevo, algunos estudiosos intentan exonerar a *Homo sapiens* y echan la culpa al cambio climático (lo que les obliga a plantear que, por alguna razón misteriosa, el clima de las islas caribeñas permaneció estático durante 7.000 años, mientras que el resto del hemisferio occidental se caldeó). Sin embargo, no se pueden eludir las bolas de excremento en América. Nosotros somos los culpables. No hay manera de eludir esta verdad. Aun en el caso de que hubiéramos contado con la complicidad del cambio climático, la contribución humana fue decisiva.[7]

El Arca de Noé

Si sumamos las extinciones en masa en Australia y América, y añadimos las extinciones a menor escala que tuvieron lugar mientras *Homo sapiens* se extendía por Afroasia (como la extinción de todas las demás especies humanas) y las extinciones que se produjeron cuando los antiguos cazadores-recolectores colonizaron islas remotas como Cuba, la conclusión inevitable es que la primera oleada de colonización de los sapiens fue uno de los desastres ecológicos mayores y más céleres que acaeció en el reino animal. Los animales que más padecieron fueron los grandes y peludos. En la época de la revolución cognitiva vivían en el planeta unos 200 géneros de animales terrestres grandes que pesaban más de 50 kilogramos. En la época de la revolución agrícola solo quedaban alrededor de 100. *Homo sapiens* llevó a la extinción a cerca de la mitad de las grandes bestias del planeta mucho antes de que los humanos inventaran la rueda, la escritura o las herramientas de hierro.

Esta tragedia ecológica se volvió a repetir en innumerables ocasiones y a una escala menor después de la revolución agrícola. El registro arqueológico de una isla tras otra cuenta la misma triste historia. La tragedia empieza con una escena que muestra una población rica y variada de animales grandes, sin traza alguna de humanos. En la escena segunda, aparecen los sapiens, de lo que dan prueba un hueso humano, una punta de lanza o quizá restos de cerámica. Sigue rápidamente la escena tercera, en la que hombres y mujeres ocupan el centro del escenario y la mayoría de los grandes animales, junto con muchos de los más pequeños, han desaparecido.

La gran isla de Madagascar, a unos 400 kilómetros al este del continente africano, ofrece un ejemplo famoso. A lo largo de millones de años de aislamiento, allí evolucionó una colección única de animales. Entre ellos se contaban el ave elefante, un animal áptero de tres metros de altura y que pesaba casi media tonelada (la mayor ave del mundo) y los lémures gigantes, los mayores primates del globo. Las aves elefante y los lémures gigantes, junto con la mayor parte de los demás animales grandes de Madagascar, desaparecieron de repente hace unos 1.500 años… precisamente cuando los primeros humanos pusieron el pie en la isla.

En el océano Pacífico, la principal oleada de extinción empezó alrededor del 1500 a.C., cuando agricultores polinesios colonizaron las islas Salomón, Fiyi y Nueva Caledonia. Eliminaron, directa o indirectamente, a cientos de especies de aves, insectos, caracoles y otros habitantes locales. Desde allí, la oleada de extinción se desplazó gradualmente hacia el este, el sur y el norte, hacia el centro del océano Pacífico, arrasando a su paso la fauna única de Samoa y Tonga (1200 a.C.), las islas Marquesas (1 d.C.), la isla de Pascua, las islas Cook y Hawái (500 d.C.) y, finalmente, Nueva Zelanda (1200 d.C.).

Desastres ecológicos similares ocurrieron en casi todos los miles de islas que salpican el océano Atlántico, el océano Índico, el océano Ártico y el mar Mediterráneo. Los arqueólogos han descubierto incluso en las islas más diminutas pruebas de la existencia de aves, insectos y caracoles que vivieron allí durante incontables generaciones, y que desaparecieron cuando llegaron los primeros agricultores humanos. Solo unas pocas islas extremadamente remotas se libraron de la atención del hombre hasta época moderna, y estas islas mantuvieron su fauna intacta. Las islas Galápagos, para poner un ejemplo famoso, permanecieron inhabitadas por los humanos hasta el siglo XIX, por lo que preservaron su zoológico único, incluidas las tortugas gigantes, que, como los antiguos diprotodontes, no muestran temor ante los humanos.

La primera oleada de extinción, que acompañó a la expansión de los cazadores-recolectores, fue seguida por la segunda oleada de extinción, que acompañó la expansión de los agricultores, y nos proporciona una importante perspectiva sobre la tercera oleada de extinción, que la actividad industrial está causando en la actualidad. No crea el lector a los ecologistas sentimentales que afirman que nuestros antepasados vivían en armonía con la naturaleza. Mucho antes de la revolución industrial, *Homo sapiens* ostentaba el récord entre todos los organismos por provocar la extinción del mayor número de especies de plantas y animales. Poseemos la dudosa distinción de ser la especie más mortífera en los anales de la biología.

Quizá si hubiera más personas conscientes de las extinciones de la primera y la segunda oleada, se mostrarían menos indiferentes acerca de la tercera oleada, de la que forman parte. Si supiéramos cuántas especies ya hemos erradicado, podríamos estar más motivados para proteger a las que todavía sobreviven. Esto es especialmente relevante para los grandes animales de los océanos. A diferencia de sus homólogos terrestres, los grandes animales marinos sufrieron relativamente poco en las revoluciones cognitiva y agrícola. Pero muchos de ellos se encuentran ahora al borde de la extinción como resultado de la contaminación industrial y del uso excesivo de los recursos oceánicos por parte de los humanos. Si las cosas continúan al ritmo actual, es probable que las ballenas, tiburones, atunes y delfines sigan el mismo camino hasta el olvido que los diprotodontes, los perezosos terrestres y los mamuts. Entre los grandes animales del mundo, los únicos supervivientes del diluvio humano serán los propios humanos, y los animales de granja que sirven como galeotes en el Arca de Noé.

Parte II

La revolución agrícola

FIGURA 9. Pintura mural de una tumba egipcia, que data de hace unos 3.500 años e ilustra escenas agrícolas habituales.

5

El mayor fraude de la historia

Durante 2,5 millones de años, los humanos se alimentaron recolectando plantas y cazando animales que vivían y se reproducían sin su intervención. *Homo erectus*, *Homo ergaster* y los neandertales recogían higos silvestres y cazaban carneros salvajes sin decidir dónde arraigarían las higueras, en qué prado debería pastar un rebaño de carneros o qué macho cabrío inseminaría a qué cabra. *Homo sapiens* se extendió desde África oriental a Oriente Próximo, hasta Europa y Asia, y finalmente hasta Australia y América; pero, dondequiera que fuera, los sapiens continuaron viviendo también mediante la recolección de plantas silvestres y la caza de animales salvajes. ¿Por qué hacer cualquier otra cosa cuando tu estilo de vida te da de comer en abundancia y sostiene un rico mundo de estructuras sociales, creencias religiosas y dinámicas políticas?

Todo esto cambió hace unos 10.000 años, cuando los sapiens empezaron a dedicar casi todo su tiempo y esfuerzo a manipular la vida de unas pocas especies de animales y plantas. Desde la salida hasta la puesta de sol los humanos sembraban semillas, regaban las plantas, arrancaban malas hierbas del suelo y conducían a los carneros a los mejores pastos. Estas tareas, pensaban, les proporcionarían más frutos, grano y carne. Fue una revolución en la manera en que vivían los humanos: la revolución agrícola.

La transición a la agricultura se inició alrededor de 9500-8500 a.C. en el país montuoso del sudeste de Turquía, el oeste de Irán y el Levante. Empezó lentamente, y en un área geográfica restringida. El trigo y las cabras se domesticaron aproximadamente hacia 9000 a.C.; los guisantes y las lentejas hacia 8000 a.C.; los olivos hacia 5000 a.C.; los caballos hacia 4000 a.C., y la vid en 3500 a.C. Algunos animales y plantas, como los camellos y los anacardos, se domesticaron incluso más tarde, pero en 3500 a.C. la principal oleada de domesticación ya había terminado. Incluso en la actualidad, con todas nuestras tecnologías avanzadas, más del 90 por ciento de las calorías que alimentan a la humanidad proceden del puñado de plantas que nuestros antepasados domesticaron entre 9500 y 3500 a.C.: trigo, arroz, maíz, patatas, mijo y cebada. En los últimos 2.000 años no se ha domesticado ninguna planta o animal dignos de mención. Si nuestra mente es la de los cazadores-recolectores, nuestra cocina es la de los antiguos agricultores.

Antaño, los estudiosos creían que la agricultura se extendió desde un único punto de origen en Oriente Próximo hasta los cuatro extremos del mundo. En la actualidad, los entendidos están de acuerdo en que en otras partes del mundo surgió también la agricultura, pero no porque los agricultores de Oriente Próximo exportaran su revolución, sino de manera completamente independiente. Los pueblos de América Central domesticaron el maíz y las habichuelas sin saber nada del cultivo del trigo y los guisantes en Oriente Próximo. Los sudamericanos descubrieron cómo cultivar patatas y criar llamas, ignorantes de lo que ocurría tanto en México como en el Levante. Los primeros revolucionarios en China domesticaron el arroz, el mijo y los cerdos. Los primeros jardineros de Norteamérica fueron los que se cansaron de registrar el sotobosque en busca de calabacines comestibles y decidieron cultivar calabazas. Los habitantes de Nueva Guinea domesticaron la caña de azúcar y los plátanos, mientras que los primeros granjeros de África occidental produjeron el mijo africano, el arroz africano, el sorgo y el trigo conforme a sus necesidades. Desde estos puntos focales iniciales, la agricultura se extendió por todas partes. En el siglo I a.C., la inmensa mayoría de las personas en la mayor parte del mundo eran agricultores.

¿Por qué se produjeron revoluciones agrícolas en Oriente Próximo, China y América Central y no en Australia, Alaska o Sudáfrica? La razón es simple: la mayoría de las especies de plantas y animales no se pueden domesticar. Los sapiens podían extraer del suelo deliciosas trufas y abatir mamuts lanudos, pero domesticar estas especies estaba fuera de sus posibilidades; los hongos eran demasiado escurridizos y las gigantescas bestias, demasiado feroces. De los miles de especies que nuestros antepasados cazaban y recolectaban, solo unas pocas eran candidatas

MAPA 2. Localización y fechas de las revoluciones agrícolas. No hay consenso sobre las fechas, y el mapa se redibuja continuamente para incorporar los últimos descubrimientos arqueológicos.

adecuadas para cultivarlas y apriscarlas. Estas pocas especies vivían en lugares concretos, y en esos lugares fue donde tuvieron lugar las revoluciones agrícolas (véase el mapa 2).[1]

Los entendidos proclamaban antaño que la revolución agrícola fue un gran salto adelante para la humanidad. Contaban un relato de progreso animado por la capacidad cerebral humana. La evolución produjo cada vez personas más inteligentes. Al final, estas eran tan espabiladas que pudieron descifrar los secretos de la naturaleza, lo que les permitió amansar a las ovejas y cultivar el trigo. En cuanto esto ocurrió, abandonaron alegremente la vida agotadora, peligrosa y a menudo espartana de los cazadores-recolectores y se establecieron para gozar de la vida placentera y de hartazgo de los agricultores.

Este relato es una fantasía. No hay ninguna prueba de que las personas se hicieran más inteligentes con el tiempo. Los cazadores-recolectores conocían los secretos de la naturaleza mucho antes de la revolución agrícola, puesto que su supervivencia dependía de un conocimiento cabal de los animales que cazaban y de las plantas que recolectaban. En lugar de anunciar una nueva era de vida fácil, la revolución agrícola dejó a los agricultores con una vida generalmente más difícil y menos satisfactoria que la de los cazadores-recolectores. Los cazadores-recolectores pasaban el tiempo de maneras más estimulantes y variadas, y tenían menos peligro de padecer hambre y enfermedades. Ciertamente, la revolución agrícola amplió la suma total de alimento a disposición de la humanidad, pero el alimento adicional no se tradujo en una dieta mejor o en más ratos de ocio, sino en explosiones demográficas y élites consentidas. El agricultor medio trabajaba más duro que el cazador-recolector medio, y a cambio obtenía una dieta peor. La revolución agrícola fue el mayor fraude de la historia.

¿Quién fue el responsable? Ni reyes, ni sacerdotes, ni mercaderes. Los culpables fueron un puñado de especies de plantas, entre las que se cuentan el trigo, el arroz y las patatas. Fueron estas plantas las que domesticaron a *Homo sapiens*, y no al revés.

Pensemos por un momento en la revolución agrícola desde el punto de vista del trigo. Hace 10.000 años, el trigo era solo una hierba silvestre, una de muchas, confinada a una pequeña área de distribución en Oriente Próximo. De repente, al cabo de solo unos pocos milenios, crecía por todo el mundo. Según los criterios evolutivos básicos de supervivencia y reproducción, el trigo se ha convertido en una de las plantas de más éxito en la historia de la Tierra. En áreas como las Grandes Llanuras de Norteamérica, donde hace 10.000 años no crecía ni un solo tallo de trigo, en la actualidad se pueden recorrer centenares y centenares de kilómetros sin encontrar ninguna otra planta. En todo el mundo, el trigo cubre 2,25 millones de kilómetros cuadrados de la superficie del planeta, casi diez veces el tamaño de Gran Bretaña. ¿Cómo pasó esta hierba de ser insignificante a ser ubicua?

El trigo lo hizo manipulando a *Homo sapiens* para su conveniencia. Este simio había vivido una vida relativamente confortable cazando y recolectando hasta hace unos 10.000 años, pero entonces empezó a invertir cada vez más esfuerzos en el cultivo del trigo. En el decurso de un par de milenios, los humanos de muchas partes del mundo hacían poca cosa más desde la salida hasta la puesta de sol que cuidar de las plantas del trigo. No era fácil. El trigo les exigía mucho. Al trigo no le gustan las rocas y los guijarros, de manera que los sapiens se partían la espalda despejando los campos. Al trigo no le gusta compartir su espacio, agua y nutrientes con otras plantas, de modo que hombres y mujeres trabajaban durante largas jornadas para eliminar las malas hierbas bajo el sol abrasador. El trigo enfermaba, de manera que los sapiens tenían que estar atentos para eliminar gusanos y royas. El trigo se hallaba indefenso frente a otros organismos a los que les gustaba comérselo, desde conejos a enjambres de langostas, de modo que los agricultores tenían que vigilarlo y protegerlo. El trigo estaba sediento, así que los humanos aportaban agua de manantiales y ríos para regarlo. Su insaciabilidad impulsó incluso a los sapiens a recoger heces de animales para nutrir el suelo en el que el trigo crecía.

El cuerpo de *Homo sapiens* no había evolucionado para estas tareas. Estaba adaptado a trepar a los manzanos y a correr tras las gacelas, no a despejar los campos de rocas ni a acarrear barreños de agua. La columna vertebral, las rodillas, el cuello y el arco de los pies pagaron el precio. Los estudios de esqueletos antiguos indican que la transición a la agricultura implicó una serie de dolencias, como discos intervertebrales luxados, artritis y hernias. Además, las nuevas tareas agrícolas exigían tanto tiempo que las gentes se vieron obligadas a instalarse de forma permanente junto a sus campos de trigo. Esto cambió por completo su modo de vida. No domesticamos el trigo. El término «domesticar» procede del latín *domus*, que significa «casa». ¿Quién vive en una casa? No es el trigo. Es el sapiens.

¿De qué manera convenció el trigo a *Homo sapiens* para cambiar una vida relativamente buena por una existencia más dura? ¿Qué le ofreció a cambio? Desde luego, no le ofreció una dieta mejor. Recordemos que los humanos son simios omnívoros que medran a base de una amplia variedad de alimentos. Los granos suponían solo una pequeña fracción de la dieta humana antes de la revolución agrícola. Una dieta basada en cereales es pobre en minerales y vitaminas, difícil de digerir y realmente mala para los dientes y las encías.

El trigo no confirió seguridad económica a la gente. La vida de un campesino es menos segura que la de un cazador-recolector. Los cazadores-recolectores se basaban en decenas de especies para sobrevivir, y por lo tanto podían resistir los años difíciles incluso sin almacenes de comida conservada. Si la disponibilidad de una especie se reducía, podían recolectar y cazar otras especies. Hasta hace muy poco, las sociedades agrícolas se han basado para la mayor parte de su ingesta de calorías en una pequeña variedad de plantas domésticas. En muchas áreas se basaban en una única planta, como el trigo, las patatas o el arroz. Si las lluvias fallaban o llegaban plagas de langostas o si un hongo aprendía cómo infectar a esta especie alimentaria básica, los campesinos morían por miles y millones.

El trigo tampoco podía ofrecer seguridad contra la violencia humana. Los primeros agricultores eran al menos tan violentos como sus antepasados cazadores-recolectores, si no más. Los agricultores tenían más posesiones y necesitaban terreno para plantar. La pérdida de tierras de pastos debido a las incursiones de vecinos podía significar la diferencia entre la subsistencia y la hambruna, de manera que había mucho menos margen para el compromiso. Cuando una banda de cazadores-recolectores se veía acosada por un rival más fuerte, por lo general podía marcharse. Era difícil y peligroso, pero era factible. Cuando un enemigo fuerte amenazaba una aldea agrícola, la retirada significaba ceder los campos, las casas y los graneros. En muchos casos, esto condenaba a los refugiados a morirse de hambre. Por lo tanto, los agricultores tendían a quedarse en su tierra y a luchar hasta las últimas consecuencias.

Muchos estudios antropológicos y arqueológicos indican que en las sociedades agrícolas simples, sin marcos políticos más allá de la aldea y la tribu, la violencia humana era responsable de un 15 por ciento de las muertes, incluido un 25 por ciento de las muertes de hombres. En la Nueva Guinea contemporánea, la violencia explica el 30 por ciento de las muertes de hombres en una sociedad tribal agrícola, los dani, y el 35 por ciento en otra, los enga. ¡En Ecuador, quizá hasta el 50 por ciento de los waorani adultos sufren una muerte violenta a manos de otro humano![2] Con el tiempo, la violencia humana se puso bajo control mediante el desarrollo de estructuras sociales mayores: ciudades, reinos y estados. Pero hicieron falta miles de años para construir estas estructuras políticas enormes y efectivas.

La vida en las aldeas aportó ciertamente a los primeros agricultores algunos beneficios inmediatos, como una mejor protección contra los animales salvajes, la lluvia y el frío. Pero para la persona media, las desventajas probablemente sobrepasaban a las ventajas. Esto resulta difícil de apreciar por parte de las personas que viven en las sociedades prósperas de hoy en día. Debido a que gozamos de abundancia y seguridad, y puesto que nuestra abundancia y seguridad se han construido sobre los cimientos que estableció la revolución agrícola, suponemos que esta fue una mejora maravillosa. Pero es erróneo juzgar miles de años de historia desde la perspectiva actual. Un punto de vista mucho más representativo es el de una niña de tres años de edad que muere de desnutrición en la China del siglo I porque los cultivos de su padre no han prosperado. ¿Acaso diría «Me estoy muriendo de desnutrición, pero dentro de 2.000 años la gente tendrá comida abundante y vivirá en casas con aire acondicionado, de modo que mi sufrimiento es un sacrificio que vale la pena»?

¿Qué es, pues, lo que el trigo ofrecía a los agriculturalistas, incluida esta niña china desnutrida? No ofrecía nada a la gente en tanto que individuos, pero sí confirió algo a *Homo sapiens* como especie. Cultivar trigo proporcionaba mucha más comida por unidad de territorio, y por ello permitió a *Homo sapiens* multiplicarse exponencialmente. Hacia el año 13000 a.C., cuando las gentes se alimentaban recolectando plantas silvestres y cazando animales salvajes, el área alrededor del oasis de Jericó, en Palestina, podía sostener todo lo más una tropilla errante de 100 personas relativamente saludables y bien alimentadas. Hacia el 8500 a.C., cuando las plantas silvestres habían dado paso a los campos de trigo, el oasis sostenía una aldea grande pero hacinada de 1.000 personas, que padecían mucho más de enfermedades y desnutrición.

La moneda de la evolución no es el hambre ni el dolor, sino copias de hélices de ADN. De la misma manera que el éxito económico de una compañía se mide solo por el número de dólares en su cuenta bancaria y no por la felicidad de sus empleados, el éxito evolutivo de una especie se mide por el número de copias de su ADN. Si no quedan más copias de ADN, la especie se extingue, de la misma manera que una compañía sin dinero está en bancarrota. Si una especie puede alardear de muchas copias de ADN, es un éxito, y la especie prospera. Desde esta perspectiva, 1.000 copias siempre son mejores que 100 copias. Esta es la esencia de la revolución agrícola: la capacidad de mantener más gente viva en peores condiciones.

Pero ¿por qué les habría de importar a los individuos este cálculo evolutivo? ¿Por qué habría cualquier persona sana de reducir su propio nivel de vida simplemente para multiplicar el número de copias del genoma de *Homo sapiens*? Nadie consintió este trato: la revolución agrícola era una trampa.

LA TRAMPA DEL LUJO

El auge de la agricultura fue un acontecimiento muy gradual que se extendió a lo largo de siglos y de milenios. Una banda de *Homo sapiens* que recolectaba setas y nueces y cazaba ciervos y conejos no se estableció de repente en una aldea permanente, labrando los campos, sembrando trigo y acarreando agua desde el río. El cambio tuvo lugar por fases, cada una de las cuales implicó solo una pequeña alteración de la vida cotidiana.

Homo sapiens llegó a Oriente Próximo hace unos 70.000 años. Durante los 50.000 años siguientes, nuestros antepasados medraron allí sin agricultura. Los recursos naturales del área eran suficientes para sostener a su población humana. En épocas de abundancia, la gente tenía algunos hijos más, y en tiempos de carestía unos pocos menos. Los humanos, como muchos animales, poseen mecanismos hormonales y genéticos que ayudan a controlar la procreación. En los tiempos buenos, las mujeres alcanzan antes la pubertad, y sus probabilidades de quedar embarazadas son algo mayores. En los tiempos malos, la pubertad se demora y la fertilidad se reduce.

A estos controles naturales de la población se añadieron mecanismos culturales. Los bebés y los niños pequeños, que se desplazan lentamente y requieren mucha atención, eran una carga para los cazadores-recolectores nómadas. La gente intentaba espaciar sus hijos en intervalos de tres a cuatro años. Las mujeres lo hacían amamantando a sus hijos continuamente y hasta una edad avanzada (dar de mamar continuamente reduce de manera significativa las probabilidades de quedar embarazada). Otros métodos incluían la abstinencia sexual total o parcial (reforzada quizá por tabúes culturales), el aborto y ocasionalmente el infanticidio.[3]

Durante estos largos milenios, los humanos comían ocasionalmente granos de trigo, pero esto era una parte marginal de su dieta. Hace unos 18.000 años, la última época glacial dio paso a un período de calentamiento global. A medida que aumentaban las temperaturas, también lo hicieron las precipitaciones. El nuevo clima era ideal para el trigo y otros cereales de Oriente Próximo, que se multiplicaron y se expandieron. La gente empezó a comer más trigo, y a cambio y sin darse cuenta extendieron su expansión. Puesto que era imposible comer granos silvestres sin aventarlos previamente, molerlos y cocerlos, las gentes que recogían estos granos los llevaban a sus campamentos temporales para procesarlos. Los granos de trigo son pequeños y numerosos, de modo que algunos caían inevitablemente en el camino al campamento y se perdían. Con el tiempo, cada vez más trigo creció a lo largo de los senderos favoritos de los humanos y alrededor de sus campamentos.

Cuando los humanos quemaban bosques y malezas, esto también ayudaba al trigo. El fuego eliminaba árboles y matorrales, lo que permitía que el trigo y otras hierbas monopolizaran la luz solar, el agua y los nutrientes. Allí donde el trigo se hacía particularmente abundante, y también lo eran los animales de caza y otras fuentes de alimento, las tropillas humanas podían abandonar de manera gradual su estilo de vida nómada y establecerse en campamentos estacionales e incluso permanentes.

Al principio pudieron haber acampado durante cuatro semanas, durante la cosecha. Una generación más tarde, al haberse multiplicado y extendido las plantas de trigo, el campamento de cosecha pudo haber durado cinco semanas, después seis, y finalmente se convirtió en una aldea permanente. A lo largo de todo Oriente Próximo se han descubierto indicios de estos poblados, en particular en el Levante, donde la cultura natufia floreció entre 12500 y 9500 a.C. Los natufios eran cazadores-recolectores que subsistían a base de decenas de especies silvestres, pero vivían en aldeas permanentes y dedicaban gran parte de su tiempo a la recolección y procesamiento de cereales silvestres. Construían casas y graneros de piedra. Almacenaban grano para las épocas de escasez. Inventaron nuevos utensilios, como guadañas de piedra para la recolección del trigo silvestre, y morteros y manos de mortero de piedra para molerlo.

En los años posteriores a 9500 a.C., los descendientes de los natufios continuaron recolectando y procesando cereales, pero también empezaron a cultivar de maneras cada vez más refinadas. Cuando recolectaban granos silvestres, tenían la precaución de dejar aparte una fracción de la cosecha para sembrar los campos en la siguiente estación. Descubrieron que podían conseguir resultados mucho mejores si sembraban los granos a una cierta profundidad del suelo y no repartiéndolos al azar sobre la superficie. De manera que comenzaron a cavar y labrar. Gradualmente empezaron también a eliminar las malas hierbas de los campos, a impedir la presencia de parásitos, y a regarlos y fertilizarlos. A medida que se dirigían más esfuerzos al cultivo de los cereales, había menos tiempo para recolectar y cazar especies salvajes. Los cazadores-recolectores se convirtieron en agricultores.

No hubo un solo paso que separara a la mujer que recolectaba trigo silvestre de la mujer que cultivaba trigo domesticado, de manera que es difícil decir exactamente cuándo tuvo lugar la transición decisiva a la agricultura. Pero, hacia 8500 a.C., Oriente Próximo estaba salpicado de aldeas como Jericó, cuyos habitantes pasaban la mayor parte del tiempo cultivando unas pocas especies domesticadas.

Con el paso a aldeas permanentes y el incremento de los recursos alimentarios, la población empezó a aumentar. Abandonar el estilo de vida nómada permitió a las mujeres tener un hijo cada año. Los hijos se destetaban a una edad más temprana: se les podían dar de comer gachas y avenate. Las manos sobrantes se necesitaban perentoriamente en los campos. Pero las bocas adicionales hicieron desaparecer pronto los excedentes de comida, de manera que tuvieron que plantarse más campos. Cuando la gente empezó a vivir en poblados asolados por las enfermedades, cuando los niños se alimentaban más de cereales y menos de la leche materna, y cuando cada niño competía por sus gachas con más y más hermanos, la mortalidad infantil se disparó. En la mayoría de las sociedades agrícolas, al menos uno de cada tres niños moría antes de alcanzar los veinte años de edad.[4] Sin embargo, el aumento de los nacimientos todavía superaba el aumento de las muertes; los humanos siguieron teniendo un número cada vez mayor de hijos.

Con el tiempo, el «negocio del trigo» se hizo cada vez más oneroso. Los niños morían en tropel, y los adultos comían el pan ganado con el sudor de su frente. La persona media en el Jericó de 8500 a.C. vivía una vida más dura que la persona media en el Jericó de 9500 a.C. o de 13000 a.C. Sin embargo, nadie se daba cuenta de lo que ocurría. Cada generación continuó viviendo como la generación anterior, haciendo solo pequeñas mejoras aquí y allá en la manera en que se realizaban las cosas. Paradójicamente, una serie de «mejoras», cada una de las cuales pretendía hacer la vida más fácil, se sumaron para constituir una piedra de molino alrededor del cuello de estos agricultores.

¿Por qué cometió la gente este error fatal? Por la misma razón que, a lo largo de la historia, esta ha hecho cálculos equivocados. La gente era incapaz de calibrar todas las consecuencias de sus decisiones. Cada vez que decidían hacer un poco más de trabajo extra (cavar los campos en lugar de dispersar las semillas sobre la superficie del suelo, pongamos por caso), la gente pensaba: «Sí, tendremos que trabajar más duro. ¡Pero la cosecha será muy abundante! No tendremos que preocuparnos nunca más por los años de escasez. Nuestros hijos no se irán nunca más a dormir con hambre». Tenía sentido. Si trabajabas más duro, tendrías una vida mejor. Ese era el plan.

La primera parte del plan funcionó perfectamente. En efecto, la gente trabajó más duro, pero no previó que el número de hijos aumentaría, lo que significaba que el trigo excedente tendría que repartirse entre más niños. Y los primeros agricultores tampoco sabían que dar de comer a los niños más gachas y menos leche materna debilitaría su sistema inmunitario, y que los poblados permanentes se convertirían en viveros para las enfermedades infecciosas. No previeron que al aumentar su dependencia de un único recurso alimentario en realidad se estaban exponiendo cada vez más a la depredación y a la sequía. Y los granjeros tampoco previeron que en los años de bonanza sus graneros repletos tentarían a ladrones y enemigos, lo que les obligaría a empezar a construir muros y a hacer tareas de vigilancia.

Entonces, ¿por qué los humanos no abandonaron la agricultura cuando el plan fracasó? En parte, porque hicieron falta generaciones para que los pequeños cambios se acumularan y transformaran la sociedad, y a esas alturas nadie recordaba que habían vivido de forma diferente. Y en parte debido a que el crecimiento demográfico quemó las naves de la humanidad. Si la adopción del laboreo de la tierra aumentó la población de la aldea de 100 personas a 110, ¿qué diez personas habrían aceptado voluntariamente morirse de hambre para que las demás pudieran volver a los buenos y viejos tiempos? La trampa se cerró de golpe.

La búsqueda de una vida más fácil trajo muchas privaciones, y no por última vez. En la actualidad nos ocurre a nosotros. ¿Cuántos jóvenes graduados universitarios han accedido a puestos de trabajo exigentes en empresas potentes, y se han comprometido solemnemente a trabajar duro para ganar dinero que les permita retirarse y dedicarse a sus intereses reales cuando lleguen a los treinta y cinco años? Pero cuando llegan a esa edad, tienen hipotecas elevadas, hijos que van a la escuela, casa en las urbanizaciones, dos coches como mínimo por familia y la sensación de que la vida no vale la pena vivirla sin vino realmente bueno y unas vacaciones caras en el extranjero. ¿Qué se supone que tienen que hacer, volver a excavar raíces? No, redoblan sus esfuerzos y siguen trabajando como esclavos.

Una de las pocas leyes rigurosas de la historia es que los lujos tienden a convertirse en necesidades y a generar nuevas obligaciones. Una vez que la gente se acostumbra a un nuevo lujo, lo da por sentado. Después empiezan a contar con él. Finalmente llegan a un punto en el que no pueden vivir sin él. Tomemos otro ejemplo familiar de nuestra propia época. A lo largo de las últimas décadas hemos inventado innumerables aparatos que ahorran tiempo y que se supone qué hacen la vida más relajada: lavadoras, aspiradores, lavavajillas, teléfonos, teléfonos móviles, ordenadores, correo electrónico. Previamente, escribir una carta, poner la dirección y el sello en un sobre y llevarlo hasta el buzón llevaba mucho tiempo. Para obtener la respuesta se tardaban días o semanas, quizá incluso meses. Hoy en día puedo escribir rápidamente un mensaje de correo electrónico, enviarlo a medio mundo de distancia y (si mi dirección está en línea) recibir una respuesta un minuto después. Me he ahorrado toda esta complicación y tiempo, pero ¿acaso vivo una vida más relajada?

Lamentablemente, no. Antaño, en la época del correo caracol, la gente por lo general solo escribía cartas cuando tenía algo importante que relatar. En lugar de escribir lo primero que se les venía a la cabeza, consideraban detenidamente qué es lo que querían decir y cómo expresarlo en palabras. Luego esperaban recibir una respuesta parecidamente considerada. La mayoría de las personas escribían y recibían no más que unas cuantas cartas al mes, y rara vez se sentían obligadas a contestar de inmediato. En la actualidad recibo cada día decenas de mensajes de correo electrónico, todos de personas que esperan una respuesta célere. Pensábamos que ahorraríamos tiempo; en cambio, aceleramos el tráfago de la vida hasta diez veces su anterior velocidad, haciendo que nuestros días sean más ansiosos y agitados.

Aquí y allí, un ludita resistente se niega a abrir una cuenta de correo electrónico, de la misma manera que hace miles de años algunas bandas de humanos rehusaron dedicarse a la agricultura y de esta manera escaparon de la trampa del lujo. Pero la revolución agrícola no necesitaba que todas las cuadrillas de una región determinada se incorporaran al proceso. Solo hacía falta una. Una vez que una banda se establecía y empezaba a labrar la tierra, ya fuera en Oriente Próximo o en América Central, la agricultura era irresistible. Puesto que la agricultura creó las condiciones para el rápido crecimiento demográfico, los granjeros podían por lo general superar a los cazadores-recolectores por una cuestión simplemente numérica. Los cazadores-recolectores podían huir, abandonando sus terrenos de caza a favor del campo y los pastos, o tomar ellos mismos la azada. De un modo u otro, la antigua vida estaba condenada.

El relato de la trampa del lujo supone una lección importante. La búsqueda de la humanidad de una vida más fácil liberó inmensas fuerzas de cambio que transformaron el mundo de maneras que nadie imaginaba ni deseaba. Nadie planeó la revolución agrícola ni buscó la dependencia humana del cultivo de cereales. Una serie de decisiones triviales, dirigidas principalmente a llenar unos pocos estómagos y a obtener un poco de seguridad, tuvieron el efecto acumulativo de obligar a los antiguos cazadores-recolectores a pasar sus días acarreando barreños de agua bajo un sol de justicia.

Intervención divina

La situación hipotética planteada arriba explica la revolución agrícola como un error. Es muy plausible. La historia está llena de errores mucho más tontos. Pero hay otra posibilidad. Quizá no fue la búsqueda de

una vida más fácil lo que produjo la transformación. Quizá los sapiens tenían otras aspiraciones, y conscientemente estaban dispuestos a que su vida fuera más dura con el fin de alcanzarlas.

Por lo general, los científicos intentan atribuir los acontecimientos históricos a impersonales factores económicos y demográficos. Esto cuadra mejor con sus métodos racionales y matemáticos. En el caso de la historia moderna, los expertos no pueden evitar tener en cuenta factores inmateriales tales como la ideología y la cultura. Las pruebas escritas les compelen a obrar así. Tenemos suficientes documentos, cartas y memorias que demuestran que la Segunda Guerra Mundial no fue causada por carestías alimentarias o presiones demográficas. Pero no tenemos ningún documento de la cultura de los natufios, de modo que cuando tratamos de períodos antiguos la escuela materialista predomina de manera absoluta. Es difícil demostrar que personas en un estadio previo a la cultura estaban motivadas por la fe y no por la necesidad económica.

FIGURA 10. Página anterior: Restos de una de las estructuras monumentales de Göbekli Tepe. Izquierda: Uno de los pilares de piedra decorados (de unos 5 metros de altura).

Pero, en algunos casos raros, tenemos la suerte de haber encontrado pistas reveladoras. En 1995, los arqueólogos empezaron a excavar una localidad del sudeste de Turquía llamada Göbekli Tepe. En el estrato más antiguo no descubrieron ninguna señal de una aldea, de casas o de actividades diarias. Sin embargo, encontraron estructuras columnares monumentales decoradas con grabados espectaculares. Cada columna de piedra pesaba hasta 7 toneladas y alcanzaba una altura de 5 metros. En una cantera cercana encontraron una columna a medio cincelar que pesaba 50 toneladas. En total, descubrieron más de 10 estructuras monumentales, la mayor de las cuales medía casi 30 metros (véase la figura 10).

Los arqueólogos están familiarizados con estas estructuras monumentales de localidades de todo el mundo; el ejemplo más conocido es Stonehenge, en Gran Bretaña. Pero cuando estudiaron Göbekli Tepe descubrieron algo sorprendente. Stonehenge se remonta a 2500 a.C., y fue construido por una sociedad agrícola desarrollada. Las estructuras de Göbekli Tepe están datadas hacia 9500 a.C., y todos los indicios disponibles señalan que fueron construidas por cazadores-recolectores. La comunidad arqueológica no daba crédito a estos hallazgos, pero una prueba tras otra confirmaron la fecha temprana de las estructuras y la sociedad preagrícola de sus constructores. Las capacidades de los antiguos cazadores-recolectores, y la complejidad de sus culturas, parece que fueron mucho más impresionantes de lo que se sospechaba en un principio.

¿Por qué habría de construir estructuras de este tipo una sociedad de cazadores-recolectores? No tenían ningún propósito utilitario evidente. No eran ni mataderos de mamuts ni lugares en los que resguardarse de la lluvia o esconderse de los leones. Esto nos deja con la teoría de que fueron construidas con algún propósito cultural misterioso que los arqueólogos se esfuerzan en descifrar. Fuera lo que fuese, los cazadores-recolectores creyeron que valía la pena dedicarles una enorme cantidad de esfuerzo y de tiempo. La única manera de construir Göbekli Tepe era que miles de cazadores-recolectores pertenecientes a bandas y tribus diferentes cooperaran a lo largo de un período de tiempo prolongado. Solo un sistema religioso o ideológico complejo podía sostener tales empresas.

Göbekli Tepe contenía otro secreto sensacional. Durante muchos años, los genetistas han estado siguiendo la pista del trigo domesticado. Descubrimientos recientes indican que al menos una variante domesticada (el trigo carraón) se originó en las colinas de Karacadag, a unos 30 kilómetros de Göbekli Tepe.[5]

Es difícil que esto sea una coincidencia. Es probable que el centro cultural de Göbekli Tepe estuviera de algún modo relacionado con la domesticación inicial del trigo por la humanidad y de la humanidad por el trigo. Con el fin de dar de comer a las gentes que construyeron y usaron las estructuras monumentales, se necesitaban cantidades de alimento particularmente grandes. Bien pudiera ser que los cazadores-recolectores pasaran de recolectar trigo silvestre a un cultivo intensivo de trigo, no para aumentar sus recursos alimentarios normales, sino más bien para sostener la construcción y el funcionamiento de un templo. En la imagen convencional, los pioneros primero construían una aldea y, cuando esta prosperaba, establecían un templo en el centro de la misma. Pero Göbekli Tepe sugiere que primero pudo haberse construido el templo, y que posteriormente a su alrededor creció una aldea.

Víctimas de la revolución

El acuerdo fáustico entre humanos y granos no fue el único trato que hizo nuestra especie. Se hizo otro convenio en relación con la suerte de animales tales como carneros, cabras, cerdos y gallinas. Las bandas nómadas que cazaban al acecho a los carneros alteraron gradualmente la constitución de los rebaños sobre los que depredaban. Este proceso se inició probablemente con la caza selectiva. Los humanos descubrieron que era ventajoso para ellos cazar únicamente a los moruecos adultos y ovejas viejas o enfermas. Exceptuaban de la caza a las hembras fértiles y a los corderos jóvenes con el fin de salvaguardar la vitalidad a largo plazo del rebaño local. El segundo paso pudo haber sido la defensa activa del rebaño frente a los depredadores, ahuyentando a leones, lobos y bandas humanas rivales. La cuadrilla pudo después haber apriscado al rebaño en un desfiladero estrecho con el fin de controlarlo y defenderlo mejor. Finalmente, la gente empezó a hacer una selección más cuidadosa de las ovejas con el fin de que se adecuaran a las necesidades humanas. Los carneros más agresivos, los que mostraban una mayor resistencia al control humano, eran los primeros en ser sacrificados. También lo fueron las hembras más flacas y curiosas. (A los pastores no les gustan las ovejas cuya curiosidad las lleva lejos del rebaño.) Con cada nueva generación, las ovejas se hicieron más gordas, más sumisas y menos curiosas.

Alternativamente, los cazadores pudieron haber capturado y «adoptado» un cordero, engordarlo durante los meses de abundancia y sacrificarlo en la estación de escasez. En algún momento empezaron a tener un número mayor de dichos corderos. Algunos de ellos alcanzaron la pubertad y comenzaron a procrear. Los corderos más agresivos e indóciles fueron los primeros en ser sacrificados. A los corderos más sumisos y atractivos se les permitía vivir más y procrear. El resultado fue un rebaño de ovejas domesticadas y sumisas.

Estos animales domesticados (ovejas, gallinas, asnos y otros) proporcionaban comida (carne, leche, huevos), materiales en bruto (pieles, lana) y potencia muscular. El transporte, la labor de la tierra, moler el grano y otras tareas que hasta entonces realizaba el vigor humano eran llevadas a cabo cada vez más por animales. En la mayoría de las sociedades agrícolas, la gente se centraba en el cultivo de plantas; criar animales era una actividad secundaria. Pero también apareció un nuevo tipo de sociedad en algunos lugares, basada principalmente en la explotación de los animales: las tribus de pastores.

A medida que los humanos se extendían por el mundo, lo mismo hicieron sus animales domesticados. Hace 10.000 años, no había más que unos pocos millones de ovejas, vacas, cabras, cerdos y gallinas que vivían en unos pocos nichos afroasiáticos privilegiados. En la actualidad, el mundo alberga alrededor de 1.000 millones de ovejas, 1.000 millones de cerdos, más de 1.000 millones de vacas y más de 25.000 millones de gallinas repartidos por todo el planeta. La gallina doméstica es el ave más ampliamente extendida de las que hayan existido nunca. Después de *Homo sapiens*, las vacas, los cerdos y las ovejas domésticas son los mamíferos grandes segundo, tercero y cuarto más extendidos por el mundo. Desde una perspectiva evolutiva estricta, la que mide el éxito por el número de copias de ADN, la revolución agrícola fue una maravillosa bendición para las gallinas, las vacas, los cerdos y las ovejas.

Lamentablemente, la perspectiva evolutiva es una medida incompleta del éxito. Todo lo juzga según los criterios de supervivencia y reproducción, sin considerar el sufrimiento y la felicidad de los individuos. Tanto los pollos como las vacas domésticas pueden representar una historia de éxito evolutivo, pero también figuran entre los animales más desdichados que jamás hayan existido. La domesticación de los animales se basaba en una serie de prácticas brutales que con el paso de los siglos se hicieron todavía más crueles.

La duración de la vida de los gallos salvajes es de 7-12 años, y la de los bóvidos salvajes de unos 20-25 años. En la naturaleza, la mayoría de los gallos y las vacas morían mucho antes, pero todavía tenían probabilidades de vivir durante un respetable número de años. En contraste, la inmensa mayoría de los pollos y las gallinas y del ganado bovino doméstico son sacrificados cuando tienen entre unas pocas semanas y unos pocos meses de edad, porque esta siempre se ha considerado la edad óptima para matarlos desde una perspectiva económica. (¿Por qué seguir alimentando a un gallo durante tres años si ya ha alcanzado su peso máximo a los tres meses?)

A las gallinas ponedoras, las vacas lecheras y los animales de tiro se les permite a veces vivir muchos años, pero el precio es la subyugación

FIGURA 11. Una pintura de una tumba egipcia, aproximadamente de 1200 a.C.: Un par de bueyes labran un campo. En la naturaleza, el ganado vagaba a su aire en rebaños con una compleja estructura social. El buey, castrado y domesticado, consumía su vida bajo el látigo y en un estrecho redil, y trabajaba solo o en parejas de una manera que no era adecuada para su cuerpo ni para sus necesidades sociales ni emocionales. Cuando un buey ya no podía tirar del arado, era sacrificado. (Adviértase la posición encorvada del labriego egipcio, quien, de manera parecida al buey, pasaba su vida realizando un duro trabajo que oprimía su cuerpo, su mente y sus relaciones sociales.)

a un modo de vivir completamente ajeno a sus instintos y deseos. Por ejemplo, es razonable suponer que los toros prefieren pasar sus días vagando por praderas abiertas en compañía de otros toros y vacas en lugar de tirar de carros y de arados bajo el yugo de un simio que empuña un látigo.

Con el fin de convertir a toros, caballos, asnos y camellos en obedientes animales de tiro, se habían de quebrar sus instintos naturales y sus lazos sociales, se había de contener su agresión y sexualidad, y se había de reducir su libertad de movimientos. Los granjeros desarrollaron técnicas tales como encerrar a los animales dentro de rediles y jaulas, embridarlos con arneses y traíllas, adiestrarlos con látigos y puyas para el ganado, y mutilarlos. El proceso de amansamiento casi siempre implica la castración de los machos. Esto reduce su agresividad y permite a los humanos controlar selectivamente la procreación del rebaño (véase la figura 11).

En muchas sociedades de Nueva Guinea, la riqueza de una persona se ha determinado tradicionalmente por el número de cerdos que posee. Para asegurar que los cerdos no se vayan, los agricultores del norte de Nueva Guinea les cortan un gran pedazo de la nariz. Esto produce un agudo dolor cada vez que el cerdo intenta oliscar. Puesto que los cerdos no pueden encontrar comida ni hallar su camino sin olfatear, esta mutilación los hace completamente dependientes de sus dueños humanos. En otra región de Nueva Guinea ha sido habitual sacarles los ojos a los cerdos, de modo que ni siquiera pueden ver adónde van.[6]

La industria lechera tiene sus propios métodos para obligar a los animales a hacer su voluntad. Vacas, cabras y ovejas solo producen leche después de parir terneros, cabritos y corderos, y solo mientras las crías maman. Para continuar obteniendo leche animal, un granjero necesita tener terneros, cabritos o corderos para que mamen, pero ha de impedirles que monopolicen la leche. Un método común a lo largo de la historia consistía en sacrificar a terneros y cabritos poco después de nacer, ordeñar a la madre continuamente y después hacer que quedara de nuevo preñada, y todavía hoy continúa siendo una técnica muy generalizada. En muchas granjas lecheras modernas, una vaca lechera vive por lo general unos cinco años antes de enviarla al matadero. Durante estos cinco años está preñada casi constantemente, y es fecundada a los 60-120 días después de parir, con el fin de preservar la máxima producción de leche. Sus terneros son separados de ella poco después de nacer. Las hembras son criadas para que se conviertan en la siguiente generación de vacas lecheras, mientras que los machos son destinados a la industria de la carne.[7]

Otro método consiste en mantener a terneros y cabritos cerca de su madre, pero impidiéndoles por diversas estratagemas que mamen demasiada leche. La manera más sencilla de hacerlo es permitir que el cabrito o el ternero mame, pero apartarlo cuando la leche empieza a fluir. Este método suele encontrar resistencia tanto de la cría como de la madre. Algunas tribus de pastores acostumbraban a matar a la cría, se comían su carne y después rellenaban su piel. Luego se enseñaba la cría

Figura 12. Una ternera moderna en una granja industrial de carne. Inmediatamente después de nacer, la ternera es separada de su madre y encerrada en una minúscula jaula, no mucho mayor que su propio cuerpo, donde pasará toda su vida: unos cuatro meses por término medio. Nunca abandona su jaula, ni se le permite jugar con otras terneras y ni siquiera andar, y todo para que sus músculos no se fortalezcan. Unos músculos blandos significan un bistec blando y jugoso. La primera vez que la ternera tiene ocasión de andar, estirar sus músculos y tocar a otras terneras es en su camino al matadero. En términos evolutivos, el ganado vacuno representa una de las especies animales con más éxito que haya existido nunca. Al mismo tiempo, figuran entre los animales más desgraciados del planeta.

disecada a la madre para que su presencia la animara a producir leche. Las gentes de la tribu de los nuer, en Sudán, iban aún más lejos: embadurnaban a los animales disecados con la orina de su madre para dar a los falsos terneros un aroma familiar y vivo. Otra técnica nuer consistía en fijar un anillo de espinas alrededor de la boca del ternero, de manera que pinchasen a la madre y esta se resistiera a amamantar.[8] Los tuareg criadores de camellos en el Sáhara solían pinchar o cortar partes de la nariz y del labio superior de las crías de camello con el fin de hacer que el amamantamiento fuera doloroso, con lo que los desanimaban a consumir demasiada leche.[9]

No todas las sociedades agrícolas eran tan crueles con sus animales de granja. La vida de algunos animales domésticos puede ser muy buena. Las ovejas que se crían por su lana, los perros y los gatos de compañía, los caballos de batalla y los caballos de carreras suelen gozar de condiciones confortables. Es sabido que el emperador romano Calígula quiso nombrar cónsul a su caballo favorito, Incitatus. A lo largo de la historia, pastores y agricultores han mostrado afecto por sus animales y han cuidado de ellos, al igual que muchos dueños de esclavos sentían afecto y se preocupaban por ellos. No era casualidad que reyes y profetas se calificaran a sí mismos de pastores y asimilaran la idea de que ellos y los dioses cuidaban de su gente como un pastor cuida su rebaño.

Sin embargo, desde el punto de vista del rebaño, y no del pastor, es difícil evitar la impresión de que para la inmensa mayoría de los animales domésticos la revolución agrícola fue una catástrofe terrible. Su «éxito» evolutivo carece de importancia. Un rinoceronte salvaje que se halle al borde de la extinción está probablemente más satisfecho que un ternero que pasa su corta vida dentro de una caja minúscula, y que es engordado para producir jugosos bistecs. El satisfecho rinoceronte no está menos contento por ser uno de los últimos ejemplares de su especie. El éxito numérico de la especie del ternero es un pobre consuelo para el sufrimiento que el individuo soporta (véase la figura 12).

Esta discrepancia entre éxito evolutivo y sufrimiento individual es quizá la lección más importante que podemos extraer de la revolución agrícola. Cuando estudiamos la historia de plantas como el trigo y el maíz, quizá la perspectiva puramente evolutiva tiene sentido. Pero en el caso de animales como los bóvidos, las ovejas y los sapiens, cada uno de ellos con un complejo mundo de sensaciones y emociones, hemos de considerar de qué manera el éxito evolutivo se traduce en experiencia individual. En los capítulos que siguen veremos, una y otra vez, que un aumento espectacular en el poder colectivo y en el éxito ostensible de nuestra especie iba acompañado de un gran sufrimiento individual.

6

Construyendo pirámides

La revolución agrícola es uno de los acontecimientos más polémicos de la historia. Algunos partidarios proclaman que puso a la humanidad en el camino de la prosperidad y el progreso. Otros insisten que la llevó a la perdición. Fue el punto de inflexión, dicen, en el que los sapiens se desprendieron de su simbiosis íntima con la naturaleza y salieron corriendo hacia la codicia y la alienación. Fuera cual fuese la dirección que tomara el camino, no había posibilidad de dar marcha atrás. La agricultura permitió que las poblaciones aumentaran de manera tan radical y rápida que ninguna sociedad agrícola compleja podría jamás volver a sustentarse si retornaba a la caza y la recolección. Hacia el año 10000 a.C., antes de la transición a la agricultura, la Tierra era el hogar de unos 5-8 millones de cazadores-recolectores nómadas. En el siglo I d.C., solo quedaban 1-2 millones de cazadores-recolectores (principalmente en Australia, América y África), pero su número quedaba empequeñecido comparado con los 250 millones de agricultores en todo el mundo.[1]

La inmensa mayoría de los agricultores vivían en poblados permanentes y solo unos pocos eran pastores nómadas. El hecho de establecerse hacía que el territorio de la mayoría de las personas se redujera de manera espectacular. Los antiguos cazadores-recolectores solían vivir en territorios que ocupaban muchas decenas e incluso cientos de kilómetros cuadrados. El «hogar» era todo el territorio, con sus colinas, ríos, bosques y cielo abierto. Los campesinos, en cambio, pasaban la mayor parte de sus días laborando en un pequeño campo o huerto, y su vida doméstica se centraba en una estructura confinada de madera, piedra o barro, que medía no más que unas pocas decenas de metros cuadrados: la casa. El campesino medio desarrolló un apego muy fuerte a esta estructura. Esta fue una revolución de gran alcance, cuyo impacto fue tanto psicológico como arquitectónico. En lo venidero, el apego a «mi casa» y la separación de los vecinos se convirtieron en el rasgo psicológico distintivo de un ser mucho más egocéntrico.

Los nuevos territorios agrícolas no eran solo mucho más pequeños que los de los antiguos cazadores-recolectores, sino mucho más artificiales. Aparte del uso del fuego, los cazadores-recolectores hicieron pocos cambios deliberados en las tierras por las que vagaban. Los agricultores, en cambio, vivían en islas humanas artificiales que labraban laboriosamente a partir de las tierras salvajes circundantes. Talaban bosques, excavaban canales, desbrozaban campos, construían casas, cavaban surcos y plantaban árboles frutales en metódicas hileras. El hábitat artificial resultante estaba destinado únicamente a los humanos y a «sus» plantas y animales, y a menudo estaba cercado mediante paredes y setos. Las familias de agricultores hacían todo lo que podían para mantener alejadas las malas hierbas y los animales salvajes. Si estos intrusos conseguían introducirse, eran expulsados. Si persistían, sus antagonistas humanos buscaban maneras de exterminarlos. Alrededor del hogar se erigían defensas particularmente fuertes. Desde los albores de la agricultura hasta la actualidad, miles de millones de seres humanos armados con ramas, matamoscas, zapatos y sprays venenosos han librado una guerra implacable contra las diligentes hormigas, las furtivas cucarachas, las audaces arañas y los extraviados escarabajos que constantemente se infiltran en los domicilios humanos.

Durante la mayor parte de la historia, estos enclaves de factura humana fueron muy pequeños, y estuvieron rodeados de extensiones de naturaleza indómita. La superficie de la Tierra mide unos 510 millones de kilómetros cuadrados, de los cuales 155 millones son de tierras. Hacia el año 1400 d.C., la inmensa mayoría de los agricultores, junto con sus plantas y animales, se arracimaban en un área de solo 11 millones de kilómetros cuadrados, el 2 por ciento de la superficie del planeta.[2] Todo el resto era demasiado frío, demasiado cálido, demasiado seco, demasiado húmedo o inadecuado por otras razones para el cultivo. Este minúsculo 2 por ciento de la superficie de la Tierra constituía el escenario en el que se desplegaba la historia.

A la gente le resultaba difícil dejar sus islas artificiales. No podían abandonar sus casas, campos y graneros sin correr el riesgo de perderlos.

Además, a medida que el tiempo pasaba, acumularon cada vez más cosas: objetos, no fácilmente transportables, que los mantenían ligados. Los antiguos agricultores nos pueden parecer pobres de solemnidad, pero una familia media poseía más artefactos que toda una tribu de cazadores-recolectores.

LA LLEGADA DEL FUTURO

Mientras que el espacio agrícola se encogía, el tiempo agrícola se expandía. Los cazadores-recolectores no solían invertir mucho tiempo pensando en la próxima semana o el mes siguiente. En cambio, los agricultores recorrían en su imaginación años y décadas hacia el futuro.

Los cazadores-recolectores daban poca importancia al futuro porque vivían precariamente y solo podían conservar alimentos o acumular posesiones con dificultad. Desde luego, se dedicaron a una cierta planificación avanzada. Los ejecutores del arte rupestre de Chauvet, Lascaux y Altamira pretendían, casi con toda seguridad, que este persistiera durante generaciones. Las alianzas sociales y las rivalidades políticas eran asuntos a largo plazo. A menudo se tardaba años en devolver un favor o vengar un agravio. No obstante, en la economía de subsistencia de la caza y la recolección, había un límite obvio a esta planificación a largo plazo. Paradójicamente, les ahorró a los cazadores-recolectores muchas angustias. En realidad, no tenía sentido preocuparse por cosas sobre las que no podían influir.

La revolución agrícola dio al futuro mucha más importancia de la que había tenido antes. Los agricultores, que tienen siempre en mente el futuro, trabajan a su servicio. La economía agrícola se basaba en un ciclo estacional de producción, que comprendía largos meses de cultivo seguidos de períodos de cosecha cortos e intensos. En la noche que seguía al final de una cosecha abundante los campesinos podían celebrar por todo lo que tenían, pero al cabo de una semana o así, se levantaban de nuevo al alba para pasar un largo día en el campo. Aunque había comida suficiente para hoy, para la semana siguiente e incluso el mes siguiente, tenían que preocuparse por el año próximo y por el año posterior a este.

La preocupación por el futuro se basaba no solo en los ciclos estacionales de producción, sino también en la incertidumbre fundamental de la agricultura. Puesto que la mayoría de las aldeas vivían cultivando una variedad muy limitada de plantas y animales domesticados, se hallaban a merced de las sequías, las inundaciones y la peste. Los campesinos se veían obligados a producir más de lo que producían, para poder acumular reservas. Sin grano en el silo, tinajas de aceite de oliva en la bodega, queso en la despensa y salchichas colgadas de las alfardas, se morirían de hambre en los años malos. Y los años malos llegarían más tarde o más temprano. Un campesino que viviera creyendo que no vendría un año malo no viviría mucho.

En consecuencia, desde la aparición de la agricultura las preocupaciones por el futuro se convirtieron en actores principales en el teatro de la mente humana. Allí donde los agricultores dependían de la lluvia para regar sus campos, el inicio de la estación de las lluvias significaba que todas las mañanas los granjeros oteaban el horizonte, oliscaban el viento y forzaban la vista. ¿Era aquello una nube? ¿Llegarían las lluvias a tiempo? ¿Llovería lo suficiente? ¿Acaso las tormentas violentas arrastrarían las simientes de los campos y derribarían los plantones? Mientras tanto, en los valles de los ríos Éufrates, Indo y Amarillo, otros campesinos vigilaban, con no menos ansiedad, la altura del agua. Necesitaban que los ríos subieran con el fin de extender los fértiles sedimentos de la capa superficial de las tierras altas, y que permitieran que sus extensos sistemas de irrigación se llenaran de agua. Pero las crecidas excesivas o que llegaran en el momento inadecuado podían destruir sus campos tanto como una sequía.

Los campesinos se preocupaban por el futuro no solo porque tenían más motivos para preocuparse, sino también porque podían hacer algo al respecto: podían desbrozar otro campo, excavar otra acequia de irrigación, sembrar más plantas. El campesino ansioso era tan frenético y trabajaba tan duro como una hormiga agricultora en verano, sudaba para plantar olivos cuyo aceite sería prensado por sus hijos y sus nietos, y dejaba para el invierno o el año siguiente los alimentos que le apetecía comer hoy.

El esfuerzo vinculado a la agricultura tuvo consecuencias trascendentales. Fue el fundamento de sistemas políticos y sociales a gran escala. Lamentablemente, los diligentes campesinos casi nunca consiguieron la seguridad económica futura que tanto ansiaban mediante su duro trabajo en el presente. Por todas partes surgían gobernantes y élites, que vivían a costa de los excedentes de alimentos de los campesinos y que solo les dejaban con una mera subsistencia.

Estos excedentes alimentarios confiscados impulsaron la política, las guerras, el arte y la filosofía. Construyeron palacios, fuertes, monumentos y templos. Hasta la época moderna tardía, más del 90 por ciento de los humanos eran campesinos que se levantaban cada mañana para labrar la tierra con el sudor de su frente. Los excedentes que producían alimentaban a la reducida minoría de élites (reyes, funcionarios gubernamentales, soldados, sacerdotes, artistas y pensadores) que llenan los libros de historia. La historia es algo que ha hecho muy poca gente mientras que todos los demás araban los campos y acarreaban barreños de agua.

UN ORDEN IMAGINADO

Los excedentes de alimentos producidos por los campesinos, junto con una nueva tecnología del transporte, acabaron permitiendo que cada vez más gente se hacinara primero en aldeas grandes, después en pueblos y, finalmente, en ciudades, todas ellas unidas por nuevos reinos y redes comerciales.

Sin embargo, para sacar partido de estas nuevas oportunidades, los excedentes de alimentos y el transporte mejorado no eran suficientes. El simple hecho de que se pueda dar de comer a mil personas en el mismo pueblo o a un millón de personas en el mismo reino no garantiza que puedan ponerse de acuerdo en cómo dividir la tierra y el agua, en cómo zanjar disputas y conflictos, y en cómo actuar en épocas de sequía o de guerra. Y si no se puede llegar a ningún acuerdo, los conflictos se extienden, aunque los almacenes estén repletos. No fue la carestía de los alimentos lo que causó la mayor parte de las guerras y revoluciones de la historia. La Revolución francesa fue encabezada por abogados ricos, no por campesinos hambrientos. La República romana alcanzó su máximo apogeo en el siglo I a.C., cuando flotas cargadas de tesoros procedentes de todo el Mediterráneo enriquecían a los romanos superando los sueños más visionarios de sus antepasados. Y, sin embargo, fue en ese momento de máxima prosperidad cuando el orden político romano se desplomó en una serie de mortíferas guerras civiles. Yugoslavia tenía en 1991 recursos suficientes para alimentar a todos sus habitantes, y aun así se desintegró en un baño de sangre terrible.

El problema de raíz de dichos desastres es que los humanos evolucionaron durante millones de años en pequeñas bandas de unas pocas decenas de individuos. Los pocos milenios que separan la revolución agrícola de la aparición de ciudades, reinos e imperios no fueron suficientes para permitir la evolución de un instinto de cooperación en masa.

A pesar de la carencia de estos instintos biológicos, durante la era de los cazadores-recolectores, cientos de personas pudieron cooperar gracias a sus mitos compartidos. Sin embargo, dicha cooperación era laxa y limitada. Cada cuadrilla de sapiens continuó desarrollando su vida de manera independiente y proveyendo la mayor parte de sus necesidades. Un sociólogo arcaico que hubiera vivido hace 20.000 años, que no tuviera conocimiento de los acontecimientos que siguieron a la revolución agrícola, bien pudiera haber llegado a la conclusión de que la mitología tenía muy pocas posibilidades de salir airosa. Los relatos sobre espíritus ancestrales y tótems tribales eran lo bastante fuertes para permitir que 500 personas intercambiaran conchas marinas, celebraran un festival ocasional y unieran fuerzas para exterminar a una banda de neandertales, pero nada más. La mitología, habría pensado el sociólogo de la antigüedad, no podría haber capacitado a millones de extraños para cooperar cada día.

Pero esto resultó ser erróneo. Aconteció que los mitos son más fuertes de lo que nadie podía haber imaginado. Cuando la revolución agrícola abrió oportunidades para la creación de ciudades atestadas e imperios poderosos, la gente inventó relatos acerca de grandes dioses, patrias y sociedades anónimas para proporcionar los vínculos sociales necesarios. Aunque la evolución humana seguía arrastrándose a su paso usual de caracol, la imaginación humana construía asombrosas redes de cooperación en masa, distintas a cualesquiera otras que se hubieran visto en la Tierra.

Hacia el año 8500 a.C., los mayores poblados del mundo eran aldeas como Jericó, en la que vivían unos pocos cientos de individuos. Hacia 7000 a.C., la ciudad de Çatalhöyük, en Anatolia, contaba entre 5.000 y 10.000 habitantes, probablemente el mayor poblado del mundo de la época. Durante el quinto y cuarto milenio a.C., en el Creciente Fértil surgieron ciudades con decenas de miles de habitantes, y cada una de ellas dominaba sobre muchos pueblos de las inmediaciones. En 3100 a.C., todo el valle del Nilo inferior fue unificado en el primer reino egipcio. Sus faraones gobernaban sobre miles de kilómetros cuadrados y cientos de miles de personas. Hacia el año 2250 a.C., Sargón el Grande forjó el primer imperio, el acadio. Se jactaba de tener un millón de súbditos y un ejército permanente de 5.400 soldados. Entre 1000 a.C. y 500 a.C., aparecieron los primeros megaimperios en Oriente Próximo: el Imperio asirio tardío, el Imperio babilonio y el Imperio persa. Gobernaban a varios millones de súbditos y mandaban a decenas de miles de soldados.

En el año 221 a.C. la dinastía Qin unió China, y poco después Roma unió la cuenca del Mediterráneo. Los impuestos recaudados a 40 millones de súbditos qin pagaban un ejército permanente de cientos de miles de soldados y una compleja burocracia que empleaba a más de 100.000 funcionarios. En su cénit, el Imperio romano recaudaba impuestos de hasta 100 millones de súbditos. Estos ingresos financiaban un ejército permanente de 250.000-500.000 soldados, una red de carreteras que todavía se usaba 1.500 años después y teatros y anfiteatros que desde entonces y hasta hoy han albergado espectáculos.

Sin duda, es impresionante pero no hemos de hacernos falsas ilusiones acerca de las «redes de cooperación en masa» que operaban en el Egipto de los faraones o en el Imperio romano. «Cooperación» suena muy altruista, si bien no siempre es voluntaria y rara vez es igualitaria. La mayoría de las redes de cooperación humana se han organizado para la opresión y la explotación. Los campesinos pagaban las redes de cooperación iniciales con sus preciosos excedentes de alimentos, y se desesperaban cuando el recaudador de impuestos eliminaba todo un año de arduo trabajo con un simple movimiento de su pluma imperial. Los famosos anfiteatros romanos solían ser construidos por esclavos, para que los romanos ricos y ociosos pudieran contemplar a otros esclavos enzarzarse en terribles combates de gladiadores. Incluso las prisiones y los campos de concentración son redes de cooperación, y pueden funcionar únicamente porque miles de extraños consiguen coordinar de alguna manera sus acciones.

Todas estas redes de cooperación, desde las ciudades de la antigua Mesopotamia hasta los imperios qin y romano, eran «órdenes imaginados». Las normas sociales que los sustentaban no se basaban en instintos fijados ni en relaciones personales, sino en la creencia en mitos compartidos.

¿Cómo pueden los mitos sustentar imperios enteros? Ya se ha comentado uno de tales ejemplos: Peugeot. Examinemos ahora dos de los mitos mejor conocidos de la historia: el Código de Hammurabi, de aproximadamente 1776 a.C., que sirvió como manual de cooperación para cientos de miles de antiguos babilonios; y la Declaración de Independencia de Estados Unidos de 1776 d.C., que en la actualidad todavía sirve como manual de cooperación para cientos de millones de americanos modernos.

En 1776 a.C., Babilonia era la mayor ciudad del mundo. El Imperio babilonio era probablemente el mayor del mundo, con más de un millón de súbditos. Gobernaba la mayor parte de Mesopotamia, que incluía prácticamente todo el Irak moderno y partes de lo que hoy es Siria e Irán. El rey babilonio más famoso fue Hammurabi. Su fama se debe principalmente al texto que lleva su nombre, el Código de Hammurabi. Se trata de una colección de leyes y decisiones judiciales cuyo objetivo era presentar a Hammurabi como un modelo de rey justo, servir como base para un sistema legal más uniforme para todo el Imperio babilonio y enseñar a las futuras generaciones qué es la justicia y cómo actúa un rey justo.

Las generaciones futuras tomaron nota. La élite intelectual y burocrática de la antigua Mesopotamia canonizó el texto, y los aprendices de escribas continuaron copiándolo mucho después de que Hammurabi muriera y su imperio se desmoronara. Por lo tanto, el Código de Hammurabi es una buena fuente para comprender el ideal de orden social de los antiguos mesopotámicos.[3]

El texto se inicia diciendo que los dioses Anu, Enlil y Marduk (las principales deidades del panteón mesopotámico) designaron a Hammurabi «para que la justicia prevaleciera en la tierra, para abolir a los inicuos y a los malos, para impedir que los fuertes oprimieran a los débiles».[4] A continuación cita unas 300 sentencias, siguiendo la fórmula «Si ocurre tal y cual cosa, esta es la sentencia». Por ejemplo, las sentencias 196-199 y 209-214 rezan lo siguiente:

196. Si un hombre superior deja tuerto a otro hombre superior, lo dejarán tuerto.
197. Si le rompe el hueso a otro hombre superior, que le rompan el hueso.
198. Si deja tuerto a un plebeyo o le rompe un hueso a un plebeyo, pagará 60 siclos de plata.
199. Si deja tuerto al esclavo de un hombre superior o le rompe un hueso al esclavo de un hombre superior, pagará la mitad del valor del esclavo (en plata).[5]
209. Si un hombre superior golpea a una mujer de clase superior y así le provoca que aborte su feto, pagará 10 siclos de plata por su feto.
210. Si esa mujer muere, que maten a la hija del hombre.
211. Si es a la hija de un plebeyo a quien le causa a golpes la pérdida del feto, pagará 5 siclos de plata.
212. Si esa mujer muere, pagará 30 siclos de plata.
213. Si golpea a la esclava de un hombre superior y le provoca así el aborto de su feto, pagará 2 siclos de plata.
214. Si esa esclava muere, pagará 20 siclos de plata.[6]

Después de listar sus sentencias, Hammurabi vuelve a declarar que:

Estas son las justas decisiones que Hammurabi, el hábil rey, ha establecido, y por las que ha dirigido la tierra a lo largo de la ruta de la verdad y del camino correcto de la vida. [...] Soy Hammurabi, noble rey. No he sido descuidado ni negligente hacia la humanidad, cuyo cuidado me concedió el dios Enlil, y cuyo pastoreo me encargó el dios Marduk.[7]

El Código de Hammurabi afirma que el orden social babilonio se basa en principios universales y eternos de justicia, dictados por los dioses. El principio de jerarquía es de importancia capital. Según el código, las personas se dividen en dos géneros y tres clases: personas superiores, plebeyos y esclavos. Los miembros de cada género y clase tienen valores diferentes. La vida de una plebeya vale 30 siclos de plata, mientras que el ojo de un plebeyo vale 60 siclos de plata.

El código establece asimismo una jerarquía estricta en el seno de las familias, según el cual los niños no son personas independientes, sino propiedad de sus padres. De ahí que, si un hombre superior mata a la hija de otro hombre superior, la hija del homicida es ejecutada como castigo. A nosotros nos puede parecer extraño que el homicida siga impune mientras que su hija inocente es sacrificada, pero a Hammurabi y a los babilonios esto les parecía perfectamente justo. El Código de Hammurabi se basaba en la premisa de que si todos los súbditos del rey aceptaban su posición en la jerarquía y actuaban en consecuencia, el millón de habitantes del imperio podrían cooperar de manera efectiva. Entonces su sociedad podría producir alimentos suficientes para sus miembros, distribuirlos eficientemente, protegerse contra sus enemigos y expandir su territorio con el fin de adquirir más riquezas y mayor seguridad.

Unos 3.500 años después de la muerte de Hammurabi, los habitantes de trece colonias británicas en Norteamérica sentían que el rey de Inglaterra los trataba injustamente. Sus representantes se reunieron en la ciudad de Filadelfia y, el 4 de julio de 1776, las colonias declararon que sus habitantes ya no eran súbditos de la corona británica. Su Declaración de Independencia proclamó principios universales y eternos de justicia que, como los de Hammurabi, estaban inspirados por un poder divino. Sin embargo, el principio más importante que dictaba el dios americano era algo diferente del principio dictado por los dioses de Babilonia. La Declaración de Independencia de Estados Unidos afirma:

> Sostenemos como evidentes por sí mismas dichas verdades: que todos los hombres son creados iguales; que son dotados por su Creador de ciertos derechos inalienables; que entre estos están la vida, la libertad y la búsqueda de la felicidad.

Al igual que el Código de Hammurabi, el documento fundacional estadounidense promete que si los americanos actúan según sus sagrados principios, millones de ellos podrán cooperar de manera efectiva, y vivir seguros y en paz en una sociedad justa y próspera. Al igual que el Código de Hammurabi, la Declaración de Independencia de Estados Unidos no era solo un documento de su tiempo y su lugar: también fue aceptado por generaciones futuras. Durante más de 200 años, los escolares estadounidenses la han copiado y la han aprendido de memoria.

Ambos textos nos plantean un dilema. Tanto el Código de Hammurabi como la Declaración de Independencia de Estados Unidos afirman compendiar principios universales y eternos de justicia, pero según los americanos todas las personas son iguales, mientras que según los babilonios las personas son claramente desiguales. Desde luego, los americanos dirían que ellos tienen razón, y que Hammurabi está equivocado. Hammurabi, por supuesto, replicaría que él está en lo cierto, y que los americanos están equivocados. En realidad, ambos están equivocados. Tanto Hammurabi como los Padres Fundadores americanos imaginaban una realidad regida por principios de justicia universales e inmutables, tales como la igualdad y la jerarquía. Pero el único lugar en el que tales principios existen es en la fértil imaginación de los sapiens, y en los mitos que inventan y se cuentan unos a otros. Estos principios no tienen validez objetiva.

Para nosotros es fácil aceptar que la división de la gente en «superiores» y «plebeyos» es una invención de la imaginación. Pero la idea de que todos los humanos son iguales también es un mito. ¿En qué sentido todos los humanos son iguales entre sí? ¿Existe alguna realidad objetiva, fuera de la imaginación humana, en la que seamos realmente iguales? ¿Son todos los humanos iguales desde el punto de vista biológico? Intentemos traducir la sentencia más famosa de la Declaración de Independencia de Estados Unidos en términos biológicos:

> Sostenemos como evidentes por sí mismas dichas verdades: que todos los hombres son *creados iguales*; que son *dotados* por su *Creador* de ciertos *derechos inalienables*; que entre estos están la vida, la *libertad* y la búsqueda de la *felicidad*.

Según la ciencia de la biología, las personas no fueron «creadas», sino que han evolucionado. Y, ciertamente, no evolucionaron para ser «iguales». La idea de igualdad se halla inextricablemente entrelazada con la idea de creación. Los americanos obtuvieron la idea de igualdad del cristianismo, que dice que toda persona tiene un alma creada divinamente y que todas las almas son iguales ante Dios. Sin embargo, si no creemos en los mitos cristianos acerca de Dios, la creación y las almas, ¿qué significa que todas las personas son «iguales»? La evolución se basa en la diferencia, no en la igualdad. Cada persona posee un código genético diferente, y desde su nacimiento se halla expuesta a diferentes influencias ambientales. Esto conduce al desarrollo de cualidades diferentes que llevan consigo diferentes probabilidades de supervivencia. Por lo tanto, «creados iguales» debería traducirse por «evolucionados de manera diferente».

Del mismo modo que las personas no fueron creadas, tampoco, según la ciencia de la biología, existe un «Creador» que las «dote» de nada. Solo existe un proceso evolutivo ciego, desprovisto de cualquier propósito, que conduce al nacimiento de los individuos. «Dotados por su Creador» debería traducirse simplemente por «nacidos».

De manera parecida, los derechos no existen en biología. Solo hay órganos, capacidades y características. Las aves vuelan no porque tengan el derecho a volar, sino porque poseen alas. Y no es cierto que dichos órganos, capacidades y características sean «inalienables». Muchos de ellos experimentan mutaciones constantes que pueden perderse por completo con el tiempo. El avestruz es un ave que perdió su capacidad de volar. De modo que «derechos inalienables» debe traducirse por «características mutables».

¿Y cuáles son las características que evolucionaron en los humanos? La «vida», ciertamente. Pero ¿la «libertad»? Al igual que la igualdad, los derechos y las sociedades anónimas, también la libertad es un ideal político más que un fenómeno biológico. Desde un punto de vista puramente biológico, hay poca diferencia entre los ciudadanos de una república y los súbditos de un rey. ¿Y qué hay de la «felicidad»? Hasta el presente, la investigación biológica no ha conseguido obtener una definición clara de felicidad ni una manera de medirla objetivamente. La mayoría de los estudios biológicos solo reconocen la existencia del placer, que es más fácil de definir y de medir. De modo que habría que traducir «la vida, la libertad y la búsqueda de la felicidad» por «la vida y la búsqueda del placer».

He aquí, pues, sentencia de la Declaración de Independencia de Estados Unidos traducida en términos biológicos:

> Sostenemos como evidentes por sí mismas dichas verdades: que todos los hombres han evolucionado de manera diferente; que han nacido con ciertas características mutables; que entre estas están la vida y la búsqueda del placer.

Los que abogan por la igualdad y los derechos humanos pueden indignarse por esta línea de razonamiento. Es probable que su respuesta sea: «¡Ya sabemos que las personas no son iguales desde el punto de vista biológico! Pero si creemos que todos somos iguales en esencia, esto nos permitirá crear una sociedad estable y próspera». No tengo ningún argumento que oponer. Esto es precisamente lo que quiero decir con «orden imaginado». Creemos en un orden particular no porque sea objetivamente cierto, sino porque creer en él nos permite cooperar de manera efectiva y forjar una sociedad mejor. Los órdenes imaginados no son conspiraciones malvadas o espejismos inútiles. Más bien, son la única manera en que un gran número de humanos pueden cooperar de forma efectiva. Pero tengamos presente que Hammurabi podría haber defendido su principio de jerarquía utilizando la misma lógica: «Yo sé que los hombres superiores, los plebeyos y los esclavos no son clases de personas intrínsecamente distintas. Pero si creemos que lo son, esto nos permitirá crear una sociedad estable y próspera».

VERDADEROS CREYENTES

Es probable que más de un lector se haya retorcido en su silla al leer los párrafos anteriores. En la actualidad, la mayoría de nosotros hemos sido educados para reaccionar de esta manera. Es fácil aceptar que el Código de Hammurabi era un mito, pero no queremos oír que los derechos humanos sean asimismo un mito. Si la gente se diera cuenta de que los derechos humanos solo existen en la imaginación, ¿no habría el peligro de que nuestra sociedad se desplomara? Voltaire dijo acerca de Dios que «Dios no existe, pero no se lo digáis a mi criado, no sea que me asesine durante la noche». Hammurabi habría dicho lo mismo acerca de su principio de jerarquía, y Thomas Jefferson acerca de los derechos humanos. *Homo sapiens* no tiene derechos naturales, de la misma manera que las arañas, las hienas y los chimpancés no tienen derechos naturales. Pero no se lo digamos a nuestros criados, no sea que nos maten por la noche.

Tales temores están bien justificados. Un orden natural es un orden estable. No hay ninguna probabilidad de que la gravedad deje de funcionar mañana, aunque la gente deje de creer en ella. Por el contrario, un orden imaginado se halla siempre en peligro de desmoronarse, porque depende de mitos, y los mitos se desvanecen cuando la gente deja de creer en ellos. Con el fin de salvaguardar un orden imaginado es obligado realizar esfuerzos continuos y tenaces, algunos de los cuales derivan en violencia y coerción. Los ejércitos, las fuerzas policiales, los tribunales y las prisiones trabajan sin cesar, obligando a la gente a actuar de acuerdo con el orden imaginado. Si un antiguo babilonio dejaba ciego a su vecino, por lo general era necesario cierto grado de violencia para hacer cumplir la ley del «ojo por ojo». Cuando, en 1860, una mayoría de ciudadanos norteamericanos llegaron a la conclusión de que los esclavos africanos son seres humanos y por lo tanto debían gozar del derecho a la libertad, hizo falta una sangrienta guerra civil para que los estados sureños lo aceptaran.

Sin embargo, un orden imaginado no puede sostenerse solo mediante la violencia. Requiere asimismo verdaderos creyentes. El príncipe Talleyrand, que inició su carrera camaleónica bajo el reinado de Luis XVI, sirvió posteriormente a los regímenes revolucionario y napoleónico y cambió su lealtad a tiempo de terminar sus días trabajando para la monarquía restaurada. Su célebre frase «Se pueden hacer muchas cosas con las bayonetas, pero es bastante incómodo sentarse sobre ellas» resume décadas de experiencia de gobierno. Un único sacerdote suele hacer el trabajo de cien soldados, y de manera mucho más barata y eficiente. Además, con independencia de lo eficientes que sean las bayonetas, alguien tiene que esgrimirlas. ¿Por qué habrían de mantener soldados, carceleros, jueces y policía un orden imaginado en el que no creen? De todas las actividades colectivas humanas, la más difícil de organizar es la violencia. Decir que un orden social se mantiene mediante la fuerza militar plantea inmediatamente la cuestión: ¿qué mantiene el orden militar? Es imposible organizar un ejército únicamente mediante la coerción. Al menos algunos de los mandos y los soldados han de creer realmente en algo, ya sea Dios, el honor, la patria, la hombría o el dinero.

Una pregunta incluso más interesante se refiere a los que se encuentran en la cima de la pirámide social. ¿Por qué querrían hacer cumplir un orden imaginado si ellos mismos no creen en él? Es relativamente común aducir que la élite puede hacerlo debido a la codicia cínica. Pero es improbable que un cínico que no cree en nada sea codicioso. No hace falta mucho para proporcionar las necesidades biológicas objetivas de *Homo sapiens*. Una vez se han cubierto dichas necesidades, se puede gastar más dinero en la construcción de pirámides, tomarse unas vacaciones alrededor del mundo, financiar campañas electorales, financiar a nuestra organización terrorista favorita o invertir en el mercado de valores y conseguir todavía más dinero… todas ellas actividades que un verdadero cínico encontraría absolutamente sin sentido. Diógenes, el filósofo griego que fundó la escuela cínica, vivía en una tinaja. Cuando Alejandro Magno visitó en una ocasión a Diógenes, mientras este se hallaba descansando al sol, y le preguntó si había algo que pudiera hacer por él, el cínico contestó al poderosísimo conquistador: «Sí, hay algo que puedes hacer por mí. Por favor, muévete un poco a un lado. Me tapas la luz del sol».

Esta es la razón por la que los cínicos no construyen imperios y por la que un orden imaginado solo puede mantenerse si hay grandes segmentos de la población (y en particular grandes segmentos de la élite y de las fuerzas de seguridad) que creen realmente en él. El cristianismo no habría durado 2.000 años si la mayoría de los obispos y sacerdotes no hubieran creído en Cristo. La democracia estadounidense no habría durado 250 años si la mayoría de los presidentes y congresistas no hubieran creído en los derechos humanos. El sistema económico moderno no habría durado ni un solo día si la mayoría de los accionistas y banqueros no hubieran creído en el capitalismo.

LOS MUROS DE LA PRISIÓN

¿Cómo se hace para que la gente crea en un orden imaginado como el cristianismo, la democracia o el capitalismo? En primer lugar, no admitiendo nunca que el orden es imaginado. Siempre se insiste en que el orden que sostiene a la sociedad es una realidad objetiva creada por los grandes dioses o por las leyes de la naturaleza. Las personas son distintas, no porque lo dijera Hammurabi, sino porque lo decretaron Enlil y Marduk. Las personas son iguales, no porque lo dijera Thomas Jefferson, sino porque Dios los creó así. Los mercados libres son el mejor sistema económico, no porque lo dijera Adam Smith, sino porque estas son las inmutables leyes de la naturaleza.

También se educa de manera concienzuda a la gente. Desde que nacen, se les recuerda constantemente los principios del orden imaginado, que se incorporan a todas y cada una de las cosas. Se incorporan a los cuentos de hadas, a los dramas, los cuadros, las canciones, a la etiqueta, a la propaganda política, la arquitectura, las recetas y las modas. Por ejemplo, hoy en día la gente cree en la igualdad, de manera que está de moda entre los niños ricos llevar pantalones tejanos, que originalmente eran la indumentaria de la clase trabajadora. En la Europa de la Edad Media la gente creía en las diferencias de clases, de manera que ningún joven noble se habría puesto un sobretodo de campesino. En aquel entonces, dirigirse a alguien como «señor» o «señora» era un raro privilegio reservado a la nobleza, y que a menudo se ganaba con sangre. Hoy en día, toda la correspondencia educada, con independencia del destinatario, empieza con «Apreciado señor o señora».

Las humanidades y las ciencias sociales dedican la mayor parte de sus energías a explicar exactamente de qué manera el orden imaginado está entretejido en el tapiz de la vida. En el espacio limitado de que disponemos solo podemos arañar la superficie. Hay tres factores principales que impiden que la gente se dé cuenta de que el orden que organiza su vida existe únicamente en su imaginación:

a. *El orden imaginado está incrustado en el mundo material.* Aunque el orden imaginado solo existe en nuestra mente, puede entretejerse en la realidad material que nos rodea, e incluso grabarse en piedra. En la actualidad, la mayoría de los habitantes de Occidente creen en el individualismo. Piensan que cada humano es un individuo, cuyo valor no depende de lo que otras personas crean de él o de ella. Cada uno de nosotros tiene en su interior un brillante rayo de luz que confiere valor y significado a nuestra vida. En las escuelas modernas de Occidente, los maestros de escuela y los padres les dicen a los niños que si sus compañeros de clase se burlan de ellos, deben ignorarlos. Solo ellos, y no otros, conocen su verdadero valor.

En la arquitectura moderna, este mito salta de la imaginación para tomar forma en piedra y hormigón. La casa moderna ideal está dividida en muchas habitaciones pequeñas de modo que cada niño pueda tener un espacio privado, oculto a la vista, que proporcione la máxima autonomía. Esta habitación privada posee casi de manera invariable una puerta, y en muchos hogares es práctica aceptada que el niño cierre la puerta, hasta con llave. Incluso los padres tienen prohibido entrar sin llamar y pedir permiso para ello. La habitación está decorada como al niño le gusta, con carteles de estrellas de rock en la pared y calcetines sucios por el suelo. Quien crezca en un espacio así no puede hacer otra cosa que imaginarse que es «un individuo», cuyo verdadero valor emana de dentro y no de fuera.

Los nobles medievales no creían en el individualismo. El valor de alguien estaba determinado por su lugar en la jerarquía social y por lo que otras personas decían de ellos. Que se rieran de uno era un grave ultraje. Los nobles enseñaban a sus hijos a proteger su buen nombre a cualquier precio. Como el individualismo moderno, el sistema de valores sociales medieval dejó la imaginación y para manifestarse en la piedra de los castillos medievales. El castillo raramente contenía habitaciones privadas para los niños (ni para nadie). El hijo adolescente de un barón medieval no tenía una habitación privada en el segundo piso del castillo, con carteles de Ricardo Corazón de León y el rey Arturo en las paredes, ni una puerta cerrada que sus padres no podían abrir. Dormía junto a otros muchos jóvenes en una gran sala. Siempre se hallaba a la vista y siempre debía tener en cuenta lo que otros veían y decían. Quien creciera en tales condiciones llegaba naturalmente a la conclusión de que el verdadero valor de un hombre estaba determinado por su lugar en la jerarquía social y por lo que otras personas decían de él.[8]

b. *El orden imaginado modela nuestros deseos.* La mayoría de las personas no quieren aceptar que el orden que rige su vida es imaginario, pero en realidad todas las personas nacen en un orden imaginado preexistente, y sus deseos están modelados desde el nacimiento por sus mitos dominantes. Por lo tanto, nuestros deseos personales se convierten en las defensas más importantes del orden imaginado.

Por ejemplo, los deseos más apreciados de los habitantes modernos de Occidente están conformados por mitos románticos, nacionalistas, capitalistas y humanistas que han estado presentes durante siglos. Los amigos que se dan consejos a menudo se dicen: «Haz lo que te diga el corazón». Pero el corazón es un doble agente que por lo general toma sus instrucciones de los mitos dominantes del día, y la recomendación «Haz lo que te diga el corazón» fue implantada en nuestra mente por una combinación de mitos románticos del siglo XIX y de mitos consumistas del siglo XX. La compañía Coca-Cola, por ejemplo, ha comercializado en todo el mundo la Diet Coke o Coca-Cola Ligth con el eslogan «Haz lo que sienta bien».

Incluso lo que la gente cree que son sus deseos más personales suelen estar programados por el orden imaginado. Consideremos, por ejemplo, el deseo popular de tomarse unas vacaciones en el extranjero. No hay nada natural ni obvio en esa decisión. Un macho alfa de chimpancé nunca pensaría en utilizar su poder con el fin de ir de vacaciones al territorio de una tropilla de chimpancés vecina. Los miembros de la élite del antiguo Egipto gastaban su fortuna construyendo pirámides y momificando sus cadáveres, pero ninguno de ellos pensaba en ir de compras a Babilonia o en pasar unas vacaciones esquiando en Fenicia. Hoy en día, la gente gasta muchísimo dinero en vacaciones en el extranjero porque creen fervientemente en los mitos del consumismo romántico.

El romanticismo nos dice que con el fin de sacar el máximo partido a nuestro potencial humano, hemos de tener tantas experiencias diferentes como podamos. Hemos de abrirnos a un amplio espectro de emociones; hemos de probar varios tipos de relaciones; hemos de catar diferentes cocinas; hemos de aprender a apreciar diferentes estilos de música. Y una de las mejores formas de hacer todo esto es librarnos de nuestra rutina diaria, dejar atrás nuestro entorno familiar y viajar a tierras distantes, donde podamos «experimentar» la cultura, los olores, los sabores y las normas de otras gentes. Oímos constantemente los mitos románticos acerca de «cómo una nueva experiencia me abrió los ojos y cambió mi vida».

El consumismo nos dice que para ser felices hemos de consumir tantos productos y servicios como sea posible. Si sentimos que nos falta algo o que algo no va bien del todo, entonces probablemente necesitemos comprar un producto (un automóvil, nuevos vestidos, comida ecológica) o un servicio (llevar una casa, terapia relacional, clases de yoga). Cada anuncio de televisión es otra pequeña leyenda acerca de cómo consumir determinado producto o servicio hará nuestra vida mejor.

El romanticismo, que promueve la variedad, encaja bien con el consumismo. Su matrimonio ha dado origen al infinito «mercado de experiencias» sobre el que se cimienta la moderna industria del turismo. La industria del turismo no vende billetes de avión ni habitaciones de hotel. Vende experiencias. París no es una ciudad, ni la India un país: ambos son experiencias, cuyo consumo se supone que amplía nuestros horizontes, satisface nuestro potencial humano y nos hace más felices. En consecuencia, cuando la relación entre un millonario y su esposa empieza a ir mal, él la lleva a realizar unas caras vacaciones en París. El viaje no es un reflejo de algún deseo independiente, sino una ardiente creencia en los mitos del consumismo romántico. Un hombre rico en el antiguo Egipto no hubiera pensado nunca en resolver una crisis matrimonial llevándose a su mujer de vacaciones a Babilonia. En lugar de eso, podría haberle construido la suntuosa tumba que ella siempre había deseado.

Como la élite del antiguo Egipto, la mayoría de la gente en la mayoría de las culturas dedica su vida a construir pirámides, solo que los nombres, formas y tamaños de estas pirámides cambian de una cultura a otra. Por ejemplo, pueden tomar la forma de un chalet en una urbanización con piscina y un césped siempre verde, o un flamante ático con unas vistas envidiables. Para empezar, pocos cuestionan los mitos que nos hacen desear la pirámide.

c. *El orden imaginado es intersubjetivo.* Incluso si por algún esfuerzo sobrehumano consiguiera liberar mis deseos personales del dominio del orden imaginado, solo soy una persona. Con el fin de cambiar el orden imaginado he de convencer a millones de extraños para que cooperen conmigo. Porque el orden imaginado no es un orden subjetivo que existe solo en mi imaginación; más bien, es un orden intersubjetivo que existe en la imaginación compartida de miles y millones de personas.

Para entender esto, necesitamos comprender la diferencia entre «objetivo», «subjetivo» e «intersubjetivo».

Un fenómeno *objetivo* existe con independencia de la conciencia humana y de las creencias humanas. La radiactividad, por ejemplo, no es un mito. Las emisiones radiactivas se producían mucho antes de que la gente las descubriera, y son peligrosas aunque no crea en ellas. Marie Curie, una de las descubridoras de la radiactividad, no supo, durante sus largos años de estudio de materiales radiactivos, que estos podían dañar su cuerpo. Aunque no creía que la radiactividad pudiera matarla, murió no obstante de anemia aplásica, una enfermedad mortal causada por la sobreexposición a materiales radiactivos.

Lo *subjetivo* es algo que existe en función de la conciencia y creencias de un único individuo, y desaparece o cambia si este individuo concreto cambia sus creencias. Muchos niños creen en la existencia de un amigo imaginario que es invisible e inaudible para el resto del mundo. El amigo imaginario existe únicamente en la conciencia subjetiva del niño, y cuando este crece y deja de creer en él, el amigo imaginario se desvanece.

Lo *intersubjetivo* es algo que existe en el seno de la red de comunicación que conecta la conciencia subjetiva de muchos individuos. Si un solo individuo cambia sus creencias o muere, ello tiene poca importancia. Sin embargo, si la mayoría de los individuos de la red mueren o cambian sus creencias, el fenómeno intersubjetivo mutará o desaparecerá. Los fenómenos intersubjetivos no son ni fraudes malévolos ni charadas insignificantes. Existen de una manera diferente de los fenómenos físicos tales como la radiactividad, pero sin embargo su impacto en el mundo puede ser enorme. Muchos de los impulsores más importantes de la historia son intersubjetivos: la ley, el dinero, los dioses y las naciones.

Peugeot, por ejemplo, no es el amigo imaginario del director general de Peugeot. La compañía existe en la imaginación compartida de millones de personas. El director general cree en la existencia de la compañía porque el consejo de administración también cree en ella, como hacen los abogados de la compañía, las secretarias de la oficina más próxima, los pagadores del banco, los corredores de Bolsa y los vendedores de automóviles desde Francia a Australia. Si fuera solo el director general el que dejara de creer repentinamente en la existencia de Peugeot, pronto acabaría en el hospital psiquiátrico más cercano y alguna otra persona ocuparía su despacho.

De forma similar, el dólar, los derechos humanos y los Estados Unidos de América existen en la imaginación compartida de miles de millones de personas, y no hay un solo individuo que pueda amenazar su existencia. Si únicamente yo dejara de creer en el dólar, los derechos humanos y Estados Unidos, no tendría mucha importancia. Estos órdenes imaginados son intersubjetivos, de manera que para cambiarlos tendríamos que cambiar simultáneamente la conciencia de miles de millones de personas, lo que no es fácil. Un cambio de tal magnitud solo puede conseguirse con ayuda de una organización compleja, como un partido político, un movimiento ideológico o un culto religioso. Sin embargo, con el fin de establecer estas organizaciones complejas es necesario convencer a muchos extraños para que cooperen entre sí. Y eso solo puede ocurrir si esos extraños creen en algunos mitos compartidos. De ahí se sigue que para cambiar un orden imaginado existente, hemos de creer primero en un orden imaginado alternativo.

Con el fin de desmantelar Peugeot, por ejemplo, necesitamos imaginar algo más poderoso, como el sistema legal francés. Con el fin de desmantelar el sistema legal francés necesitamos imaginar algo todavía más poderoso, como el Estado francés. Y si también quisiéramos desmantelarlo, tendríamos que imaginar algo más poderoso aún.

No hay manera de salir del orden imaginado. Cuando echamos abajo los muros de nuestra prisión y corremos hacia la libertad, en realidad corremos hacia el patio de recreo más espacioso de una prisión mayor.

7

Sobrecarga de memoria

La evolución no dotó a los humanos con la capacidad de jugar al fútbol. Es cierto que produjo piernas para chutar, codos para cometer faltas y boca para maldecir, pero todo lo que esto nos permite hacer es quizá practicar nosotros mismos patadas que terminen en un penalti. Para jugar un partido con los extraños que encontramos en el patio del colegio cualquier tarde, no solo tenemos que actuar en concierto con diez compañeros de equipo que puede que nunca hayamos conocido antes, también necesitamos saber que los once jugadores del equipo contrario juegan siguiendo las mismas reglas. Otros animales que implican a extraños en agresiones ritualizadas lo hacen principalmente por instinto; en todo el mundo, los cachorros tienen las reglas para el juego violento integradas en sus genes. Pero los adolescentes humanos no tienen genes para el fútbol. No obstante, pueden jugar con completos extraños porque todos han aprendido un conjunto idéntico de ideas sobre el fútbol. Dichas ideas son totalmente imaginarias, pero si todos las comparten, todos podemos jugar.

Lo mismo es aplicable, a una escala mayor, a reinos, iglesias y redes comerciales, con una diferencia importante. Las reglas del fútbol son relativamente simples y concisas, de manera parecida a lo que ocurre con las que son necesarias para la cooperación en una banda de cazadores-recolectores o en una pequeña aldea. Cada jugador puede almacenarlas fácilmente en su cerebro y tener todavía espacio para canciones, imágenes y listas de compra. Sin embargo, los grandes sistemas de cooperación que implican no a veintidós, sino a miles o incluso millones de humanos, precisan el manejo y almacenamiento de enormes cantidades de información, mucha más de la que un único cerebro humano puede contener y procesar.

Las grandes sociedades que encontramos en otras especies, como las hormigas y las abejas, son estables y resilientes porque la mayor parte de la información necesaria para sustentarlas está codificada en el genoma. Por ejemplo, una larva de abeja melífera hembra puede crecer hasta convertirse en una reina o una obrera, en función de qué alimento se le da de comer. Su ADN programa los comportamientos necesarios para ambos papeles, ya se trate de etiqueta real o de diligencia proletaria. Las colmenas pueden ser estructuras sociales muy complejas, que contienen muchas clases de obreras: recolectoras, nodrizas y limpiadoras, por ejemplo. Pero hasta ahora los investigadores no han conseguido localizar abejas abogado. Las abejas no necesitan abogados, porque no existe el peligro de que olviden o violen la constitución de la colmena. La reina no escatima su comida a las abejas limpiadoras, y estas no hacen nunca huelga para pedir mejores salarios.

Sin embargo, los humanos sí lo hacen continuamente. Debido a que el orden social de los sapiens es imaginado, los humanos no pueden conservar la información crítica para hacerlo funcionar mediante el simple expediente de hacer copias de su ADN y de transmitirlas a su progenie. Hay que hacer un esfuerzo sustancial para mantener leyes, costumbres, procedimientos, conductas, pues, de otro modo, el orden social se hundiría rápidamente. Por ejemplo, el rey Hammurabi decretó que las personas se dividen en superiores, plebeyos y esclavos. A diferencia del sistema de clases de la colmena, esta no es una división natural: no hay trazas de ella en el genoma humano. Si los babilonios no hubieran tenido presente esta «verdad», su sociedad habría dejado de funcionar. De manera similar, cuando Hammurabi transmitió su ADN a sus hijos, este no tenía codificado su norma de que un hombre superior que matara a una mujer plebeya tendría que pagar 30 siclos de plata. Hammurabi tuvo que instruir deliberadamente a sus hijos en las leyes del imperio, y sus hijos y nietos tuvieron que hacer lo mismo.

Los imperios generan cantidades enormes de información. Más allá de las leyes, los imperios han de llevar las cuentas de transacciones e impuestos, inventarios de suministros militares y de barcos mercantes, y calendarios de festivales y victorias. Durante millones de años, la gente almacenó la información en un único lugar: su cerebro. Lamentablemente, el cerebro humano no es un buen dispositivo de almacenamiento para bases de datos del tamaño de imperios por tres razones principales.

En primer lugar, su capacidad es limitada. Es verdad, algunas personas tienen una memoria prodigiosa, y en tiempos antiguos hubo profesionales de la memoria que podían almacenar en su cabeza las topografías de provincias enteras y los códigos legales de estados enteros. No obstante, existe un límite que incluso los maestros mnemónicos no pueden superar. Un abogado puede conocer de memoria todo el código legal de la Mancomunidad de Massachusetts, pero no los detalles de todos los procesos legales que tuvieron lugar en Massachusetts desde los juicios de las brujas de Salem hasta la actualidad.

En segundo lugar, los humanos mueren, y su cerebro muere con ellos. Cualquier información almacenada en un cerebro se borrará en menos de un siglo. Desde luego, es posible transmitir memorias de un cerebro a otro, pero después de unas pocas transmisiones la información tiende a mutilarse o perderse.

En tercer lugar, y más importante, el cerebro humano se ha adaptado a almacenar y procesar solo tipos concretos de información. Con el fin de sobrevivir, los antiguos cazadores-recolectores tenían que recordar las formas, cualidades y pautas de comportamiento de miles de especies de plantas y animales. Tenían que recordar que una seta arrugada y amarilla que crecía en otoño bajo un olmo es con toda probabilidad venenosa, mientras que una seta de aspecto parecido que crecía en invierno bajo un roble es un buen remedio para el dolor de estómago. Los cazadores-recolectores debían también tener presente las opiniones y relaciones de varias decenas de miembros de la banda. Si Lucía necesitaba la ayuda de un miembro de la banda para conseguir que Juan dejara de molestarla, era importante que recordara que la semana anterior Juan había reñido con María, que entonces se convertiría en una aliada probable y entusiasta. En consecuencia, las presiones evolutivas han adaptado el cerebro humano a almacenar cantidades inmensas de información botánica, zoológica, topográfica y social.

Pero cuando empezaron a aparecer sociedades particularmente complejas como consecuencia de la revolución agrícola, se hizo vital un tipo completamente nuevo de información: los números. Los cazadores-recolectores no se vieron nunca obligados a manejar una gran cantidad de datos matemáticos. Ningún cazador-recolector necesitaba recordar, pongamos por caso, el número de frutos en cada árbol del bosque. De modo que el cerebro humano no se adaptó a almacenar y procesar números. Pero para mantener un reino grande, los datos matemáticos eran vitales. Nunca fue suficiente legislar leyes y contar relatos acerca de dioses guardianes. También había que recaudar impuestos. Con el fin de exigir impuestos a cientos de miles de personas, era imperativo acopiar datos acerca de sus ingresos y posesiones; datos acerca de los pagos efectuados; datos acerca de atrasos, deudas y multas; datos acerca de descuentos y exenciones. Todo esto sumaba millones de datos, que había que almacenar y procesar. Sin esta capacidad, el Estado nunca sabría de qué recursos disponía y qué otros recursos podía obtener. Cuando se enfrentaban a la necesidad de memorizar, recordar y manejar todos estos números, la mayoría de los cerebros humanos se sobrecargaban o se dormían.

Esta limitación mental restringía gravemente el tamaño y la complejidad de los colectivos humanos. Cuando la cantidad de gente y de propiedades de una determinada sociedad cruzaba un umbral crítico, se hacía necesario almacenar y procesar grandes cantidades de datos matemáticos. Puesto que el cerebro humano no podía hacerlo, el sistema se desplomaba. Durante miles de años después de la revolución agrícola, las redes sociales humanas permanecieron relativamente pequeñas y sencillas.

Los primeros en superar el problema fueron los antiguos sumerios, que vivieron en el sur de Mesopotamia. Allí, el sol abrasador que caía sobre las ricas llanuras fangosas producía cosechas abundantes y pueblos prósperos. A medida que aumentaba el número de habitantes, también lo hacía la cantidad de información necesaria para coordinar sus asuntos. Entre 3500 y 3000 a.C., algunos genios sumerios anónimos inventaron un sistema para almacenar y procesar información fuera de su cerebro, un sistema que estaba diseñado expresamente para almacenar grandes cantidades de datos matemáticos. De ese modo, los sumerios liberaron su orden social de las limitaciones del cerebro humano, abriendo el camino a la aparición de ciudades, reinos e imperios. El sistema de procesamiento de datos que los sumerios inventaron se llama «escritura».

Firmado, Kushim

La escritura es un método para almacenar información mediante signos materiales. El sistema de escritura de los sumerios lo hizo mediante la combinación de dos tipos de signos, que eran impresos sobre tablillas de arcilla. Un tipo de signos representaba números. Había signos para 1, 10, 60, 600, 3.600 y 36.000. (Los sumerios utilizaban una combinación de sistemas numéricos de base 6 y de base 10. Su sistema de base 6 nos confirió varios legados importantes, como la división del día en 24 horas y la del círculo en 360 grados.) Los otros tipos de signos representaban personas, animales, mercancías, territorios, fechas, etcétera. Mediante la combinación de ambos tipos de signos, los sumerios podían conservar muchos más datos que los que un cerebro humano puede recordar o que cualquier cadena de ADN puede codificar.

En esta etapa inicial, la escritura estaba limitada a hechos y cifras. La gran novela sumeria, si acaso hubo alguna, nunca se consignó en tablillas de arcilla. Escribir requería tiempo, y el público lector era minoritario, de manera que nadie vio razón alguna para emplearla para otra cosa que no fuera mantener registros esenciales. Si buscamos las primeras palabras de sabiduría que nos llegan de nuestros antepasados hace 5.000 años, nos encontraremos con un gran desengaño. Los primeros mensajes que nuestros antepasados nos legaron rezan, por ejemplo: «29.086 medidas cebada 37 meses Kushim». La lectura más probable de esta frase es: «Un total de 29.086 medidas de cebada se recibieron a lo largo de 37 meses. Firmado, Kushim».[1] ¡Qué lástima!, los primeros textos de la historia no contienen ideas filosóficas, ni poesía, leyendas, leyes, ni siquiera triunfos reales. Son documentos económicos aburridos que registran el pago de impuestos, la acumulación de deudas y la posesión de propiedades (véase la figura 13).

Solo otro tipo de texto sobrevivió de esta época antigua, y es todavía menos estimulante: listas de palabras, copiadas una y otra vez por aprendices de escriba como ejercicios de adiestramiento. Aun en el caso de que un estudiante fastidiado hubiera querido escribir algunos de sus poemas en lugar de copiar un recibo de venta, no hubiera podido hacerlo. La primera escritura sumeria era una escritura parcial y no una escritura completa. La escritura completa es un sistema de signos mate-

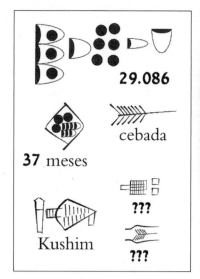

FIGURA 13. Una tablilla de arcilla con un texto administrativo procedente de la ciudad de Uruk, hacia 3400-3000 a.C. Aparentemente, la tablilla registra una cantidad de 29.086 medidas de cebada (unos 100.000 litros) recibidas a lo largo de 37 meses por Kushim. «Kushim» puede ser el título genérico de un funcionario, o el nombre de un individuo concreto. Si Kushim fue, efectivamente, una persona, ¡puede ser el primer individuo de la historia cuyo nombre nos es conocido! Todos los nombres aplicados a la historia humana anterior (los neandertales, los natufios, la cueva de Chauvet, Göbekli Tepe) son inventos modernos. No tenemos ni idea de cómo los constructores de Göbekli Tepe denominaban aquella localidad. Con la aparición de la escritura empezamos a oír la historia a través de los oídos de sus protagonistas. Cuando los vecinos de Kushim lo llamaban, podían haber gritado realmente «¡Kushim!». Es revelador que el primer nombre registrado en la historia pertenezca a un contable, y no a un profeta, un poeta o un gran conquistador.

riales que pueden representar el lenguaje hablado de manera más o menos completa. Por lo tanto, puede expresar todo lo que la gente puede decir, incluida la poesía. La escritura parcial, en cambio, es un sistema de signos materiales que pueden representar únicamente tipos determinados de información, que pertenecen a un campo de actividad limitado. La escritura latina, los jeroglíficos del antiguo Egipto y el Braille son escrituras completas. Se pueden emplear para escribir registros de impuestos, poemas de amor, libros de historia, recetas de comida y

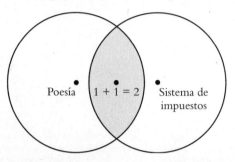

La escritura parcial no puede expresar todo el espectro del lenguaje hablado, pero puede expresar cosas que quedan fuera del ámbito del lenguaje hablado. La escritura parcial como el sumerio y los escritos matemáticos no pueden usarse para escribir poesía, pero pueden mantener de manera muy efectiva los registros de impuestos.

leyes comerciales. En cambio, la escritura sumeria temprana, como los símbolos matemáticos y la notación musical modernos, son escrituras parciales. Se puede utilizar la escritura matemática para efectuar cálculos, pero no se puede utilizar para escribir poemas de amor.

A los sumerios no les molestaba que su escritura no fuera adecuada para escribir poesía. No la inventaron para copiar el lenguaje hablado, sino más bien para hacer cosas que el lenguaje hablado no podía abordar. Hubo algunas culturas, como las precolombinas de los Andes, que utilizaron solo escrituras parciales a lo largo de toda su historia, que no se inmutaron por las limitaciones de su escritura y que no sintieron la necesidad de una versión completa. La escritura andina era muy diferente de su homóloga sumeria. En realidad, era tan diferente que muchas personas pondrían en duda que se tratara de una escritura. No se escribía sobre tablillas de arcilla ni en fragmentos de papel. Se escribía anudando nudos en cuerdas coloreadas llamadas quipus. Cada quipu estaba compuesto de muchas cuerdas de diferentes colores hechas de lana o algodón. En cada cuerda había nudos en distintos lugares. Un único quipu podía contener cientos de cuerdas y miles de nudos. Combinando diferentes nudos sobre distintas cuerdas con colores diferentes era posible registrar grandes cantidades de datos matemáticos relacionados, por ejemplo, con la recaudación de impuestos y la posesión de propiedades.[2]

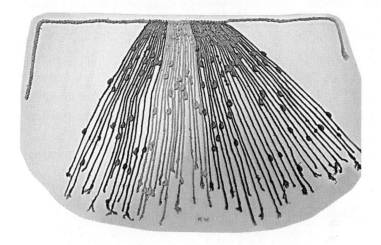

Figura 14. Un quipu del siglo xii, procedente de los Andes.

Durante cientos de años, y quizá durante miles, los quipus fueron esenciales para los negocios de ciudades, reinos e imperios.[3] Alcanzaron todo su potencial bajo el Imperio inca, que gobernaba a 10-12 millones de personas y cubría lo que actualmente es Perú, Ecuador y Bolivia, así como zonas de Chile, Argentina y Colombia. Gracias a los quipus, los incas podían conservar y procesar grandes cantidades de datos, sin los cuales no habrían podido mantener la compleja maquinaria administrativa que un imperio de dicho tamaño requiere (véase la figura 14).

De hecho, los quipus eran tan efectivos y precisos que en los primeros años después de la conquista española de Sudamérica, los propios españoles los emplearon en la labor de administrar su nuevo imperio. El problema era que los españoles no sabían cómo registrar y leer quipus, lo que los hacía depender de profesionales locales. Los nuevos dirigentes del continente se dieron cuenta de que esto los colocaba en una posición de desventaja: los nativos expertos en quipus podían fácilmente engañar y timar a sus señores. De modo que una vez que el dominio de España se estableció de manera más firme, los quipus fueron eliminados progresivamente y los registros del nuevo imperio se mantuvieron exclusivamente en lengua latina y en números. Muy pocos quipus sobrevivieron a la ocupación española, y la mayoría de los que han quedado son indescifrables, puesto que, lamentablemente, se ha perdido el arte de leerlos.

Las maravillas de la burocracia

Con el tiempo, los mesopotamios empezaron a querer escribir otras cosas que no fueran los monótonos datos matemáticos. Entre 3000 y 2500 a.C. se añadieron cada vez más signos al sistema sumerio, que lo transformaron gradualmente en una escritura completa que hoy en día llamamos cuneiforme. Hacia 2500 a.C., los reyes empleaban la escritura cuneiforme para emitir decretos, los sacerdotes la usaban para registrar oráculos, y los ciudadanos menos eminentes la utilizaban para escribir cartas personales. Aproximadamente en la misma época, los egipcios desarrollaron otra escritura completa, la jeroglífica. Otras escrituras completas se desarrollaron en China hacia 1200 a.C. y en América Central alrededor de 1000-500 a.C.

Desde estos centros iniciales, las escrituras completas se extendieron ampliamente, adoptando varias formas nuevas y tareas novedosas. La gente empezó a escribir poesía, libros de historia, novelas, dramas, profecías y libros de recetas de cocina. Pero la tarea más importante de la escritura continuó siendo el acopio de montones de datos matemáticos, y dicha tarea continuó siendo prerrogativa de la escritura parcial. La Biblia hebrea, la *Ilíada* griega, el *Mahabharata* hindú y el *Tipitika* budista empezaron como obras orales. Durante muchas generaciones se transmitieron oralmente, y hubieran sobrevivido incluso si no se hubiera inventado nunca la escritura. Pero los archivos de datos y las burocracias complejas nacieron junto a la escritura parcial, y ambos siguen inexorablemente unidos hasta el día de hoy como hermanos siameses; piense el lector en las crípticas entradas en las bases de datos y hojas de cálculo informatizadas.

A medida que se escribían cada vez más cosas, y en particular a medida que los archivos administrativos crecían hasta alcanzar proporciones enormes, aparecieron nuevos problemas. La información almacenada en el cerebro de una persona es fácil de recuperar. Mi cerebro almacena millones de bits de datos, pero puedo recordar de manera rápida, casi instantánea, el nombre de la capital de Italia, e inmediatamente después recordar lo que estaba haciendo el 11 de septiembre de 2001, y después reconstruir la ruta que lleva de mi casa a la Universidad Hebrea, en Jerusalén. La manera exacta en que el cerebro lo hace sigue siendo un misterio, pero todos sabemos que el sistema de recuperación de recuerdos del cerebro es asombrosamente eficiente, excepto cuando intentamos recordar dónde hemos puesto las llaves del coche.

Pero ¿cómo lo hacemos para encontrar y recuperar la información almacenada en cuerdas de quipus o en tablillas de arcilla? Si solo tenemos diez o cien tablillas, esto no supone un problema. Pero ¿qué ocurre si hemos acumulado miles de ellas, como hizo uno de los contemporáneos de Hammurabi, el rey Zimri-Lim de Mari?

Imaginemos por un momento que nos encontramos en el año 1776 a.C. Dos habitantes de Mari se disputan la posesión de un campo de trigo. Jacob insiste que le compró el campo a Esaú hace 30 años. Esaú replica que, en realidad, él le arrendó el campo a Jacob por un período de 30 años y que ahora, al haberse cumplido el período, intenta reclamarlo. Se gritan, forcejean, se empujan uno a otro hasta que se dan cuenta de que pueden resolver su disputa yendo al archivo real, donde se almacenan las escrituras y recibos de venta que se aplican a todos los bienes raíces del reino. Cuando llegan al archivo los envían de un funcionario a otro. Esperan mientras toman varios tés de hierbas, y se les dice que vuelvan al día siguiente, y al final, a regañadientes, un amanuense los lleva a buscar la tablilla de arcilla relevante. El amanuense abre una puerta y los conduce a una enorme sala cuyas paredes están llenas, desde el suelo al techo, de miles de tablillas de arcilla. No es raro que el amanuense ponga mala cara. ¿Cómo se supone que tiene que localizar la escritura sobre el campo de trigo en disputa, que se escribió hace 30 años? Incluso si la encuentra, ¿cómo podrá contrastarla para asegurarse que desde hace 30 años este es el último documento relacionado con el campo en cuestión? Si no la puede encontrar, ¿acaso se probará que Esaú nunca vendió o arrendó el campo? ¿O solo que el documento se perdió, o se convirtió en barro cuando el agua procedente de la lluvia entró en el archivo?

Es evidente que imprimir un documento en arcilla no es suficiente para garantizar un procesamiento de los datos eficiente, preciso y conveniente. Esto requiere métodos de organización como catálogos, métodos de reproducción como fotocopiadoras, métodos de recuperación rápida y exacta como algoritmos informáticos, y bibliotecarios pedantes (pero, con un poco de suerte, joviales) que sepan cómo usar estas herramientas.

Inventar estos métodos resultó mucho más difícil que inventar la escritura. Muchos sistemas de escritura se desarrollaron de forma independiente en culturas distantes entre sí en el tiempo y en el espacio. Cada década, los arqueólogos descubren unas pocas escrituras olvidadas, algunas de las cuales pueden resultar ser incluso más antiguas que los garabatos sumerios sobre arcilla. Pero la mayoría no dejan de ser curiosidades, porque quien las inventó no supo inventar maneras eficientes de catalogar y recuperar los datos. Lo que hace diferente la cultura de Sumer, así como la del Egipto faraónico, la antigua China y el Imperio inca, es que dichas culturas desarrollaron buenas técnicas de archivo, catalogación y recuperación de los registros escritos. También invirtieron en escuelas para escribas, amanuenses, bibliotecarios y contables.

Un ejercicio de escritura procedente de una escuela de la antigua Mesopotamia que han descubierto arqueólogos modernos, nos permite vislumbrar la vida de aquellos estudiantes de hace unos 4.000 años:

> Fui y me senté, y mi maestro leyó mi tablilla.
> Dijo: «¡Falta algo!».
> Y me atizó con la vara.
> Una de las personas encargadas dijo: «¿Por qué has abierto la boca sin mi permiso?».
> Y me atizó con la vara.
> El encargado de las reglas dijo: «¿Por qué te has levantado sin mi permiso?».
> Y me atizó con la vara.
> El portero dijo: «¿Por qué te vas sin mi permiso?».
> Y me atizó con la vara.
> El que custodiaba la jarra de cerveza dijo: «¿Por qué has bebido un poco sin mi permiso?».
> Y me atizó con la vara.
> El maestro de sumerio dijo: «¿Por qué hablas en acadio?».[*]

---

[*] Incluso después de que el acadio se convirtiera en el lenguaje hablado, el sumerio siguió siendo el idioma de la administración, y por lo tanto el lenguaje que se registraba en la escritura. De modo que los aspirantes a escriba tenían que hablar en sumerio.

Y me atizó con la vara.
Mi profesor me dijo: «¡Tu caligrafía no es buena!».
Y me atizó con la vara.[4]

Los antiguos escribas no solo aprendían a leer y escribir, sino también a usar catálogos, diccionarios, calendarios, formularios y tablas. Estudiaban y asimilaban técnicas de catalogación, recuperación y procesamiento de la información muy diferentes de las que emplea el cerebro. En el cerebro, todos los datos se asocian libremente. Cuando voy con mi esposa a firmar una hipoteca para nuestro nuevo hogar, recuerdo el primer lugar en el que vivimos juntos, que me hace recordar nuestra luna de miel en Nueva Orleans, que me hace recordar caimanes, que trae a mi memoria dragones, lo que hace que me acuerde de *Der Ring des Nibelungen* y, de repente, antes de que me dé cuenta, estoy tarareando el motivo principal de Siegfried ante un sorprendido empleado del banco. En la burocracia, las cosas han de mantenerse separadas. Hay un cajón para las hipotecas de pisos, otro para los certificados de matrimonio, un tercero para los registros de impuestos y un cuarto para los pleitos. De no ser así, ¿cómo podríamos encontrar nada? Las cosas que pertenecen a más de un cajón, como los dramas musicales wagnerianos (¿los archivo en el grupo de «música», de «teatro», o invento quizá una categoría totalmente nueva?) son un terrible quebradero de cabeza. De manera que uno está siempre añadiendo, eliminando y redistribuyendo cajones.

Para que funcionen, las personas que operan un sistema de cajones han de ser reprogramadas a fin de que dejen de pensar como humanos y empiecen a pensar como amanuenses y contables. Como todo el mundo sabe, desde tiempos antiguos hasta hoy, los amanuenses y contables piensan de una manera no humana. Piensan como armarios archivadores. No es culpa suya. Si no pensaran de este modo sus cajones se mezclarían y ellos no podrían prestar los servicios que su gobierno, compañía u organización requieren. El impacto más importante de la escritura en la historia humana es precisamente el cambio gradual de la manera en que los humanos piensan y ven el mundo. La asociación libre y el pensamiento holístico han dado paso a la compartimentalización y la burocracia.

EL LENGUAJE DE LOS NÚMEROS

A medida que pasaban los siglos, los métodos burocráticos de procesamiento de datos se hacían cada vez más diferentes del modo en que los seres humanos piensan de manera natural... y cada vez más importantes. Un paso fundamental se dio en algún momento anterior al siglo IX d.C., cuando se inventó una nueva escritura parcial, que podía almacenar y procesar datos matemáticos con una eficiencia sin precedentes. Esta escritura parcial se componía de diez signos, que representaban los números del 0 al 9. De manera desconcertante, a estos signos se les llama números arábigos, aunque fueron inventados por primera vez por los hindúes (y, más desconcertante todavía, los árabes modernos emplean un conjunto de dígitos que tienen un aspecto muy diferente al de los occidentales). Pero los árabes reciben el reconocimiento porque cuando invadieron la India encontraron el sistema, comprendieron su utilidad, lo refinaron y lo expandieron por todo Oriente Próximo y después por Europa. Cuando posteriormente se añadieron otros varios signos a los números arábigos (como los signos de la suma, la resta y la multiplicación), se obtuvo la base de la notación matemática moderna.

Aunque este sistema de escritura sigue siendo una escritura parcial, se ha convertido en el lenguaje dominante del mundo. Casi todos los estados, compañías, organizaciones e instituciones (ya hablen árabe, hindi, inglés o noruego) utilizan la escritura matemática para registrar y procesar datos. Todo fragmento de información que pueda traducirse en escritura matemática se almacena, se difunde y se procesa con una velocidad y eficiencia asombrosas.

Por lo tanto, una persona que desee influir en las decisiones de gobiernos, organizaciones y compañías ha de aprender a hablar en números. Los expertos hacen lo que pueden para traducir ideas uniformes tales como «pobreza», «felicidad» y «honestidad» en números («la línea de la pobreza», «niveles de bienestar subjetivos», «calificación del crédito»). Campos enteros del conocimiento, como la física y la ingeniería, han perdido casi todo contacto con el lenguaje hablado humano, y se expresan únicamente a través de la escritura matemática.

$$\ddot{\mathbf{r}}_i = \sum_{j \neq i} \frac{\mu_j (\mathbf{r}_j - \mathbf{r}_i)}{r_{ij}^3} \left\{ 1 - \frac{2(\beta + \gamma)}{c^2} \sum_{l \neq i} \frac{\mu_l}{r_{il}} - \frac{2\beta - 1}{c^2} \sum_{k \neq j} \frac{\mu_k}{r_{jk}} + \gamma \left(\frac{s_i}{c} \right)^2 + \right.$$

$$\left. + (1 + \gamma) \left(\frac{\dot{s}_j}{c} \right)^2 - \frac{2(1 + \gamma)}{c^2} \dot{\mathbf{r}}_i \cdot \dot{\mathbf{r}}_j - \frac{3}{2c^2} \left[\frac{(\mathbf{r}_i - \mathbf{r}_j) \cdot \mathbf{r}_j}{r_{ij}} \right]^2 + \frac{1}{2c^2} (\mathbf{r}_j - \mathbf{r}_i) \cdot \ddot{\mathbf{r}}_j \right\} +$$

$$+ \frac{1}{c^2} \sum_{j \neq i} \frac{\mu_i}{r_{ij}^3} \left\{ [\mathbf{r}_i - \mathbf{r}_j] \right\} \cdot \left[(2 + 2\gamma) \dot{\mathbf{r}}_i - (1 + 2\gamma) \dot{\mathbf{r}}_j \right] \right\} (\dot{\mathbf{r}}_i \cdot \dot{\mathbf{r}}_j) + \frac{3 - 4\gamma}{2c^2} \sum_{j \neq i} \frac{\mu_j \ddot{\mathbf{r}}_j}{r_{ij}}$$

Una ecuación para calcular la aceleración de la masa *i* bajo la influencia de la gravedad, según la teoría de la relatividad. Cuando la mayoría de las personas profanas ven una ecuación así, por lo general se asustan y enmudecen, como un ciervo ante las luces de los faros de un vehículo en marcha. La reacción es totalmente natural, y no revela una falta de inteligencia o de curiosidad. Salvo raras excepciones, el cerebro humano es simplemente incapaz de pensar en conceptos como la relatividad y la mecánica cuántica. No obstante, los físicos consiguen hacerlo porque dejan de lado la manera de pensar humana tradicional y aprenden a pensar de nuevo con ayuda de sistemas externos de procesamiento de datos. Hay partes cruciales de su proceso de pensar que no tienen lugar en la cabeza, sino en ordenadores o en pizarras de aulas.

Más recientemente, la escritura matemática ha dado origen a un sistema de escritura todavía más revolucionario, una escritura informática binaria que consiste únicamente en dos signos: 0 y 1. Las palabras que ahora tecleo en mi teclado se escriben en el interior de mi ordenador mediante diferentes combinaciones de 0 y 1.

La escritura nació como la criada de la conciencia humana, pero cada vez más se está convirtiendo en su dueña y señora. Nuestros ordenadores tienen dificultades para comprender cómo *Homo sapiens* habla, siente y sueña. De manera que enseñamos a *Homo sapiens* a hablar, sentir y soñar en el idioma de los números, que los ordenadores puedan comprender.

Al final, los ordenadores podrían superar a los humanos en los mismos campos que hicieron que *Homo sapiens* fuera el amo del mundo:

inteligencia y comunicación. El proceso que se inició en el valle del Éufrates hace 5000 años, cuando genios sumerios externalizaron el procesamiento de datos desde el cerebro humano a una tablilla de arcilla, culminará en Silicon Valley con la victoria de la tableta. Puede que los humanos estén todavía aquí, pero ya no podrán darle sentido al mundo. El nuevo amo del mundo será una larga línea de ceros y unos.

8

No hay justicia en la historia

Comprender la historia humana en los milenios que siguieron a la revolución agrícola se resume en una única pregunta: ¿cómo consiguieron los humanos organizarse en redes de cooperación masivas cuando carecían de los instintos biológicos para mantener dichas redes? La respuesta, a grandes rasgos, es que los humanos crearon órdenes imaginados y diseñaron escrituras. Estos dos inventos llenaron las lagunas que había dejado nuestra herencia biológica.

Sin embargo, la aparición de estas redes fue, para muchos, una bendición dudosa. Los órdenes imaginados que sustentaban estas redes no eran neutros ni justos. Dividían a la gente en grupos artificiales, dispuestos en una jerarquía. Los niveles superiores gozaban de privilegios y poder, mientras que los inferiores padecían discriminación y opresión. El Código de Hammurabi, por ejemplo, establecía una jerarquía de superiores, plebeyos y esclavos. Los superiores tenían todas las cosas buenas de la vida, los plebeyos lo que sobraba y los esclavos recibían una paliza si se quejaban.

A pesar de su proclamación de la igualdad de todos los hombres, el orden imaginado que los americanos fundaron en 1776 también establecía una jerarquía entre los hombres, que se beneficiaban de él, y las mujeres, a las que dejaba sin autoridad. Asimismo, creó una jerarquía entre los blancos, que gozaban de libertad, y los negros y los indios americanos, que eran considerados humanos de un tipo inferior y, por lo tanto, no compartían por igual los derechos de los hombres. Muchos de los que firmaron la Declaración de Independencia eran dueños de esclavos. Y no liberaron a sus esclavos después de firmar la Declaración, ni se consideraban hipócritas. En su opinión, los derechos de los hombres tenían poco que ver con los negros.

El orden americano consagraba asimismo la jerarquía entre ricos y pobres. La mayoría de los americanos de la época no tenían ningún problema con la desigualdad causada por el hecho de que los padres ricos transmitían su dinero y sus negocios a los hijos. En su opinión, la igualdad significaba simplemente que las mismas leyes eran de aplicación a ricos y pobres. No tenía nada que ver con los beneficios de desempleo, la educación integrada o el seguro de enfermedad. También la libertad tenía connotaciones muy distintas de las que posee hoy. En 1776, esto no significaba que los que carecían de autoridad (ciertamente, no los negros o los indios, o, ¡Dios no lo quiera!, las mujeres) podían conseguirla y ejercerla. Quería decir, simplemente, que el Estado no podía, excepto en circunstancias inusuales, confiscar la propiedad privada de un ciudadano o decirle qué hacer con ella. El orden americano, por lo tanto, defendía la jerarquía de la riqueza, que algunos creían que era ordenada por Dios y otros creían que representaba las leyes inmutables de la naturaleza. La naturaleza, se afirmaba, premiaba el mérito con la riqueza al tiempo que penalizaba la indolencia.

Todas las distinciones mencionadas anteriormente (entre personas libres y esclavos, entres blancos y negros, entre ricos y pobres) se fundamentan en ficciones. (La jerarquía de hombres y mujeres se analizará más adelante.) Pero es una regla de hierro de la historia que toda jerarquía imaginada niega sus orígenes ficticios y afirma ser natural e inevitable. Por ejemplo, muchas personas que han considerado que la jerarquía de personas libres y esclavos es natural y correcta aducían que la esclavitud no era un invento humano. Hammurabi consideraba que la habían ordenado los dioses. Aristóteles afirmaba que los esclavos tenían una «naturaleza servil», mientras que las personas libres tenían una «naturaleza libre». Su nivel en la sociedad es simplemente un reflejo de su naturaleza innata.

Si preguntamos a los supremacistas blancos acerca de la jerarquía racial, obtendremos una lección pseudocientífica sobre las diferencias biológicas entre las razas. Es probable que se nos diga que hay algo en la sangre o los genes de los caucásicos que hace que los blancos sean por naturaleza más inteligentes, más morales, más trabajadores. Si preguntamos a un capitalista empecinado sobre la jerarquía de la riqueza, es probable que oigamos que es el resultado inevitable de diferencias objetivas en las capacidades individuales. Según esta idea, los ricos tienen más dinero porque son más capaces y diligentes. Por eso, a nadie debería preocuparle que los ricos reciban una mejor asistencia sanitaria, una mejor educación y una mejor nutrición. Los ricos merecen ricamente todas y cada una de las ventajas de las que gozan.

Los hindúes que son fieles al sistema de castas creen que hay fuerzas cósmicas que hicieron que unas castas sean superiores a otras. Según un famoso mito creacionista hindú, los dioses modelaron el mundo a partir del cuerpo de un ser primigenio, el Púrusha. El sol fue creado a partir del ojo del Púrusha, la luna a partir del cerebro del Púrusha, los brahmanes (sacerdotes) de su boca, los chatrias (guerreros) de sus brazos, los vaishias (campesinos y mercaderes) de sus muslos, y los shudrás (criados) de sus piernas. Si se acepta esta explicación, las diferencias sociopolíticas entre brahmanes y shudrás son tan naturales y eternas como las diferencias entre el Sol y la Luna.[1] Los antiguos chinos creían que cuando la diosa Nü Wa creó a los humanos a partir de la tierra, amasó a los aristócratas a partir de fino suelo amarillo, mientras que los plebeyos fueron formados a partir de barro pardo.[2]

Pero hasta donde sabemos, todas estas jerarquías son producto de la imaginación humana. Brahmanes y shudrás no fueron creados realmente por los dioses a partir de diferentes partes del cuerpo de un ser primigenio. Por el contrario, la distinción entre las dos castas fue creada por leyes y normas inventadas por humanos en el norte de la India hace unos 3.000 años. Contrariamente a lo que decía Aristóteles, no hay diferencias biológicas conocidas entre los esclavos y las personas libres. Las leyes y las normas humanas han convertido a algunas personas en esclavos y a otras en amos. Entre negros y blancos hay algunas diferencias biológicas objetivas, como el color de la piel y el tipo del pelo, pero no hay pruebas de que las diferencias se extiendan a la inteligencia o a la moralidad.

La mayoría de las personas afirman que su jerarquía social es natural y justa, mientras que las de otras sociedades se basan en criterios falsos y ridículos. A los occidentales modernos se les enseña a mofarse de la idea de jerarquía racial. Les sorprende que haya leyes que prohíban a los negros vivir en barrios de blancos, o estudiar en escuelas para blancos, o ser tratados en hospitales para blancos. Sin embargo, la jerarquía de ricos y pobres, que ordena que la gente rica viva en barrios separados y más lujosos, que estudien en escuelas separadas y más prestigiosas y que reciban tratamiento médico en instalaciones separadas y mejor equipadas, les parece perfectamente sensata a muchos norteamericanos y europeos. No obstante, es un hecho comprobado que la mayoría de las personas ricas lo son por el simple hecho de haber nacido en el seno de una familia rica, mientras que la mayoría de las personas pobres seguirán siéndolo durante toda su vida simplemente por haber nacido en el seno de una familia pobre.

Lamentablemente, las sociedades humanas complejas parecen requerir jerarquías imaginadas y discriminación injusta. Desde luego, no todas las jerarquías son idénticas desde el punto de vista moral, y algunas sociedades padecieron niveles de discriminación más extremos que otras, pero los estudiosos no conocen ninguna sociedad grande que haya podido librarse totalmente de la discriminación. Una y otra vez, la gente ha creado orden en sus sociedades mediante la clasificación de la población en categorías imaginadas, como superiores, plebeyos y esclavos; blancos y negros; patricios y siervos; brahmanes y shudrás, o ricos y pobres. Todas estas categorías han regulado las relaciones entre millones de humanos al hacer que determinadas personas fueran superiores a otras desde los puntos de vista legal, político o social.

Las jerarquías cumplen una importante función. Permiten que personas totalmente desconocidas sepan cómo tratarse mutuamente sin perder el tiempo y la energía necesarios para ser presentados personalmente. Un vendedor de automóviles necesita saber inmediatamente cuánto esfuerzo ha de dedicar a vender vehículos a las docenas de personas que cada día entran en su agencia. No puede hacer una indagación detallada sobre la personalidad y la cartera de cada individuo. En cambio, emplea pistas sociales: la manera en que va vestida la persona, su edad, y quizá incluso el color de la piel y del pelo. De esta manera el vendedor distingue inmediatamente entre el abogado rico que bien pudiera adquirir un coche de lujo y un simple empleado del despacho que solo ha venido a echar un vistazo y a soñar.

Desde luego, las diferencias en capacidades naturales también desempeñan su papel en la formación de distinciones sociales. Pero estas diversidades de aptitudes y carácter están mediadas normalmente por jerarquías imaginadas. Esto ocurre por dos causas importantes. Primera y principal, la mayoría de las capacidades han de cuidarse y desarrollarse. Incluso si alguien nace con un talento concreto, por lo general dicho talento permanecerá latente si no se promueve, se refina y se ejercita. No todas las personas tienen las mismas posibilidades de cultivar y refinar sus capacidades. Por regla general, que tengan o no dicha oportunidad dependerá del lugar que ocupen en la jerarquía imaginada de su sociedad. Considere el lector unos gemelos idénticos nacidos en China en 1700, y separados al nacer. Un hermano es criado por una familia rica de comerciantes en Beijing, pasa sus días en la escuela, en el mercado o en reuniones sociales de personas de clase alta. El otro gemelo es criado por campesinos pobres y analfabetos en una aldea remota, y pasa sus días en los fangosos arrozales. A pesar de tener exactamente los mismos genes, cuando alcancen los 20 años de edad es improbable que tengan la misma pericia a la hora de hacer negocios... o de plantar arroz.

Segunda, aun en el caso de que personas pertenecientes a clases diferentes desarrollen exactamente las mismas capacidades, es improbable que disfruten del mismo éxito, porque tendrán que jugar la partida con reglas distintas. Si el hermano campesino desarrollara, de alguna manera, exactamente la misma perspicacia para los negocios que su rico gemelo comerciante, seguiría sin tener las mismas oportunidades de hacerse rico. Cuando el hermano campesino se dirigiera al mercado de Beijing, con sus harapos, sus maneras toscas y su dialecto incomprensible, descubriría rápidamente que en el mundo de los negocios los modales mundanos y las conexiones suelen hablar mucho más fuerte que los genes.

EL CÍRCULO VICIOSO

Todas las sociedades se basan en jerarquías imaginadas, pero no necesariamente en las mismas jerarquías. ¿Qué explica las diferencias? ¿Por qué la sociedad india tradicional clasifica a las personas según su casta, la sociedad otomana según su religión, y la sociedad norteamericana según su raza? En la mayoría de los casos, la jerarquía se originó como resultado de un conjunto de circunstancias históricas accidentales y después se perpetuó y refinó a lo largo de muchas generaciones, a medida que diferentes grupos desarrollaban intereses creados en ella.

Por ejemplo, muchos expertos suponen que el sistema de castas hindú tomó forma cuando pueblos indoarios invadieron el subcontinente indio hace unos 3.000 años, y sojuzgaron a la población local. Los invasores establecieron una sociedad estratificada, en la que ellos (por supuesto) ocuparon las posiciones importantes (sacerdotes y guerreros), permitiendo que los nativos vivieran como siervos y esclavos. Los invasores, que eran pocos en número, temían perder su rango privilegiado y su identidad única. Para impedir este peligro, dividieron la población en castas, a las que se les exigía que cada una tuviera una ocupación específica o desempeñara un papel específico en la sociedad. Cada una tenía un rango legal, privilegios y deberes distintos. La mezcla de castas (la interacción social, el matrimonio, incluso compartir la comida) estaba prohibida. Y las distinciones no eran solo legales: se convirtieron en una parte inherente de la mitología y de la práctica religiosa.

Los dominadores aducían que el sistema de castas reflejaba una realidad cósmica eterna en lugar de un acontecimiento histórico casual. Los conceptos de pureza e impureza eran elementos esenciales en la religión hindú, y fueron aprovechados para apuntalar la pirámide social. A los hindúes piadosos se les enseñaba que el contacto con una casta diferente podía contaminarlos no solo a ellos personalmente, sino a la sociedad en su conjunto, y por tanto debían repudiarlo. Estas ideas no son en absoluto exclusivas de los hindúes. A lo largo de la historia, y en casi todas las sociedades, los conceptos de contaminación y pureza han desempeñado un papel principal a la hora de hacer cumplir las divisiones sociales y políticas y han sido explotados por numerosas clases dirigentes para mantener sus privilegios. Sin embargo, el temor a la contaminación no es una invención solo de sacerdotes y príncipes. Probablemente tiene sus raíces en los mecanismos de supervivencia biológica que hace que los humanos sientan una revulsión instintiva hacia los portadores potenciales de enfermedades, como las personas enfermas y los cadáveres. Si se desea mantener aislado a cualquier grupo humano (mujeres, judíos, gitanos, homosexuales, negros), la mejor manera de hacerlo es convencer a todo el mundo de que estas personas son una fuente de contaminación.

El sistema de castas hindú y sus leyes de pureza quedaron hondamente arraigadas en la cultura india. Mucho después de que la invasión indoaria se olvidara, los indios continuaron creyendo en el sistema de castas y abominando de la contaminación causada por la mezcla de castas. Las castas no fueron inmunes al cambio. En realidad, a medida que el tiempo pasaba, las castas mayores se dividieron en subcastas. Al final, las cuatro castas originales se convirtieron en 3.000 agrupaciones distintas denominadas *jati* (literalmente, «nacimiento»). Pero esta proliferación de castas no cambió el principio básico del sistema, según el cual cada persona nace dentro en un rango determinado, y cualquier infracción de sus normas contamina a la persona y a la sociedad como un todo. El *jati* de una persona determina su profesión, la comida que puede comer, su lugar de residencia y la pareja que puede elegir en matrimonio. Por lo general, una persona puede casarse solo en el seno de su casta, y los hijos de esta unión heredan su nivel social.

Siempre que se desarrollaba una nueva profesión o un nuevo grupo de personas aparecía en escena, tenían que ser reconocidos como casta con el fin de recibir un lugar legítimo dentro de la sociedad hindú. Los grupos que no conseguían reconocimiento como casta eran, literalmente, descastados: ni siquiera ocupaban el escalón más bajo en esta sociedad estratificada. Acabaron siendo conocidos como los intocables. Tenían que vivir separados de todas las demás personas y ganarse la vida a duras penas de maneras humillantes y repugnantes, como buscar material de desecho en los vertederos de basura. Incluso los miembros de la casta inferior evitaban mezclarse con ellos, comer con ellos, tocarlos y, desde luego, casarse con ellos. En la India moderna, los asuntos de matrimonio y trabajo todavía están muy influidos por el sistema de castas, a pesar de todos los intentos por parte del gobierno democrático indio de romper estas distinciones y de convencer a los hindúes de que no hay nada de contaminante en la mezcla de castas.[3]

PUREZA EN AMÉRICA

Un círculo vicioso similar perpetuó la jerarquía racial en la América moderna. Desde el siglo XVI al XVIII, los conquistadores europeos importaron millones de esclavos africanos para que trabajaran en las minas y plantaciones de América. Decidieron importar esclavos de África y no de Europa o Asia oriental debido a tres factores circunstanciales. En primer lugar, África estaba más cerca, de modo que era más barato importar esclavos de Senegal que de Vietnam.

En segundo lugar, en África ya existía un comercio de esclavos bien desarrollado (que exportaba esclavos principalmente a Oriente Próximo), mientras que en Europa la esclavitud era muy rara. Evidentemente, era mucho más fácil comprar esclavos en un mercado ya existente que crear uno nuevo de la nada.

En tercer lugar, y más importante, las plantaciones americanas en lugares como Virginia, Haití y Brasil estaban plagadas por la malaria y la fiebre amarilla, que se habían originado en África. Los africanos habían adquirido, a lo largo de generaciones, una inmunidad genética parcial a estas enfermedades, mientras que los europeos se hallaban totalmente indefensos y morían en gran número. En consecuencia, era más sensato para el dueño de una plantación invertir su dinero en un esclavo africano que en un esclavo europeo o en un trabajador contratado. Paradójicamente, la superioridad genética (en términos de inmunidad) se tradujo en inferioridad social: precisamente porque los africanos eran más aptos en los climas tropicales que los europeos, ¡terminaron como esclavos de los amos europeos! Debido a estos factores circunstanciales, las nuevas sociedades emergentes de América se dividirían en una casta dominante de europeos blancos y una casta subyugada de africanos negros.

Sin embargo, a la gente no le gusta reconocer que tiene esclavos de una determinada raza u origen simplemente porque es conveniente desde el punto de vista económico. Como los conquistadores arios de la India, los europeos blancos en América querían ser vistos no solo como exitosos económicamente, sino también como piadosos, justos y objetivos. Se pusieron a su servicio mitos religiosos y científicos para justificar dicha división. Los teólogos argumentaban que los negros descendían de Cam, hijo de Noé, cargado por su padre con la maldición de que su descendencia sería esclava. Los biólogos adujeron que los negros son menos inteligentes que los blancos y su sentido moral menos desarrollado. Los doctores dijeron que los negros viven en la inmundicia y propagan enfermedades; en otras palabras, son una fuente de contaminación.

Estos mitos cayeron en suelo abonado en la cultura americana y en la cultura occidental en general. Y continuaron ejerciendo su influencia mucho después de que hubieran desaparecido las condiciones que hicieron posible la esclavitud. A principios del siglo XIX, el Imperio británico prohibió la esclavitud y detuvo el comercio de esclavos del Atlántico, y en las décadas que siguieron la esclavitud se fue proscribiendo de manera gradual en todo el continente americano. Resulta notable que esta fue la primera y la única vez en la historia en la que las sociedades esclavistas abolieron voluntariamente la esclavitud. Sin embargo, aunque se liberó a los esclavos, los mitos racistas que justificaban la esclavitud persistieron. La separación de las razas se mantuvo por la legislación racista y los hábitos sociales.

El resultado fue un ciclo de causa y efecto que se automantenía, un círculo vicioso. Consideremos, por ejemplo, los Estados Unidos sureños inmediatamente después de la guerra de Secesión estadounidense. En 1865, la Decimotercera Enmienda de la Constitución de Estados Unidos dejaba a la esclavitud fuera de la ley y la Decimocuarta Enmienda decretaba que no se podía negar la ciudadanía ni la igual protección de la ley sobre la base de la raza. Sin embargo, los dos siglos de esclavitud se traducían en que la mayoría de las familias negras eran mucho más pobres y mucho menos educadas que la mayoría de las familias blancas. Así, una persona negra nacida en Alabama en 1865 tenía muchas menos probabilidades de obtener una buena educación y un trabajo bien renumerado que sus vecinos blancos. Sus hijos, nacidos en las décadas de 1880 y 1890, empezaron su vida con la misma desventaja: también ellos habían nacido en una familia pobre y con poca formación.

Sin embargo, las desventajas económicas no lo son todo. Alabama era asimismo el hogar de muchos blancos pobres que carecían de las oportunidades de las que disponían sus hermanos y hermanas raciales de mejor posición. Además, la revolución industrial y las oleadas inmigratorias hicieron de Estados Unidos una sociedad extremadamente fluida, en la que los harapos podían transformarse con celeridad en riqueza. Si el dinero hubiera sido lo único que importaba, la clara división entre las razas pronto se habría difuminado, entre otras cosas debido a los matrimonios mixtos.

Pero no fue esto lo que ocurrió. Hacia 1865, los blancos, así como muchos negros, consideraron que era un hecho consumado que los negros eran menos inteligentes, más violentos y sexualmente disolutos, más perezosos y menos preocupados por la higiene personal que los blancos. Así, eran los agentes de violencia, hurtos, violaciones y enfermedades; en otras palabras, de contaminación. Si en 1895 un negro de Alabama conseguía milagrosamente adquirir una buena educación y después solicitaba un trabajo respetable, como empleado de banca, las probabilidades de que fuera aceptado eran mucho menores que las de un candidato blanco igualmente cualificado. El estigma que etiquetaba a los negros como indignos de confianza, perezosos y menos inteligentes por naturaleza conspiraba en su contra.

El lector puede pensar que la gente iría comprendiendo gradualmente que estos estigmas eran un mito y no una realidad, y que, con el tiempo, los negros serían capaces de demostrar que eran tan competentes, respetuosos con la ley y limpios como los blancos. Sin embargo, ocurrió lo contrario: dichos prejuicios se afianzaron cada vez más a medida que pasaba el tiempo. Puesto que los mejores empleos los ocupaban los blancos, resultaba fácil creer que los negros eran realmente inferiores. «Mira —decía el ciudadano blanco medio—, hace generaciones que los negros son libres, pero casi no hay profesores negros, ni abogados, ni médicos ni empleados de banca negros. ¿No es esto la prueba de que los negros son simplemente menos inteligentes y menos dados a trabajar?» Atrapados en este círculo vicioso, los negros no eran contratados para desempeñar tareas administrativas porque se les consideraba poco inteligentes, y una prueba de su inferioridad era la escasez de negros en empleos de oficinista.

El círculo vicioso: una situación histórica casual se traduce en un sistema social rígido.

El círculo vicioso no terminaba aquí. A medida que los estigmas contra los negros se hacían más fuertes, se tradujeron en un sistema de leyes y normas que estaban destinadas a salvaguardar el orden racial. Se prohibió que los negros votaran en las elecciones, que estudiaran en las escuelas para blancos, que compraran en las tiendas para blancos, que comieran en los restaurantes para blancos, que durmieran en los hoteles para blancos. La justificación de todo ello era que los negros eran sucios, haraganes y viciosos, de modo que los blancos tenían que ser protegidos de ellos. Los blancos no querían dormir en el mismo hotel que los negros ni comer en el mismo restaurante, por temor a las enfermedades. No querían que sus hijos estudiaran en las mismas escuelas que los niños negros, por miedo a la brutalidad y a las malas influencias. No querían que los negros votaran en las elecciones, puesto que los negros eran ignorantes e inmorales. Tales temores venían reforzados por estudios científicos que «demostraban» que los negros eran realmente menos cultos, que entre ellos eran comunes varias enfermedades, y que su índice de criminalidad era mucho más elevado (los estudios ignoraban que estos «hechos» eran el resultado de la discriminación contra los negros).

A mediados del siglo xx, la segregación en los antiguos estados confederados probablemente era peor que a finales del siglo xix. Clennon King, un estudiante negro que solicitó matricularse en la Universidad de Mississippi en 1958, fue ingresado a la fuerza en un sanatorio mental. El juez que presidía dictaminó que con toda seguridad una persona negra tenía que estar loca si pensaba que podría ser admitida en la Universidad de Mississippi.

Nada resultaba más repugnante para los americanos sureños (y para muchos norteños) que las relaciones sexuales y el matrimonio entre un hombre negro y una mujer blanca. El sexo entre razas se convirtió en el mayor de los tabúes, y se consideraba que cualquier violación, o sospecha de violación, merecía el castigo inmediato y sumario en forma de linchamiento. El Ku Klux Klan, una sociedad secreta supremacista blanca, perpetró muchos de tales asesinatos. Podía haber enseñado a los brahmanes hindúes un par de cosas acerca de las leyes de pureza.

Con el tiempo, el racismo se extendió a ámbitos cada vez más culturales. La cultura estética norteamericana se construyó alrededor de estándares blancos de belleza. Los atributos físicos de la raza blanca (por ejemplo, la piel clara, el pelo suave y liso, una pequeña nariz respingona) se identificaron como hermosos. Los rasgos típicamente negros (piel oscura, pelo oscuro y tupido, una nariz achatada) se consideraban feos. Estas preconcepciones encajaban en la jerarquía imaginada a un nivel incluso más profundo de la conciencia humana y, por lo tanto, la perpetuaban.

Estos círculos viciosos pueden seguir durante siglos o incluso milenios, perpetuando una jerarquía imaginada que surgió de un hecho histórico casual. La discriminación injusta suele empeorar, no mejorar, con el tiempo. El dinero llama al dinero, y la pobreza a la pobreza. La educación llama a la educación, y la ignorancia a la ignorancia. Los que una vez fueron víctimas de la historia es probable que vuelvan a serlo otra vez. Y aquellos a los que la historia ha concedido privilegios tienen más probabilidades de obtenerlos de nuevo.

La mayoría de las jerarquías sociopolíticas carecen de una base lógica o biológica: no son más que la perpetuación de acontecimientos aleatorios sostenidos por mitos. Esta es una buena razón para estudiar historia. Si la división entre negros y blancos o entre brahmanes y shudrás se fundamentara en realidades biológicas (es decir, si los brahmanes tuvieran realmente un cerebro mejor que el de los shudrás), la biología bastaría para comprender a la sociedad humana. Puesto que las distinciones biológicas entre los diferentes grupos de *Homo sapiens* son, de hecho, insignificantes, la biología no puede explicar los intrincados detalles de la sociedad india o de la dinámica racial americana. Solo podemos comprender estos fenómenos estudiando los acontecimientos, circunstancias y relaciones de poder que transformaron ficciones de la imaginación en estructuras sociales crueles y muy reales.

ÉL Y ELLA

Diferentes sociedades adoptan diferentes tipos de jerarquías imaginadas. La raza es muy importante para los americanos modernos, pero era relativamente insignificante para los musulmanes medievales. La casta era un asunto de vida o muerte en la India medieval, mientras que en la Europa moderna es prácticamente inexistente. Sin embargo, hay una jerarquía que ha sido de importancia suprema en todas las sociedades humanas conocidas: la jerarquía del género. En todas partes la gente se ha dividido en hombres y mujeres. Y casi en todas partes los hombres han obtenido la mejor tajada, al menos desde la revolución agrícola.

Algunos de los textos chinos más antiguos son huesos de oráculos que datan de 1200 a.C. y que se usaban para adivinar el futuro. En uno de ellos había grabada la siguiente pregunta: «¿Será venturoso el parto de la señora Hao?». A la que se respondía: «Si el niño nace en un día *ding*, venturoso; si nace en un día *geng*, muy afortunado». Sin embargo, la señora Hao dio a luz en un día *jiayin*. El texto termina con esta observación displicente: «Tres semanas y un día después, en un día *jiayin*, nació el hijo. No hubo suerte. Era una niña».[4] Más de 3.000 años después, cuando la China comunista promulgó la política del «hijo único», muchas familias chinas continuaron considerando que el nacimiento de una niña era una desgracia. Ocasionalmente, los padres abandonaban o mataban a las niñas recién nacidas con el fin de tener otra oportunidad de conseguir un niño.

En muchas sociedades, las mujeres eran simples propiedades de los hombres, con frecuencia de sus padres, maridos o hermanos. El estupro o la violación, en muchos sistemas legales, se consideraba un caso de violación de propiedad; en otras palabras, la víctima no era la mujer que fue violada, sino el macho que la había poseído. Así las cosas, el remedio legal era la transferencia de propiedad: se exigía al violador que pagara una dote por la novia al padre o el hermano de la mujer, tras lo cual esta se convertía en la propiedad del violador. La Biblia decreta que «si un hombre encuentra a una joven virgen no desposada, la agarra y yace con ella y fueren sorprendidos, el hombre que yació con ella dará al padre de la joven cincuenta siclos de plata y ella será su mujer» (Deuteronomio, 22, 28-29). Los antiguos hebreos consideraban que este era un arreglo razonable.

Violar a una mujer que no pertenecía a ningún hombre no era considerado un delito en absoluto, de la misma manera que coger una moneda perdida en una calle frecuentada no se considera un robo. Y si un marido violaba a su mujer, no cometía ningún delito. De hecho, la idea de que un marido pudiera violar a su mujer era un oxímoron. Ser marido significaba tener el control absoluto de la sexualidad de la esposa. Decir que un marido «había violado» a su esposa era tan ilógico como decir que un hombre había robado su propia cartera. Esta manera de pensar no estaba confinada al Oriente Próximo antiguo. En 2006, todavía había 53 países en los que un marido no podía ser juzgado por la violación de su esposa. Incluso en Alemania, las leyes sobre el estupro no se corrigieron hasta 1997 para crear una categoría legal de violación marital.[5]

¿La división entre hombres y mujeres es un producto de la imaginación, como el sistema de castas en la India y el sistema racial en América, o es una división natural con profundas raíces biológicas? Y si realmente es una división natural, ¿existen asimismo explicaciones biológicas para la preferencia que se da a los hombres sobre las mujeres?

Algunas de las disparidades culturales, legales y políticas entre hombres y mujeres reflejan las evidentes diferencias biológicas entre los sexos. Parir ha sido siempre cosa de mujeres, porque los hombres carecen de útero. Pero alrededor de esta cuestión dura y universal, cada sociedad ha acumulado capa sobre capa ideas y normas culturales que tienen poco que ver con la biología. Las sociedades asocian una serie de atributos a la masculinidad y a la feminidad que, en su mayor parte, carecen de una base biológica firme.

Por ejemplo, en la democrática Atenas del siglo v a.C., un individuo que poseyera un útero no gozaba de una condición legal independiente y se le prohibía participar en las asambleas populares o ser un juez. Con pocas excepciones, dicho individuo no podía beneficiarse de una buena educación, ni dedicarse a los negocios ni al discurso filosófico. Ninguno de los líderes políticos de Atenas, ninguno de sus grandes filósofos, oradores, artistas o comerciantes poseía un útero. ¿Acaso poseer un útero hace que una persona sea inadecuada biológicamente para dichas profesiones? Así lo creían los antiguos atenienses. En la Atenas de hoy, las mujeres votan, son elegidas para cargos públicos, hacen discursos, diseñan de todo, desde joyas a edificios y software, y van a la universidad. Su útero no les impide hacer todas estas cosas con el mismo éxito con que lo hacen los hombres. Es verdad que todavía están insuficientemente representadas en la política y los negocios —solo alrededor del 12 por ciento de los miembros del Parlamento griego son mujeres—, pero no existe ninguna barrera legal a su participación en política, y la mayoría de los griegos modernos piensan que es muy normal que una mujer ejerza cargos públicos.

Muchos griegos modernos piensan también que una parte integral de ser hombre es sentirse atraído sexualmente solo hacia las mujeres, y tener relaciones sexuales exclusivamente con el sexo opuesto. No consideran que esto sea un prejuicio cultural, sino una realidad biológica: las relaciones entre dos personas de sexos opuestos son naturales y entre dos personas del mismo sexo, antinaturales. Pero, en realidad, a la madre Naturaleza no le importa si los hombres se sienten sexual y mutuamente atraídos. Únicamente son las madres humanas inmersas en determinadas culturas las que montan una escena si su hijo tiene una aventura con el chico de la casa de al lado. Los berrinches de la madre no son un imperativo biológico. Un número significativo de culturas humanas han considerado que las relaciones homosexuales no solo son legítimas, sino incluso socialmente constructivas, siendo la Grecia clásica el ejemplo más notable. La *Ilíada* no menciona que Tetis tuviera ninguna objeción a las relaciones de su hijo Aquiles con Patroclo. A la reina Olimpia de Macedonia, una de las mujeres más temperamentales y enérgicas del mundo antiguo, hasta el punto de mandar asesinar a su propio marido, el rey Filipo, no le dio ningún ataque cuando su hijo, Alejandro Magno, llevó a casa a cenar a su amante, Hefestión.

¿Cómo podemos distinguir lo que está determinado biológicamente de lo que la gente intenta simplemente justificar mediante mitos biológicos? Una buena regla empírica es: «La biología lo permite, la cultura lo prohíbe». La biología tolera un espectro muy amplio de posibilidades. Sin embargo, la cultura obliga a la gente a realizar algunas posibilidades al tiempo que prohíbe otras. La biología permite a las mujeres tener hijos, mientras que algunas culturas obligan a las mujeres a realizar esta posibilidad. La biología permite a los hombres que gocen del sexo entre sí, mientras que algunas culturas les prohíben realizar esta posibilidad.

La cultura tiende a aducir que solo prohíbe lo que es antinatural. Pero, desde una perspectiva biológica, nada es antinatural. Todo lo que es posible es, por definición, también natural. Un comportamiento verdaderamente antinatural, que vaya contra las leyes de la naturaleza, simplemente no puede existir, de modo que no necesitaría prohibición. Ninguna cultura se ha preocupado nunca de prohibir que los hombres fotosinteticen, que las mujeres corran más deprisa que la velocidad de la luz o que los electrones, que tienen carga negativa, se atraigan mutuamente.

En realidad, nuestros conceptos «natural» y «antinatural» no se han tomado de la biología, sino de la teología cristiana. El significado teológico de «natural» es «de acuerdo con las intenciones del Dios que creó la naturaleza». Los teólogos cristianos argumentaban que Dios creó el cuerpo humano con el propósito de que cada miembro y órgano sirvieran a un fin particular. Si utilizamos nuestros miembros y órganos para el fin que Dios pretendía, entonces es una actividad natural. Si los usamos de manera diferente a lo que Dios pretendía, es antinatural. Sin embargo, la evolución no tiene propósito. Los órganos no han evolucionado con una finalidad, y la manera como son usados está en constante cambio. No hay un solo órgano en el cuerpo humano que realice únicamente la tarea que realizaba su prototipo cuando apareció por primera vez hace cientos de millones de años. Los órganos evolucionan para ejecutar una función concreta, pero una vez que existen, pueden adaptarse asimismo para otros usos. La boca, por ejemplo, apareció porque los primitivos organismos pluricelulares necesitaban una manera de incorporar nutrientes a su cuerpo. Todavía usamos la boca para este propósito, pero también la empleamos para besar, hablar y, si somos Rambo, para extraer la anilla de las granadas de mano. ¿Acaso alguno de estos usos es antinatural simplemente porque nuestros antepasados vermiformes de hace 600 millones de años no hacían estas cosas con su boca?

De manera parecida, las alas no surgieron de repente en todo su esplendor aerodinámico. Se desarrollaron a partir de órganos que cumplían otra finalidad. Según una teoría, las alas de los insectos se desarrollaron hace millones de años a partir de protrusiones corporales de bichos que no podían volar. Los bichos con estas protuberancias poseían una mayor área superficial que los que no las tenían, y esto les permitía captar más radiación solar y así mantenerse más calientes. En un proceso evolutivo lento, estos calefactores solares aumentaron de tamaño. La misma estructura que era buena para la máxima absorción de radiación solar (mucha superficie, poco peso) también, por coincidencia, proporcionaba a los insectos un poco de sustentación cuando brincaban y saltaban. Los que tenían las mayores protrusiones podían brincar y saltar más lejos. Algunos insectos empezaron a usar aquellas cosas para planear, y desde allí solo hizo falta un pequeño paso hasta las alas para propulsar realmente al bicho a través del aire. La próxima vez que un mosquito zumbe en la oreja del lector, acúsele de comportamiento antinatural. Si fuera bien educado y se conformara con lo que Dios le ha dado, solo emplearía sus alas como paneles solares.

El mismo tipo de multitarea es aplicable a nuestros órganos y comportamiento sexuales. El sexo evolucionó primero para la procreación, y los rituales de cortejo como una manera de calibrar la adecuación de una pareja potencial. Sin embargo, en la actualidad muchos animales usan ambas cosas para una multitud de fines sociales que poco tienen que ver con crear pequeñas copias de sí mismos. Los chimpancés, por ejemplo, utilizan el sexo para afianzar alianzas políticas, establecer intimidad y desarmar tensiones. ¿Acaso esto es antinatural?

SEXO Y GÉNERO

Así pues, tiene poco sentido decir que la función natural de las mujeres es parir, o que la homosexualidad es antinatural. La mayoría de las leyes, normas, derechos y obligaciones que definen la masculinidad o

Una hembra = una categoría biológica		Una mujer = una categoría cultural	
Antigua Atenas	*Moderna Atenas*	*Antigua Atenas*	*Moderna Atenas*
Cromosomas XX	Cromosomas XX	No puede votar	Puede votar
Útero	Útero	No puede ser juez	Puede ser juez
Ovarios	Ovarios	No puede tener cargos de gobierno	Puede tener cargos de gobierno
Poca testosterona	Poca testosterona	No puede decidir por sí misma con quién casarse	Puede decidir por sí misma con quién casarse
Mucho estrógeno	Mucho estrógeno	Normalmente analfabeta	Normalmente no analfabeta
Puede producir leche	Puede producir leche	Legalmente propiedad del padre o del marido	Legalmente independiente
Exactamente lo mismo		*Cosas muy distintas*	

la feminidad reflejan más la imaginación humana que la realidad biológica.

Biológicamente, los humanos se dividen en machos y hembras. Un macho de *Homo sapiens* posee un cromosoma X y un cromosoma Y; una hembra tiene dos cromosomas X. Pero «hombre» y «mujer» denominan categorías sociales, no biológicas. Mientras que en la gran mayoría de los casos en la mayor parte de las sociedades humanas los hombres son machos y las mujeres hembras, los términos sociales portan una gran cantidad de equipaje que solo tiene una tenue relación, si es que la hay, con los términos biológicos. Un hombre no es un sapiens con cualidades biológicas particulares como cromosomas XY, testículos y mucha testosterona. Lo que ocurre es que encaja en una rendija concreta del orden humano imaginado en su sociedad. Sus mitos culturales le asignan papeles masculinos (como dedicarse a la política), derechos (como votar) y deberes (como el servicio militar) concretos. Asimismo, una mujer no es una sapiens con dos cromosomas X, un útero y gran cantidad de estrógeno. Más bien es un miembro femenino de un orden humano imaginado. Los mitos de su sociedad le asignan papeles femeninos únicos (criar a los hijos), derechos (protección contra la violencia) y deberes (obediencia a su marido). Puesto que son los mitos, y no la biología, los que definen los papeles, derechos y deberes de hombres y mujeres, el significado de «masculinidad» y «feminidad» ha variado enormemente de una sociedad a otra (véanse las figuras 15 y 16).

Para hacer que las cosas sean menos confusas, los estudiosos suelen distinguir entre «sexo», que es una categoría biológica, y «género», una categoría cultural. El sexo se divide en machos y hembras, y las cualidades de esta división son objetivas y han permanecido constantes a lo largo de la historia. El género se divide entre hombres y mujeres (y algunas culturas reconocen otras categorías). Las cualidades denominadas «masculinas» y «femeninas» son intersubjetivas y experimentan cambios constantes. Por ejemplo, existen grandes diferencias en el comportamiento, deseos, indumentaria e incluso postura corporal entre las mujeres de la Atenas clásica y las mujeres de la Atenas moderna.[6]

El sexo es un juego de niños, pero el género es un asunto serio. Conseguir ser un miembro del sexo masculino es la cosa más sencilla del mundo. Uno solo necesita haber nacido con un cromosoma X y uno Y. Conseguir ser una hembra es igualmente simple. Un par de cromosomas X bastan. En contraste, convertirse en un hombre o una mujer es una empresa muy complicada y exigente. Puesto que la mayoría de las cualidades masculinas y femeninas son culturales y no biológicas, ninguna sociedad corona automáticamente a cada macho como hombre, ni a cada hembra como mujer. Ni estos títulos son laureles sobre los que uno pueda descansar una vez que se han adquirido. Los machos han de demostrar continuamente su masculinidad a lo largo de su vida, desde la cuna a la tumba, en una serie interminable de ritos y desempeños. Y la obra de una mujer no se acaba nunca: ha de convencerse continuamente y de convencer a los demás de que es lo bastante femenina.

El éxito no está garantizado. Los machos, en particular, viven en el temor constante de perder su afirmación de masculinidad. A lo largo de

FIGURA 15. La masculinidad en el siglo XVIII: retrato oficial del rey Luis XIV de Francia. Adviértase la larga peluca, las medias, los zapatos de tacón alto, la postura de bailarín y la enorme espada. En la Europa contemporánea, todos estos rasgos (con excepción de la espada) se considerarían señales de afeminamiento. Pero en su época, Luis era un dechado de masculinidad y virilidad.

FIGURA 16. La masculinidad en el siglo XXI: retrato oficial de Barack Obama. ¿Dónde están la peluca, las medias, los tacones altos y la espada? Los hombres dominantes nunca han tenido un aspecto más insulso y deprimente que en la actualidad. Durante la mayor parte de la historia, los hombres dominantes han sido pintorescos y ostentosos, como los jefes de los indios americanos con sus tocados de plumas y los marajás hindúes ataviados de sedas y diamantes. En el reino animal, los machos tienden a tener colores más vivos que las hembras; pensemos en la cola de los pavos reales y en las melenas de los leones.

la historia, los machos han estado dispuestos a arriesgar, e incluso a sacrificar su vida, simplemente para que los demás puedan decir: «¡Es todo un hombre!».

¿Qué es lo que tienen de tan bueno los hombres?

Al menos desde la revolución agrícola, la mayoría de las sociedades humanas han sido sociedades patriarcales que valoraban mucho más a los hombres que a las mujeres. Con independencia de cómo una sociedad definiera «hombre» y «mujer», ser un hombre era siempre mejor. Las sociedades patriarcales educan a los hombres para que piensen y actúen de una manera masculina y a las mujeres para que piensen y actúen de una manera femenina, y castigan a todos los que se atrevan a cruzar estos límites. Pero no premian de igual manera a los que se amoldan. Las cualidades consideradas masculinas son más valoradas que las que se consideran femeninas, y los miembros de una sociedad que encarnan el ideal femenino obtienen menos cosas que los que ejemplifican el ideal masculino. En la salud y la educación de las mujeres se invierten menos recursos; las mujeres tienen menos oportunidades económicas, menos poder político y menos libertad de movimiento. El género es una carrera en la que algunos de los corredores compiten solo por la medalla de bronce.

Es cierto que un reducido grupo de mujeres han conseguido alcanzar la posición alfa, como Cleopatra de Egipto, la emperatriz Wu Zetian de China (c. 700 d.C.) e Isabel I de Inglaterra. Pero se trata de excepciones que confirman la regla. A lo largo de los cuarenta y cinco años de reinado de Isabel I, todos los miembros del Parlamento eran hombres, todos los oficiales de la marina y del ejército reales eran hombres, todos los jueces y abogados eran hombres, todos los obispos y arzobispos eran hombres, todos los teólogos y sacerdotes eran hombres, todos los médicos y cirujanos eran hombres, todos los estudiantes y profesores en todas las universidades y facultades eran hombres, todos los alcaldes y gobernadores eran hombres, y casi todos los escritores, arquitectos, poetas, filósofos, pintores, músicos y científicos eran hombres.

El patriarcado ha sido la norma en casi todas las sociedades agrícolas e industriales y ha resistido tenazmente a los cambios políticos, las revoluciones sociales y las transformaciones económicas. Egipto, por ejemplo, fue conquistado numerosas veces a lo largo de los siglos. Asirios, persas, macedonios, romanos, árabes, mamelucos, turcos e ingleses lo ocuparon... y su sociedad permaneció siempre patriarcal. Egipto fue gobernado por la ley faraónica, la ley griega, la ley romana, la ley musulmana, la ley otomana y la ley británica, y en todas ellas se discriminaba a las personas que no fueran «todo un hombre».

Puesto que el patriarcado es tan universal, no puede ser el producto de algún círculo vicioso que se pusiera en marcha por un acontecimiento casual. Vale la pena señalar que, incluso antes de 1492, la mayoría de las sociedades tanto en América como en Afroasia eran patriarcales, aunque habían permanecido sin contacto durante miles de años. Si el patriarcado en Afroasia fue el resultado de algún acontecimiento aleatorio, ¿por qué eran patriarcales los aztecas y los incas? Es mucho más probable que, aunque la definición precisa varía de una cultura a otra, exista alguna razón biológica universal por la que casi todas las culturas valoraban más la masculinidad que la feminidad. No sabemos cuál es la verdadera razón. Existen muchas teorías, pero ninguna de ellas es convincente.

POTENCIA MUSCULAR

La teoría más común señala el hecho de que los hombres son más fuertes que las mujeres, y que han usado su mayor potencia física para obligar a las mujeres a someterse. Una versión más sutil de esta afirmación aduce que su fuerza permite a los hombres monopolizar tareas que exigen un trabajo manual duro, como labrar y cosechar. Esto les da el control de la producción de alimentos, que a su vez se traduce en poder político.

El énfasis en la potencia muscular plantea dos problemas. Primero, la afirmación de que «los hombres son más fuertes que las mujeres» es cierta solo por término medio, y solo con relación a determinados tipos de fuerza. Por lo general, las mujeres son más resistentes al hambre, la enfermedad y la fatiga que los hombres. También hay muchas mujeres que pueden correr más veloces y levantar pesos más pesados que muchos hombres. Además, y lo que es más controvertido para esta teoría, a lo largo de la historia a las mujeres se las ha excluido principalmente de profesiones que requieren poco esfuerzo físico (como el sacerdocio, las leyes y la política), mientras que se han dedicado a tareas manuales duras en los campos, en la artesanía y en el hogar. Si el poder social se dividiera en relación directa con la fuerza física o el vigor, las mujeres tendrían una parte mayor del mismo.

Y, lo que es más importante, simplemente no hay relación directa entre la fuerza física y el poder social entre los humanos. Las personas de más de sesenta años suelen ejercer poder sobre personas que se hallan en la veintena, aunque las que tienen veintitantos años son mucho más fuertes que sus mayores. El típico dueño de una plantación en Alabama a mediados del siglo XIX podría haber sido derribado en segundos por cualquiera de los esclavos que cultivaban sus campos de algodón. Para seleccionar faraones egipcios o papas católicos no se utilizaban combates de boxeo. En las sociedades de cazadores-recolectores, el predominio político reside generalmente en la persona que posee las mejores habilidades sociales y no en la que tiene la musculatura más desarrollada. En el crimen organizado, el gran jefe no es necesariamente el hombre más forzudo. A menudo es un hombre anciano que raramente utiliza sus propios puños; consigue que hombres más jóvenes y en forma hagan los trabajos sucios por él. Un tipo que crea que la manera de quedarse con el sindicato es darle una paliza al don es improbable que viva el tiempo suficiente para aprender de su error. Incluso entre los chimpancés, el macho alfa consigue su posición al establecer una coalición estable con otros machos y hembras, no mediante la violencia insensata.

En realidad, la historia humana demuestra que a menudo hay una relación inversa entre proezas físicas y poder social. En la mayoría de las sociedades, las clases sociales inferiores son las que realizan los trabajos manuales. Esto puede reflejar la posición de *Homo sapiens* en la cadena trófica. Si todo lo que importara fueran las capacidades físicas brutas, los sapiens se encontrarían en un peldaño intermedio de la escalera. Pero sus habilidades mentales y sociales los situaron en el ápice. Por lo tanto, es natural que la cadena de poder dentro de la especie esté determinada asimismo por capacidades mentales y sociales más que por la fuerza bruta. Por eso es difícil creer que la jerarquía social más influyente y más estable de la historia se base en la capacidad de los hombres de reprimir físicamente a las mujeres.

LA ESCORIA DE LA SOCIEDAD

Otra teoría explica que la dominancia masculina resulta no de la fuerza, sino de la agresión. Millones de años de evolución han hecho a los hombres mucho más violentos que las mujeres. Las mujeres pueden equipararse a los hombres en lo que a odio, codicia y maltrato se refiere, pero cuando las cosas se ponen feas, dice la teoría, los hombres son más proclives a la violencia física y bruta. Esta es la razón por la que a lo largo de la historia la guerra ha sido una prerrogativa masculina.

En épocas de guerra, el control de las fuerzas armadas por parte de los hombres los ha hecho también dueños de la sociedad civil. Después usaron su control de la sociedad civil para desencadenar cada vez más guerras, y cuanto mayor era el número de guerras, mayor el control de la sociedad por los hombres. Este bucle de retroalimentación explica tanto la ubicuidad de la guerra como la ubicuidad del patriarcado.

Estudios recientes de los sistemas cognitivos de hombres y mujeres refuerzan la hipótesis de que los hombres tienen efectivamente tendencias más agresivas y violentas y, por lo tanto, se hallan, por término medio, mejor adaptados a servir como soldados rasos. Pero aceptando que los soldados rasos son todos hombres, ¿se sigue de ello que los que gestionan la guerra y gozan de sus frutos han de ser también hombres? Esto no tiene sentido. Es como suponer que, puesto que todos los esclavos que cultivan los campos de algodón son negros, los dueños de las plantaciones serán también negros. De la misma manera que una fuerza compuesta totalmente por negros puede estar controlada por una dirección totalmente blanca, ¿por qué no podría una tropa constituida enteramente por machos ser controlada por un gobierno totalmente, o al menos parcialmente, femenino? De hecho, en numerosas sociedades a lo largo de la historia, los oficiales superiores no se abrieron camino hasta la cúspide a partir de las filas de soldado raso. A los aristócratas, a los ricos y a los educados se les asignaba automáticamente rango de oficial y nunca sirvieron ni un solo día en filas.

Cuando el duque de Wellington, el adversario de Napoleón, se alistó en el ejército británico a la edad de dieciocho años, fue nombrado oficial de inmediato. No tenía en mucho aprecio a los plebeyos bajo su mando. «Tenemos en el servicio la escoria de la Tierra como soldados rasos», escribió a un colega aristócrata durante las guerras contra Francia. Estos soldados rasos se solían reclutar entre los más pobres, o pertenecían a minorías étnicas (como los católicos irlandeses). Sus probabilidades de ascender en el escalafón militar eran insignificantes. Las categorías superiores se reservaban a los duques, príncipes y reyes. Pero ¿por qué solo a los duques, y no a las duquesas?

El Imperio francés en África se estableció y se defendió por la sangre y el sudor de senegaleses, argelinos y franceses de clase trabajadora. El porcentaje en filas de franceses de buena familia era insignificante. Pero el porcentaje de franceses de buena familia en la pequeña élite que mandaba el ejército francés, que gobernaba el imperio y gozaba de sus frutos era muy alto. ¿Por qué solo franceses, y no francesas?

En China había una larga tradición de someter el ejército a la burocracia civil, de manera que mandarines que nunca habían empuñado la espada dirigían a menudo las guerras. «No se gasta el buen hierro para producir clavos», reza un refrán chino, que significaba que la gente de talento se incorpora a la burocracia civil, no al ejército. ¿Por qué, pues, eran hombres todos estos mandarines?

No se puede aducir razonablemente que su debilidad física o sus bajos niveles de testosterona impedían a las mujeres ser mandarines, generales y políticos de éxito. Con el fin de administrar una guerra es seguro que se necesita vigor, pero no mucha fuerza física ni agresividad. Las guerras no son peleas de taberna. Son proyectos muy complejos que requieren un grado extraordinario de organización, cooperación y pacificación. La capacidad de mantener la paz en casa, de adquirir aliados en el exterior y de comprender qué pasa en la mente de otras personas (en particular nuestros enemigos) suele ser la clave de la victoria. De modo que un bruto agresivo suele ser la peor elección para dirigir una guerra. Es mucho mejor una persona cooperativa que sepa cómo apaciguar, cómo manipular y cómo ver las cosas desde diferentes perspectivas. Esta es la materia de la que están hechos los forjadores de imperios. Augusto, que era incompetente desde el punto de vista militar, tuvo éxito en la empresa de establecer un régimen imperial estable, y consiguió así algo que no lograron ni Julio César ni Alejandro Magno, que eran generales mucho mejores. Tanto los contemporáneos que lo admiraban como los historiadores modernos suelen atribuir esta hazaña a su virtud de *clementia*: indulgencia y clemencia.

A menudo se presenta a las mujeres con el siguiente estereotipo: son mejores manipuladoras y pacificadoras que los hombres, y son famosas por su capacidad superior para ver las cosas desde la perspectiva de los demás. Si acaso hay alguna verdad en estos estereotipos, entonces las mujeres habrían sido excelentes políticas y forjadoras de imperios, y habrían dejado el trabajo sucio en los campos de batalla a los machos, cargados de testosterona pero simplones. Dejando aparte los mitos populares, esto raramente ha ocurrido en el mundo real y no está claro por qué ha sido así.

GENES PATRIARCALES

Un tercer tipo de explicación biológica concede menos importancia a la fuerza bruta y la violencia, y sugiere que a lo largo de millones de años de evolución, hombres y mujeres desarrollaron por evolución diferentes estrategias de supervivencia y reproducción. Al competir los hombres entre sí por la oportunidad de inseminar a mujeres fértiles, las probabilidades de reproducción de un individuo dependían por encima de todo de su capacidad para vencer y derrotar a otros hombres. A medida que pasaba el tiempo, los genes masculinos que conseguían pasar a la siguiente generación eran los pertenecientes a los hombres más ambiciosos, agresivos y competitivos.

Una mujer, en cambio, no tenía ningún problema a la hora de encontrar a un hombre que la quisiera dejar embarazada. Sin embargo, si quería que sus hijos le proporcionaran nietos, necesitaba llevarlos en sus entrañas durante nueve arduos meses, y después alimentarlos durante años. A lo largo de ese tiempo tenía pocas oportunidades de obtener comida, y necesitaba mucha ayuda. Necesitaba un hombre. Con el fin de asegurar su propia supervivencia y la de sus hijos, la mujer no tenía otra elección que aceptar las condiciones que el hombre estipulaba para conseguir que este no se alejara demasiado y asumiera parte de la carga. A medida que pasaba el tiempo, los genes femeninos que conseguían pasar a la siguiente generación eran los pertenecientes a mujeres que eran cuidadoras sumisas. Las mujeres que pasaban demasiado tiempo luchando por el poder no legaban ninguno de estos potentes genes a las generaciones futuras.

El resultado de estas diferentes estrategias de supervivencia, según esta teoría, es que los hombres han sido programados para ser ambiciosos y competitivos, y para destacar en la política y los negocios, mientras que las mujeres han tendido a apartarse del camino y a dedicar su vida a criar a los hijos.

Sin embargo, parece que la evidencia empírica también desmiente esta hipótesis. Es particularmente problemática la suposición de que la dependencia que las mujeres tienen de ayuda externa las hizo dependientes de los hombres, y no de otras mujeres, y que la competitividad de los machos hizo que los hombres fueran socialmente dominantes. Hay muchas especies de animales, como los elefantes y los bonobos, cuya dinámica entre hembras dependientes y machos competitivos produce como resultado una sociedad matriarcal. Puesto que las hembras necesitan ayuda externa, se ven obligadas a desarrollar sus habilidades sociales y a aprender cómo cooperar y apaciguar. Construyen redes sociales totalmente femeninas que ayudan a cada miembro a criar a sus hijos. Los machos, mientras tanto, pasan el tiempo luchando y compitiendo. Sus habilidades sociales y sus lazos sociales no acaban de desarrollarse. Las sociedades de bonobos y elefantes están controladas por fuertes redes de hembras cooperativas, mientras que los machos, egoístas y no cooperativos, son relegados a puestos secundarios. Aunque las hembras de bonobo son por término medio más débiles que los machos, suelen agruparse para aporrear a los que sobrepasan sus límites.

Si esto es posible entre los bonobos y los elefantes, ¿por qué no entre *Homo sapiens*? Los sapiens son animales relativamente débiles, cuya ventaja reside en su capacidad de cooperar en gran número. Si es así, cabría esperar que las mujeres dependientes, incluso si dependen de hombres, emplearan sus habilidades sociales superiores para cooperar con el fin de manipular a los hombres, agresivos, autónomos y egoístas y conseguir superarlos.

¿Cómo llegó a ocurrir que en la única especie cuyo éxito depende sobre todo de la cooperación los individuos que supuestamente son menos cooperativos (los hombres) controlen a los individuos que supuestamente son más cooperativos (las mujeres)? En la actualidad, no tenemos una respuesta safisfactoria. Quizá las hipótesis comunes sean simplemente erróneas. ¿Acaso los machos de la especie *Homo sapiens* no están caracterizados por la fuerza física, la agresividad y la competitividad, sino por unas habilidades sociales superiores y una mayor tendencia a cooperar? Sencillamente, no lo sabemos.

Lo que sabemos, sin embargo, es que durante el último siglo los papeles de género han experimentado una revolución extraordinaria. Cada vez hay más sociedades que no solo conceden a hombres y mujeres un estatus legal, derechos políticos y oportunidades económicas iguales, sino que piensan de nuevo y por completo los conceptos más básicos de género y sexualidad. Aunque la brecha de género es todavía importante, los acontecimientos se han precipitado a una velocidad vertiginosa. En 1913, en Estados Unidos se consideraba de manera general que conceder el derecho de voto a las mujeres era una afrenta; la posibilidad de que hubiera una mujer ministra o juez del Tribunal Supremo era simplemente ridícula; o al mismo tiempo, la homosexualidad era un tema tabú, y ni siquiera podía hablarse de ella en la sociedad educada. Sin embargo, en 2013 el derecho de voto de las mujeres se da por sentado; apenas es motivo de comentario que haya ministras, y cinco jueces del Tribunal Supremo de Estados Unidos, tres de los cuales son mujeres, deciden a favor de legalizar los matrimonios entre personas del mismo sexo (al votar en contra de las objeciones de cuatro jueces masculinos).

Estos cambios espectaculares son precisamente los que hacen que la historia del género nos deje tan estupefactos. Si, como hoy se ha demostrado de manera tan clara, el sistema patriarcal se ha basado en mitos infundados y no en hechos biológicos, ¿qué es lo que explica la universalidad y estabilidad de este sistema?

Parte III

La unificación de la humanidad

FIGURA 17. Peregrinos circulando alrededor de la Kaaba, en La Meca.

9

La flecha de la historia

Después de la revolución agrícola, las sociedades humanas crecieron más y se hicieron más complejas, mientras que también los constructos imaginados que sostenían el orden social se tornaron más refinados. Los mitos y las ficciones acostumbraron a la gente, casi desde el momento del nacimiento, a pensar de determinada manera, a comportarse de acuerdo con determinados estándares, desear ciertas cosas y observar determinadas normas. Por lo tanto, crearon instintos artificiales que permitieron que millones de extraños cooperaran de manera efectiva. Esta red de instintos artificiales se llama «cultura».

Durante la primera mitad del siglo xx, los expertos enseñaban que cada cultura era completa y armoniosa, y que poseía una esencia invariable que la definía para siempre. Cada grupo humano tenía su propia visión del mundo y su propio sistema de disposiciones sociales, legales y políticas que funcionaba de manera tan regular como los planetas que giran alrededor del Sol. Según esta concepción, las culturas abandonadas a sus propios recursos no cambiaban. Simplemente seguían avanzando al mismo ritmo y en la misma dirección. Solo una fuerza aplicada desde el exterior podía cambiarlas. Así, antropólogos, historiadores y políticos se referían a la «cultura samoana» o a la «cultura tasmana» como si las mismas creencias, normas y valores hubieran caracterizado a los samoanos y los tasmanos desde tiempo inmemorial.

En la actualidad, la mayoría de los expertos de la cultura han llegado a la conclusión de que es justo lo contrario. Toda cultura tiene sus creencias, normas y valores, pero estos se hallan en un flujo constante. La cultura puede transformarse en respuesta a cambios en su ambiente o mediante la interacción con culturas vecinas. Sin embargo, las culturas también experimentan transiciones debido a sus propias dinámicas internas. Incluso una cultura completamente aislada que exista en un ambiente estable desde el punto de vista ecológico no puede evitar el cambio. A diferencia de las leyes de la física, que carecen de inconsistencias, todo orden creado por el hombre está repleto de contradicciones internas. Las culturas intentan constantemente reconciliar dichas contradicciones, y este proceso impulsa el cambio.

Por ejemplo, en la Europa medieval la nobleza creía a la vez en el cristianismo y en la caballería. El noble iba a la iglesia por la mañana y oía al sacerdote predicar la vida de los santos. «Vanidad de vanidades —decía el sacerdote—, todo es vanidad. Riquezas, lujuria y honor son tentaciones peligrosas. Debéis elevaros por encima de ellas, y seguir los pasos de Jesucristo. Sed humildes como Él, evitad la violencia y la extravagancia, y si os ofenden ofreced simplemente la otra mejilla.» Al volver a casa, sumiso y pensativo, el noble vestía sus mejores sedas e iba a un banquete en el castillo de su señor. Allí el vino fluía como el agua, el trovador entonaba canciones sobre Lanzarote y Ginebra, y los invitados intercambiaban bromas subidas de tono y sangrientos relatos bélicos. «Es mejor morir —declaraban los barones— que vivir con deshonor. Si alguien cuestiona vuestro honor, solo la sangre puede borrar el insulto. ¿Y qué cosa hay mejor en la vida que ver cómo tus enemigos huyen ante ti, y que sus lindas hijas tiemblan a tus pies?»

La contradicción nunca se resolvió por entero. Pero mientras la nobleza, el clero y los plebeyos trataban de resolverla, su cultura cambió. Un intento de remediarla desembocó en las Cruzadas. Mientras participaban en la cruzada, los caballeros podían demostrar su bravura militar y su devoción religiosa de un solo golpe. La misma contradicción promovió órdenes militares como los Templarios y los Hospitalarios, que intentaron mezclar los ideales cristianos y caballerescos de manera todavía más firme. También fue responsable de una gran parte del arte y la literatura medievales, como los relatos del rey Arturo y del Santo Grial. ¿Qué fue Camelot sino un intento de demostrar que un buen caballero puede y debe ser un buen cristiano, y que los buenos cristianos son los mejores caballeros?

Otro ejemplo es el orden político moderno. Desde la Revolución francesa, las personas de todo el mundo han llegado gradualmente a la convicción de que la igualdad y la libertad individual son valores fundamentales. Sin embargo, estos valores son contradictorios entre sí. La igualdad solo puede asegurarse si se recortan las libertades de los que son más ricos. Garantizar que todo individuo será libre de hacer lo que le plazca es inevitablemente una estafa a la igualdad. Toda la historia política del mundo desde 1789 puede considerarse como una serie de intentos de reconciliar dicha contradicción.

Quien haya leído una novela de Charles Dickens sabe que los regímenes liberales de la Europa del siglo XIX daban prioridad a la libertad individual, aunque ello supusiera llevar a la cárcel a familias pobres e insolventes y dar pocas opciones a los huérfanos como no fueran las de incorporarse a las escuelas de raterillos. Quien haya leído una novela de Alexandr Solzhenitsin sabe que el ideal igualitario del comunismo produjo tiranías brutales que intentaban controlar todos los aspectos de la vida cotidiana.

La política estadounidense contemporánea gira también alrededor de esta contradicción. Los demócratas quieren una sociedad más equitativa, aunque ello signifique aumentar los impuestos para financiar programas de ayuda a los pobres, a los ancianos y a los enfermos. Pero esto transgrede la libertad de las personas para gastar su dinero como quieran. ¿Por qué ha de obligarme el gobierno a comprar un seguro de enfermedad si yo prefiero utilizar el dinero para hacer que mis hijos vayan a la universidad? Los republicanos, en cambio, quieren maximizar la libertad individual, incluso si ello implica que la brecha de ingresos entre ricos y pobres aumente todavía más y que muchos norteamericanos no puedan permitirse la asistencia sanitaria.

De la misma manera que la cultura medieval no consiguió casar la caballería con el cristianismo, el mundo moderno no logra casar la libertad con la igualdad. Pero esto no es un defecto. Estas contradicciones son una parte inseparable de toda cultura humana. En realidad, son los motores del desarrollo cultural, responsables de la creatividad y el dinamismo de nuestra especie. La discordancia en nuestros pensamientos, ideas y valores nos fuerza a pensar, reevaluar y criticar. La consistencia es el campo de juego de las mentes obtusas. ¿Puede el lector nombrar una única gran obra de arte que no trate de un conflicto?

Si las tensiones, los conflictos y los dilemas irresolubles son la sazón de toda cultura, un ser humano que pertenezca a cualquier cultura concreta ha de tener creencias contradictorias y estar dividido por valores incompatibles. Esta es una característica tan esencial de cualquier cultura que incluso tiene nombre: disonancia cognitiva. A veces se considera que la disonancia cognitiva es un fracaso de la psique humana. En realidad, se trata de una ventaja vital. Si las personas no hubieran sido capaces de poseer creencias y valores contradictorios, probablemente habría sido imposible establecer y mantener ninguna cultura humana.

Si, pongamos por caso, un cristiano quiere comprender realmente a los musulmanes que asisten a la mezquita situada calle abajo, no debe buscar un conjunto de valores prístinos que todos los musulmanes estimen. En lugar de ello, debe profundizar en las paradojas y las contradicciones de la cultura musulmana, aquellos lugares en los que las normas están en conflicto y los criterios en liza. Es exactamente el punto en el que los musulmanes titubean entre dos imperativos donde mejor los comprenderemos.

El satélite espía

Las culturas humanas se hallan en un flujo constante. Dicho flujo, ¿es completamente aleatorio, o sigue una pauta general? En otras palabras, ¿la historia tiene dirección?

La respuesta es sí. A lo largo de los milenios, las culturas pequeñas y sencillas se conglutinan gradualmente en civilizaciones mayores y más complejas, de manera que el mundo contiene cada vez menos megaculturas, cada una de las cuales es mayor y más compleja. Esta es, desde luego, una generalización muy burda, que solo es verdad a un nivel macro. A nivel micro, parece que para cada grupo de culturas que se conglutina en una megacultura, existe una megacultura que se descompone en fragmentos. El cristianismo convirtió a cientos de millones de personas al mismo tiempo que se escindía en numerosas sectas. La lengua latina se extendió por toda la Europa occidental y central y después se dividió en dialectos locales que a su vez terminaron por convertirse en idiomas nacionales. Pero estas desintegraciones son inversiones temporales en una tendencia inexorable hacia la unidad.

Percibir la dirección de la historia es realmente cuestión de situarse en una posición ventajosa. Cuando contemplamos la historia desde la proverbial vista de pájaro, que examina los acontecimientos en términos de décadas o de siglos, es difícil decir si la historia se desplaza en la dirección de la unidad o de la diversidad. Sin embargo, para comprender procesos a largo plazo, la vista de pájaro es demasiado miope. Haríamos mejor en adoptar, en cambio, el punto de vista de un satélite espía cósmico, que escudriña milenios en lugar de siglos. Desde esta posición ventajosa resulta clarísimo que la historia se desplaza implacablemente hacia la unidad. La escisión del cristianismo y el hundimiento del Imperio mongol no son más que pequeños obstáculos a la velocidad en la autopista de la historia.

La mejor manera de apreciar la dirección general de la historia es contar el número de mundos humanos separados que coexistieron en cualquier momento dado en el planeta Tierra. Hoy en día estamos acostumbrados a pensar en el planeta entero como una única unidad, pero durante la mayor parte de la historia la Tierra era en realidad una galaxia entera de mundos humanos aislados.

Consideremos Tasmania, una isla de tamaño medio al sur de Australia. Quedó separada del continente australiano alrededor de 10000 a.C., cuando el final del período glacial provocó el ascenso del nivel del mar. En la isla quedaron unos pocos miles de cazadores-recolectores, que no tuvieron ningún contacto con otros seres humanos hasta la llegada de los europeos en el siglo XIX. Durante 12.000 años, nadie supo que los tasmanos estaban allí, y ellos no sabían que hubiera nadie más en el mundo. Tuvieron sus guerras, sus luchas políticas, oscilaciones sociales y desarrollos culturales. Pero en lo que respecta a los emperadores de China o los gobernadores de Mesopotamia, Tasmania hubiera podido hallarse perfectamente en una de las lunas de Júpiter. Los tasmanos vivían en un mundo propio.

América y Europa, asimismo, fueron mundos separados durante la mayor parte de sus respectivas historias. En el año 378 d.C., el emperador romano Valente fue derrotado y muerto por los godos en la batalla de Adrianópolis. El mismo año, el rey Chak Tok Ich'aak de Tikal fue derrotado y muerto por el ejército de Teotihuacán. (Tikal era una importante ciudad-estado maya, mientras que Teotihuacán era la mayor ciudad de América, con casi 250.000 habitantes: el mismo orden de magnitud que su contemporánea, Roma.) No hubo absolutamente ninguna relación entre la derrota de Roma y el auge de Teotihuacán. Roma podría haber estado situada en Marte, y Teotihuacán en Venus.

¿Cuántos mundos humanos diferentes coexistían en la Tierra? Alrededor de 10000 a.C., nuestro planeta contenía muchos miles de ellos. En 2000 a.C., su número se había reducido hasta los centenares, o todo lo más unos pocos miles. En 1450 d.C., su número se redujo de manera todavía más drástica. En aquellos tiempos, justo antes de la época de la exploración europea, la Tierra contenía todavía un número significativo de mundos enanos como Tasmania. Pero cerca del 90 por ciento de los humanos vivían en un único megamundo: el mundo de Afroasia. La mayor parte de Asia, la mayor parte de Europa y la mayor parte de África (incluidas zonas sustanciales del África subsahariana) ya estaban conectadas por importantes lazos culturales, políticos y económicos (véase el mapa 3).

La mayoría de la décima parte del resto de la población humana estaba dividida entre cuatro mundos de tamaño y complejidad considerables:

1. El mundo mesoamericano, que comprendía la mayor parte de América Central y partes de América del Norte.
2. El mundo andino, que abarcaba la mayor parte de Sudamérica occidental.
3. El mundo australiano, que comprendía el continente de Australia.
4. El mundo oceánico, que incluía la mayoría de las islas del océano Pacífico sudoccidental, desde Hawái a Nueva Zelanda.

A lo largo de los 300 años siguientes, el gigante afroasiático engulló a todos los demás mundos. Engulló el mundo mesoamericano en 1521, cuando los españoles conquistaron el Imperio azteca. Por la mis-

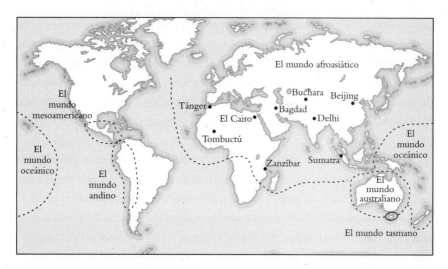

MAPA 3. La Tierra en 1450 d.C. Las localidades que se citan en el mundo afroasiático fueron lugares visitados por el viajero musulmán del siglo XIV Ibn Battuta. Natural de Tánger, en Marruecos, Ibn Battuta visitó Tombuctú, Zanzíbar, el sur de Rusia, Asia Central, China e Indonesia. Sus viajes ilustran la unidad de Afroasia a las puertas de la era moderna.

ma época, le dio el primer mordisco al mundo oceánico, durante la circunnavegación del globo por Fernando de Magallanes, y poco después completó su conquista. El mundo andino se hundió en 1532, cuando los conquistadores españoles aplastaron el Imperio inca. Los primeros europeos desembarcaron en el continente australiano en 1606, y aquel mundo prístino llegó a su fin cuando empezó de veras la colonización británica en 1788. Quince años después, los británicos establecieron su primera colonia en Tasmania, con lo que pusieron al último mundo humano autónomo dentro de la esfera de influencia afroasiática.

El gigante afroasiático tardó varios siglos en digerir todo lo que había engullido, pero el proceso fue irreversible. Hoy en día, casi todos los humanos comparten el mismo sistema geopolítico (todo el planeta está dividido en estados reconocidos internacionalmente); el mismo sistema económico (las fuerzas capitalistas del mercado modelan incluso los rincones más remotos del planeta); el mismo sistema legal (los derechos humanos y la ley internacional son válidos en todas partes, al menos teóricamente), y el mismo sistema científico (expertos en Irán, Israel, Australia y Argentina tienen exactamente la misma opinión acerca de la estructura de los átomos o el tratamiento de la tuberculosis).

La cultura global única no es homogénea. De la misma manera que un único cuerpo orgánico contiene muchos tipos diferentes de órganos y células, así nuestra única cultura global contiene muchos tipos diferentes de estilos de vida y de gente, desde corredores de Bolsa de Nueva York hasta pastores afganos. Sin embargo, todos están estrechamente interconectados y se influyen mutuamente de multiples maneras. Todavía discuten y luchan, pero discuten empleando los mismos conceptos y luchan utilizando las mismas armas. Un «choque de civilizaciones» real es como el proverbial diálogo de sordos. Nadie puede entender lo que el otro está diciendo. Hoy en día, cuando Irán y Estados Unidos blanden las espadas uno contra otro, ambos hablan el lenguaje de los estados-nación, de las economías capitalistas, del derecho internacional y de la física nuclear.

Todavía hablamos mucho de culturas «auténticas», pero si por «auténtico» queremos decir algo que se desarrolló de forma independiente, y que consiste en tradiciones locales antiguas, libres de influencias externas, entonces no quedan en la Tierra culturas auténticas. A lo largo de los últimos siglos, todas las culturas cambiaron hasta hacerse prácticamente irreconocibles por un aluvión de influencias globales.

Uno de los ejemplos más interesantes de esta globalización es la cocina «étnica». En un restaurante italiano esperamos encontrar espaguetis con salsa de tomate; en restaurantes polacos e irlandeses, gran cantidad de patatas; en un restaurante argentino podemos elegir entre decenas de tipos de filetes de buey; en un restaurante indio añaden guindillas picantes prácticamente a todo, y la consumición típica de cualquier café suizo es chocolate espeso y caliente bajo unos Alpes de nata montada. Pero ninguno de estos alimentos es autóctono de estos países. Los tomates, las guindillas picantes y el cacao son de origen mexicano, y no llegaron a Europa y Asia hasta después de la conquista de México por los españoles. Julio César y Dante Alighieri nunca hicieron girar espaguetis bañados en tomate en su tenedor (ni los tenedores se habían inventado todavía), Guillermo Tell nunca probó el chocolate y Buda nunca sazonó su comida con guindilla. Las patatas llegaron a Polonia e

Irlanda hace apenas 400 años. El único filete que se podía obtener en Argentina en 1492 era de una llama.

Los filmes de Hollywood han perpetuado la imagen de los indios de las llanuras como jinetes valientes que atacaban intrépidamente los carromatos de los pioneros europeos para proteger las costumbres de sus antepasados. Sin embargo, estos jinetes americanos nativos no eran los defensores de alguna cultura antigua y auténtica. Por el contrario, eran el producto de una revolución militar y política importante que barrió las llanuras del oeste de Norteamérica en los siglos XVII y XVIII, como consecuencia de la llegada de los caballos europeos. En 1492 no había caballos en América. La cultura de los sioux y los apaches del siglo XIX tiene muchos aspectos atractivos, pero era una cultura moderna (resultado de fuerzas globales) mucho más que «auténtica».

LA VISIÓN GLOBAL

Desde una perspectiva práctica, la fase más importante en el proceso de unificación global tuvo lugar en los últimos siglos, cuando los imperios crecieron y el comercio se intensificó. Entre las gentes de Afroasia, América, Australia y Oceanía se establecieron lazos cada vez más estrechos. Así, las guindillas picantes llegaron a la comida india y el ganado español empezó a pastar en Argentina. Pero, desde una perspectiva ideológica, un acontecimiento más importante todavía tuvo lugar durante el primer milenio antes de Cristo, cuando arraigó la idea de un orden universal. Durante los miles de años anteriores, la historia se iba moviendo lentamente en la dirección de la unidad global, pero la idea de un orden universal que gobernara todo el mundo era todavía ajena a la mayor parte de la gente.

Homo sapiens evolucionó para pensar que la gente se dividía entre nosotros y ellos. «Nosotros» era el grupo situado en nuestro entorno inmediato, quienquiera que uno fuera, y «ellos» eran todos los demás. En realidad, ningún animal social se mueve nunca por los intereses de toda la especie a la que pertenece. A ningún chimpancé le preocupan los intereses de la especie del chimpancé, ningún caracol levantará un tentáculo por la comunidad global de caracoles, ningún macho alfa de león se esfuerza para convertirse en el rey de todos los leones, y en ninguna entrada a una colmena se puede encontrar el eslogan: «Abejas obreras del mundo, ¡uníos!».

Pero, a partir de la revolución cognitiva, *Homo sapiens* se hizo cada vez más excepcional a este respecto. La gente empezó a cooperar de manera regular con personas totalmente extrañas, a las que imaginaban como «hermanos» o «amigos». Pero dicha hermandad no era universal. En algún lugar del valle vecino, o más allá de la sierra montañosa, todavía se podía sentir que estaban «ellos». Cuando el primer faraón, Menes, unificó Egipto alrededor de 3000 a.C., para los egipcios era evidente que el país tenía una frontera, y que más allá de la frontera acechaban los «bárbaros». Los bárbaros eran extranjeros, amenazadores e interesantes únicamente en la medida que tuvieran tierras o recursos naturales que los egipcios quisieran. Todos los órdenes imaginados que la gente creaba tendían a ignorar una parte sustancial de la humanidad.

El primer milenio a.C. contempló la aparición de tres órdenes universales en potencia, cuyos partidarios podían imaginar por primera vez a todo el mundo y a toda la raza humana como una única unidad gobernada por un único conjunto de leyes. Todos eran «nosotros», al menos en potencia. Ya no había «ellos». El primer orden universal que apareció fue económico: el orden monetario. El segundo orden universal fue político: el orden imperial. El tercer orden universal fue religioso: el orden de las religiones universales, como el budismo, el cristianismo y el islamismo.

Comerciantes, conquistadores y profetas fueron los primeros que consiguieron trascender la división evolutiva binaria de «nosotros frente a ellos» y prever la unidad potencial de la humanidad. Para los comerciantes, todo el mundo era un mercado único y todos los humanos eran clientes potenciales. Intentaron establecer un orden económico que se aplicara a todo en todas partes. Para los conquistadores, el mundo entero era un imperio único y todos los humanos eran súbditos en potencia, y para los profetas, todo el mundo sostenía una única verdad y todos los humanos eran creyentes en potencia. También ellos intentaron establecer un orden que fuera aplicable para todos en todas partes.

Durante los últimos tres milenios, la gente hizo intentos cada vez más ambiciosos para que esta visión global llegara a cumplirse. Los tres capítulos siguientes discuten de qué manera el dinero, los imperios y las religiones universales se expandieron, y cómo establecieron los cimientos del mundo unido de hoy en día. Empezaré con el relato del mayor conquistador de la historia, un conquistador provisto de una tolerancia y adaptabilidad extremas, gracias a las cuales ha convertido a la gente en ardientes discípulos. Este conquistador es el dinero. Personas que no creen en el mismo dios ni obedecen al mismo rey están más que dispuestas a utilizar la misma moneda. A Osama bin Laden, a pesar de todo su odio a la cultura estadounidense, la religión estadounidense y la política estadounidense, le encantaban los dólares estadounidenses. ¿Cómo consiguió triunfar el dinero donde dioses y reyes fracasaron?

10

El olor del dinero

En 1519, Hernán Cortés y sus conquistadores invadieron México, que hasta entonces había sido un mundo humano aislado. Los aztecas, como son conocidas por la posteridad las gentes que allí vivían, pronto se dieron cuenta de que los extranjeros demostraban un interés extraordinario por cierto metal amarillo. En realidad, parecía que los extranjeros nunca dejaban de hablar de él. A los nativos no les era desconocido el oro: era bello y fácil de trabajar, de manera que lo utilizaban para hacer joyas y estatuas, y en ocasiones empleaban polvo de oro como un medio de trueque. Pero cuando un azteca quería comprar algo, por lo general pagaba mediante semillas de cacao o rollos de tela. Por esta razón, la obsesión de los españoles por el oro les parecía inexplicable. ¿Dónde residía el poder de un metal que no podía ser comido, bebido o tejido, y que era demasiado blando para utilizarlo para producir herramientas o armas? Cuando los nativos preguntaron a Cortés por qué los españoles tenían tal pasión por el oro, el conquistador contestó: «Tenemos yo y mis compañeros mal de corazón, enfermedad que sana con ello».[1]

En el mundo afroasiático del que procedían los españoles, la obsesión por el oro era realmente una epidemia. Incluso el enemigo más encarnizado codiciaba el mismo metal amarillo e inútil. Tres siglos antes de la conquista de México, los antepasados de Cortés y su ejército libraron una sangrienta guerra de religión contra los reinos musulmanes en Iberia y el norte de África. Los seguidores de Cristo y los seguidores de Alá se mataron entre sí a miles, devastaron campos y huertas, y convirtieron ciudades prósperas en ruinas humeantes... todo ello por la mayor gloria de Cristo o de Alá.

A medida que los cristianos iban ganando batallas, señalaban sus victorias no solo mediante la destrucción de mezquitas y la construcción de iglesias, sino también acuñando nuevas monedas de oro y plata que llevaban la señal de la cruz y que daban las gracias a Dios por su ayuda al combatir a los infieles. Pero junto a las nuevas monedas, los vencedores acuñaron otras de un tipo distinto, los millareses, que llevaban un mensaje algo diferente. Estas monedas cuadradas producidas por los conquistadores cristianos estaban adornadas con escritura árabe que declaraba: «No hay otro dios más que Alá, y Mahoma es el mensajero de Alá». Incluso los obispos católicos de Melgueil y Agde hicieron acuñar estas copias fieles de monedas musulmanas populares, y los cristianos temerosos de Dios las usaban tranquilamente.[2]

La tolerancia también florecía al otro lado de la colina. Los mercaderes musulmanes de África del Norte realizaban negocios utilizando monedas cristianas como el florín florentino, el ducado veneciano y el carlino *gigliato* napolitano. Incluso a los dirigentes musulmanes, que clamaban para emprender la *yihad* contra los cristianos infieles, les encantaba recibir tributos en monedas que invocaban a Jesucristo y a la Virgen María.[3]

¿Cuánto cuesta?

Los cazadores-recolectores no tenían dinero. Cada banda cazaba, recolectaba y manufacturaba casi todo lo que necesitaba, desde carne a medicinas, y desde sandalias a brujería. Los diferentes miembros de una banda quizá se especializaban en tareas diferentes, pero compartían sus bienes y servicios mediante una economía de favores y obligaciones. Un pedazo de carne que se ofrecía gratuitamente llevaría consigo la asunción de reciprocidad: una asistencia médica gratuita, pongamos por caso. La banda era económicamente independiente; solo unos pocos artículos raros que no podían encontrarse localmente (conchas marinas, pigmentos, obsidiana, entre otros) tenían que obtenerse de extranjeros. Por lo general, esto podía conseguirse mediante simple trueque: «Os daremos conchas muy bonitas y vosotros nos daréis pedernal de gran calidad».

Esta forma de actuar cambió muy poco con el inicio de la revolución agrícola. La mayoría de la gente continuaba viviendo en comunidades pequeñas e íntimas. De manera muy parecida a una cuadrilla de cazadores-recolectores, cada aldea era una unidad económica autosuficiente que se mantenía mediante favores y obligaciones mutuos y el trueque con los forasteros. Un aldeano bien podría haber sido particularmente hábil a la hora de hacer zapatos y otro como dispensador de cuidados médicos, de manera que los lugareños sabían a quién dirigirse cuando iban descalzos o estaban enfermos. Pero las aldeas eran pequeñas y sus economías limitadas, de modo que no podía haber zapateros ni médicos a tiempo completo.

El auge de ciudades y reinos y la mejora en las infraestructuras de transporte produjeron nuevas oportunidades para la especialización. Las ciudades densamente pobladas proporcionaban empleo a tiempo completo no solo a zapateros y médicos, sino también a carpinteros, sacerdotes, soldados y abogados. Las aldeas que se labraron una reputación por producir vino, aceite de oliva o cerámicas realmente buenos descubrieron que valía la pena especializarse casi exclusivamente en dicho producto, y canjearlo con otros poblados por todos los demás bienes que necesitaban. Esto tenía mucho sentido. Los climas y los suelos difieren, de modo que ¿por qué beber vino mediocre procedente del propio huerto si se puede comprar una variedad más suave de un lugar cuyo suelo y clima están mucho mejor adaptados a la vid? Si la arcilla que podemos obtener cerca de casa produce cacharros más resistentes y bellos, entonces podemos conseguir un intercambio. Además, los especialistas vinateros y alfareros a tiempo completo, por no mencionar los médicos y los abogados, pueden perfeccionar su experiencia para beneficio de todos. Pero la especialización creó un problema: ¿cómo gestionar el intercambio de bienes entre especialistas?

Una economía de favores y obligaciones no funciona cuando hay un gran número de extraños que pretenden cooperar. Una cosa es proporcionar asistencia gratuita a una hermana o un vecino, y otra muy distinta es atender a extraños que quizá nunca devuelvan el favor. Se puede volver al trueque. Pero el trueque es efectivo solo cuando se intercambia una gama limitada de productos. No puede formar la base de una economía compleja.[4]

Con el fin de entender las limitaciones del trueque, imagine el lector que posee un manzanar en las colinas que produce las manzanas más firmes y dulces de toda la provincia. Trabaja tan duro en el manzanar que sus zapatos se desgastan. De modo que enjaeza el asno a la carreta y se dirige al pueblo que hay junto al río, que tiene mercado. Su vecino le dice que un zapatero que hay en el extremo sur del mercado le hizo un par de botas realmente resistentes que le han durado cinco temporadas. El lector encuentra el taller del zapatero y le ofrece baratar algunas de sus manzanas a cambio de los zapatos que necesita.

El zapatero duda. ¿Cuántas manzanas debe pedir en pago? Cada día se encuentra con decenas de clientes, algunos de los cuales le traen sacos de manzanas, mientras que otros le traen trigo, cabras o tela, todo ello de calidad variable. Otros todavía le ofrecen su experiencia en dirigir peticiones al rey o en curar el dolor de espalda. La última vez que el zapatero canjeó zapatos por manzanas fue hace tres meses, y entonces pidió tres sacos de manzanas. ¿O fueron cuatro? Pero, ahora que lo piensa, aquellas manzanas eran las ácidas del valle, y no las de primera calidad de las colinas. Por otro lado, en aquella ocasión obtuvo las manzanas a cambio de pequeños zapatos de mujer. Este compadre le pide botas de tamaño apropiado para un hombre. Además, en las últimas semanas una enfermedad ha diezmado los rebaños de los alrededores del pueblo y las pieles escasean. Los curtidores han empezado a pedir el doble de zapatos acabados por la misma cantidad de cuero. ¿No debería tomar esto en consideración?

En una economía de trueque, todos los días el zapatero y el criador de manzanas tendrán que aprender de nuevo los precios relativos de decenas de mercancías. Si hay 100 artículos diferentes que se truecan en el mercado, los compradores y los vendedores tendrán que conocer 4.950 tasas de canje. Y si los artículos que se truecan son 1.000, ¡los compradores y los vendedores tendrán que habérselas con 499.500 tasas de canje distintas![5] ¿Cómo se resuelve esto?

Sin embargo, todavía puede ser peor. Aun en el caso de que el lector consiga calcular cuántas manzanas equivalen a un par de zapatos, el trueque no siempre es posible. Después de todo, una barata requiere que cada parte quiera lo que la otra ofrece. ¿Qué ocurre si al zapatero no le gustan las manzanas y, en el momento en cuestión, lo que realmente desea es el divorcio? Ciertamente, el granjero puede buscar un abogado al que le gusten las manzanas y establecer un trato a tres partes.

Pero ¿qué ocurre si el abogado está hasta el tope de manzanas pero necesita un corte de pelo?

Algunas sociedades intentaron resolver el problema mediante el establecimiento de un sistema de trueque centralizado que recolectaba productos de los granjeros y artesanos especialistas y los distribuía a los que los necesitaban. El mayor y más famoso de dichos experimentos se realizó en la Unión Soviética y fracasó estrepitosamente. La frase «Todos trabajarán según sus capacidades y recibirán según sus necesidades» se transformó, en la práctica, en «Todos trabajarán tan poco como puedan y recibirán todo lo que puedan conseguir». En otras ocasiones se hicieron experimentos más moderados y con más éxito, por ejemplo en el Imperio inca. Pero la mayoría de las sociedades encontraron una manera más fácil de conectar a un gran número de expertos: el dinero.

CONCHAS Y CIGARRILLOS

El dinero fue creado muchas veces y en muchos lugares. Su desarrollo no requirió grandes descubrimientos tecnológicos: fue una revolución puramente mental. Implicó la creación de una nueva realidad intersubjetiva que solo existe en la imaginación compartida de la gente.

El dinero no son las monedas y los billetes. El dinero es cualquier cosa que la gente esté dispuesta a utilizar para representar de manera sistemática el valor de otras cosas con el propósito de intercambiar bienes y servicios. El dinero permite que la gente compare rápida y fácilmente el valor de bienes distintos (como manzanas, zapatos y divorcios), que intercambie fácilmente una cosa por otra, y que almacene la riqueza de manera conveniente. Ha habido muchos tipos de dinero. El más familiar es la moneda, que es una pieza estandarizada de metal acuñado. Pero el dinero existió mucho antes de que se inventara la acuñación, y ha habido culturas que han prosperado empleando otras cosas como dinero, como conchas, ganado, pieles, sal, grano, cuentas, tela y notas de pago. Las conchas blancas o cauris se utilizaron como moneda durante unos 4.000 años en toda África, el Sudeste Asiático, Asia oriental y Oceanía. A principios del siglo XX, en la Uganda Británica todavía podían pagarse los impuestos mediante cauris.

En las prisiones y los campos de prisioneros de guerra modernos, a menudo se han utilizado cigarrillos como moneda. Incluso los prisioneros que no fuman se han mostrado dispuestos a aceptar cigarrillos como pago, y a calcular el valor de todos los demás bienes y servicios en cigarrillos. Un superviviente de Auschwitz describía el dinero en cigarrillos que se usaba en el campo: «Teníamos nuestro propio dinero, cuyo valor nadie discutía: el cigarrillo. El precio de todos los artículos se expresaba en cigarrillos [...] En época "normal", es decir, cuando los candidatos a las cámaras de gas llegaban a un ritmo regular, una hogaza de pan costaba doce cigarrillos; un paquete de margarina de trescientos gramos, treinta; un reloj, de ochenta a doscientos; un litro de alcohol, ¡cuatrocientos cigarrillos!».[6]

De hecho, incluso hoy en día las monedas y billetes son una forma rara de dinero. En 2006, la suma total de dinero en el mundo era de unos 473 billones de dólares, pero la suma total de monedas y billetes no llegaba a los 47 billones de dólares.[7] Más del 90 por ciento de todo el dinero (más de 400 billones de dólares que aparecen en nuestras cuentas) existe solo en los servidores informáticos. De acuerdo con esto, la mayoría de las transacciones comerciales se ejecutan moviendo datos electrónicos de un archivo informático a otro, sin ningún intercambio de dinero en efectivo, físico. Solo un delincuente compra una casa con un maletín lleno de billetes de banco. Mientras la gente esté dispuesta a canjear bienes y servicios a cambio de datos electrónicos, ello es incluso mejor que las monedas relucientes y los billetes nuevos y crujientes: son más ligeros y menos voluminosos y es más fácil seguirles la pista.

Para que los sistemas comerciales complejos funcionen, es indispensable algún tipo de dinero. Un zapatero, en una economía monetaria, solo necesita saber los precios que hay que atribuir a los distintos tipos de zapatos; no hay necesidad de memorizar las tasas de cambio entre zapatos y manzanas o cabras. El dinero libera asimismo a los expertos en manzanas de la necesidad de buscar zapateros a los que les gusten las manzanas, porque todo el mundo quiere el dinero, lo que significa que puede intercambiarse dinero por todo lo que uno quiera o necesite. Al zapatero siempre le convendrá aceptar nuestro dinero porque, sea lo que fuere que quiera (manzanas, cabras o un divorcio), lo puede obtener a cambio de dinero.

El dinero es así un medio universal de intercambio que permite a la gente convertir casi todo en casi cualquier cosa. El músculo se convierte en cerebro cuando un soldado licenciado financia su matrícula universitaria con sus prestaciones militares. La tierra se convierte en lealtad cuando un barón vende propiedades para mantener a sus servidores. La salud se convierte en justicia cuando un médico usa sus ingresos para contratar a un abogado... o para sobornar a un juez. Incluso es posible convertir el sexo en salvación, como hacían las prostitutas en el siglo xv cuando se acostaban con hombres a cambio de dinero, que a su vez empleaban para comprar indulgencias de la Iglesia católica.

Los tipos de dinero ideales no solo permiten a la gente transformar una cosa en otra, sino también almacenar caudales. Muchas cosas valiosas no pueden almacenarse, como el tiempo y la belleza. Algunas cosas pueden guardarse solo por un corto tiempo, como las fresas. Otras cosas son más duraderas, pero ocupan mucho espacio y requieren instalaciones y cuidados caros. El grano, por ejemplo, puede guardarse durante años, pero para hacerlo hay que construir grandes almacenes para preservarlo de las ratas, los hongos, el agua, el fuego y los ladrones. El dinero, ya sea en forma de papel, bits informáticos o conchas de porcelana, resuelve estos problemas. Los cauris no se pudren, a las ratas no les gustan, pueden resistir los incendios y son lo suficientemente compactos para encerrarlos en una caja fuerte.

Con el fin de utilizar los caudales no basta simplemente con almacenarlos. A veces es necesario trasladarlos de un lugar a otro. Algunas formas de riqueza, como los bienes raíces, no pueden transportarse en absoluto. Artículos como el trigo y el arroz pueden transportarse con cierta dificultad. Imaginemos a un agricultor acomodado que vive en una tierra sin dinero y que emigra a una provincia lejana. Sus riquezas consisten principalmente en su casa y sus arrozales. El granjero no puede llevárselos consigo. Puede cambiarlos por toneladas de arroz, pero sería muy engorroso y caro transportar todo este arroz. El dinero resuelve estos problemas. El granjero puede vender su propiedad a cambio de un saco de cauris, que puede transportar fácilmente a dondequiera que vaya.

Debido a que el dinero puede convertir, almacenar y transportar de manera fácil y barata los bienes, su contribución fue vital a la aparición de redes comerciales complejas y a mercados dinámicos. Sin dinero, las redes comerciales y los mercados se habrían visto condenados a permanecer muy limitados en su tamaño, complejidad y dinamismo.

¿Cómo funciona el dinero?

Los cauris y los dólares solo tienen valor en nuestra imaginación común. Su valor no es intrínseco de la estructura química de las conchas y el papel, ni de su color, ni de su forma. En otras palabras, el dinero no es una realidad material; es un constructo psicológico. Funciona al convertir materia en mente. Pero ¿por qué tiene éxito? ¿Por qué desearía nadie cambiar un fértil arrozal por un puñado de inútiles cauris? ¿Por qué querríamos preparar hamburguesas a la plancha, vender seguros de enfermedad o hacer de canguro de tres mocosos detestables si todo lo que obtendremos por nuestro esfuerzo son unos pocos pedazos de papel coloreado?

La gente está dispuesta a hacer estas cosas cuando confía en las invenciones de su imaginación colectiva. La confianza es la materia bruta a partir de la cual se acuñan todas las formas de dinero. Cuando el granjero rico vendió sus posesiones por un saco de cauris y viajó con ellos a otra provincia, confiaba en que al llegar a su destino otras personas estarían dispuestas a venderle arroz, casas y campos a cambio de las conchas. En consecuencia, el dinero es un sistema de confianza mutua, y no cualquier sistema de confianza mutua: *El dinero es el más universal y más eficiente sistema de confianza mutua que jamás se haya inventado.*

Lo que creó dicha confianza fue una red muy compleja y a muy largo plazo de relaciones políticas, sociales y económicas. ¿Por qué creo en la concha de cauri, o la moneda de oro, o el billete de dólares? Porque mis vecinos creen en ellos. Y mis vecinos creen en ellos porque yo creo en ellos. Y todos creemos en ellos porque nuestro rey cree en ellos y los exige en los tributos, y porque nuestro sacerdote cree en ellos y los reclama en los diezmos. Tomemos un billete de un dólar y observémoslo con detenimiento. Veremos que es simplemente un pedazo de papel de color con la firma del secretario del Tesoro de Estados Unidos a un lado y la leyenda «En Dios confiamos» en el otro. Aceptamos el dólar como pago, porque confiamos en Dios y en el secretario del Tesoro de Estados Unidos. El papel crucial de la confianza explica por qué nuestros sistemas financieros están tan fuertemente entrelazados con nuestros sistemas políticos, sociales e ideológicos, por qué las crisis financieras suelen desencadenarse por acontecimientos políticos, y por qué el mercado de valores puede subir o bajar en función del humor que tengan los empresarios en una mañana concreta.

Inicialmente, cuando se crearon las primeras versiones de dinero, la gente no tenía este tipo de confianza, de modo que fue necesario definir como «dinero» cosas que tenían un valor intrínseco real. El primer dinero conocido de la historia, el dinero de cebada sumerio, es un buen ejemplo. Apareció en Sumer hacia 3000 a.C., en la misma época y el mismo lugar, y en las mismas circunstancias, en las que apareció la escritura. De la misma manera que la escritura se desarrolló para dar respuesta a las necesidades de intensificar las actividades administrativas, el dinero de cebada apareció para dar respuesta a las necesidades de actividades económicas que se hacían más intensas.

El dinero de cebada era simplemente cebada: cantidades fijas de granos de cebada utilizadas como una medida universal para evaluar e intercambiar todos los demás bienes y servicios. La medida más común era la sila, equivalente aproximadamente a un litro. Cuencos normalizados, cada uno de ellos con capacidad para una sila, se produjeron en masa para que, siempre que la gente tuviera necesidad de comprar o vender algo, fuera fácil medir las cantidades de cebada necesarias. También los salarios se establecían y se pagaban en silas de cebada. Un obrero ganaba 60 silas al mes y una obrera 30 silas. Un capataz podía ganar entre 1.200 y 5.000 silas. Ni el más hambriento de los capataces podía comer 5.000 litros de cebada en un mes, pero podía utilizar las silas que no comía para comprar todo tipo de artículos: aceite, cabras, esclavos y alguna otra cosa para comer que no fuera cebada.[8]

Aunque la cebada tiene un valor intrínseco, no fue fácil convencer a la gente para que la utilizara como dinero en lugar de como cualquier otra mercancía. Para comprender por qué, piense el lector qué ocurriría si llevara un saco lleno de cebada a su centro comercial local, e intentara comprar una camisa o una pizza. Probablemente, los vendedores llamarían a seguridad. Aun así, era algo más fácil llegar a confiar en la cebada como el primer tipo de dinero, porque la cebada tiene un valor biológico intrínseco. Los humanos pueden comerla. Por otra parte, la cebada era difícil de almacenar y transportar. El gran avance en la historia del dinero se produjo cuando la gente llegó a confiar en dinero que carecía de valor intrínseco, pero que era más fácil de almacenar y transportar. Tal dinero apareció en la antigua Mesopotamia a mediados del tercer milenio a.C. Era el siclo de plata.

El siclo de plata no era una moneda, sino 8,33 gramos de plata. Cuando el Código de Hammurabi declaraba que un hombre superior que matara a una mujer esclava tenía que pagar a su dueño 20 siclos de plata, esto significaba que debía pagar 166 gramos de plata, no 20 monedas. La mayor parte de los términos dinerarios en el Antiguo Testamento se dan en términos de plata y no de monedas. Los hermanos de José lo vendieron a los ismaelitas por veinte siclos de plata, o 166 gramos de plata (el mismo precio que una esclava; después de todo, era un joven).

A diferencia de la sila de cebada, el siclo de plata no tenía un valor intrínseco. La plata no se puede comer, beber ni hacer vestidos con ella, y es demasiado blanda para producir herramientas útiles: los arados o las espadas de plata se deformarían casi tan rápidamente como las hechas de papel de aluminio. Cuando son usados para algo, la plata y el oro son transformados en joyas, coronas y otros símbolos de jerarquía: bienes de lujo que los miembros de una determinada cultura identifican con un nivel social elevado. Su valor es puramente cultural.

Los pesos fijados de metales preciosos acabaron dando origen a las monedas. Las primeras monedas de la historia las hizo acuñar hacia el año 640 a.C. el rey Aliates de Lidia, en Anatolia occidental. Estas monedas tenían un peso normalizado de oro o plata, y se acuñaban con una marca de identificación. La marca testificaba dos cosas. Primera, indicaba cuánto metal precioso contenía la moneda. Segunda, identificaba la autoridad que emitía la moneda y que garantizaba su contenido. Casi todas las monedas en uso en la actualidad son descendientes de las monedas de Lidia.

Las monedas tenían dos ventajas importantes sobre los lingotes de metal sin marcas. Primera, estos tenían que pesarse para cada transacción. Segunda, pesar el lingote no es suficiente. ¿Cómo sabe el zapatero que el lingote de plata que yo le entrego para pagar sus botas está hecho realmente de plata pura, y no de plomo cubierto en el exterior por un delgado revestimiento de plata? Las monedas ayudan a resolver estos problemas. La marca impresa sobre ellas atestigua su valor exacto, de manera que el zapatero no necesita tener unas balanzas en su caja registradora. Y más importante todavía: la marca en la moneda es la rúbrica de alguna autoridad política que garantiza su valor.

La forma y el tamaño de la marca variaron enormemente a lo largo de la historia, pero el mensaje era siempre el mismo: «Yo, el Gran Rey Fulano de Tal, os doy mi palabra personal de que este disco de metal contiene exactamente cinco gramos de oro. Si alguien osa imitar esta moneda, eso significa que está falsificando mi propia firma, lo que sería una mancha en mi reputación. Castigaré este crimen con la mayor severidad». Esta es la razón por la que la falsificación de moneda siempre se ha considerado un crimen mucho más grave que otros actos de impostura. Producir moneda falsa no es solo timar: es una violación de soberanía, un acto de subversión contra el poder, los privilegios y la persona del rey. El término legal era *lèse majesté* («lesa majestad»), y se solía castigar con la tortura y la muerte. Mientras el pueblo confiara en el poder y la integridad del rey, confiaban en sus monedas. Personas totalmente extrañas podían aceptar fácilmente el valor de un denario romano, porque confiaban en el poder y la integridad del emperador romano, cuyo nombre e imagen adornaban la moneda.

A su vez, el poder del emperador se apoyaba en el denario. Pensemos simplemente en lo difícil que hubiera sido mantener el Imperio romano sin monedas, si el emperador hubiera tenido que recaudar impuestos y pagar salarios en cebada y trigo. Habría sido imposible recaudar impuestos de cebada en Siria, transportar los fondos a la tesorería central en Roma y transportarlos de nuevo a Britania con el fin de pagar a las legiones que allí había. Habría sido igualmente difícil mantener el imperio si los habitantes de la propia Roma hubieran creído en las monedas de oro, pero los galos, griegos, egipcios y sirios hubieran rechazado esta creencia y hubieran depositado su confianza en cauris, cuentas de marfil o rollos de tela.

EL EVANGELIO DEL ORO

La confianza en las monedas de Roma era tan fuerte que incluso fuera de los límites del imperio a la gente le gustaba recibir su paga en denarios. En el siglo I d.C., las monedas romanas eran un medio de intercambio aceptado en los mercados de la India, aunque la legión romana más cercana se hallaba a miles de kilómetros de distancia. Los indios tenían una confianza tan fuerte en el denario y en la imagen del emperador que cuando los gobernadores locales acuñaron sus propias monedas imitaron fielmente al denario, ¡incluso hasta el retrato del emperador romano! El nombre «denario» se convirtió en un término genérico para las monedas. Los califas musulmanes arabizaron este nombre y emitieron «dinares». El dinar sigue siendo el nombre oficial del dinero en Jordania, Irak, Serbia, Macedonia, Túnez y otros países.

Al tiempo que el sistema lidio de acuñación de moneda se extendía por el Mediterráneo hasta el océano Índico, China desarrolló un sistema monetario ligeramente distinto, basado en monedas de bronce y lingotes de plata y oro sin marcar. Pero los dos sistemas monetarios tenían suficientes cosas en común (en especial el basarse en el oro y la plata) para que se establecieran relaciones monetarias y comerciales entre la zona china y la zona lidia. Los mercaderes y conquistadores musulmanes y europeos extendieron gradualmente el sistema lidio y el evangelio del oro a los rincones más alejados de la Tierra. A finales de la era moderna, todo el mundo era una única zona monetaria, que se basaba ante todo en el oro y la plata, y posteriormente en unas pocas monedas en las que se confiaba, como la libra inglesa y el dólar estadounidense.

La aparición de una única zona monetaria transnacional y transcultural puso los cimientos para la unificación de Afroasia, y finalmente de todo el globo, en una única esfera económica y política. Las personas continuaban hablando en idiomas incomprensibles, obedecían a gobernantes diferentes y adoraban a dioses distintos, pero todos creían en el oro y la plata y en las monedas de oro y plata. Sin esta creencia compartida, las redes comerciales globales habrían sido prácticamente imposibles. El oro y la plata que los conquistadores del siglo XVI encontraron en América permitieron a los mercaderes europeos adquirir seda, porcelana y especias en Asia oriental, con lo que movían las ruedas del crecimiento económico tanto en Europa como en Asia oriental. La mayor parte del oro y la plata extraídos de las minas de México y los Andes se escapó de las manos europeas hasta encontrar una buena acogida en las bolsas de los fabricantes chinos de seda y porcelana. ¿Qué le hubiera ocurrido a la economía global si los chinos no hubieran padecido la misma «enfermedad del corazón» que afligía a Cortés y sus compañeros, y hubieran rechazado aceptar pagos en oro y plata?

Pero ¿por qué razón los chinos, los indios, los musulmanes y los españoles, que pertenecían a culturas muy diferentes que no consiguieron ponerse de acuerdo en casi nada, compartían no obstante la creencia en el oro? ¿Por qué no ocurrió que los españoles creyeran en el oro, mientras que los musulmanes creían en la cebada, los indios en los cauris y los chinos en los rollos de seda? Los economistas ofrecen una respuesta rápida. Una vez que el comercio conecta dos áreas, las fuerzas de la oferta y la demanda tienden a igualar los precios de los bienes transportables. Con el fin de comprender por qué, consideremos un caso hipotético. Supongamos que cuando se abrió el comercio regular entre la India y el Mediterráneo, los indios no estaban interesados en el oro, de modo que casi no tenía valor. Pero en el Mediterráneo el oro era un codiciado símbolo de estatus social, de manera que su valor era elevado. ¿Qué habría ocurrido después?

Los mercaderes que viajaban entre la India y el Mediterráneo habrían advertido la diferencia en el valor del oro. Con el fin de obtener un beneficio, habrían comprado oro barato en la India y lo habrían vendido caro en el Mediterráneo. En consecuencia, la demanda de oro en la India habría aumentado mucho, al igual que su valor. Al mismo tiempo, en el Mediterráneo se habría asistido a una entrada de oro, cuyo valor, en consecuencia, habría caído. Al cabo de poco tiempo, el valor del oro en la India y en el Mediterráneo habría sido muy parecido. El mero hecho de que las gentes del Mediterráneo creyeran en el oro habría hecho que los indios empezaran a creer también en él. Aun en el caso de que los indios no tuvieran todavía un uso real para el oro, el hecho de que las gentes del Mediterráneo lo desearan habría sido suficiente para hacer que los indios lo valoraran.

De forma similar, el hecho de que otra persona crea en las conchas de porcelana, o en los dólares, o en los datos electrónicos, es suficiente para fortalecer nuestra propia creencia en ellos, incluso si, de otro modo, odiamos, despreciamos o ridiculizamos a esta persona. Los cristianos y los musulmanes que no pueden ponerse de acuerdo en creencias religiosas pueden no obstante coincidir en una creencia monetaria, porque mientras que la religión nos pide que creamos en algo, el dinero nos pide que creamos que otras personas creen en algo.

Durante miles de años, filósofos, pensadores y profetas han vilipendiado el dinero y lo han calificado de la raíz de todos los males. Sea como fuere, el dinero es asimismo el apogeo de la tolerancia humana. El dinero es más liberal que el lenguaje, las leyes estatales, los códigos culturales, las creencias religiosas y los hábitos sociales. El dinero es el único sistema de confianza creado por los humanos que puede salvar casi cualquier brecha cultural, y que no discrimina sobre la base de la religión, el género, la raza, la edad o la orientación sexual. Gracias al dinero, incluso personas que no se conocen y no confían unas en otras pueden, no obstante, cooperar de manera efectiva.

El precio del dinero

El dinero se basa en dos principios universales:

a) Convertibilidad universal: con el dinero como alquimista, se puede convertir la tierra en lealtad, la justicia en salud y la violencia en conocimiento.
b) Confianza universal: con el dinero como intermediario, cualesquiera dos personas pueden cooperar en cualquier proyecto.

Estos principios han permitido a millones de extraños cooperar efectivamente en el comercio y la industria. Pero estos principios aparentemente benignos tienen un lado oscuro. Cuando todo es convertible, y cuando la confianza depende de monedas y cauris anónimos, esto corroe las tradiciones locales, las relaciones íntimas y los valores humanos, y los sustituye por las frías leyes de la oferta y la demanda.

Las comunidades y familias humanas siempre se han basado en la creencia en cosas «que no tienen precio», como el honor, la lealtad, la moralidad y el amor. Estas cosas quedan fuera del ámbito del mercado, y no deberían comprarse ni venderse por dinero. Incluso si el mercado ofrece un buen precio, hay ciertas cosas que, sencillamente, no se hacen. Los padres no deben vender a sus hijos como esclavos; un cristiano devoto no debe cometer un pecado mortal; un caballero leal no debe nunca traicionar a su señor, y las tierras tribales ancestrales no deben venderse nunca a extranjeros.

El dinero siempre ha intentado romper estas barreras, como el agua que rezuma por las grietas de un dique. Hay padres que se han visto obligados a vender a algunos de sus hijos como esclavos con el fin de comprar comida para los otros. Cristianos devotos han asesinado, robado y engañado… y después han usado su botín para comprar el perdón de la Iglesia. Caballeros ambiciosos subastaban su lealtad al mejor postor, al tiempo que aseguraban la lealtad de sus seguidores mediante pagos en efectivo. Se vendieron tierras tribales a extranjeros del otro lado del mundo con el fin de adquirir un billete de entrada en la economía global.

Sin embargo, el dinero tiene un lado todavía más oscuro. Si bien el dinero compra la confianza universal entre extraños, esta confianza no se invierte en humanos, comunidades o valores sagrados, sino en el propio dinero y en los sistemas impersonales que lo respaldan. No confiamos en el extraño, ni en el vecino de la puerta de al lado: confiamos en la moneda que sostienen. Si se les acaban las monedas, se nos acaba la confianza. Mientras el dinero hace caer los diques de la comunidad, la religión y el Estado, el mundo se encuentra en peligro de convertirse en un mercado enorme y despiadado.

De ahí que la historia económica de la humanidad sea una danza delicada. La gente se basa en el dinero para facilitar la cooperación con extraños, pero temen que corrompa los valores humanos y las relaciones íntimas. Con una mano, la gente destruye voluntariamente los diques comunales que durante mucho tiempo mantuvieron a raya el movimiento de dinero y el comercio. Pero con la otra construyen nuevos diques para proteger a la sociedad, la religión y el medio ambiente de la esclavización por parte de las fuerzas del mercado.

Ahora es general la creencia de que el mercado siempre prevalece, y que los diques levantados por reyes, sacerdotes y comunidades no po-

drán detener durante mucho tiempo la marea del dinero. ¡Qué ingenuidad! Guerreros brutales, fanáticos religiosos y ciudadanos preocupados
han conseguido repetidamente vapulear a los mercaderes calculadores, e
incluso remodelar la economía. Por eso es imposible entender la unificación de la humanidad como un proceso puramente económico. Con
el fin de comprender de qué manera miles de culturas aisladas se con-
glutinaron a lo largo del tiempo para formar la aldea global de hoy, hemos de tener en cuenta el papel del oro y la plata, pero no podemos
pasar por alto el papel igualmente crucial del acero.

11

Visiones imperiales

Los antiguos romanos estaban acostumbrados a ser derrotados. Al igual que los mandatarios de la mayor parte de los grandes imperios de la historia, podían perder batalla tras batalla pero aun así ganar la guerra. Un imperio que no puede aguantar un golpe y seguir de pie no es realmente un imperio. Pero incluso a los romanos les resultó difícil asimilar las noticias que llegaban del norte de Iberia, a mediados del siglo II a.C. Una pequeña e insignificante ciudad de montaña llamada Numancia, habitada por los celtas nativos de la península, se había atrevido a librarse del yugo romano. En aquel tiempo, Roma era la dueña indiscutible de la cuenca mediterránea, después de haber vencido a los imperios macedonio y seléucida, sometido a las orgullosas ciudades-estado de Grecia y convertido Cartago en una ruina humeante. Los numantinos no tenían a su favor más que un gran amor por la libertad y su inhóspito terreno. Pero obligaron a una legión tras otra a rendirse o a retirarse con deshonor.

Finalmente, en 134 a.C. la paciencia de Roma llegó a su fin. El Senado decidió enviar a Escipión Emiliano, el principal general romano, el hombre que había arrasado Cartago, para que se encargara de los numantinos. Se le facilitó un ejército enorme, de más de 30.000 soldados. Escipión, que respetaba el espíritu de lucha y la habilidad marcial de los numantinos, prefirió no debilitar a sus soldados en combates innecesarios. En lugar de ello, rodeó Numancia con una línea de fortificaciones, bloqueando el contacto del pueblo con el mundo exterior. El hambre hizo su trabajo por él. Transcurrido más de un año, los recursos alimentarios se acabaron. Cuando los numantinos se dieron cuenta de que se había perdido toda esperanza, incendiaron su pueblo; según los relatos romanos, la mayoría se suicidaron para no convertirse en esclavos de Roma.

Posteriormente, Numancia se convirtió en un símbolo de la independencia y valentía de los españoles. Miguel de Cervantes, el autor de *Don Quijote*, escribió una tragedia titulada *El cerco de Numancia* que termina con la destrucción de la ciudad, pero también con una visión de la futura grandeza de España. Los poetas compusieron himnos a sus valientes defensores y los pintores llevaron a los lienzos majestuosas pinturas del asedio. En 1882, las ruinas de Numancia fueron declaradas «monumento nacional» y se convirtieron en lugar de peregrinaje para los patriotas españoles. En las décadas de 1950 y 1960, las tiras cómicas más populares en España no eran las de Superman o Spiderman: relataban las aventuras de El Jabato, un antiguo e imaginario héroe ibérico que luchaba contra los opresores romanos. Hasta el día de hoy, los antiguos numantinos son para España un dechado de heroísmo y patriotismo y se presentan como modelos para la juventud del país.

Sin embargo, los patriotas españoles ensalzan a los numantinos en español, una lengua romance que desciende del latín de Escipión. Los numantinos hablaban en una lengua celta que hoy en día está muerta y se ha perdido. Cervantes escribió *El cerco de Numancia*, y el drama sigue los modelos artísticos grecorromanos. Numancia no tenía teatros. Los patriotas españoles que admiran el heroísmo numantino suelen ser asimismo fieles seguidores de la Iglesia católica romana (fíjese el lector en la última palabra), una Iglesia cuyo dirigente tiene todavía la sede en Roma y cuyo Dios prefiere que se le dirijan en latín. De forma similar, la ley española moderna deriva de la ley romana; la política española se basa en fundamentos romanos, y la cocina y la arquitectura españolas tienen una deuda mucho mayor con los legados romanos que con los celtas de Iberia. Realmente, no queda nada de Numancia salvo ruinas. Incluso su historia ha llegado hasta nosotros gracias únicamente a los escritos de historiadores romanos. Se adaptó a los gustos de los auditorios romanos, que gustaban de relatos acerca de bárbaros que amaban la libertad. La victoria de Roma sobre Numancia fue tan completa que los vencedores se apropiaron del recuerdo de los vencidos.

No es el tipo de relato que nos ocupa. Nos gusta ver que los que ganan son los más débiles. Pero no hay justicia en la historia. La mayor parte de las culturas del pasado han caído presas, antes o después, de los ejércitos de algún imperio despiadado que las ha relegado al olvido. También los imperios acaban por caer, pero tienden a dejar tras de sí herencias ricas y perdurables. Casi todas las personas del siglo XXI son descendientes de uno u otro imperio.

¿QUÉ ES UN IMPERIO?

Un imperio es un orden político con dos características importantes. Primera, para merecer esta designación se tiene que gobernar sobre un número importante de pueblos distintos, cada uno de los cuales posea una identidad cultural diferente y un territorio separado. ¿Cuántos pueblos, exactamente? Dos o tres no es suficiente. Veinte o treinta son muchos. El umbral imperial se encuentra en algún punto intermedio.

Segunda, los imperios se caracterizan por mantener fronteras flexibles y un apetito potencialmente ilimitado. Pueden devorar y digerir cada vez más naciones y territorios sin alterar su estructura o identidad básicas. El Estado británico actual tiene unas fronteras bien definidas que no pueden sobrepasarse sin alterar su estructura e identidad fundamentales. Hace un siglo, prácticamente cualquier lugar de la Tierra podía haberse convertido en parte del Imperio británico.

La diversidad cultural y la flexibilidad territorial confieren a los imperios no solo su carácter único, sino también su papel fundamental en la historia. Gracias a estas dos características, los imperios han conseguido unir grupos étnicos diversos y zonas ecológicas diferentes bajo un único paraguas político, y con ello fusionar entre sí segmentos cada vez mayores de la especie humana y del planeta Tierra.

Hay que insistir en que un imperio se define únicamente por su diversidad cultural y por la flexibilidad de sus fronteras, y no por sus orígenes, su forma de gobierno, su extensión territorial o el tamaño de su población. No es necesario que un imperio surja de la conquista militar. El Imperio ateniense empezó su vida como una liga voluntaria, y el Imperio de los Habsburgo nació en el matrimonio, ensamblado por una serie de astutas alianzas matrimoniales. Y un imperio tampoco tiene por qué ser gobernado por un emperador autócrata. El Imperio británico, el mayor imperio de la historia, estuvo gobernado por una democracia. Otros imperios democráticos (o al menos republicanos) incluyen los modernos imperios holandés, francés, belga y americano, así como los imperios premodernos de Nóvgorod, Roma, Cartago y Atenas.

Tampoco el tamaño importa demasiado. Los imperios pueden ser diminutos. El Imperio ateniense en su apogeo era mucho menor en tamaño y población que la Grecia actual. El Imperio azteca era menor que el México de hoy en día. No obstante, ambos eran imperios, mientras que los modernos Grecia y México no lo son, porque los primeros sometieron gradualmente a decenas e incluso cientos de organizaciones políticas diferentes, mientras que estos últimos no lo han hecho. Atenas gobernó sobre más de 100 ciudades-estado previamente independientes, mientras que el Imperio azteca, si hemos de hacer caso a sus registros de tributos, gobernaba sobre 371 tribus y pueblos distintos.[1]

¿Cómo fue posible comprimir una mezcla humana de este jaez en el territorio de un Estado moderno modesto? Fue posible porque en el pasado había muchos más pueblos distintos en el mundo, cada uno de los cuales tenía una población más pequeña y ocupaba menos territorio que los pueblos de hoy en día. La tierra que se extiende entre el Mediterráneo y el río Jordán, que hoy se esfuerza para satisfacer las ambiciones de solo dos pueblos, albergaba cómodamente en tiempos bíblicos decenas de naciones, tribus, reinos insignificantes y ciudades-estado.

Los imperios fueron una de las razones principales de la drástica reducción de la diversidad humana. La apisonadora imperial borró gradualmente las características únicas de numerosos pueblos (como los numantinos), forjando a partir de ellos grupos nuevos y mucho mayores.

¿IMPERIOS DEL MAL?

En nuestra época, «imperialista» se sitúa inmediatamente detrás de «fascista» en el léxico de palabrotas políticas. La crítica contemporánea de los imperios suele tomar una de las dos formas siguientes:

1. Los imperios no funcionan. A la larga, no es posible gobernar de manera eficiente un gran número de pueblos conquistados.

2. Aun en el caso de que pueda hacerse, no debe hacerse, porque los imperios son motores malvados de destrucción y explotación. Todos los pueblos tienen derecho a la autodeterminación, y nunca deben estar sometidos al dominio de otros.

Desde una perspectiva histórica, la primera afirmación es simplemente absurda, y la segunda es muy problemática.

Lo cierto es que el imperio ha sido la forma más común de organización política en el mundo a lo largo de los últimos 2.500 años. Durante estos dos milenios y medio, la mayoría de los humanos han vivido en imperios. El imperio es asimismo una forma de gobierno muy estable. La mayoría de los imperios han encontrado alarmantemente fácil sofocar las rebeliones. En general, han sido derrocados solo por invasiones externas o por divisiones en el seno de la élite gobernante. Y a la inversa, los pueblos conquistados no tienen un historial muy bueno a la hora de liberarse de sus amos imperiales. La mayoría de ellos han permanecido sometidos durante cientos de años. Normalmente, han sido digeridos poco a poco por el imperio conquistador, hasta que sus culturas distintas han terminado por extinguirse.

Por ejemplo, cuando el Imperio romano de Occidente cayó finalmente ante las tribus germánicas invasoras en 476 d.C., los numantinos, arvernos, helvecios, samnitas, lusitanos, umbros, etruscos y cientos de otros pueblos olvidados que los romanos habían conquistado siglos antes no se levantaron del cadáver eviscerado del imperio como Jonás del vientre del gran pez. No quedaba ninguno de ellos. Los descendientes biológicos de las gentes que se habían identificado como miembros de aquellas naciones, que habían hablado sus lenguas, adorado a sus dioses y contado sus mitos y leyendas, ahora pensaban, hablaban y adoraban como romanos.

En muchos casos, la destrucción de un imperio no significaba en absoluto independencia para los pueblos sometidos. En lugar de ello, un nuevo imperio ocupaba el vacío creado cuando el antiguo se desplomaba o se retiraba. En ningún lugar ha sido esto más evidente que en Oriente Próximo. La actual constelación política en esa región (un equilibrio de poder entre muchas entidades políticas independientes con fronteras más o menos estables) casi no tiene parangón en ningún momento de los últimos milenios. La última vez que Oriente Próximo experimentó una situación de este tipo fue en el siglo VIII a.C., ¡hace casi 3.000 años! Desde el surgimiento del Imperio neoasirio en el siglo VIII a.C. hasta el hundimiento de los imperios británico y francés a mediados del siglo XX d.C., Oriente pasó de manos de un imperio a otro, como el testigo en una carrera de relevos. Y cuando los ingleses y los franceses dejaron caer el testigo, los arameos, amonitas, fenicios, filisteos, moabitas, edomitas y los demás pueblos conquistados por los asirios ya hacía mucho tiempo que habían desaparecido.

Es cierto que los judíos, armenios y georgianos de hoy en día afirman, con un cierto grado de justicia, que son los descendientes de los pueblos del Oriente Próximo antiguo. Pero estas son las únicas excepciones que confirman la regla, e incluso dichas afirmaciones son algo exageradas. Por ejemplo, las prácticas políticas, económicas y sociales de los judíos modernos deben mucho más a los imperios bajo los que vivieron durante los dos últimos milenios que a las tradiciones del antiguo reino de Judea. Si el rey David apareciera en una sinagoga ultraortodoxa de la Jerusalén actual, se quedaría perplejo al ver que la gente lleva vestidos de Europa oriental, que habla en un dialecto alemán (yídish) y que se enzarza en discusiones inacabables sobre el significado de un texto babilonio (el Talmud). En la antigua Judea no había sinagogas, ni volúmenes del Talmud, ni siquiera rollos de pergamino de la Torá.

Construir y mantener un imperio solía implicar la matanza depravada de grandes poblaciones y la opresión brutal de los que quedaban. Los métodos imperiales habituales incluían guerras, esclavitud, deportación y genocidio. Cuando los romanos invadieron Escocia en el año 83 d.C., encontraron una feroz resistencia por parte de las tribus caledonias locales, y estos reaccionaron arrasando el país. En respuesta a las ofertas de paz de los romanos, el caudillo Calgaco llamó a los romanos «los rufianes del mundo», y dijo que «al pillaje, la matanza y el robo les dan el falso nombre de imperio; producen un desierto y lo llaman paz».[2]

Sin embargo, esto no significa que los imperios no dejen nada de valor a su paso. Pintar de negro todos los imperios y repudiar todas las herencias imperiales es rechazar la mayor parte de la cultura humana.

Las élites imperiales utilizaron los beneficios de la conquista para financiar no solo ejércitos y fortificaciones, sino también filosofía, arte, justicia y caridad. Una fracción importante de los logros culturales de la humanidad deben su existencia a la explotación de las poblaciones conquistadas. Los beneficios y la prosperidad que produjo el imperialismo de Roma proporcionó a Cicerón, Séneca y san Agustín el tiempo libre y los medios para pensar y escribir; el Taj Mahal no se podría haber construido sin las riquezas acumuladas por la explotación que los mogoles hicieron de sus súbditos indios; y los beneficios que el Imperio de los Habsburgo obtuvo de gobernar sobre sus provincias de lengua eslava, húngara y rumana pagaron los salarios de Haydn y las comisiones de Mozart. Ningún escritor caledonio conservó el discurso de Calgaco para la posteridad. Tenemos noticias suyas gracias al historiador romano Tácito. En realidad, es probable que Tácito se lo inventara. La mayoría de los estudiosos actuales están de acuerdo en que Tácito no solo falsificó el discurso, sino que inventó el personaje de Calgaco, el cabecilla caledonio, para que sirviera de altavoz de lo que tanto él como los romanos de clase alta pensaban de su propio país.

Incluso si miramos más allá de la cultura y el arte de las élites y nos centramos en el mundo del pueblo llano, encontramos legados imperiales en la mayoría de las culturas modernas. Hoy en día, la mayoría de nosotros hablamos, pensamos y soñamos en lenguajes imperiales que nuestros antepasados se vieron obligados a aceptar por la fuerza de la espada. La mayoría de los asiáticos orientales hablan y sueñan en el idioma del Imperio Han. Con independencia de sus orígenes, casi todos los habitantes de los dos continentes americanos, desde la península de Barrow en Alaska hasta el estrecho de Magallanes, se comunican en uno de los cuatro idiomas imperiales: español, portugués, francés o inglés. Los egipcios actuales hablan árabe, se consideran árabes y se identifican de todo corazón con el Imperio árabe que conquistó Egipto en el siglo VII y que aplastó con puño de hierro las repetidas revueltas que se originaron contra su autoridad. Unos diez millones de zulúes en Sudáfrica se remontan a la época zulú de gloria en el siglo XIX, aunque la mayoría de ellos descienden de tribus que lucharon contra el Imperio zulú, y que solo fueron incorporados a él después de sangrientas campañas militares.

Es por tu propio bien

El primer imperio del que tenemos información fidedigna fue el Imperio acadio de Sargón el Grande (hacia 2250 a.C.). Sargón inició su carrera como rey de Kish, una pequeña ciudad-estado en Mesopotamia. A las pocas décadas había conseguido conquistar no solo todas las demás ciudades-estado mesopotámicas, sino también extensos territorios fuera del ámbito de Mesopotamia. Sargón se jactaba de haber conquistado todo el mundo. En realidad, su dominio se extendía desde el golfo Pérsico al Mediterráneo, e incluía la mayor parte de lo que en la actualidad es Irak y Siria, junto con algunas zonas de los modernos Irán y Turquía.

El Imperio acadio no duró mucho después de la muerte de su fundador, pero Sargón dejó tras de sí un manto imperial que rara vez quedó sin reclamar. Durante los 1.700 años siguientes, los reyes asirios, babilonios e hititas adoptaron a Sargón como modelo a seguir, y se vanagloriaron de que también ellos habían conquistado todo el mundo. Después, hacia el 550 a.C., apareció Ciro el Grande de Persia con una jactancia todavía más impresionante.

Los reyes de Asiria siempre eran reyes de Asiria. Incluso cuando afirmaban dominar todo el mundo, era evidente que lo hacían por la mayor gloria de Asiria, y no pedían disculpas por ello. Ciro, en cambio, no solo afirmaba reinar sobre todo el mundo, sino que lo hacía por el bien de todas las gentes. «Os conquistamos por vuestro propio beneficio», decían los persas. Ciro quería que los pueblos que sometía le amaran y se consideraran afortunados de ser vasallos de Persia. El ejemplo más famoso de los esfuerzos innovadores de Ciro para conseguir la aprobación de una nación que vivía bajo el dominio de su imperio fue su orden de que se permitiera a los exiliados judíos en Babilonia retornar a su patria, Judea, y que reconstruyeran su Templo. Incluso les ofreció ayuda financiera. Ciro no se consideraba un rey persa que gobernaba a los judíos: era también el rey de los judíos, y por ello responsable de su bienestar.

La presunción de gobernar el mundo entero para beneficio de sus habitantes era sorprendente. La evolución ha convertido a *Homo sapiens*, como a otros animales sociales, en un ser xenófobo. Instintivamente, los sapiens dividen a la humanidad en dos partes: «nosotros» y «ellos». Nosotros somos personas como tú y yo, que compartimos idioma, religión y costumbres. Nosotros somos responsables los unos de los otros, pero no responsables de ellos. Siempre hemos sido distintos de ellos, no les debemos nada. No queremos ver a ninguno de ellos en nuestro territorio, y nos importa un comino lo que ocurra dentro de sus fronteras. Ellos apenas son humanos. En el lenguaje de los dinka del Sudán, «dinka» significa simplemente «personas». Las que no son dinka, no son personas. Los enemigos acérrimos de los dinka son los nuer. ¿Qué significa la palabra «nuer» en el idioma de los nuer? Significa «personas originales». A miles de kilómetros de los desiertos de Sudán, en las frías y heladas tierras de Alaska y el nordeste de Siberia, viven los yupik. ¿Qué significa «yupik» en el lenguaje de los yupik? Significa «personas reales».[3]

En contraste con esta exclusividad étnica, la ideología imperial, desde Ciro en adelante, ha tendido a ser inclusiva y global. Aunque a menudo ha puesto énfasis en las diferencias raciales y culturales entre los gobernantes y los gobernados, aun así ha reconocido la unidad básica de todo el mundo, la existencia de un conjunto único de principios que rigen todos los lugares y épocas, y las responsabilidades mutuas de todos los seres humanos. La humanidad es vista como una gran familia: los privilegios de los padres van de la mano con la responsabilidad por el bienestar de los hijos.

Esta nueva visión imperial pasó de Ciro y los persas a Alejandro Magno, y de este a los reyes helenos, los emperadores romanos, los califas musulmanes, los dinastas indios y, finalmente, incluso a los premiers soviéticos y a los presidentes estadounidenses. Esta visión imperial benevolente ha justificado la existencia de los imperios y ha negado no solo los intentos de los pueblos sometidos a rebelarse, sino también los intentos de los pueblos independientes a resistirse a la expansión imperial.

Visiones imperiales similares se desarrollaron con independencia del modelo persa en otras partes del mundo, de manera muy notable en América Central, la región andina y China. Según la teoría política tradicional china, el Cielo (*Tian*) es el origen de toda autoridad legítima sobre la Tierra. El Cielo elige a la persona o familia más valiosa y les confiere el Mandato del Cielo. Después, esta persona o familia gobiernan sobre Todo lo que está bajo el Cielo (*Tianxia*) para beneficio de todos sus habitantes. Así, una autoridad legítima es, por definición, universal. Si un gobernante no tiene el Mandato del Cielo, entonces carece de legitimidad para gobernar siquiera una única ciudad. Si un gobernante goza del Mandato, está obligado a extender la justicia y la armonía al mundo entero. El Mandato del Cielo no se puede conferir simultáneamente a varios candidatos, y en consecuencia no se puede legitimar la existencia de más de un Estado independiente.

El primer emperador del Imperio chino unido, Qin Shi Huangdi, se jactaba de que «a través de las seis direcciones [del universo] todo pertenece al emperador [...] allí donde haya una huella humana, no hay nadie que no se haya convertido en súbdito [del emperador] su benevolencia se extiende incluso a bueyes y caballos. No hay nadie que no se beneficie. Todo hombre se encuentra seguro bajo su propio techo».[4] En consecuencia, en el pensamiento político chino, así como en la memoria histórica china, los períodos imperiales se consideraban épocas doradas de orden y justicia. En contraposición con la moderna idea occidental de que un mundo justo está compuesto por estados-nación separado, en China los períodos de fragmentación política se consideraban épocas oscuras de caos e injusticia. Esta percepción ha tenido implicaciones de gran alcance para la historia china. Cada vez que un imperio se desplomaba, la teoría política dominante estimulaba a los poderes correspondientes a no conformarse con mezquinos principados independientes, sino a intentar la reunificación. Tarde o temprano, tales intentos siempre tenían éxito.

CUANDO ELLOS SE CONVIERTEN EN NOSOTROS

Los imperios han desempeñado una parte decisiva a la hora de amalgamar muchas pequeñas culturas en unas pocas culturas grandes. Ideas, personas, bienes y tecnología se expanden más fácilmente dentro de las fronteras de un imperio que en una región fragmentada políticamente. Con mucha frecuencia, eran los propios imperios los que de manera deliberada diseminaban ideas, instituciones, costumbres y normas, porque de esa manera hacían que la vida les resultara más fácil. Es difícil gobernar un imperio en el que cada pequeña región tenga su propio conjunto de leyes, su propia forma de escritura, su propio idioma y su propia moneda. La estandarización era una bendición para los emperadores.

Una segunda razón, asimismo importante, por la que los imperios diseminaban activamente una cultura común era para obtener legitimidad. Al menos desde los días de Ciro y de Qin Shi Huangdi, los imperios han justificado sus acciones (ya fueran la construcción de carreteras o el derramamiento de sangre) por ser necesarias para extender una cultura superior de la que los conquistados se beneficiaban más que los conquistadores.

A veces los beneficios eran evidentes (cumplimiento de las leyes, planificación urbana, estandarización de pesos y medidas), y a veces cuestionables (impuestos, reclutamiento, adoración al emperador). Pero la mayoría de las élites imperiales creían de veras que trabajaban para el bienestar general de los habitantes del imperio. La clase dirigente china trataba a los vecinos del país y a sus súbditos extranjeros como bárbaros miserables a los que el imperio debía aportar los beneficios de la cultura. El Mandato del Cielo se concedía al emperador no para que explotara al mundo, sino para que educara a la humanidad. También los romanos justificaban su dominio cuando argumentaban que dotaban a los bárbaros de paz, justicia y refinamiento. Los salvajes germánicos y los rebeldes galos habían vivido en la inmundicia y la ignorancia hasta que los romanos los amansaron con la ley, los limpiaron en baños públicos y los mejoraron con filosofía. En el siglo III a.C., el Imperio mauria adoptó como misión la diseminación de las enseñanzas de Buda a un mundo ignorante. Los califas musulmanes recibieron un mandato divino para extender la revelación del Profeta, pacíficamente si era posible, pero con la espada si era necesario. Los imperios español y portugués proclamaron que lo que buscaban en las Indias y América no eran riquezas, sino conversos a la fe verdadera. El sol no se ponía nunca en la misión del Imperio británico de extender los evangelios del liberalismo y del libre comercio. Los soviéticos se sentían moralmente obligados a facilitar la inexorable marcha histórica desde el capitalismo hacia la dictadura utópica del proletariado. En la actualidad, muchos norteamericanos sostienen que su gobierno tiene el imperativo moral de llevar a los países del Tercer Mundo los beneficios de la democracia y de los derechos humanos, aunque estos sean repartidos mediante misiles de crucero y F-16.

Las ideas culturales que el imperio diseminaba rara vez eran la creación exclusiva de la élite gobernante. Puesto que la visión imperial tiende a ser universal e inclusiva, era relativamente fácil para las élites imperiales adoptar ideas, normas y tradiciones de dondequiera que las encontraran, en lugar de aferrarse fanática y obstinadamente a una única tradición. Aunque algunos emperadores buscaban purificar su cultura y retornar a lo que consideraban sus raíces, en su mayor parte los imperios han producido civilizaciones híbridas que absorbieron muchas cosas de sus pueblos sometidos. La cultura imperial de Roma era tanto griega como romana. La cultura imperial abásida era en parte persa, en parte griega y en parte árabe. La cultura imperial mongol era imitadora de la china. En los Estados Unidos imperial, un presidente estadounidense de sangre keniata puede comer una pizza italiana mientras ve su filme favorito, *Lawrence of Arabia*, una epopeya británica sobre la rebelión árabe contra los turcos.

Este crisol cultural no hizo que el proceso de asimilación fuera más fácil para los vencidos. La civilización cultural pudo haber absorbido numerosas contribuciones de varios pueblos conquistados, pero el resultado híbrido seguía siendo ajeno a la inmensa mayoría. A menudo, el proceso de asimilación fue doloroso y traumático. No es fácil abandonar una tradición local familiar y querida, así como resulta difícil y no exento de tensiones comprender y adoptar una nueva cultura. Y, todavía peor, incluso cuando los pueblos sometidos llegaron a adoptar la cultura imperial, podían pasar décadas, si no siglos, hasta que la élite imperial los aceptaba como parte de «nosotros». Las generaciones entre la conquista y la aceptación eran abandonadas a su suerte. Ya habían perdido su amada cultura local, pero no se les permitía participar de manera equitativa en el mundo imperial. Por el contrario, su cultura adoptada continuaba considerándolos bárbaros.

Imaginemos un íbero de buena familia que viviera un siglo después de la caída de Numancia. Habla su dialecto celta nativo con sus padres, pero ha adquirido un latín impecable, con solo un ligero acento, porque lo necesita para hacer negocios y tratar con las autoridades. Permite el gusto de su esposa por la bisutería de adornos complejos, pero le avergüenza un poco que ella, como otras mujeres locales, conserve esta reliquia del gusto celta; sería mejor que adoptara la simplicidad de las joyas que lleva la esposa del gobernador romano. Él mismo viste túnicas romanas y, gracias a su éxito como mercader de ganado, debido en no menor medida a su experiencia en los enredos de la ley comercial romana, ha podido construir una villa de estilo romano. Pero, aunque puede recitar de memoria el libro tercero de las *Geórgicas* de Virgilio, los romanos todavía lo tratan como un semibárbaro. Se da cuenta con frustración de que nunca conseguirá un puesto en el gobierno, ni uno de los asientos realmente buenos en el anfiteatro.

A finales del siglo XIX, a muchos indios educados sus amos ingleses les enseñaron la misma lección. Una anécdota famosa cuenta que había un ambicioso indio que dominaba los complejos detalles del idioma inglés, tomó lecciones de bailes occidentales, e incluso se acostumbró a comer con cuchillo y tenedor. Provisto de sus nuevos modales, viajó a Inglaterra, estudió derecho en el University College de Londres y se convirtió en un abogado cualificado. Pero este joven de leyes, acicalado con traje y corbata, fue arrojado de un tren en la colonia británica de Sudáfrica por insistir en viajar en primera clase en lugar de aceptar ir en tercera, en la que se suponía debían viajar los hombres «de color» como él. Su nombre era Mohandas Karamchand Gandhi.

En algunos casos, los procesos de aculturación y asimilación acabaron por romper las barreras entre los recién llegados y la vieja élite. Los conquistados ya no veían al imperio como un sistema ajeno de ocupación, y los conquistadores llegaron a considerar que sus súbditos eran iguales que ellos. Tanto gobernantes como gobernados acabaron por considerar que «ellos» eran «nosotros». Finalmente, a todos los súbditos de Roma, después de siglos de dominación imperial, se les concedió la ciudadanía romana. Hubo no romanos que ascendieron hasta ocupar los niveles más altos en el cuerpo de oficiales de las legiones romanas y fueron designados para el Senado. En el año 48 d.C., el emperador Claudio admitió en el Senado a varios notables galos, a los que, según indicó en un discurso, «las costumbres, la cultura y los lazos del matrimonio han mezclado con nosotros». Algunos senadores presuntuosos protestaron por la introducción de estos antiguos enemigos en el corazón del sistema político romano. Claudio les recordó una verdad incómoda. La mayoría de sus familias senatoriales descendían de tribus italianas que antaño habían luchado contra Roma, y a las que más tarde se había concedido la ciudadanía romana. En realidad, les recordó el emperador, su propia familia era de ascendencia sabina.[5]

Durante el siglo II d.C., Roma fue gobernada por un linaje de emperadores nacidos en Iberia, por cuyas venas corrían probablemente al menos algunas gotas de la sangre íbera local. Por lo general, se considera que los reinados de los emperadores íberos, desde Trajano a Marco Aurelio, constituyen la edad de oro del imperio. Después de esto, todas las barreras étnicas cayeron. El emperador Septimio Severo (193-211) era el vástago de una familia púnica de Libia. Heliogábalo (218-222) era sirio. El emperador Filipo (244-249) era conocido coloquialmente como Filipo el Árabe. Los nuevos ciudadanos del imperio adoptaron la cultura imperial romana con una alegría tal que, durante siglos e incluso milenios después de que el imperio se desplomara, continuaron hablando el lenguaje del imperio, viviendo bajo las leyes del imperio y creyendo en el Dios cristiano que el imperio había adoptado de una de sus provincias levantinas.

Un proceso similar tuvo lugar en el Imperio árabe. Cuando se estableció a mediados del siglo VII d.C., se basaba en una clara división entre la élite gobernante árabe musulmana y los subyugados egipcios, sirios, iraníes y bereberes, que no eran ni árabes ni musulmanes. Muchos de estos súbditos adoptaron gradualmente la fe musulmana, el idioma árabe y una cultura imperial híbrida. La vieja élite árabe sentía una gran hostilidad hacia estos advenedizos, pues temía perder su categoría e identidad únicas. Los frustrados conversos reclamaban una participación igual en el imperio y en el mundo del islam. Al final consiguieron lo que querían. Egipcios, sirios y mesopotamios fueron considerados cada vez más como «árabes». A su vez, los árabes (ya fueran árabes «auténticos» de Arabia o árabes recién acuñados de Egipto y Siria) fueron dominados cada vez más por musulmanes no árabes, en particular por iraníes, turcos y bereberes. El gran éxito del proyecto imperial árabe fue que la cultura que creó fue adoptada de manera entusiasta por numerosos pueblos no árabes, que continuaron manteniéndola, desarrollándola y extendiéndola… incluso después de que el imperio original se hundiera y los árabes, en tanto que grupo étnico, perdiera su dominancia.

En China, el éxito del proyecto imperial fue aún más completo. Durante más de 2.000 años, una mezcla de grupos culturales y ét-

EL CICLO IMPERIAL

Fase	Roma	Islam	Imperialismo europeo
Un pequeño grupo establece un gran imperio.	Los romanos establecen el Imperio romano.	Los árabes establecen el califato árabe.	Los europeos establecen los imperios europeos.
Se forja una cultura imperial.	Cultura grecorromana.	Cultura árabe musulmana.	Cultura occidental.
Los pueblos sometidos adoptan la cultura imperial.	Los pueblos sometidos adoptan el latín, la ley romana, las ideas políticas romanas, etc.	Los pueblos sometidos adoptan el árabe, el islamismo, etc.	Los pueblos sometidos adoptan el inglés y el francés, el socialismo, el nacionalismo, los derechos humanos, etc.
Los pueblos sometidos reclaman un estatus igual en el nombre de los valores imperiales comunes.	Ilirios, galos y púnicos reclaman el mismo estatus que los romanos en nombre de los valores romanos comunes.	Egipcios, iraníes y bereberes reclaman el mismo estatus que los árabes en nombre de los valores musulmanes comunes.	Indios, chinos y africanos reclaman el mismo estatus que los europeos en nombre de los valores occidentales comunes, como el nacionalismo, el socialismo y los derechos humanos.
Los fundadores del imperio pierden su dominancia.	Los romanos dejan de existir como un grupo étnico único. El control del imperio pasa a una nueva élite multiétnica.	Los árabes pierden el control del mundo musulmán, a favor de una élite musulmana multiétnica.	Los europeos pierden el control del mundo global, a favor de una élite multiétnica comprometida en gran parte con los valores y maneras de pensar occidentales.
La cultura imperial continúa desarrollándose y prosperando.	Ilirios, galos y púnicos continúan desarrollando su cultura romana adoptada.	Egipcios, iraníes y bereberes continúan desarrollando su cultura musulmana adoptada.	Indios, chinos y africanos continúan desarrollando su cultura occidental adoptada.

nicos a los que primero se denominó bárbaros se integraron con éxito en la cultura imperial china y se convirtieron en los chinos Han (así llamados por el Imperio Han que gobernó China desde el año 206 a.C. hasta el 220 d.C.). El logro final del Imperio chino es que todavía colea, aunque es difícil verlo como un imperio excepto en regiones periféricas como el Tíbet y Xinjiang. Más del 90 por ciento de la población de China se considera (y es considerada por otros) como Han.

Podemos considerar de la misma manera el proceso de descolonización de las últimas décadas. Durante la era moderna, los europeos conquistaron gran parte del planeta con el pretexto de extender una cultura occidental superior. Tuvieron tanto éxito que miles de millones de personas adoptaron gradualmente partes importantes de dicha cultura. Indios, africanos, árabes, chinos y maoríes aprendieron francés, inglés y español. Empezaron a creer en los derechos humanos y en el principio de autodeterminación, y adoptaron ideologías occidentales como el liberalismo, el capitalismo, el comunismo, el feminismo y el nacionalismo.

Durante el siglo xx, los grupos locales que habían adoptado los valores occidentales reclamaron la igualdad a sus conquistadores europeos en nombre de esos mismos valores. Muchas contiendas anticoloniales se libraron bajo los estandartes de la autodeterminación, el socialismo y los derechos humanos, todos ellos herencias occidentales. De la misma manera que los egipcios, iraníes y turcos adoptaron y adaptaron la cultura imperial que habían heredado de los conquistadores árabes originales, los indios, africanos y chinos de hoy en día han aceptado gran parte de la cultura imperial de sus antiguos amos occidentales, al tiempo que buscan modelarla según sus necesidades y tradiciones.

LOS BUENOS Y LOS MALOS DE LA HISTORIA

Resulta tentador dividir de manera clara la historia en buenos y malos, y situar a todos los imperios entre los malos. Al fin y al cabo, casi todos estos imperios se fundaron sobre la sangre, y mantuvieron su poder mediante la opresión y la guerra. Pero la mayor parte de las culturas actuales se basan en herencias imperiales. Si los imperios son, por definición, malos, ¿qué dice eso de nosotros?

Hay escuelas de pensamiento y movimientos políticos que buscan purgar la cultura humana del imperialismo, dejando atrás lo que afirman que es una civilización pura y auténtica, no mancillada por el pecado. Tales ideologías son, en el mejor de los casos, ingenuas; y en el peor, sirven de solapado escaparate del nacionalismo y la intolerancia. Quizá pudiera aducirse que algunas de las numerosas culturas que surgieron en los albores de la historia registrada eran puras, no estaban tocadas por el pecado ni adulteradas por otras sociedades. Pero no existe ninguna cultura aparecida después de aquellos inicios que pueda hacer dicha afirmación de forma razonable, y menos aún ninguna de las culturas que existen en la actualidad sobre la Tierra. Todas las culturas humanas son, al menos en parte, la herencia de imperios y de civilizaciones imperiales, y no hay cirugía académica o política que pueda sajar las herencias imperiales sin matar al paciente.

Pensemos, por ejemplo, en la relación de amor-odio entre la República de la India de hoy en día y el Raj británico. La conquista y la ocupación de la India por parte de los ingleses se cobraron la vida de millones de indios, y fueron responsables de la humillación y explotación continuas de cientos de millones más. Pero muchos indios adoptaron, con la alegría de los conversos, ideas occidentales como la autodeterminación y los derechos humanos, y quedaron consternados cuando los ingleses se negaron a estar a la altura de los mismos valores que declaraban y a conceder a los indios nativos o bien los mismos derechos que los súbditos británicos o bien la independencia.

No obstante, el moderno Estado indio es hijo del Imperio británico. Los ingleses mataron, hirieron y persiguieron a los habitantes del subcontinente, pero también unieron un confuso mosaico de reinos, principados y tribus que guerreaban entre sí, y crearon una conciencia nacional y un país que funcionaba más o menos como una única unidad política. Establecieron los cimientos del sistema judicial indio, crearon su estructura administrativa y construyeron la red de ferrocarriles que fue fundamental para la integración económica. La India independiente adoptó la democracia occidental, en su encarnación británica, como su forma de gobierno. El inglés es todavía la *lingua franca* del

FIGURA 18. La estación de ferrocarril Chhatrapati Shivaji en Mumbai. Empezó su andadura como Estación Victoria, Bombay. Los ingleses la construyeron en el estilo neogótico tan en boga en la Gran Bretaña de finales del siglo XIX. El posterior gobierno nacionalista hindú cambió los nombres tanto de la ciudad como de la estación, pero no mostró ningún deseo de demoler este magnífico edificio, aunque fue construido por opresores extranjeros.

subcontinente, un idioma neutro que los hablantes nativos de hindi, tamil y malayalam pueden utilizar para comunicarse. Los indios son apasionados jugadores de críquet y bebedores de *chai* («té»), y tanto el juego como la bebida son herencias británicas. El cultivo comercial del té no existía en la India antes de mediados del siglo XIX, cuando fue introducido por la Compañía Británica de las Indias Orientales. Fueron los esnobs sahibs británicos los que extendieron por todo el subcontinente la costumbre de beber té (véase la figura 18).

En la actualidad, ¿cuántos indios someterían a votación abandonar la democracia, el inglés, la red de ferrocarriles, el sistema legal, el críquet y el té, sobre la base de que se trata de herencias imperiales? Aun en el caso de que lo hicieran, ¿no sería el acto mismo de poner el asunto a votación para decidirlo una demostración de su deuda con los antiguos amos?

FIGURA 19. El Taj Mahal. ¿Un ejemplo de cultura india «auténtica», o la creación foránea del imperialismo musulmán?

Incluso si decidiéramos repudiar por completo el legado de un imperio brutal con la esperanza de reconstruir y salvaguardar las culturas «auténticas» que lo precedieron, con toda probabilidad lo que defenderíamos no sería otra cosa que la herencia de un imperio más antiguo y no menos brutal. Aquellos que se sienten agraviados por la mutilación de la cultura india por el Raj británico santifican sin darse cuenta las herencias del Imperio mogol y del sultanato conquistador de Delhi. Y quienquiera que intente rescatar la «auténtica cultura india» de las influencias ajenas de estos imperios musulmanes santifica los legados del Imperio gupta, el Imperio kushán y el Imperio mauria. Si un nacionalista hindú extremista se dispusiera a destruir todos los edificios que dejaron los conquistadores ingleses, como la principal estación de ferrocarril de Mumbai, ¿qué les ocurriría a las estructuras que dejaron los conquistadores musulmanes de la India, como el Taj Mahal? (véase la figura 19).

Nadie sabe realmente cómo resolver esta cuestión espinosa de la herencia cultural. Sea cual fuere el camino que tomemos, el primer paso es reconocer la complejidad del dilema y aceptar que dividir de manera simplista el pasado entre buenos y malos no conduce a ninguna parte. A menos, desde luego, que estemos dispuestos a admitir que generalmente seguimos el ejemplo de los malos.

EL NUEVO IMPERIO GLOBAL

Desde aproximadamente el año 200 a.C., la mayoría de los humanos han vivido en imperios, y todo apunta a que probablemente en el futuro también la mayoría de los humanos vivan en uno. Dicho imperio no estará gobernado necesariamente por un único país ni por un único grupo étnico. Como el Imperio romano tardío o los imperios chinos, podría estar gobernado por una élite multiétnica, que intereses comunes y una cultura común mantendrían unida.

A comienzos del siglo XXI, el mundo sigue estando dividido en unos 200 estados. Pero ninguno de tales estados es realmente independiente. Todos dependen unos de otros. Sus economías forman una única red global de comercio y finanzas, modelada por corrientes inmensamente poderosas de capital, trabajo e información. Una crisis económica en China o una nueva tecnología procedente de los Estados Unidos puede alterar de forma instantánea las economías en el otro lado del planeta.

Las tendencias culturales se extienden asimismo con la rapidez del rayo. Casi a cualquier rincón del mundo que vayamos podemos comer curry indio, contemplar filmes de Hollywood, jugar al fútbol según las reglas inglesas o escuchar el último éxito de K-poo. Se está formando una sociedad global multiétnica por encima de los estados individuales. Emprendedores, ingenieros, banqueros y académicos en todo el mundo hablan el mismo idioma y comparten opiniones e intereses similares.

Más importante todavía: los 200 estados comparten cada vez más los mismos problemas globales. Los misiles balísticos intercontinentales y las bombas atómicas no reconocen fronteras, y ninguna nación puede impedir por sí sola una guerra nuclear. El cambio climático amenaza también la prosperidad y la supervivencia de todos los humanos, y ningún gobierno será capaz de librarse por sí solo del calentamiento global.

Un desafío mayor todavía es el que plantean nuevas tecnologías como la bioingeniería y la inteligencia artificial. Tal como veremos en el último capítulo, dichas tecnologías pueden usarse para remodelar no solo nuestras armas y nuestros vehículos, sino incluso nuestro cuerpo y nuestra mente. En realidad, podrían usarse para crear formas de vida completamente nuevas, y cambiar la trayectoria futura de la evolución. ¿Quién decidirá qué hacer con estos poderes divinos de creación?

Es improbable que la humanidad pueda tratar con estos desafíos sin una cooperación global. Queda por ver cómo podría conseguirse dicha cooperación. Quizá la cooperación global solo pueda conseguirse mediante enfrentamientos violentos y la imposición de un nuevo imperio conquistador. Quizá los humanos puedan encontrar una manera más pacífica para unirse. Durante 2.500 años desde Ciro el Grande, numerosos imperios prometieron construir un orden político universal para beneficio de todos los humanos. Todos mintieron, y todos fracasaron. Ningún imperio fue realmente universal, y ningún imperio sirvió realmente al beneficio de todos los humanos. ¿Lo hará mejor un imperio futuro?

12

La ley de la religión

En el mercado medieval de Samarcanda, una ciudad construida en un oasis del Asia Central, los mercaderes sirios pasaban las manos sobre magníficas sedas chinas, los feroces habitantes de las tribus de las estepas mostraban el último lote de esclavos de cabello pajizo procedentes del oeste lejano, y los tenderos se embolsaban relucientes monedas de oro acuñadas con escrituras exóticas y los perfiles de reyes desconocidos. Allí, en una de las principales encrucijadas de aquella época entre el este y el oeste, el norte y el sur, la unificación de la humanidad era un acontecimiento cotidiano. Se podía observar que tenía lugar el mismo proceso cuando el ejército de Kublai Kan se congregaba para invadir Japón en 1281. Los soldados de caballería mongoles vestidos con pieles se situaban, hombro con hombro, junto a los soldados de infantería chinos con sombreros de bambú, los auxiliares coreanos borrachos entablaban luchas con marineros tatuados del mar de la China meridional, los ingenieros de Asia Central escuchaban, con la boca abierta, los relatos fantásticos de los aventureros europeos, y todos obedecían las órdenes de un único emperador.

Mientras tanto, alrededor de la sagrada Kaaba, en La Meca, la unificación humana se producía por otros medios. Si el lector hubiera sido un peregrino a La Meca, dando vueltas alrededor del santuario más sagrado del islam en el año 1300, se podría haber encontrado en compañía de un grupo de Mesopotamia, con sus ropajes flotando al viento, sus ojos ardientes y extáticos, y su boca repitiendo uno tras otro los 99 nombres de Dios. Inmediatamente delante podría haber visto a un patriarca turco curtido por la intemperie procedente de las estepas asiáticas, que cojeaba apoyándose en un bastón y acariciándose la barba pensativamente. A un lado, las joyas de oro que brillaban sobre la piel negra como el azabache podían haber sido de un grupo de musulmanes procedentes del reino africano de Malí. El aroma de clavo, cúrcuma, cardamomo y sal marina habría señalado la presencia de los hermanos de la India, o quizá de las misteriosas islas de las especias situadas más al este.

Hoy en día se suele considerar que la religión es una fuente de discriminación, desacuerdo y desunión. Pero, en realidad, la religión ha sido la tercera gran unificadora de la humanidad, junto con el dinero y los imperios. Puesto que todos los órdenes y las jerarquías sociales son imaginados, todos son frágiles, y cuanto mayor es la sociedad, más frágil es. El papel histórico crucial de la religión ha consistido en conferir legitimidad sobrehumana a estas frágiles estructuras. Las religiones afirman que nuestras leyes no son el resultado del capricho humano, sino que son ordenadas por una autoridad absoluta y suprema. Esto ayuda a situar al menos algunas leyes fundamentales más allá de toda contestación, con lo que se asegura la estabilidad social.

Así, la religión puede definirse como *un sistema de normas y valores humanos que se basa en la creencia en un orden sobrehumano*. Esto implica dos criterios distintos:

1) La religión es un sistema entero de normas y valores, y no una costumbre o una creencia aisladas. Tocar madera para tener buena suerte no es una religión. Incluso creer en la reencarnación no constituye una religión, mientras no valide determinados estándares de comportamiento.
2) Para ser considerado una religión, el sistema de normas y valores ha de proclamar estar basado en leyes suprahumanas y no en decisiones humanas. El fútbol profesional no es una religión, porque a pesar de sus muchas normas, ritos y a menudo rituales extraños, todo el mundo sabe que fueron seres humanos los que inventaron el fútbol, y la FIFA puede aumentar en cualquier momento el tamaño de la portería o cancelar la regla del fuera de juego.

A pesar de su capacidad para legitimar órdenes sociales y políticos extendidos, no todas las religiones han estimulado este potencial. Con el fin de unir bajo su protección una gran extensión de territorio habitado por grupos dispares de seres humanos, una religión ha de poseer otras dos cualidades. Primera, ha de adoptar un orden sobrehumano universal que sea válido siempre y en todas partes. Segunda, ha de insistir en extender dicha creencia a todos. En otras palabras, ha de ser universal y misionera.

Las religiones mejor conocidas de la historia, como el islamismo y el budismo, son universales y misioneras. En consecuencia, la gente tiende a creer que todas las religiones son iguales. En realidad, la mayoría de las religiones antiguas eran locales y exclusivas. Sus seguidores creían en deidades y espíritus locales, y no tenían interés alguno en convertir a toda la raza humana. Hasta donde sabemos, las religiones universales y misioneras solo empezaron a aparecer en el primer milenio a.C. Su aparición fue una de las revoluciones más importantes de la historia, e hizo una contribución vital a la unificación de la humanidad, de manera parecida a la aparición de los imperios universales y del dinero universal.

SILENCIANDO A LOS CORDEROS

Cuando el animismo era el sistema de creencia dominante, las normas y los valores humanos tenían que tomar en consideración los puntos de vista y los intereses de muchos otros seres, como animales, plantas, hadas y espíritus. Por ejemplo, una banda de cazadores-recolectores en el valle del Ganges pudo haber establecido una regla que prohibiera a la gente talar una higuera particularmente grande, no fuera que el espíritu de la higuera se enfadara y se vengara. Otra cuadrilla de cazadores-recolectores que viviera en el valle del Indo pudo haber prohibido a la gente la caza de zorros de cola blanca, porque un animal de estas características reveló una vez a una anciana sabia dónde podrían encontrar ellos la preciada obsidiana.

Tales religiones tendían a ser muy locales en su perspectiva, y a destacar los rasgos únicos de localidades, climas y fenómenos específicos. La mayoría de los cazadores-recolectores pasaban toda su vida dentro de un área de no más de 1.000 kilómetros cuadrados. Para sobrevivir, los habitantes de un valle concreto necesitaban comprender el orden sobrehumano que regulaba su valle, y ajustar su comportamiento en consecuencia. No tenía sentido intentar convencer a los habitantes de algún valle distante para que siguieran las mismas reglas. Las gentes del Indo no se preocupaban de enviar misioneros al Ganges para convencer a los locales de que no cazaran zorros de cola blanca.

Parece ser que la revolución agrícola estuvo acompañada por una revolución religiosa. Los cazadores-recolectores recogían plantas silvestres y perseguían animales salvajes, cuya categoría podía ser considerada igual a la de *Homo sapiens*. El hecho de que el hombre cazara carneros no hacía que estos fueran inferiores al hombre, de la misma manera que el hecho de que los tigres cazaran al hombre no hacía a este inferior a los tigres. Los seres se comunicaban entre sí directamente y negociaban las normas que regulaban su hábitat compartido. Por el contrario, los granjeros poseían y manipulaban plantas y animales, y difícilmente podían degradarse para negociar con sus posesiones. De manera que el primer efecto religioso de la revolución agrícola fue convertir en propiedad a plantas y animales que antes fueron miembros iguales en una mesa redonda espiritual.

Sin embargo, esto planteó un gran problema. Los granjeros quizá deseaban un control absoluto de sus ovejas, pero sabían perfectamente que su control era limitado. Podían encerrar a las ovejas en rediles, castrar a los moruecos y hacer criar selectivamente a las ovejas hembra, pero no podían asegurar que estas concibieran y parieran corderillos sanos, ni podían impedir la propagación de epidemias fatales. ¿Cómo podían, pues, proteger la fecundidad de los rebaños?

Una teoría básica sobre el origen de los dioses argumenta que estos alcanzaron importancia porque ofrecían una solución a este problema. Divinidades tales como la diosa de la fertilidad, el dios del cielo y el dios de la medicina pasaron a ocupar un papel central cuando plantas y animales perdieron su capacidad de hablar, y el principal papel de los dioses era el de mediar entre los humanos y las plantas mudas y los animales. Gran parte de la mitología antigua es en realidad un contrato legal en el que los humanos prometen devoción imperecedera a los dioses a cambio de poder dominar a las plantas y los animales; los primeros capítulos del libro del Génesis son un buen ejemplo de ello. Durante miles de años después de la revolución agrícola, la liturgia religiosa consistía principalmente en que los humanos sacrificaban corderos, vino y pasteles a los poderes divinos, quienes a cambio prometían cosechas abundantes y rebaños fecundos.

La revolución agrícola tuvo inicialmente un impacto mucho menor en la condición de otros miembros del sistema animista, como las rocas, las fuentes, los espíritus y los demonios. Sin embargo, también estos perdieron gradualmente su estatus a favor de los nuevos dioses. Mientras la gente vivía toda su vida dentro de territorios limitados de unos pocos cientos de kilómetros cuadrados, la mayoría de sus necesidades podían ser cubiertas por los espíritus locales. Pero una vez que los reinos y las redes comerciales se expandieron, la gente necesitó contactar con entidades cuyo poder y autoridad abarcaran un reino entero o toda una cuenca comercial.

El intento de dar respuesta a estas necesidades condujo a la aparición de religiones politeístas (del griego *poli*, «muchos», *theós*, «dios»). Estas religiones comprendieron que el mundo estaba controlado por un grupo de poderosas divinidades, como la diosa de la fertilidad, el dios de la lluvia y el dios de la guerra. Los humanos podían invocar a estos dioses y los dioses podían, si recibían devoción y sacrificios, dignarse a conceder lluvia, victoria y salud.

El animismo no desapareció completamente con el advenimiento del politeísmo. Demonios, hadas, espíritus, rocas sagradas, manantiales sagrados y árboles sagrados continuaron siendo una parte integral de casi todas las religiones politeístas. Tales espíritus eran mucho menos importantes que los grandes dioses, pero para las necesidades mundanas de muchas personas ya eran lo bastante buenos. Mientras el rey, en la capital del reino, sacrificaba decenas de gordos carneros al gran dios de la guerra, al tiempo que rezaba para obtener la victoria contra los bárbaros, el campesino en su choza encendía una candela al hada de la higuera y rezaba para que ayudara a curar a su hijo enfermo.

Sin embargo, el mayor impacto de la aparición de los grandes dioses no fue sobre los corderos o los demonios, sino sobre la condición de *Homo sapiens*. Los animistas creían que los humanos eran solo uno de los muchos seres que habitaban en el mundo. Los politeístas, en cambio, veían cada vez más el mundo como un reflejo de la relación entre los dioses y los humanos. Nuestras plegarias, nuestros sacrificios, nuestros pecados y nuestras buenas obras determinaban el destino de todo el ecosistema. Una inundación terrible podía barrer a miles de millones de hormigas, saltamontes, tortugas, antílopes, jirafas y elefantes, solo porque unos pocos sapiens estúpidos habían irritado a los dioses. Por lo tanto, el politeísmo exaltaba no solo la condición de los dioses, sino también la de la humanidad. Los miembros menos afortunados del antiguo sistema animista perdieron su autoridad y se convirtieron en extras o en el decorado silencioso en el gran drama de la relación del hombre con los dioses.

Los beneficios de la idolatría

Dos mil años de lavado de cerebro monoteísta han hecho que la mayoría de los occidentales consideren el politeísmo como una idolatría ignorante e infantil. Este es un estereotipo injusto. Con el fin de entender la lógica interna del politeísmo, es necesario comprender la idea básica que sostiene la creencia en muchos dioses.

El politeísmo no pone en duda necesariamente la existencia de un único poder o una única ley que rige todo el universo. En realidad, la mayoría de las religiones politeístas, e incluso las animistas, reconocían un poder supremo de este tipo detrás de todos los diferentes dioses, demonios y rocas sagradas. En el politeísmo griego clásico, Zeus, Hera, Apolo y demás dioses se hallaban sometidos a un poder omnipotente y global: el Destino (Moira, Ananké). También los dioses nórdicos eran esclavos del destino, que los condenaba a perecer en el cataclismo de Ragnarök (el Crepúsculo de los Dioses). En la religión politeísta de los yoruba de África occidental, todos los dioses nacieron del supremo dios Olodumare, y seguían siendo sus súbditos. En el politeísmo hindú, un único príncipe, Atman, controla a la miríada de dioses y espíritus, a la humanidad y al mundo biológico y físico. Atman es la esencia eterna o el alma de todo el universo, así como de todo individuo y de todo fenómeno.

El aspecto fundamental del politeísmo, que lo distingue del monoteísmo, es que el poder supremo que rige el mundo carece de intereses y prejuicios, y por lo tanto no le importan los deseos mundanos, las inquietudes y preocupaciones de los humanos. No tiene sentido pedirle a este poder la victoria en la guerra, la salud o la lluvia, porque desde su posición ventajosa desde la que todo lo ve no supone ninguna diferencia que un reino concreto gane o pierda, que una ciudad concreta prospere o languidezca, que una persona concreta se recupere o muera. Los griegos no desperdiciaban ningún sacrificio al Destino, los hindúes no construían templos a Atman.

La única razón para acercarse al poder supremo del universo sería renunciar a todos los deseos y aceptar tanto lo bueno como lo malo, aceptar incluso la derrota, la pobreza, la enfermedad y la muerte. Así, algunos hindúes, conocidos como sadhus o sanniasin, dedican su vida a unirse a Atman, con lo que consiguen la iluminación. Se esfuerzan para ver el mundo desde el punto de vista de este principio fundamental, para darse cuenta de que desde su perspectiva eterna todos los deseos y temores mundanos son sentimientos sin sentido y efímeros.

Sin embargo, la mayoría de los hindúes no son sadhus. Se hallan profundamente hundidos en el cenagal de las preocupaciones mundanas, para las que Atman no es de mucha ayuda. Para el auxilio en tales asuntos, los hindúes se aproximan a los dioses con sus poderes parciales. Precisamente porque los poderes son parciales en lugar de totales, dioses como Ganesha, Laksmí y Sarasvati tienen intereses y prejuicios. Por eso, los humanos pueden hacer tratos con estos poderes parciales y confiar en su ayuda para ganar guerras o recuperarse de la enfermedad. Necesariamente, hay muchos de estos poderes más pequeños, puesto que una vez que se empieza dividiendo el poder global de un principio supremo, se termina inevitablemente con más de una deidad. De ahí la pluralidad de los dioses.

El invento del politeísmo es favorable a una tolerancia religiosa de mucho alcance. Puesto que los politeístas creen, por un lado, en un poder supremo y completamente desinteresado, y por otro, en muchos poderes parciales y sesgados, no hay dificultad para que los devotos de un dios acepten la existencia y eficacia de otros dioses. El politeísmo es intrínsecamente liberal, y raramente persigue a «herejes» o «infieles».

Incluso en aquellos casos en que los politeístas conquistaron grandes imperios, no intentaron convertir a sus súbditos. Los egipcios, los romanos y los aztecas no enviaron misioneros a tierras extrañas para que extendieran el culto a Osiris, Júpiter o Huitzilopochtli (el principal dios azteca), y ciertamente no enviaron ejércitos para ese propósito. Se esperaba que los pueblos sometidos de todo el imperio respetaran a los dioses y rituales imperiales, puesto que tales dioses y rituales protegían y legitimaban el imperio. Pero no se les exigía que abandonaran sus dioses y rituales locales. En el Imperio azteca, los pueblos sometidos estaban obligados a construir templos para Huitzilopochtli, pero tales templos se construían junto a los de los dioses locales, y no reemplazándolos. En muchos casos, la propia élite imperial adoptaba los dioses y rituales del pueblo sometido. Los romanos añadieron voluntariamente la diosa asiática Cibeles y la diosa egipcia Isis a su panteón.

El único dios que los romanos se negaron a tolerar durante mucho tiempo fue el dios monoteísta y evangelizador de los cristianos. El Imperio romano no exigía que los cristianos renunciaran a sus credos y rituales, pero esperaban de ellos que respetaran a los dioses protectores del imperio y la divinidad del emperador. Esto se consideraba una declaración de lealtad política. Cuando los cristianos rehusaron hacerlo de forma vehemente y siguieron rechazando todos los intentos de llegar a un compromiso, los romanos reaccionaron persiguiendo a los que consideraban una facción políticamente subversiva. E incluso esto lo hicieron de mala gana. En los 300 años transcurridos entre la crucifixión de Cristo y la conversión del emperador Constantino, los emperadores romanos politeístas iniciaron solo cuatro persecuciones generales de cristianos. Los administradores y gobernadores locales incitaron a la violencia anticristiana por su cuenta. Pero aun así, si sumamos todas las víctimas de todas estas persecuciones, resulta que en esos tres siglos los politeístas romanos mataron a no más que unos pocos miles de cristianos.[1] Por el contrario, a lo largo de los siguientes 1.500 años, los cristianos masacraron a millones de correligionarios para defender interpretaciones ligeramente distintas de la religión del amor y la compasión.

Las guerras religiosas entre católicos y protestantes que asolaron Europa en los siglos XVI y XVII son especialmente notables. Todos los implicados aceptaban la divinidad de Cristo y Su evangelio de compasión y amor. Sin embargo, no estaban de acuerdo acerca de la naturaleza de dicho amor. Los protestantes creían que el amor divino es tan grande que Dios se hizo carne y permitió que se Le torturara y crucificara, con lo que redimió el pecado original y abrió las puertas del Cielo a todos los que Le profesaban fe. Los católicos sostenían que la fe, aunque esencial, no era suficiente. Para entrar en el Cielo, los creyentes tenían que participar en los rituales de la Iglesia y hacer buenas obras. Los protestantes se negaron a aceptarlo, aduciendo que esta compensación empequeñecía la grandeza y el amor de Dios. Quien piense que entrar en el Cielo depende de sus propias buenas obras magnifica su propia importancia e implica que el sufrimiento de Jesucristo en la cruz y el amor de Dios por la humanidad no bastan.

Estas disputas teológicas se volvieron tan violentas que, durante los siglos XVI y XVII, los católicos y los protestantes se mataron unos a otros por cientos de miles. El 23 de agosto de 1572, los católicos franceses, que señalaban la importancia de las buenas obras, atacaron a comunidades de protestantes franceses, que destacaban el amor de Dios por la humanidad. En este ataque, la Matanza del Día de San Bartolomé, entre 5.000 y 10.000 protestantes fueron asesinados en menos de veinticuatro horas. Cuando al Papa de Roma le llegaron las noticias de Francia, quedó tan embargado por la alegría que organizó plegarias festivas para celebrar la ocasión, y encargó a Giorgio Vasari que decorara una de las salas del Vaticano con un fresco de la matanza (en la actualidad el acceso a la sala está vedado a los visitantes).[2] Durante esas veinticuatro horas murieron más cristianos a manos de otros cristianos que a manos del Imperio romano politeísta a lo largo de toda su existencia.

DIOS ES UNO

Con el tiempo, algunos seguidores de los dioses politeístas se encariñaron tanto con su patrón particular que se apartaron de la concepción politeísta básica. Empezaron a creer que su dios era el único dios, y que Él era en realidad el poder supremo del universo. Pero al mismo tiempo continuaron considerando que poseía intereses y prejuicios, y creyeron que podrían pactar con Él. Así nacieron las religiones monoteístas, cuyos seguidores imploraban al poder supremo del universo que les ayudara a recuperarse de la enfermedad, que ganaran la lotería y que consiguieran la victoria en la guerra.

La primera religión monoteísta que conocemos apareció en Egipto hacia 1350 a.C., cuando el faraón Akenatón declaró que una de las deidades menores del panteón egipcio, el dios Atón, era, en realidad, el poder supremo que gobernaba el universo. Akenatón institucionalizó el culto de Atón como religión de Estado, e intentó detener el culto a todos los demás dioses. Sin embargo, su revolución religiosa no tuvo éxito. Después de su muerte, el culto de Atón fue abandonado a favor del antiguo panteón.

El politeísmo continuó dando origen aquí y allá a otras religiones monoteístas, pero se mantuvieron marginales, entre otras cosas porque no consiguieron digerir su propio mensaje universal. El judaísmo, por ejemplo, argumentaba que el poder supremo del universo tiene intereses y prejuicios, pero que Su interés principal se centra en la minúscula nación judía y en la oscura tierra de Israel. El judaísmo tenía poco que ofrecer a otras naciones, y a lo largo de la mayor parte de su existencia no ha sido una religión misionera. Puede denominarse a esta etapa la fase de «monoteísmo local».

El gran avance llegó con el cristianismo. Esta fe se inició como una secta judía esotérica que intentaba convencer a los judíos de que Jesús de Nazaret era el mesías tanto tiempo esperado. Sin embargo, uno de los primeros líderes de la secta, Pablo de Tarso, razonaba que si el poder supremo del universo tiene intereses y prejuicios, y si Él se había molestado en hacerse carne y morir en la cruz por la salvación de la humanidad, entonces eso era algo que todos deberían escuchar, no solo los judíos. Así, era necesario extender la buena nueva (el evangelio) acerca de Jesús por todo el mundo.

Los razonamientos de Pablo cayeron en terreno fértil. Los cristianos empezaron a organizar actividades misioneras extendidas y dirigidas a todo el mundo. En uno de los giros más extraños de la historia, esta secta judía esotérica se apoderó del todopoderoso Imperio romano.

El éxito de los cristianos sirvió de modelo para otra religión monoteísta que apareció en la península Arábiga en el siglo VII: el islam. Al igual que el cristianismo, el islamismo empezó como una pequeña secta en un remoto rincón del mundo, pero en un nuevo giro histórico todavía más extraño y rápido consiguió salir de los desiertos de Arabia y conquistar un inmenso imperio que se extendía desde el océano Atlántico hasta la India. De ahí en adelante, el monoteísmo desempeñó un papel fundamental en la historia del mundo.

Los monoteístas han tendido a ser mucho más fanáticos y misioneros que los politeístas. Una religión que reconoce la legitimidad de otras creencias implica o bien que su dios no es el poder supremo del universo, o bien que ha recibido de Dios solo parte de la verdad universal. Puesto que los monoteístas han creído por lo general que están en posesión de todo el mensaje del único Dios, se han visto obligados a desacreditar a todas las demás religiones. A lo largo de los dos últimos milenios, los monoteístas han intentado repetidamente fortalecer su poder exterminando con violencia toda competencia.

Y ha funcionado. A principios del siglo I d.C., apenas había ningún monoteísta en el mundo. Hacia el año 500 d.C., uno de los mayores imperios del mundo (el Imperio romano) era una organización política cristiana, y los misioneros extendían rápidamente el cristianismo a otras partes de Europa, Asia y África. A finales del primer milenio d.C., la mayor parte de la gente en Europa, Asia occidental y el norte de África era monoteísta, y los imperios desde el océano Atlántico hasta el Himalaya afirmaban que habían sido ordenados por el único y gran Dios. A principios del siglo XVI, el monoteísmo dominaba la mayor parte de Afroasia, con la excepción de Asia oriental y las partes australes de África, y empezó a extender largos tentáculos hacia Sudáfrica, América y Oceanía. Hoy en día, la mayoría de la gente fuera de Asia oriental es partidaria de una religión monoteísta u otra, y el orden político global está construido sobre cimientos monoteístas (véase el mapa 4).

Sin embargo, de la misma manera que el animismo continuó sobreviviendo dentro del politeísmo, el politeísmo continuó sobreviviendo dentro del monoteísmo. En teoría, una vez que una persona cree que el poder supremo del universo tiene intereses y prejuicios, ¿qué sentido tiene seguir rindiendo culto a poderes parciales? ¿Quién querría que le atendiera un burócrata inferior cuando tiene abiertas las puertas del despacho del presidente? De hecho, la teología monoteísta tiende a negar la existencia de todos los dioses excepto el Dios supre-

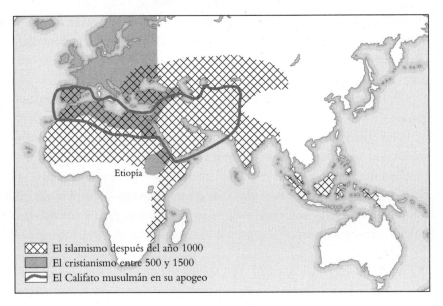

MAPA 4. Expansión del cristianismo y del islamismo.

mo, y a verter el fuego del infierno y alcrebite sobre quienquiera que ose adorarlos.

Pero siempre ha habido un abismo entre las teorías teológicas y las realidades históricas. A la mayoría de la gente le ha resultado difícil digerir completamente la idea monoteísta. Han continuado dividiendo el mundo en «nosotros» y «ellos», y considerando que el poder supremo del universo es demasiado distante y ajeno para sus necesidades mundanas. Las religiones monoteístas expulsaron a los dioses por la puerta delantera con mucha alharaca, solo para dejarlos entrar de nuevo por la ventana lateral. El cristianismo, por ejemplo, desarrolló su propio panteón de santos, cuyo culto difería poco de los de los dioses politeístas.

De la misma manera que el dios Júpiter defendió Roma y Huitzilopochtli protegió el Imperio azteca, así cada reino cristiano tenía su propio santo patrón que le ayudaba a superar dificultades y a ganar guerras. Inglaterra estaba protegida por san Jorge, Escocia por san Andrés, Hungría por san Esteban, y Francia tenía a san Martín. Ciudades, pueblos, profesiones e incluso enfermedades tenían su propio santo. La ciudad de Milán tenía a san Ambrosio, mientras que san Marcos velaba sobre Venecia. San Florián protegía a los deshollinadores, mientras que san Mateo echaba una mano a los recaudadores de impuestos en apuros. Si uno padecía dolor de cabeza tenía que rezar a san Agacio, pero si el dolor era de muelas, entonces era más adecuado rezar a santa Apolonia.

Los santos cristianos no solo se parecían a los antiguos dioses politeístas, sino que a menudo eran los mismos dioses disfrazados. Por ejemplo, la diosa principal de la Irlanda céltica anterior a la llegada del cristianismo era Brígida. Cuando Irlanda fue cristianizada, Brígida fue asimismo bautizada, convirtiéndose en santa Brígida, la santa más venerada en la Irlanda católica hasta la actualidad.

La batalla del Bien y el Mal

El politeísmo dio origen no solo a religiones monoteístas, sino a religiones dualistas. Las religiones dualistas aceptan la existencia de dos poderes opuestos: el bien y el mal. A diferencia del monoteísmo, el dualismo cree que el mal es un poder independiente, ni creado por el buen Dios ni subordinado a él. El dualismo explica que todo el universo es un campo de batalla entre estas dos fuerzas, y que todo lo que ocurre en el mundo es parte de la lucha.

El dualismo es una visión del mundo muy atractiva porque ofrece una respuesta breve y simple al famoso problema del mal, una de las preocupaciones fundamentales del pensamiento humano. «¿Por qué hay maldad en el mundo? ¿Por qué hay sufrimiento? ¿Por qué a las buenas personas les pasan cosas malas?» Los monoteístas tienen que hacer un ejercicio intelectual para explicar cómo un Dios omnisciente, todopoderoso y perfectamente bueno permite que haya tanto sufrimiento en el mundo. Una explicación bien conocida es que esta es la manera que tiene Dios de permitir el libre albedrío humano. Si no existiera el mal, los humanos no podrían elegir entre el bien y el mal, y por lo tanto no habría libre albedrío. Sin embargo, se trata de una respuesta no intuitiva que plantea inmediatamente toda una serie de nuevas preguntas. La libertad de voluntad permite que los humanos elijan el mal. Son muchos, en realidad, los que eligen el mal y, según el relato monoteísta común, esta elección debe conllevar el castigo divino como consecuencia. Si Dios sabía por adelantado que una persona concreta utilizaría su libre albedrío para elegir el mal, y que como resultado sería castigada por ello con torturas eternas en el infierno, ¿por qué la creó Dios? Los teólogos han escrito innumerables libros para dar respuesta a estas preguntas. Algunos consideran que las respuestas son convincentes y otros que no lo son. Lo que es innegable es que a los monoteístas les cuesta mucho abordar el problema del mal.

Para los dualistas, es fácil explicar el mal. Incluso a las personas buenas les ocurren cosas malas porque el mundo no está gobernado por un Dios omnisciente, todopoderoso y perfectamente bueno. Por el mundo anda suelto un poder maligno independiente. El poder del mal hace cosas malas.

La concepción dualista tiene sus propios inconvenientes. Es verdad que ofrece una solución sencilla al problema del mal, si bien resulta perturbado por el problema del orden. Si el mundo fue creado por un único Dios, es evidente por qué es un lugar tan ordenado, donde todo obedece a las mismas leyes. Pero si en el mundo existen dos poderes opuestos, uno bueno y uno malo, ¿quién decretó las leyes que rigen la lucha entre ambos? Dos estados rivales pueden luchar entre sí porque ambos obedecen a las mismas leyes de la física. Un misil lanzado desde suelo paquistaní puede alcanzar objetivos en territorio indio porque en ambos países se cumplen las mismas leyes de la física. Cuando el Bien y el Mal luchan, ¿a qué leyes comunes obedecen, y quién decreta dichas leyes?

Así pues, el monoteísmo explica el orden, pero es confundido por el mal. El dualismo explica el mal, pero es perturbado por el orden. Hay una manera lógica de resolver el enigma: argumentar que existe un único Dios omnipotente que creó todo el universo y que es un Dios maligno. Pero nadie en la historia ha tenido el estómago para un credo como este.

Las religiones dualistas florecieron durante más de 1.000 años. En algún momento entre 1500 a.C. y 1000 a.C., un profeta llamado Zoroastro (Zaratustra) desplegó su actividad en algún lugar de Asia Central. Su credo pasó de generación en generación hasta que se convirtió en la más importante de las religiones dualistas: el zoroastrismo. Los zoroastristas veían el mundo como una batalla cósmica entre el buen dios Ahura Mazda y el dios maligno Angra Mainyu. Los humanos tenían que ayudar al dios bueno en esta batalla. El zoroastrismo fue una religión importante durante el Imperio persa aqueménida (550-330 a.C.) y posteriormente se convirtió en la religión oficial del Imperio persa sasánida (224-651 d.C.). Tuvo una influencia importante sobre casi todas las religiones posteriores de Oriente Próximo y de Asia Central, e inspiró a otras religiones dualistas, como el agnosticismo y el maniqueísmo.

Durante los siglos III y IV d.C., el credo maniqueo se extendió desde China al norte de África, y por un momento pareció que ganaría al cristianismo a la hora de conseguir el dominio del Imperio romano. Pero los maniqueos perdieron el alma de Roma ante los cristianos, el Imperio sasánida zoroastrista fue vencido por los musulmanes monoteístas, y la oleada dualista amainó. En la actualidad, solo unas pocas comunidades dualistas subsisten en la India y Oriente Próximo.

No obstante, la marea creciente del monoteísmo no barrió realmente el dualismo. El monoteísmo judío, cristiano y musulmán asimiló numerosas creencias y prácticas dualistas, y algunas de las ideas más básicas de lo que denominamos «monoteísmo» son, de hecho, dualistas en origen y espíritu. Incontables cristianos, musulmanes y judíos creen en una poderosa fuerza maligna (semejante a la que los cristianos denominan el Diablo o Satanás) que puede actuar independientemente, luchar contra el Dios bueno y causar estragos sin el permiso de Dios.

¿Cómo puede un monoteísta ser partidario de una creencia dualista de este tipo (que, por otro lado, no puede encontrarse en parte alguna del Antiguo Testamento)? Lógicamente, es imposible. O bien uno cree en un Dios único y omnipotente o bien cree en dos poderes opuestos, ninguno de ellos omnipotente. Aun así, los humanos poseen una maravillosa capacidad para creer en contradicciones. De manera que no debería ser ninguna sorpresa que millones de piadosos cristianos, musulmanes y judíos consigan creer a la vez en un

Dios omnipotente y en un Diablo independiente. Incontables cristianos, musulmanes y judíos han ido más lejos y han llegado a imaginar que el buen Dios necesita incluso nuestra ayuda en su lucha contra el Diablo, lo que, entre otras cosas, inspiró la convocatoria de yihads y cruzadas.

Otro concepto dualista clave, en particular en el gnosticismo y el maniqueísmo, era la distinción clara entre cuerpo y alma, entre materia y espíritu. Los gnósticos y maniqueos argumentaban que el dios bueno creó el espíritu y el alma, mientras que la materia y los cuerpos son la creación del dios malo. El hombre, según esta concepción, sirve de campo de batalla entre el alma buena y el cuerpo malo. Desde una perspectiva monoteísta, esto es un disparate: ¿por qué distinguir de manera tan tajante entre cuerpo y alma, o entre materia y espíritu? ¿Y por qué aducir que el cuerpo y la materia son malignos? Al fin y al cabo, todo fue creado por el mismo Dios bueno. Pero los monoteístas no pudieron dejar de sentirse cautivados por las dicotomías dualistas, precisamente porque les ayudaban a afrontar el problema del mal. De manera que dichas oposiciones acabaron siendo piedras angulares del pensamiento cristiano y musulmán. La creencia en el Cielo (el reino del dios bueno) y el Infierno (el reino del dios malo) fue también dualista en su origen. No hay rastro de tal creencia en el Antiguo Testamento, que tampoco afirma que el alma de la gente continúe viviendo después de la muerte.

De hecho, el monoteísmo, tal como se ha desarrollado en la historia, es un caleidoscopio de herencias monoteístas, dualistas, politeístas y animistas, mezcladas en un revoltillo bajo un único paraguas divino. El cristiano cree en el Dios monoteísta, pero también en el Diablo dualista, en santos politeístas y en espíritus animistas. Los estudiosos de la religión tienen un nombre para esta admisión simultánea de ideas distintas e incluso contradictorias y la combinación de rituales y prácticas tomadas de fuentes distintas. Se llama sincretismo. El sincretismo, en realidad, podría ser la gran y única religión del mundo.

La ley de la naturaleza

Todas las religiones que se han analizado hasta ahora comparten una característica importante: todas ellas se centran en una creencia en dioses y en otras entidades sobrenaturales. Esto parece obvio a los occidentales, que están familiarizados principalmente con credos monoteístas y politeístas. De hecho, sin embargo, la historia religiosa del mundo no se reduce a la historia de los dioses. Durante el primer milenio a.C., religiones de un signo totalmente nuevo empezaron a extenderse por Afroasia. Los recién llegados, como el jainismo y el budismo en la India, el taoísmo y el confucianismo en China, y el estoicismo, el cinismo y el epicureísmo en la cuenca mediterránea, se caracterizaban porque hacían caso omiso de los dioses.

Estos credos sostenían que el orden sobrehumano que rige el mundo es el producto de leyes naturales y no de voluntades y caprichos divinos. Algunas de estas religiones de la ley natural continuaban aceptando la existencia de dioses, pero sus dioses estaban sujetos a las leyes de la naturaleza como lo estaban los humanos, los animales y las plantas. Los dioses tenían su nicho en el ecosistema, de la misma manera que los elefantes y los puercoespines tenían el suyo, pero no podían cambiar las leyes de la naturaleza, al igual que no pueden hacerlo los elefantes. Un ejemplo inmediato es el budismo, la más importante de las religiones antiguas de ley natural, que sigue siendo una de las creencias más extendidas (véase el mapa 5).

La figura central del budismo no es un dios, sino un ser humano: Siddharta Gautama. Según la tradición budista, Gautama era el heredero de un pequeño reino del Himalaya hacia el año 500 a.C. El joven príncipe estaba profundamente afectado por el sufrimiento que veía a su alrededor. Veía que hombres, mujeres, niños y ancianos sufren todos no solo por calamidades ocasionales, como la guerra o la peste, sino también por la ansiedad, la frustración y el descontento, todos los cuales parecen ser una parte inseparable de la condición humana. La gente busca riqueza y poder, adquiere conocimientos y posesiones, tiene hijos e hijas y construye casas y palacios. Sin embargo, no importa lo que consigan: nunca están contentos. Los que viven en la pobreza sueñan con riquezas. Los que tienen un millón desean dos millones. Los que

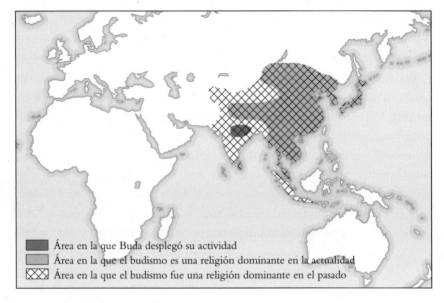

Área en la que Buda desplegó su actividad
Área en la que el budismo es una religión dominante en la actualidad
Área en la que el budismo fue una religión dominante en el pasado

MAPA 5. Expansión del budismo.

tienen dos millones quieren diez. Incluso los ricos y famosos rara vez están satisfechos. También ellos se ven acosados por obligaciones y preocupaciones incesantes, hasta que la enfermedad, la vejez y la muerte les causan un amargo final. Todo lo que uno ha acumulado se desvanece como el humo. La vida es una carrera de ratas sin sentido. Pero ¿cómo escapar de ella?

A los veintinueve años de edad, Gautama huyó de su palacio en plena noche, dejando atrás familia y posesiones. Viajó como un vagabundo sin hogar por todo el norte de la India, buscando una manera de escapar del sufrimiento. Visitó ashrams y se sentó a los pies de gurús, pero nada lo liberó por completo: siempre quedaba alguna insatisfacción. Sin embargo, no desesperó. Se decidió a investigar el sufrimiento por su cuenta hasta hallar un método para la completa liberación. Pasó seis años meditando sobre la esencia, las causas y las curas de la aflicción humana. Al final llegó a comprender que el sufrimiento no está causado por la mala fortuna, la injusticia social o los caprichos divinos. El sufrimiento está causado por las pautas de comportamiento de nuestra propia mente.

La intuición de Gautama fue que, con independencia de lo que la mente experimenta, por lo general reacciona con deseos, y los deseos siempre implican insatisfacción. Cuando la mente experimenta algo desagradable, anhela librarse de la irritación. Cuando la mente experimenta algo placentero, desea que el placer perdure y se intensifique. Por lo tanto, la mente siempre está insatisfecha e inquieta. Esto resulta muy claro cuando experimentamos cosas desagradables, como el dolor. Mientras el dolor continúa, estamos insatisfechos y hacemos todo lo que podemos para evitarlo. Pero cuando experimentamos cosas agradables no estamos nunca contentos. O bien tememos que el placer pueda desaparecer, o esperamos que se intensifique. La gente sueña durante años con encontrar el amor, pero raramente se siente satisfecha cuando lo encuentra. Algunos sienten la ansiedad de que su pareja los abandone; otros sienten que se han conformado con poco y que podrían haber encontrado a alguien mejor. Y todos conocemos a personas que consiguen tener ambos sentimientos.

Los grandes dioses pueden enviarnos lluvia, las instituciones sociales pueden proporcionar justicia y buena atención sanitaria, y las coincidencias afortunadas nos pueden convertir en millonarios, pero ninguna de estas cosas puede cambiar nuestras pautas mentales básicas. De ahí que incluso los mayores reyes se ven condenados a vivir con angustia, huyen constantemente de la pena y la aflicción, y persiguen siempre placeres mayores.

Gautama descubrió que había una manera de salir de este círculo vicioso. Si, cuando la mente experimenta algo placentero o desagradable, comprende simplemente que las cosas son como son, entonces no hay sufrimiento. Si uno experimenta tristeza sin desear que la tristeza desaparezca, continúa sintiendo tristeza, pero no sufre por ello. En realidad, puede haber riqueza en la tristeza. Si uno experimenta alegría sin desear que la alegría perdure y se intensifique, continúa sintiendo alegría sin perder su paz de espíritu.

Pero ¿cómo se consigue que la mente acepte las cosas como son, sin sentir más deseos vehementes? ¿Aceptar la tristeza como tristeza, la alegría como alegría, el dolor como dolor? Gautama desarrolló un conjunto de técnicas de meditación que entrenan la mente para experimentar la realidad tal como es, sin ansiar otra cosa. Dichas prácticas entrenan la mente para centrar toda su atención en la pregunta «¿Qué es lo que estoy experimentando ahora?», en lugar de «¿Qué desearía estar experimentando?». Es difícil alcanzar este estado mental, pero no imposible.

Gautama basó estas técnicas de meditación en un conjunto de normas éticas destinadas a facilitar que la gente se centrara en la experiencia real y evitara caer en anhelos y fantasías. Instruyó a sus seguidores a evitar el asesinato, el sexo promiscuo y el robo, puesto que tales actos atizan necesariamente el fuego del deseo (de poder, de placer sensual, de riqueza). Cuando las llamas se extinguen por completo, el deseo es sustituido por un estado de satisfacción perfecta y de serenidad, conocido como nirvana (cuyo significado literal es «extinguir el fuego»). Los que alcanzan el nirvana se liberan completamente de todo sufrimiento. Experimentan la realidad con la máxima claridad, libres de fantasías y delirios. Aunque lo más probable es que sigan encontrando cosas desagradables y dolor, dichas experiencias no les causarán infelicidad. Una persona que no desea no sufre.

Según la tradición budista, el propio Gautama alcanzó el nirvana y se liberó totalmente del sufrimiento. A partir de entonces se le conoció como Buda, que significa «el Iluminado». Buda pasó el resto de su vida explicando sus descubrimientos a otros, para que todos pudieran liberarse del sufrimiento. Resumió sus enseñanzas en una única ley: el sufrimiento surge del deseo; la única manera de liberarse completamente del sufrimiento es liberarse completamente del deseo; y la única manera de liberarse del deseo es educar la mente para experimentar la realidad tal como es.

Esta ley, conocida como *dharma* o *dhamma*, es considerada por los budistas como una ley universal de la naturaleza. Que «el sufrimiento surge del deseo» es verdad siempre y en todas partes, al igual que en la física moderna E siempre es igual a mc^2. Los budistas son gente que cree en esta ley y la convierten en el punto de apoyo de todas sus actividades. La creencia en dioses, por otra parte, es algo de menor importancia para ellos. El primer principio de las religiones monoteístas es: «Dios existe. ¿Qué quiere de mí?». El primer principio del budismo es: «El sufrimiento existe. ¿Cómo me puedo liberar de él?».

El budismo no niega la existencia de dioses (los describe como seres poderosos que pueden producir lluvias y victorias), pero no tienen influencia en la ley según la cual el sufrimiento surge del deseo. Si la mente de una persona es libre de todo deseo, no hay dios que pueda hacerla desdichada. Y al revés, una vez que el deseo surge en la mente de una persona, todos los dioses del universo no pueden salvarla del sufrimiento.

Sin embargo, de manera muy parecida a las religiones monoteístas, las religiones de ley natural premodernas como el budismo nunca han podido deshacerse del culto a los dioses. El budismo le decía a la gente que debía buscar el objetivo último de la liberación completa del sufrimiento, en lugar de buscar altos a lo largo del camino como la prosperidad económica y el poder político. Sin embargo, el 99 por ciento de los budistas no alcanzaban el nirvana, e incluso si esperaban hacerlo en alguna vida futura, dedicaban la mayor parte de su vida presente a la búsqueda de logros mundanos. De modo que continuaron adorando a varios dioses, como los dioses hindúes en la India, los dioses bon en el Tíbet y los dioses shinto en Japón.

Además, a medida que transcurría el tiempo varias sectas budistas desarrollaron panteones de budas y bodhisattvas. Se trata de seres humanos y no humanos con la capacidad de conseguir la liberación completa del sufrimiento pero que olvidan su liberación en pro de la compasión, con el fin de ayudar a los incontables seres todavía atrapados en el ciclo de la desgracia. En lugar de adorar a dioses, muchos budistas empezaron a adorar a estos seres iluminados, pidiéndoles ayuda no solo para alcanzar el nirvana, sino también para tratar problemas mundanos. Así, encontramos a muchos budas y bodhisattvas en toda Asia oriental que dedican su tiempo a producir lluvia, detener plagas e incluso ganar guerras sangrientas, a cambio de oraciones, coloridas flores, fragante incienso y regalos de arroz y dulces.

EL CULTO DEL HOMBRE

A menudo se presentan los últimos 300 años como una edad de secularismo creciente, en la que las religiones han ido perdiendo importancia.

Si hablamos de las religiones teístas, esto es correcto en gran parte. Pero si tomamos en consideración las religiones de ley natural, entonces la modernidad resulta ser una época de intenso fervor religioso, esfuerzos misioneros sin parangón y las más sangrientas guerras de religión de la historia. La edad moderna ha asistido a la aparición de varias religiones de ley natural nuevas como el liberalismo, el comunismo, el capitalismo, el nacionalismo y el nazismo. A estas creencias no les gusta que se las llame religiones, y se refieren a sí mismas como ideologías. Pero esto es solo un ejercicio semántico. Si una religión es un sistema de normas y valores humanos que se fundamenta en la creencia en un orden sobrehumano, entonces el comunismo soviético no era menos religión que el islamismo.

Desde luego, el islam es diferente del comunismo, porque el islam considera que el orden sobrehumano que gobierna el mundo es el edicto de un dios creador omnipotente, mientras que el comunismo soviético no creía en dioses. Pero también al budismo le importan poco los dioses, y sin embargo lo clasificamos generalmente como una religión. Al igual que los budistas, los comunistas creían en un orden sobrehumano de leyes naturales e inmutables que debían guiar las acciones humanas. Mientras que los budistas creen que la ley de la naturaleza fue descubierta por Siddharta Gautama, los comunistas creían que la ley de la naturaleza la descubrieron Karl Marx, Friedrich Engels y Vladímir Ilich Lenin. La semejanza no termina aquí. Al igual que las demás religiones, el comunismo también tiene sus Sagradas Escrituras y libros proféticos, como *El capital*, de Karl Marx, que predecía que la historia pronto terminaría con la inevitable victoria del proletariado. El comunismo tenía sus fiestas y festivales, como el Primero de Mayo y el aniversario de la Revolución de Octubre. Tenía teólogos adeptos a la dialéctica marxista, y cada unidad del ejército soviético tenía un capellán, llamado comisario, que supervisaba la piedad de soldados y oficiales. El comunismo tenía mártires, guerras santas y herejías, como el trotskismo. El comunismo soviético era una religión fanática y misionera. Un comunista devoto no podía ser cristiano ni budista, y se esperaba que difundiera el evangelio de Marx y Lenin incluso al precio de su propia vida.

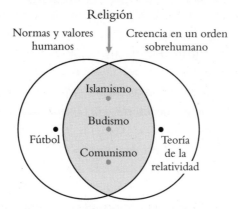

La religión es un sistema de normas y valores humanos que se fundamenta en la creencia en un orden sobrehumano. La teoría de la relatividad no es una religión porque (al menos hasta ahora) no existen normas y valores humanos que se fundamenten en ella. El fútbol no es una religión porque nadie aduce que sus reglas reflejen edictos sobrehumanos. El islamismo, el budismo y el comunismo son religiones porque son sistemas de normas y valores humanos que se fundamentan en la creencia de un orden sobrehumano. (Adviértase la diferencia entre «sobrehumano» y «sobrenatural». La ley de la naturaleza budista y las leyes de la historia marxista son sobrehumanas, puesto que no fueron legisladas por humanos, pero no son sobrenaturales.)

Algún lector puede sentirse incómodo con esta línea de razonamiento. Si esto hace que se sienta mejor, es libre de seguir llamando al comunismo una ideología y no una religión. Esto no supone ninguna diferencia. Podemos dividir los credos en religiones centradas en un dios e ideologías ateas que afirman basarse en leyes naturales. Pero entonces, para ser coherentes, necesitaríamos catalogar al menos algunas sectas budistas, taoístas y estoicas como ideologías y no como religiones. Y, a la inversa, tendríamos que señalar que la creencia en dioses persiste en muchas ideologías modernas, y que algunas de ellas, en especial el liberalismo, tienen poco sentido sin esta creencia.

Sería imposible repasar aquí la historia de todas las nuevas creencias modernas, especialmente porque no hay fronteras claras entre ellas. No son menos sincréticas que el monoteísmo y el budismo popular. De la

255

misma manera que un budista puede adorar a deidades hindúes, y de la misma manera que un monoteísta puede creer en la existencia de Satanás, así en la actualidad el norteamericano medio es simultáneamente un nacionalista (cree en la existencia de una nación que ha de desempeñar un papel especial en la historia), un capitalista de libre mercado (cree que una competencia abierta y la búsqueda del interés propio son las mejores alternativas de crear una sociedad próspera) y un humanista liberal (cree que los seres humanos han sido dotados por su creador de determinados derechos inalienables). Se analizará el nacionalismo en el capítulo 18. Al capitalismo (la más exitosa de las religiones modernas) se dedica todo un capítulo, el 16, en el que se explica sus principales creencias y rituales. En las restantes páginas de este capítulo me ocuparé de las religiones humanistas.

Las religiones teístas santifican a los dioses (de ahí que sean llamadas «teístas», del griego *theós*). Las religiones humanistas adoran a la humanidad o, más correctamente, a *Homo sapiens*. El humanismo es la creencia de que *Homo sapiens* tiene una naturaleza única y sagrada, que es fundamentalmente diferente de la naturaleza de todos los demás animales y de todos los otros fenómenos. Los humanistas creen que la naturaleza única de *Homo sapiens* es la cosa más importante del mundo, y que determina el significado de todo lo que ocurre en el universo. El bien supremo es el bien de *Homo sapiens*. El resto del mundo y todos los demás seres existen únicamente para el beneficio de esta especie.

Todos los humanistas santifican a la humanidad, pero no se ponen de acuerdo sobre su definición. El humanismo se ha dividido en tres sectas rivales que luchan por la definición exacta de «humanidad», de la misma manera que las sectas cristianas rivales luchaban por la definición exacta de Dios. En la actualidad, la secta humanista más importante es el humanismo liberal, que cree que la «humanidad» es una cualidad de los humanos individuales, y que la libertad de los individuos es por lo tanto sacrosanta. Según los liberales, la naturaleza sagrada de la humanidad reside en todos y cada uno de los *Homo sapiens* individuales. El núcleo interno de los humanos individuales da sentido al mundo, y es el origen de toda autoridad ética y política. Si nos encontramos ante un dilema ético o político, hemos de mirar dentro de nosotros y escuchar nuestra voz interior, la voz de la humanidad. Los principales mandamientos del humanismo liberal están destinados a proteger la libertad de esta voz interior frente a la intrusión o el daño. A estos mandamientos se les conoce colectivamente como «derechos humanos».

Por ejemplo, esta es la razón por la que los liberales se oponen a la tortura y a la pena de muerte. En los albores de la Europa moderna, se creía que los asesinos violaban y desestabilizaban el orden cósmico. Para devolver al cosmos su equilibrio, era necesario torturar y ejecutar públicamente al criminal, de manera que todos pudieran ver el orden restablecido. Asistir a ejecuciones horribles era uno de los pasatiempos favoritos de los londinenses y parisinos de la época de Shakespeare y Molière. En la Europa actual, se considera que el asesinato es una violación de la naturaleza sagrada de la humanidad. Con el fin de restablecer el orden, los europeos actuales no torturan ni ejecutan a los criminales. Por el contrario, castigan a un asesino en lo que consideran que es la manera más «humana» posible, con lo que salvaguardan e incluso reconstruyen su santidad humana. Al honrar la naturaleza humana del asesino, a todos se les recuerda la santidad de la humanidad, y el orden queda restablecido. Al defender al asesino, enderezamos lo que el asesino ha hecho mal.

Aunque el humanismo liberal santifica a los humanos, no niega la existencia de Dios y, en realidad, se basa en creencias monoteístas. La creencia liberal en la naturaleza libre y sagrada de cada individuo es una herencia directa de la creencia cristiana tradicional en las almas individuales libres y eternas. A falta de las almas eternas y de un Dios Creador, a los liberales les resulta embarazosamente difícil explicar qué es lo que tiene de tan especial el sapiens individual.

Otra secta importante es el humanismo socialista. Los socialistas creen que la «humanidad» es colectiva y no individualista. Consideran sagrada no la voz interna de cada individuo, sino la especie *Homo sapiens* en su conjunto. Mientras que el humanismo liberal busca la mayor libertad como sea posible para los humanos individuales, el humanismo socialista busca la igualdad entre todos los humanos. Según los socialistas, la desigualdad es la peor blasfemia contra la santidad de la humanidad, porque confiere privilegios a cualidades secundarias de los humanos por encima de su esencia universal. Por ejemplo, cuando se conceden privilegios a los ricos por encima de los pobres, esto significa que valoramos el dinero más que la esencia universal de todos los humanos, que es la misma tanto para los ricos como para los pobres.

Al igual que el humanismo liberal, el humanismo socialista está construido sobre cimientos monoteístas. La idea de que todos los humanos son iguales es una versión renovada de la convicción monoteísta de que todas las almas son iguales ante Dios. La única secta humanista que se ha liberado realmente del monoteísmo tradicional es el humanismo evolutivo, cuyos representantes más famosos son los nazis. Lo que distinguía a los nazis de otras sectas humanistas era una definición distinta de «humanidad», que estaba profundamente influida por la teoría de la evolución. En contraste con otros humanistas, los nazis creían que la humanidad no es algo universal y eterno, sino una especie mutable que puede evolucionar o degenerar. El hombre puede evolucionar hacia el superhombre o degenerar en un subhumano.

La principal ambición de los nazis era proteger a la humanidad de la degeneración y fomentar su evolución progresiva. Esta es la razón por la que los nazis decían que la raza aria, la forma de humanidad más avanzada, tenía que ser protegida y alentada, mientras que las formas degeneradas de *Homo sapiens* como los judíos, los gitanos, los homosexuales y los enfermos mentales tenían que ser aislados e incluso exterminados. Los nazis explicaban que el propio *Homo sapiens* apareció cuando surgió por evolución una población «superior» de humanos antiguos, mientras que las poblaciones «inferiores», como los neandertales, se extinguieron. Estas poblaciones diferentes eran al principio poco más que razas diferentes, pero se desarrollaron de forma independiente a lo largo de sus propias líneas evolutivas. Esto podría volver a suceder ahora. Según los nazis, *Homo sapiens* ya se había dividido en varias razas diferentes, cada una de ellas con sus propias cualidades únicas. Una de dichas razas, la raza aria, tenía las mejores cualidades: racionalismo, belleza, integridad, diligencia. Por lo tanto, la raza aria poseía el potencial para transformar el hombre en superhombre. Otras razas, como los judíos y los negros, eran los neandertales de la actualidad, y poseían cualidades inferiores. Si se les permitía reproducirse, y en particular que se casaran con los arios, adulterarían todas las poblaciones humanas y condenarían a *Homo sapiens* a la extinción.

RELIGIONES HUMANISTAS: RELIGIONES QUE SANTIFICAN A LA HUMANIDAD

Humanismo liberal	Humanismo socialista	Humanismo evolutivo
Homo sapiens posee una naturaleza única y sagrada que es fundamentalmente diferente de la naturaleza de todos los demás seres y fenómenos. El bien supremo es el bien de la humanidad.		
La «humanidad» es individualista y reside en cada individuo de Homo sapiens.	La «humanidad» es colectiva y reside en la especie Homo sapiens como un todo.	La «humanidad» es una especie mutable. Los humanos podrían degenerar a subhumanos o evolucionar a superhumanos.
El mandamiento supremo es proteger el núcleo interno y la libertad de cada Homo sapiens individual.	El mandamiento supremo es proteger la igualdad de la especie Homo sapiens.	El mandamiento supremo es proteger a la humanidad para que no degenere en subhumanos, y promover su evolución a superhumanos.

Ya hace tiempo que los biólogos han echado por tierra la teoría racial de los nazis. En particular, las investigaciones genéticas realizadas con posterioridad a 1945 han demostrado que las diferencias entre las diversas estirpes humanas son mucho más pequeñas de lo que los nazis postulaban. Pero dichas conclusiones son relativamente nuevas. Dado el estado del conocimiento científico en 1933, las creencias de los nazis no se hallaban en absoluto fuera de los límites. La existencia de diferentes razas humanas, la superioridad de la raza blanca y la necesidad de proteger y cultivar esta raza superior eran creencias que la mayoría de las élites occidentales tenían de manera general. Estudiosos de las más prestigiosas universidades occidentales, que empleaban los métodos científicos ortodoxos de la época, publicaban estudios que supuestamente demostraban que los miembros de la raza blanca eran más inteligentes, más éticos y más hábiles que los africanos o los indios. Políticos en Washington, Londres y Canberra daban por sentado que su tarea era impedir la adulteración y degeneración de la raza blanca mediante, por ejemplo, la restricción de la inmigración procedente de China o incluso Italia a países «arios» tales como Estados Unidos y Australia.

Estas posiciones no cambiaron simplemente porque se publicaran nuevas investigaciones científicas. Los acontecimientos sociológicos y políticos fueron motores de cambio mucho más poderosos. En este sentido, Hitler cavó no solo su propia tumba, sino la del racismo en general. Cuando emprendió la Segunda Guerra Mundial, obligó a sus enemigos a hacer una distinción clara entre «nosotros» y «ellos». Tiempo después, y debido precisamente a que la ideología nazi era tan racista, el racismo quedó desacreditado en Occidente. Pero este cambio llevó un tiempo. La supremacía blanca continuó siendo una ideología principal en la política norteamericana al menos hasta la década de 1960. La política de Australia Blanca que restringía la inmigración a Australia de personas no blancas estuvo en vigor hasta 1966. A los aborígenes australianos no se les concedieron los mismo derechos políticos hasta la década de 1960, y a la mayoría de ellos se les impidió votar en elecciones porque eran considerados inadecuados para funcionar como ciudadanos (véase la figura 20).

Los nazis no aborrecían a la humanidad. Luchaban contra el humanismo liberal, los derechos humanos y el comunismo precisamente porque admiraban a la humanidad y creían en el gran potencial de la especie humana. Pero, siguiendo la lógica de la evolución darwiniana, aducían que se debía dejar que la selección natural erradicara a los individuos inadaptados y dejara sobrevivir y reproducirse únicamente a los más adaptados. Al socorrer a los débiles, el liberalismo y el comunismo no solo permitían que los individuos inadaptados sobrevivieran, sino que les daban la oportunidad de reproducirse, con lo que socavaban la selección natural. En un mundo así, los humanos más aptos se ahogarían inevitablemente en un mar de degenerados e inadaptados. Y la humanidad se tornaría cada vez menos adaptada con cada generación que pasara, lo cual podría conducir a su extinción (véase la figura 21).

Un manual de biología alemán de 1942 explica en el capítulo «Las leyes de la naturaleza y la humanidad» que la ley suprema de la naturaleza es que todos los seres se hallan enzarzados en una lucha sin cuartel por la supervivencia. Después de describir de qué manera las plantas luchan por el terreno, cómo los escarabajos luchan por conseguir pareja, y así sucesivamente, el manual concluye que:

FIGURA 20. Un cartel de propaganda nazi que muestra a la derecha un «ario racialmente puro» y a la izquierda una persona de «raza mezclada». La admiración de los nazis por el cuerpo humano es evidente, como lo es su temor a que las razas inferiores pudieran contaminar a la humanidad y causar su degeneración.

La lucha por la existencia es dura e inexorable, pero es la única manera de mantener la vida. Esta lucha elimina todo lo que es inadecuado para la vida, y selecciona todo lo que es capaz de sobrevivir. [...] Estas leyes naturales son incontrovertibles; los seres vivos las demuestran por su misma supervivencia. Son inexorables. Los que se resistan a ellas serán eliminados. La biología no solo nos cuenta acerca de los animales y las plantas, sino que también nos demuestra las leyes que hemos de seguir en nuestra vida, y fortalece nuestra voluntad de vivir y luchar según dichas leyes. El significado de la vida es la lucha. ¡Ay de quien peque contra estas leyes!

Después sigue una cita de *Mein Kampf*: «La persona que intenta combatir la lógica de hierro de la naturaleza lucha de esta manera contra los principios a los que debe agradecer su vida como ser humano. Luchar contra la naturaleza es provocar la propia destrucción».[3]

261

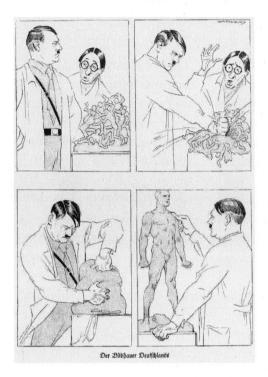

Der Bildhauer Deutschlands

FIGURA 21. Caricatura nazi de 1933, en la que se presenta a Hitler como un escultor que crea al superhombre, mientras un intelectual liberal con gafas queda consternado por la violencia necesaria para crear al superhombre. (Adviértase asimismo la exaltación erótica del cuerpo humano.)

En los albores del tercer milenio, el futuro del humanismo evolutivo no está claro. Durante los 60 años siguientes al final de la guerra contra Hitler era tabú relacionar el humanismo con la evolución y defender el uso de métodos biológicos para «mejorar» a *Homo sapiens*. Pero en la actualidad tales proyectos vuelven a estar de moda. Nadie habla de exterminar razas o pueblos inferiores, pero muchos contemplan la posibilidad de usar nuestros crecientes conocimientos en biología humana para crear superhumanos.

Al mismo tiempo se abre una brecha enorme entre los dogmas del humanismo liberal y los últimos hallazgos de las ciencias de la vida, un abismo que no podemos seguir ignorando durante más tiempo. Nuestros sistemas políticos y judiciales liberales se basan en la creencia de que cada individuo posee una naturaleza interior sagrada, indivisible e inmutable, que confiere significado al mundo, y que es el origen de toda autoridad ética y política. Esto es una reencarnación de la creencia cristiana tradicional del alma libre y eterna que reside en cada individuo, a pesar de que a lo largo de los últimos 200 años las ciencias de la vida han socavado completamente dicha creencia. Los científicos que estudian los mecanismos internos del organismo humano no han encontrado el alma de la que se habla. Argumentan cada vez más que el comportamiento humano está determinado por hormonas, genes y sinapsis, y no por el libre albedrío; las mismas fuerzas que determinan el comportamiento de los chimpancés, los lobos y las hormigas. Nuestros sistemas judiciales y políticos intentan barrer en gran medida estos descubrimientos inconvenientes bajo la alfombra. Pero, con toda franqueza, ¿cuánto tiempo más podremos mantener el muro que separa el departamento de biología de los departamentos de derecho y ciencia política?

13

El secreto del éxito

El comercio, los imperios y las religiones universales acabaron por situar prácticamente a todos los sapiens de todos los continentes en el mundo global en el que vivimos en la actualidad. Este proceso de expansión y unificación no fue lineal y no careció de interrupciones. Pero si consideramos el panorama general, la transición desde muchas culturas pequeñas a unas pocas culturas grandes y, finalmente, a una única sociedad global ha sido probablemente un resultado inevitable de la dinámica de la historia humana.

Pero decir que una sociedad global es inevitable no es lo mismo que decir que el resultado final tenía que ser el tipo concreto de sociedad global que ahora tenemos. Podemos imaginar, ciertamente, otros resultados. ¿Por qué está el inglés tan extendido en la actualidad, y no el danés? ¿Por qué hay alrededor de 2.000 millones de cristianos y 1.250 millones de musulmanes pero solo 150.000 zoroastristas y ningún maniqueo? Si pudiéramos remontarnos en el tiempo hasta 10.000 años en el pasado y poner de nuevo en marcha el proceso, una y otra vez, ¿veríamos siempre el auge del monoteísmo y la decadencia del dualismo?

Como es imposible hacer un experimento de este tipo, en realidad no lo sabemos. Sin embargo, el análisis de dos características cruciales de la historia nos puede proporcionar algunas pistas.

1. La falacia de la retrospectiva

Cada punto de la historia es una encrucijada. Un único camino trillado conduce del pasado al presente, pero hay una miríada de sendas que se bifurcan hacia el futuro, algunas de las cuales son más anchas, más regulares y están mejor marcadas, y es más probable que sean las que se tomen, pero a veces la historia (o la gente que hace la historia) da giros inesperados.

A principios del siglo IV d.C., el Imperio romano se enfrentaba a un amplio horizonte de posibilidades religiosas. Podía haber perseverado en su politeísmo tradicional y abigarrado, pero el emperador Constantino, considerando los avatares del siglo anterior y poco amigo de las guerras civiles, pensó que una única religión con una doctrina clara podía ayudar a unificar su reino étnicamente diverso. Pudo haber elegido cualquiera de los diversos cultos existentes para convertirse en la fe nacional: el maniqueísmo, el mitraísmo, los cultos de Isis y Cibeles, el zoroastrismo, el judaísmo e incluso el budismo eran opciones igualmente disponibles. ¿Por qué optó por Jesús? ¿Había algo en la teología cristiana que lo atrajera personalmente, o quizá un aspecto de la fe que le hiciera pensar que sería más fácil utilizarlo para sus fines? ¿Acaso había tenido una experiencia religiosa, o bien alguno de sus consejeros sugirió que los cristianos ganaban adeptos con rapidez y que sería mejor subirse a ese carro? Los historiadores pueden especular, pero no proporcionar una respuesta definitiva. Pueden describir cómo el cristianismo se apoderó del Imperio romano, pero no pueden explicar por qué cristalizó esa posibilidad concreta.

¿Cuál es la diferencia entre describir el «cómo» y explicar el «porqué»? Describir el «cómo» significa reconstruir la serie de acontecimientos específicos que llevaron de un punto a otro. Explicar el «porqué» significa encontrar relaciones causales que expliquen la aparición de esta serie particular de acontecimientos frente a la exclusión de todos los demás.

Algunos estudiosos proporcionan, de hecho, explicaciones deterministas de acontecimientos como el auge del cristianismo. Intentan reducir la historia humana a los mecanismos de fuerzas biológicas, ecológicas o económicas. Aducen que hubo algo en la geografía, la genética o la economía del Mediterráneo romano que hizo inevitable el surgimiento de una religión monoteísta. Pero la mayoría de los historiadores tienden a mostrarse escépticos con estas teorías deterministas. Este es uno de los rasgos distintivos de la historia en tanto disciplina académica: cuanto mejor se conoce un período histórico particular, más difícil resulta explicar por qué los acontecimientos ocurrieron de una determinada manera y no de otra. Los que solo tienen un conocimiento superficial de un período concreto tienden a centrarse solo en la posibilidad que finalmente fue la que se materializó. Ofrecen una historia a su gusto para explicar en retrospectiva por qué aquel resultado era inevitable. Los que están mucho más informados acerca del período en cuestión conocen mucho mejor las sendas no tomadas.

En realidad, la gente que mejor conocía el período (los que vivían en aquella época) son los que menos pistas han aportado. Para el romano medio en tiempos de Constantino, el futuro era una incógnita. Una regla básica de la historia es que lo que en retrospectiva parece inevitable no lo era en absoluto en la época. Hoy en día, la situación no es distinta. ¿Hemos salido ya de la crisis económica global, o lo peor está aún por llegar? ¿Continuará China creciendo hasta convertirse en la principal superpotencia? ¿Perderá Estados Unidos su hegemonía? ¿Es el repunte del fundamentalismo monoteísta la oleada del futuro o un torbellino local de poca importancia a largo plazo? ¿Nos estamos encaminando hacia el desastre ecológico o hacia el paraíso tecnológico? Pueden ofrecerse buenos razonamientos a favor de todos estos resultados, pero no tenemos manera de saberlo con seguridad. Dentro de unas décadas, la gente mirará hacia atrás y pensará que las respuestas a todas estas preguntas eran evidentes.

Es importante subrayar que posibilidades que a los contemporáneos les parecían muy improbables a menudo son las que se materializan. Cuando Constantino subió al trono en el año 306, el cristianismo era poco más que una secta esotérica oriental. Si alguien hubiera sugerido entonces que estaba a punto de convertirse en la religión del Estado romano, le hubieran expulsado de la sala entre risas, de la misma manera que ocurriría hoy si alguien sugiriera que en el año 2050 Hare Krishna será la religión oficial de Estados Unidos. En octubre de 1913, los bolcheviques eran una pequeña facción radical rusa. Ninguna persona razonable hubiera predicho que en solo cuatro años se habrían apoderado del país. En el 600 d.C., la idea de que un grupo de árabes que vivían en el desierto conquistarían pronto una extensión de tierras que iba desde el océano Atlántico hasta la India era incluso más ridícula. De hecho, si el ejército bizantino hubiera podido rechazar la primera embestida, probablemente el islam habría seguido siendo un culto oscuro cuya existencia solo conocían unos pocos iniciados. Entonces a los eruditos les habría resultado fácil explicar por qué una fe basada en una revelación a un mercader de edad madura de La Meca nunca habría podido prosperar.

No es que todo sea posible. Las fuerzas geográficas, biológicas y económicas crean limitaciones, pero estas dejan un amplio margen de maniobra para acontecimientos sorprendentes, que no parecen estar restringidos por ninguna ley determinista.

Esta conclusión no es del agrado de muchas personas, que prefieren que la historia sea determinista. El determinismo es atractivo porque implica que nuestro mundo y nuestras creencias son un producto natural e inevitable de la historia. De ahí que sea natural e inevitable que vivamos en estados-nación, que organicemos nuestra economía según principios capitalistas, y que creamos fervientemente en los derechos humanos. Reconocer que la historia no es determinista es reconocer que es solo una coincidencia que la mayoría de la gente crea hoy en el nacionalismo, el capitalismo y los derechos humanos.

La historia no se puede explicar de forma determinista y no se puede predecir porque es caótica. Hay tantas fuerzas en juego y sus interacciones son tan complejas que variaciones extremadamente pequeñas en la intensidad de las fuerzas y en la manera en que interactúan producen grandes diferencias en los resultados. Y no solo eso, sino que la historia es lo que se denomina un sistema caótico de «nivel dos». Los sistemas caóticos son de dos formas. El caos de nivel uno es caos que no reacciona a las predicciones sobre él. El tiempo meteorológico, por ejemplo, es un sistema caótico de nivel uno. Aunque está influido por muchísimos factores, podemos construir modelos informáticos que tomen cada vez más dichos factores en consideración, y que produzcan pronósticos meteorológicos cada vez mejores.

El caos de nivel dos es un caos que reacciona a las predicciones sobre él, y por lo tanto nunca se puede predecir de forma exacta. Los mercados, por ejemplo, son un sistema caótico de nivel dos. ¿Qué ocurrirá si desarrollamos un programa informático que prediga con un 100 por ciento de precisión el precio del petróleo mañana? El precio del petróleo reaccionará inmediatamente a la previsión, que en consecuencia no se materializará. Si el precio actual del petróleo es de 90 dólares el barril, y el programa informático infalible predice que mañana será de 100 dólares, los especuladores se apresurarán a comprar petróleo para beneficiarse del aumento de precios pronosticado. Como resultado, el precio se disparará hasta los 100 dólares hoy, y no mañana. ¿Y qué ocurrirá mañana? Nadie lo sabe.

También la política es un sistema caótico de segundo orden. Muchas personas critican a los sovietólogos porque no consiguieron predecir las revoluciones de 1989 y critican severamente a los expertos en Oriente Próximo por no anticipar las revoluciones de la Primavera Árabe de 2011. Esto es injusto. Las revoluciones son, por definición, impredecibles. Una revolución predecible no se produce nunca.

¿Por qué no? Imagine el lector que estamos en 2010 y que algunos científicos políticos geniales confabulados con un mago de la informática han desarrollado un algoritmo infalible que, incorporado a una interfaz atractiva, puede comercializarse como predictor de revoluciones. Ofrecen sus servicios al presidente Hosni Mubarak de Egipto y, a cambio de una generosa cantidad pagada al contado, le dicen a Mubarak que, según sus predicciones, es seguro que en Egipto estallará una revolución durante el año siguiente. ¿Cómo reaccionaría Mubarak? Lo más probable es que inmediatamente redujera los impuestos, distribuyera miles de millones de dólares a fondo perdido a la ciudadanía (y que reforzara su policía secreta, por si acaso). Las medidas preventivas funcionan. El nuevo año llega y se va y, ¡oh!, sorpresa, no hay revolución. Mubarak exige que se le devuelva el dinero. «¡Vuestro algoritmo es inservible! —les grita a los científicos—. Podría haber construido otro palacio en lugar de repartir todo el dinero!» «Pero la razón por la que la revolución no ha ocurrido es porque la predijimos», dicen los científicos en su defensa. «¿Profetas que predicen cosas que no suceden? —responde Mubarak mientras hace indicaciones a sus guardias para que los detengan—. Podría haber conseguido una decena de ellos por casi nada en el mercado de El Cairo.»

Y, ya puestos, ¿por qué estudiar historia? A diferencia de la física o de la economía, la historia no es un medio para hacer predicciones exactas. Estudiamos historia no para conocer el futuro, sino para ampliar nuestros horizontes, para comprender que nuestra situación actual no es natural ni inevitable y que, en consecuencia, tenemos ante nosotros muchas más posibilidades de las que imaginamos. Por ejemplo, estudiar de qué manera los europeos llegaron a dominar a los africanos nos permite darnos cuenta de que no hay nada natural o inevitable acerca de la jerarquía racial, y que el mundo bien pudiera estar organizado de manera diferente.

2. CLÍO CIEGA

No podemos explicar las opciones que la historia hace, pero podemos decir algo muy importante sobre ellas: las opciones de la historia no se hacen para beneficio de los humanos. No hay ninguna prueba en absoluto de que el bienestar humano mejore de manera inevitable a medida que la historia se desarrolla. No hay ninguna prueba de que las culturas que son beneficiosas para los humanos tengan que triunfar y expandirse de manera inexorable, mientras que desaparecen las culturas menos beneficiosas. No hay prueba alguna de que el cristianismo fuera una mejor opción que el maniqueísmo, o que el Imperio árabe fuera más provechoso que el de los persas sasánidas.

No hay pruebas de que la historia actúe en beneficio de los humanos porque carecemos de una escala objetiva en la que medir dicho beneficio. Diferentes culturas definen de manera distinta el bien, y no tenemos una vara de medir definitiva para juzgar entre ellas. Los vencedores, desde luego, creen siempre que su definición es la correcta. No obstante, ¿por qué habríamos de creer a los vencedores? Los cristianos creen que la victoria del cristianismo sobre el maniqueísmo fue beneficiosa para la humanidad, pero si no aceptamos el punto de vista cristiano no hay ninguna razón para estar de acuerdo con ellos. Los musulmanes creen que la caída del Imperio sasánida en manos musulmanas fue beneficiosa para la humanidad. Pero estos beneficios solo son evidentes si aceptamos la visión del mundo que tienen los musulmanes. Bien pudiera ser que todos estuviéramos mucho mejor si el cristianismo y el islamismo hubieran caído en el olvido o hubiesen sido derrotados.

Hay muchos estudiosos que consideran que las culturas son una especie de infección o parásito mental, y que los humanos son su anfitrión inconsciente. Los parásitos orgánicos, como los virus, viven dentro del cuerpo de sus anfitriones. Se multiplican y pasan de un anfitrión a otro, alimentándose de sus anfitriones, debilitándolos y a veces incluso matándolos. Mientras los anfitriones vivan el tiempo suficiente para transmitir al parásito, a este le importa poco la condición de su anfitrión. De la misma manera, las ideas culturales viven dentro de la mente de los humanos. Se multiplican y se extienden de un anfitrión a otro, y en ocasiones debilitan al anfitrión e incluso lo matan. Una idea cultural (como la creencia en el cielo cristiano por encima de las nubes del paraíso comunista aquí en la Tierra) puede impulsar a un humano a dedicar su vida a extender dicha idea, incluso al precio de la muerte. El humano muere, pero la idea se extiende. Según esta aproximación, las culturas no son conspiraciones urdidas por algunas personas con el fin de sacar partido de otras (como los marxistas propenden a creer). Más bien, las culturas son parásitos mentales que surgen accidentalmente, y a continuación se aprovechan de todas las personas a las que han infectado.

Esta aproximación se denomina memética. Supone que, de la misma manera que la evolución orgánica se basa en la replicación de unidades de información orgánica denominadas genes, la evolución cultural se basa en la replicación de unidades de información cultural llamadas «memes».[1] Las culturas que tienen éxito son las que sobresalen en la reproducción de sus memes, con independencia de los costes y beneficios para sus anfitriones humanos.

La mayoría de los estudiosos de las humanidades desdeñan la memética, en la que ven un intento superficial de explicar los procesos culturales con analogías biológicas toscas. Pero la mayoría de estos mismos estudiosos son partidarios del hermano gemelo de la memética: el posmodernismo. Los pensadores posmodernistas hablan de discursos y no de memes como componentes esenciales de la cultura. Aunque también ellos consideran que las culturas se propagan con poca consideración para el beneficio de la humanidad. Por ejemplo, los pensadores posmodernistas describen el nacionalismo como una peste letal que se extendió por el mundo en los siglos XIX y XX, causando guerras, opresión, odio y genocidio. En el momento en que las gentes de un país eran infectadas por dicha peste, las de los países vecinos tenían también muchas probabilidades de contagiarse del virus. El virus nacionalista se presentaba como beneficioso para los humanos, pero sobre todo ha sido beneficioso para sí.

Argumentos similares son comunes en las ciencias sociales bajo los auspicios de la teoría de juegos. La teoría de juegos explica cómo, en sistemas con múltiples jugadores, las consideraciones y las pautas de comportamiento que dañan a todos los jugadores consiguen no obstante arraigar y extenderse. Las carreras armamentistas son un buen ejemplo de ello. Muchas carreras armamentistas llevan a la bancarrota a los que participan en ellas, sin que realmente cambien el equilibrio militar del poder. Cuando Pakistán adquiere aviones militares avanzados, la India responde de la misma manera. Cuando la India desarrolla bombas nucleares, Pakistán la sigue. Cuando Pakistán aumenta su marina de guerra, la India hace lo mismo. Al final del proceso, el equilibrio de poder puede quedar en buena medida tal como era, pero mientras tanto, miles de millones de dólares que podrían haberse invertido en educación o salud se han gastado en armas. Pero es difícil resistirse a la dinámica de la carrera armamentista. La «carrera armamentista» es un patrón de comportamiento que se extiende como un virus de un país a otro, dañando a todos, pero beneficiándose a sí mismo, según los criterios evolutivos de supervivencia y reproducción. (Téngase en cuenta que una carrera armamentista, al igual que un gen, no tiene conciencia: no busca conscientemente sobrevivir y reproducirse. Su proliferación es el resultado no pretendido de una dinámica poderosa.)

No importa cómo la llamemos, teoría de juegos, posmodernismo o memética, la dinámica de la historia no se dirige a mejorar el bienestar humano. No hay base alguna para pensar que las culturas que más éxito han tenido en la historia son necesariamente las mejores para *Homo sapiens*. Al igual que la evolución, la historia hace caso omiso de la felicidad de los organismos individuales. Y los individuos humanos, por su parte, suelen ser demasiado ignorantes y débiles para influir sobre el curso de la historia para su propio beneficio.

La historia avanza desde una encrucijada a la siguiente, y elige, por alguna razón misteriosa, seguir primero esta senda, y después otra. Hacia 1500 d.C., la historia hizo su elección más trascendental, que cambió no solo el destino de la humanidad, sino sin ningún género de duda el destino de toda la vida en la Tierra. La llamamos revolución científica. Empezó en Europa occidental, una gran península en el extremo occidental de Afroasia, que hasta entonces no había desempeñado ningún papel importante en la historia. De todos los lugares posibles, ¿por qué la revolución científica se inició allí y no en China o la India? ¿Por qué empezó en plena mitad del segundo milenio d.C. y no dos siglos antes o tres siglos después? No lo sabemos. Los expertos han propuesto decenas de teorías, pero ninguna de ellas es particularmente convincente.

La historia tiene un horizonte muy amplio de posibilidades, la mayoría de las cuales no se realizan nunca. Es concebible imaginar que la historia avanzara generación tras generación y pasara por alto la revolución científica, de la misma manera que es concebible imaginar la historia sin el cristianismo, sin el Imperio romano y sin monedas de oro.

Parte IV

La revolución científica

FIGURA 22. Alamogordo: 16 de julio de 1945, 5.29.53 de la madrugada. Ocho segundos después de que la primera bomba atómica fuera detonada. Al ver la explosión, el físico nuclear Robert Oppenheimer citó el *Bhagavad Gita*: «Ahora me he convertido en la Muerte, la destructora de mundos».

14

El descubrimiento de la ignorancia

Imaginemos que un campesino español se hubiera quedado dormido el año 1000 d.C. y se hubiera despertado 500 años después debido al estrépito producido por los marineros de Colón cuando subían a bordo de la *Niña*, la *Pinta* y la *Santa María*. El mundo en el que se habría despertado le hubiera parecido bastante familiar. A pesar de muchos cambios en tecnología, costumbres y fronteras políticas, este Rip van Winkle medieval se habría sentido como en casa. Pero si uno de los marineros de Colón hubiera caído en un sopor similar y se hubiera despertado al sentir la señal de llamada de un iPhone del siglo XXI, se habría sentido en un mundo extraño más allá de toda comprensión. «¿Acaso esto es el cielo? —podría haberse preguntado—. ¿O quizá el infierno?»

Los últimos 500 años han sido testigos de un crecimiento vertiginoso y sin precedentes del poder humano. En el año 1500, había unos 500 millones de *Homo sapiens* en todo el mundo. En la actualidad, hay 7.000 millones.[1] Se estima que el valor total en bienes y servicios producidos por la humanidad en el año 1500 fue de 250.000 millones de dólares de hoy día.[2] En la actualidad, el valor de un año de producción humana se acerca a los 60 billones de dólares.[3] En 1500, la humanidad consumía unos 13 billones de calorías de energía al día. En la actualidad, consumimos 1.500 billones de calorías diarias.[4] (Considere el lector de nuevo estas cifras: la población humana se ha multiplicado por 14, la producción por 240 y el consumo de energía por 115.)

Supongamos que un único barco de guerra moderno pudiera ser transportado hasta la época de Colón. En cuestión de segundos podría convertir en astillas a la *Niña*, la *Pinta* y la *Santa María*, y después hundir las flotas de guerra de todas las grandes potencias de la época sin recibir ni un rasguño. Cinco buques de carga modernos podrían llevar a bordo el cargamento que transportaban todas las flotas mercantes de la época.[5] Un ordenador moderno podría almacenar fácilmente las palabras y los números de todos los códices y pergaminos de todas las bibliotecas medievales, y aún le sobraría espacio. Cualquier banco grande de hoy en día contiene más dinero que el de todos los reinos premodernos juntos.[6]

En 1500, pocas ciudades tenían más de 100.000 habitantes. La mayoría de los edificios estaban construidos de barro, madera y paja; un edificio de tres pisos era un rascacielos. Las calles eran pistas de tierra con surcos, polvorientas en verano y fangosas en invierno, transitadas por peatones, caballos, cabras, gallinas y unas pocas carretas. Los ruidos urbanos más comunes eran voces humanas y animales, junto con el martillo y la sierra ocasionales. A la puesta de sol, el paisaje urbano se oscurecía, con solo una bujía o antorcha ocasionales que titilaban en la penumbra. Si un habitante de una ciudad de la época pudiera ver las modernas Tokio, Nueva York o Mumbai, ¿qué pensaría?

Antes del siglo XVI, ningún humano había circunnavegado la Tierra. Esto cambió en 1522, cuando la expedición de Magallanes regresó a España después de un viaje de 72.000 kilómetros. Les había llevado tres años y había costado la vida de casi todos los miembros de la expedición, incluido Magallanes. En 1873, Jules Verne pudo imaginar que Phileas Fogg, un rico aventurero inglés, podía dar la vuelta al mundo en 80 días. Hoy en día, cualquier persona con ingresos de clase media puede circunnavegar la Tierra de manera segura y fácil en solo cuarenta y ocho horas.

En 1500, los humanos estaban confinados a la superficie de la Tierra. Podían construir torres y escalar montañas, pero el cielo estaba reservado a las aves, los ángeles y las deidades. El 20 de julio de 1969, los humanos llegaron a la Luna. Esto no fue solo un acontecimiento histórico, sino una hazaña evolutiva e incluso cósmica. Durante los cuatro millones de años de evolución previos, ningún organismo consiguió siquiera abandonar la atmósfera de la Tierra, y ciertamente ninguno dejó la huella de un pie o de un tentáculo sobre la Luna.

Durante la mayor parte de la historia, los humanos no supieron nada del 99,99 por ciento de los organismos del planeta, a saber, los microorganismos. Y esto no era porque no fueran motivo de preocupación por nuestra parte. Cada uno de nosotros porta en su interior miles de millones de organismos unicelulares, y no solo como polizones. Son nuestros mejores amigos y nuestros enemigos más mortíferos. Algunos digieren nuestra comida y limpian nuestro tubo digestivo, mientras que otros causan enfermedades y epidemias. Pero no fue hasta 1674 que un ojo humano vio por primera vez un microorganismo, cuando Anton van Leeuwenhoek echó una ojeada a través del microscopio casero que él mismo había fabricado y se sorprendió al ver un mundo entero de seres minúsculos que se movían dentro de una gota de agua. Durante los 300 años siguientes, los humanos han conocido un número enorme de especies microscópicas. Hemos conseguido derrotar la mayoría de las enfermedades contagiosas más letales que causan, y hemos domeñado a los microorganismos y los hemos puesto al servicio de la medicina y la industria. Hoy en día modificamos bacterias para que produzcan medicamentos, fabriquen biocombustibles y maten parásitos.

Pero el momento único, más notable y definitorio de los últimos 500 años llegó a las 5.29.45 de la mañana del 16 de julio de 1945. En aquel preciso segundo, científicos estadounidenses detonaron la primera bomba atómica en Alamogordo, Nuevo México. A partir de aquel momento, la humanidad tuvo la capacidad no solo de cambiar el rumbo de la historia, sino de ponerle fin.

El proceso histórico que condujo a Alamogordo y a la Luna se conoce como revolución científica. Durante dicha revolución la humanidad ha obtenido nuevos y enormes poderes al invertir recursos en la investigación científica. Se trata de una revolución porque, hasta aproximadamente 1500 d.C., los humanos en todo el mundo dudaban de su capacidad para obtener nuevos poderes médicos, militares y económicos. Mientras que el gobierno y los mecenas ricos destinaban fondos para la educación y el estudio, el objetivo era, en general, conservar las capacidades existentes y no tanto adquirir otras nuevas. El típico gobernante premoderno daba dinero a los sacerdotes, los filósofos y los poetas con la esperanza de que legitimaran su gobierno y mantuvieran el orden social. No esperaba que descubrieran nuevos medicamentos, inventaran nuevas armas o estimularan el crecimiento económico.

Poder   Recursos

Investigación

El bucle de retroalimentación de la revolución científica. La ciencia necesita algo más que simplemente la investigación para producir progreso. Depende del refuerzo mutuo de la ciencia, la política y la economía. Las instituciones políticas y económicas proporcionan los recursos, sin los cuales la investigación científica sería casi imposible. A cambio, la investigación científica proporciona nuevos poderes que son usados, entre otras cosas, para obtener nuevos recursos, algunos de los cuales se reinvierten en investigación.

Durante los últimos cinco siglos, los humanos han creído cada vez más que podían aumentar sus capacidades si invertían en investigación científica. Esto no era solo cuestión de fe ciega: se había demostrado repetidamente de manera empírica. Cuantas más pruebas había, más dispuestas estaban las personas ricas y los gobiernos a invertir en ciencia. No hubiéramos podido nunca pasear sobre la Luna, modificar microorganismos y dividir el átomo sin estas inversiones. El gobierno de Estados Unidos, por ejemplo, ha destinado en las últimas décadas miles de millones de dólares al estudio de la física nuclear. El conocimiento que estas investigaciones han producido ha hecho posible la construcción de plantas de energía nuclear, que proporcionan electricidad barata a las industrias estadounidenses, que pagan impuestos al gobierno de Estados Unidos, que emplea algunos de dichos impuestos para financiar más investigaciones en física nuclear.

¿Por qué los humanos modernos desarrollaron una creencia creciente en su capacidad para obtener nuevos poderes mediante la investigación? ¿Qué fraguó la relación entre ciencia, política y economía? Este capítulo considera la naturaleza única de la ciencia moderna con el fin de proporcionar parte de la respuesta. En los dos capítulos siguientes se examinarán la formación de la alianza entre la ciencia, los imperios europeos y la economía del capitalismo.

IGNORAMUS

Los humanos han buscado comprender el universo al menos desde la revolución cognitiva. Nuestros antepasados invirtieron una gran cantidad de tiempo y esfuerzo en intentar descubrir las reglas que rigen el mundo natural. Pero la ciencia moderna difiere de todas las tradiciones previas de conocimiento en tres puntos fundamentales:

a. *La disposición a admitir ignorancia.* La ciencia moderna se basa en el precepto latino *ignoramus*: «no lo sabemos». Da por sentado que no lo sabemos todo. E incluso de manera más crítica, acepta que puede demostrarse que las cosas que pensamos que sabemos son erróneas a medida que obtenemos más conocimiento. Ningún concepto, idea o teoría son sagrados ni se hallan libres de ser puestos en entredicho.

b. *La centralidad de la observación y de las matemáticas.* Después de haber admitido ignorancia, la ciencia moderna pretende obtener nuevos conocimientos. Esto lo hace reuniendo observaciones y después empleando herramientas matemáticas para conectar dichas observaciones en teorías generales.

c. *La adquisición de nuevos poderes.* La ciencia moderna no se contenta con crear teorías. Usa dichas teorías con el fin de adquirir nuevos poderes, y en particular para desarrollar nuevas tecnologías.

La revolución científica no ha sido una revolución del conocimiento. Ha sido, sobre todo, una revolución de la ignorancia. El gran descubrimiento que puso en marcha la revolución científica fue el descubrimiento que los humanos no saben todas las respuestas a sus preguntas más importantes.

Las tradiciones premodernas del conocimiento, como el islamismo, el cristianismo, el budismo y el confucianismo, afirmaban que todo lo que era importante saber acerca del mundo ya era conocido. Los grandes dioses, o el único Dios todopoderoso, o los sabios del pasado, poseían la sabiduría que lo abarca todo, que nos revelaban en escrituras y tradiciones orales. Los mortales comunes y corrientes obtenían el saber al profundizar en estos textos y tradiciones antiguos y comprenderlos adecuadamente. Era inconcebible que la Biblia, el Corán o los Vedas fallaran en un secreto crucial del universo, y que este pudiera ser descubierto por criaturas de carne y hueso.

Las antiguas tradiciones del conocimiento solo admitían dos tipos de ignorancia. Primero, un individuo podía ignorar algo importante. Para obtener el conocimiento necesario, todo lo que tenía que hacer era preguntar a alguien más sabio. No había ninguna necesidad de descubrir algo que nadie sabía todavía. Por ejemplo, si un campesino de alguna aldea de la Castilla del siglo XIII quería saber cómo se originó la raza humana, suponía que la tradición cristiana poseía la respuesta definitiva. Todo lo que tenía que hacer era preguntarle al sacerdote local.

Segundo, toda una tradición podía ser ignorante de cosas sin importancia. Por definición, todo lo que los grandes dioses o los sabios del pasado no se preocuparon de decirnos carecía de importancia. Por ejemplo, si nuestro campesino castellano quería saber de qué manera las arañas tejen sus telarañas, no tenía sentido preguntarlo al sacerdote, porque no había ninguna respuesta a esta pregunta en ninguna de las Escrituras cristianas. Esto no significaba, sin embargo, que el cristianismo fuera deficiente. Significaba más bien que comprender de qué manera las arañas tejen sus telarañas no era importante. Después de todo, Dios sabía perfectamente bien la manera en que las arañas lo hacen. Si esta fuera una información vital, necesaria para la prosperidad y la salvación humanas, Dios hubiera incluido una amplia explicación en la Biblia.

El cristianismo no prohibía que la gente estudiara las arañas. Pero los estudiosos de las arañas (si acaso había alguno en la Europa medieval) tenían que aceptar su papel periférico en la sociedad y la irrelevancia de sus hallazgos para las verdades eternas del cristianismo. Con independencia de lo que un estudioso pudiera descubrir acerca de las arañas, o las mariposas, o los pinzones de las Galápagos, este conocimiento era trivial, sin relación con las verdades fundamentales de la sociedad, la política y la economía.

En realidad, las cosas no eran nunca tan sencillas. En cualquier época, incluso las más piadosas y conservadoras, hubo personas que argumentaron que había cosas importantes que toda su tradición ignoraba. Pero estas personas solían ser marginadas o perseguidas, o bien fundaron una nueva tradición y empezaron a afirmar que ellos sabían todo lo que hay que saber. Por ejemplo, el profeta Mahoma inició su carrera religiosa condenando a sus conciudadanos árabes por vivir en la ignorancia de la divina verdad. Pero el propio Mahoma muy pronto empezó a decir que él conocía toda la verdad, y sus seguidores empezaron a llamarle «el sello de los profetas». A partir de ahí, no había necesidad de revelaciones más allá de las que se habían dado a Mahoma.

La ciencia moderna es una tradición única de conocimiento, por cuanto admite abiertamente ignorancia colectiva en relación con las cuestiones más importantes. Darwin no dijo nunca que fuera «El sello de los biólogos», ni que resolviera el enigma de la vida de una vez por todas. Después de siglos de extensa investigación científica, los biólogos admiten que todavía no tienen una buena explicación para la manera en que el cerebro produce la conciencia. Los físicos admiten que no saben qué causó el big bang, o cómo reconciliar la mecánica cuántica con la teoría de la relatividad general.

En otros casos, teorías científicas en competencia son debatidas ruidosamente sobre la base de nuevas pruebas que aparecen constantemente. Un ejemplo básico son los debates acerca de cómo gestionar mejor la economía. Aunque individualmente los economistas pueden afirmar que su método es el mejor, la ortodoxia cambia con cada crisis financiera y con cada burbuja del mercado de valores, y se acepta de manera general que todavía tiene que decirse la última palabra en economía.

En otros casos, las teorías concretas son respaldadas de manera tan consistente por las pruebas de que se dispone que hace tiempo ya que todas las alternativas han sido descartadas. Dichas teorías se aceptan como ciertas, pero todo el mundo está de acuerdo en que, si aparecieran nuevas pruebas que contradijeran la teoría, esta tendría que revisarse o desestimarse. Un ejemplo de ello son las teorías de la tectónica de placas y de la evolución.

La buena disposición a admitir ignorancia ha hecho que la ciencia moderna sea más dinámica, adaptable e inquisitiva que cualquier otra tradición previa de conocimiento. Esto ha expandido enormemente nuestra capacidad de comprender cómo funciona el mundo y nuestra capacidad de inventar nuevas tecnologías. Sin embargo, nos plantea un problema serio, con el que la mayoría de nuestros antepasados no tuvieron que enfrentarse. Nuestra hipótesis actual de que no lo sabemos todo y que incluso el conocimiento que poseemos es provisorio, se extiende a los mitos compartidos que permiten que millones de extraños cooperen de manera efectiva. Si las pruebas demuestran que muchos de estos mitos son dudosos, ¿cómo podremos mantener a la sociedad unida? ¿Cómo podrán funcionar nuestras comunidades, nuestros países y el sistema internacional?

Todos los intentos modernos de estabilizar el orden sociopolítico no han tenido otra elección que basarse en uno de estos dos métodos no científicos.

a. Tomar una teoría científica y, en oposición a las prácticas científicas comunes, *declarar que se trata de una verdad final y absoluta.* Este fue el método empleado por los nazis (que afirmaban que sus políticas raciales eran los corolarios de hechos biológicos) y los comunistas (que afirmaban que Marx y Lenin habían conjeturado verdades económicas absolutas que nunca podrían ser refutadas).

b. Dejar fuera la ciencia y vivir según *una verdad absoluta no científica.* Esta ha sido la estrategia del humanismo liberal, que se basa en una creencia dogmática en el valor y los derechos únicos de los seres humanos, una doctrina que tiene embarazosamente muy poco en común con el estudio científico de *Homo sapiens.*

Pero esto no tendría que sorprendernos. Incluso la propia ciencia ha de basarse en creencias religiosas e ideológicas para justificar y financiar su investigación.

No obstante, la cultura moderna se ha mostrado dispuesta a aceptar la ignorancia en mucha mayor medida de lo que lo ha hecho ninguna cultura anterior. Una de las cosas que ha hecho posible que los órdenes sociales modernos se mantuvieran unidos es la expansión de una creencia casi religiosa en la tecnología y en los métodos de la investigación científica, que hasta cierto punto han sustituido a la creencia en verdades absolutas.

EL DOGMA CIENTÍFICO

La ciencia moderna no tiene dogma. Pero posee un núcleo común de métodos de investigación, todos los cuales se basan en recopilar observaciones empíricas (las que podemos observar con al menos uno de nuestros sentidos) y ponerlas juntas con ayuda de herramientas matemáticas.

A lo largo de la historia, la gente recopiló observaciones empíricas, pero por lo general la importancia de las mismas era limitada. ¿Por qué malgastar recursos preciosos para obtener nuevas observaciones cuando ya tenemos todas las respuestas que necesitamos? Pero cuando los individuos modernos admitieron que no sabían las respuestas a algunas preguntas muy importantes, vieron necesario buscar un saber completamente nuevo. En consecuencia, el método moderno de investigación científica dominante da por sentada la insuficiencia del conocimiento antiguo. En lugar de estudiar antiguas tradiciones, ahora se pone el énfasis en nuevas observaciones y experimentos. Cuando la observación actual choca frontalmente con la tradición pasada, damos prioridad a la observación. Desde luego, los físicos que analizan los espectros de galaxias distantes, los arqueólogos que analizan los hallazgos de una ciudad de la Edad del Bronce y los politólogos que estudian la aparición del capitalismo no desdeñan la tradición. Empiezan estudiando qué es lo que han dicho y escrito los sabios del pasado. Pero desde su primer año en la facultad, a los aspirantes a físicos, arqueólogos y politólogos se les enseña que su misión es ir más allá de lo que Albert Einstein, Heinrich Schliemann y Max Weber llegaron a conocer.

Sin embargo, las meras observaciones no son conocimiento. Con el fin de comprender el universo necesitamos conectar observaciones en teorías generales. Las tradiciones iniciales solían formular sus teorías a través de relatos. La ciencia moderna usa las matemáticas.

Hay poquísimas ecuaciones, gráficos y cálculos en la Biblia, el Corán, los Vedas o los clásicos del confucianismo. Cuando las mitologías y escrituras tradicionales planteaban leyes generales, estas se presentaban en forma de narración y no en una fórmula matemática. Así, un principio fundamental de la religión maniquea afirmaba que el mundo es un campo de batalla entre el bien y el mal. Una fuerza maligna creó la materia, mientras que una fuerza buena creó el espíritu. Los humanos están atrapados entre estas dos fuerzas, y deben escoger el bien sobre el mal. Pero el profeta Mani (o Manes) no hizo intento alguno por ofrecer una fórmula matemática que pudiera emplearse para predecir las opciones humanas al cuantificar la intensidad respectiva de estas dos fuerzas. Nunca calculó que «la fuerza que actúa sobre un hombre es igual a la aceleración de su espíritu dividida por la masa de su cuerpo».

Esto es exactamente lo que los científicos buscan conseguir. En 1687, Isaac Newton publicó *Principios matemáticos de la filosofía natural*, del que puede afirmarse que es el libro más importante de la historia moderna. Newton presentó una teoría general del movimiento y el cambio. La grandeza de la teoría de Newton era su capacidad de explicar y predecir los movimientos de todos los cuerpos en el universo, desde las manzanas que caen hasta las estrellas fugaces, usando tres leyes matemáticas muy sencillas:

(1) $\sum \vec{F} = 0$
(2) $\sum \vec{F} = m\vec{a}$
(3) $\vec{F}_{1,2} = -\vec{F}_{2,1}$

A partir de entonces, quien quisiera comprender y predecir el movimiento de una bala de cañón o de un planeta, tenía simplemente que tomar medidas de la masa, la dirección y la aceleración del objeto, y de las fuerzas que actúan sobre el mismo. Insertando dichos números en las ecuaciones de Newton, se podía predecir la posición futura del objeto. Funcionaba como por arte de magia. Solo hacia finales del siglo XIX, los científicos realizaron algunas observaciones que no encajaban con las leyes de Newton, y estas condujeron a la siguiente revolución en física: la teoría de la relatividad y la mecánica cuántica.

Newton demostró que el libro de la naturaleza está escrito en el lenguaje de las matemáticas. Algunos capítulos (la química, por ejemplo) se resumen en una ecuación bien definida; pero los estudiosos que intentaron reducir la biología, la economía y la psicología a pulcras ecuaciones newtonianas descubrieron que estos campos poseen un nivel de complejidad que hace que dicha aspiración sea fútil. Sin embargo, esto no significa que abandonaran las matemáticas. A lo largo de los últimos 200 años se desarrolló una rama de las matemáticas para tratar los aspectos más complejos de la realidad: la estadística.

En 1744, dos pastores presbiterianos de Escocia, Alexander Webster y Robert Wallace, decidieron establecer un fondo de seguro de vida que proporcionara pensiones a las viudas y huérfanos de pastores muertos. Propusieron que cada uno de sus pastores de la Iglesia aportara una pequeña porción de su salario al fondo, que invertiría el dinero. Si un pastor moría, su viuda recibiría los dividendos de los intereses del fondo. Ello le permitiría vivir confortablemente el resto de su vida. Pero para determinar cuánto tenían que pagar los pastores para que el fondo tuviera dinero suficiente para cumplir con sus obligaciones, Webster y Wallace tenían que poder predecir cuántos pastores morirían cada año, cuántas viudas y huérfanos dejarían y cuántos años sobrevivirían las viudas a sus maridos.

Tome nota el lector de lo que no hicieron los dos sacerdotes. No rezaron a Dios para que les revelara la respuesta. Tampoco buscaron una respuesta en las Sagradas Escrituras o entre las obras de los teólogos antiguos. Y tampoco se enzarzaron en una disputa teológica abstracta. Al ser escoceses, eran tipos prácticos. De modo que contactaron con un profesor de matemáticas de la Universidad de Edimburgo, Colin Maclaurin. Los tres recopilaron datos sobre la edad a la que moría la gente y los usaron para calcular cuántos pastores era probable que fallecieran en cualquier año concreto.

Su obra se basaba en varios descubrimientos recientes en los ámbitos de la estadística y las probabilidades. Uno de ellos era la ley de los grandes números, de Jakob Bernoulli. Bernoulli había codificado el principio de que, aunque podía ser difícil predecir con certeza un único acontecimiento, como la muerte de una persona concreta, era posible predecir con gran precisión el resultado promedio de muchos acontecimientos similares. Es decir, aunque Maclaurin no podía usar las matemáticas para predecir si Webster y Wallace morirían al año siguiente sí que podía, si disponía de datos suficientes, decirles a Webster y Wallace cuántos pastores presbiterianos en Escocia morirían al año siguiente, casi con total certeza. Por suerte, disponían de datos al respecto que podían usar. Las tablas de actuarios publicadas 50 años antes por Edmond Halley resultaron ser particularmente útiles. Halley había analizado los registros de 1.238 nacimientos y 1.174 muertes que obtuvo de la ciudad de Breslau, Alemania. Las tablas de Halley hicieron posible ver que, por ejemplo, una persona de 20 años de edad tiene una probabilidad entre 100 (1:100) de morir en un determinado año, pero que una persona de 50 años tiene una probabilidad de 1:39.

Después de procesar estos números, Webster y Wallace concluyeron que, por término medio, habría 930 pastores presbiterianos vivos en cualquier momento dado, y que un promedio de 27 pastores morirían cada año, y que a 18 de ellos les sobreviviría su viuda. Cinco de los que no dejarían viudas dejarían huérfanos, y dos de los que tendrían viudas que les sobrevivirían dejarían asimismo hijos vivos de matrimonios previos que todavía no habrían alcanzado los dieciséis años de edad. Calcularon además cuánto tiempo era probable que transcurriera hasta que las viudas murieran o se volvieran a casar (en ambas eventualidades, el pago de las pensiones cesaría). Estas cifras permitieron que Webster y Wallace determinaran cuánto dinero tenían que pagar los pastores que se incorporaran a su fondo para proveer a sus personas queridas. Contribuyendo con 2 libras, 12 chelines y 2 peniques al año, un pastor podía garantizar que su esposa viuda recibiera al menos 10 libras al año, una gran suma en aquella época. Si creía que esto no sería suficiente, podía escoger pagar más, hasta un máximo de 6 libras, 11 chelines y 3 peniques al año, lo que garantizaría a su viuda la cantidad todavía mejor de 25 libras al año.

Según sus cálculos, el Fondo para la Provisión para las Viudas e Hijos de los Pastores de la Iglesia de Escocia tendría, para el año 1765, un capital total de 58.348 libras esterlinas. Sus cálculos resultaron ser asombrosamente exactos. Cuando llegó aquel año, el capital del fondo se elevaba a 58.347: ¡solo una libra menos que la predicción! Esto era mejor incluso que las profecías de Habacuc, Jeremías o san Juan. Hoy en día, el fondo de Webster y Wallace, conocido simplemente como Viudas Escocesas, es una de las mayores compañías de pensiones y seguros del mundo. Con activos por un valor de 100.000 millones de libras, asegura no solo a las viudas escocesas, sino a quienquiera que esté dispuesto a comprar sus planes de pensiones.[7]

Cálculos de probabilidades como los que emplearon los dos pastores escoceses se convirtieron en los cimientos no solo de la ciencia actuarial, que es fundamental para el negocio de las pensiones y los seguros, sino también para la ciencia de la demografía (fundada por otro clérigo, el anglicano Robert Malthus). A su vez, la demografía fue la piedra angular sobre la que Charles Darwin (que a punto estuvo de convertirse en pastor anglicano) construyó su teoría de la evolución. Mientras que no hay ecuaciones que predigan qué tipo de organismo evolucionará bajo un conjunto específico de condiciones, los genetistas usan el cálculo de probabilidades para computar la verosimilitud de que una determinada mutación se extienda en una población dada. Modelos probabilísticos similares han resultado fundamentales para la economía, la sociología, la psicología, la ciencia política y las demás ciencias sociales y naturales. Incluso la física acabó por suplementar las ecuaciones clásicas de Newton con las nubes de probabilidad de la mecánica cuántica.

Tenemos que considerar simplemente la historia de la educación para darnos cuenta de lo lejos que nos ha llevado este proceso. A lo largo de la mayor parte de la historia, las matemáticas eran un campo esotérico que incluso las personas cultas rara vez estudiaban seriamente. En la Europa medieval, la lógica, la gramática y la retórica formaban el núcleo educativo, mientras que la enseñanza de las matemáticas rara vez iba más allá de la simple aritmética y la geometría. Nadie estudiaba estadística. El monarca indiscutible de todas las ciencias era la teología.

En la actualidad, pocos estudiantes estudian retórica; la lógica está restringida a los departamentos de filosofía, y la teología a los seminarios. Pero cada vez más estudiantes se sienten motivados (o se ven obligados) a estudiar matemáticas. Hay una tendencia irresistible hacia las ciencias exactas (que se definen como «exactas» por su uso de herramientas matemáticas). Incluso campos de estudio que tradicionalmente eran parte de las humanidades, como el estudio del lenguaje humano (lingüística) y la psique humana (psicología) se basan cada vez más en las matemáticas e intentan presentarse como ciencias exactas. Los cursos de estadística son hoy parte de los requerimientos básicos no solo en física y biología, sino también en psicología, sociología, economía y ciencia política.

En el programa de cursos del departamento de psicología de mi universidad, el primer curso obligatorio en el currículo es «Introducción a la estadística y metodología en investigación psicológica». Los estudiantes de psicología de segundo curso han de estudiar «Métodos estadísticos en la investigación psicológica». Confucio, Buda, Jesús y Mahoma se habrían sentido desconcertados si se les hubiera dicho que, con el fin de comprender el alma humana y curar sus dolencias, primero hay que estudiar estadística.

SABER ES PODER

A la mayoría de la gente le cuesta digerir la ciencia moderna porque su lenguaje matemático es difícil de captar por nuestra mente, y sus hallazgos suelen contradecir el sentido común. De los 7.000 millones de personas que hay en el mundo, ¿cuántas comprenden realmente la mecánica cuántica, la biología celular o la macroeconomía? No obstante, la ciencia goza de un enorme prestigio debido a los nuevos poderes que nos proporciona. Puede que los presidentes y los generales no comprendan la física nuclear, pero saben muy bien lo que pueden hacer las bombas nucleares.

En 1620, Francis Bacon publicó un manifiesto científico titulado *Novum organum*. En él razonaba que «saber es poder». La prueba real del «saber» no es si es cierto, sino si nos confiere poder. Los científicos suelen asumir que no hay teoría que sea cien por cien correcta. En consecuencia, la verdad es una prueba inadecuada para el conocimiento. La prueba real es la utilidad. Una teoría que nos permita hacer cosas nuevas constituye saber.

A lo largo de los siglos, la ciencia nos ha ofrecido muchas herramientas nuevas. Algunas son herramientas mentales, como las empleadas para predecir las tasas de mortalidad y el crecimiento económico. Más importantes todavía son las herramientas tecnológicas. La relación forjada entre ciencia y tecnología es tan fuerte que hoy se suele confundir ambas cosas. Tendemos a pensar que es imposible desarrollar nuevas tecnologías sin investigación científica, y que la investigación tiene poco sentido si no produce nuevas tecnologías.

En realidad, la relación entre ciencia y tecnología es un fenómeno muy reciente. Antes de 1500, la ciencia y la tecnología eran campos completamente separados. Cuando Bacon las relacionó a principios del siglo XVII, fue una idea revolucionaria. Durante los siglos XVII y XVIII, dicha relación se estrechó, pero el nudo no se ató hasta el siglo XIX. Incluso en 1800, la mayoría de los gobernantes que querían un ejército poderoso, y la mayoría de los magnates de los negocios que deseaban unas empresas prósperas, no se preocupaban de financiar la investigación en física, biología o economía.

No pretendo afirmar que no haya ninguna excepción a esta regla. Un buen historiador puede encontrar precedentes para todo. Pero un historiador todavía mejor sabe cuándo estos precedentes no son más que curiosidades que enmascaran el panorama global. Hablando de manera general, la mayoría de los gobernantes y de los hombres de negocios premodernos no financiaron investigaciones acerca de la naturaleza del universo con el fin de desarrollar nuevas tecnologías, y la mayoría de los pensadores no intentaron traducir sus descubrimientos en artilugios tecnológicos. Los mandatarios financiaron instituciones educativas cuyo mandato era extender el saber tradicional con el fin de apuntalar el orden existente.

Aquí y allí se desarrollaron, efectivamente, nuevas tecnologías, pero por lo general estas fueron creadas por artesanos incultos que utilizaban la prueba y el error, y no por eruditos que realizaban investigaciones científicas sistemáticas. Los fabricantes de carretas construían año tras año las mismas carretas a partir de los mismos materiales. No apartaban un porcentaje de sus beneficios anuales con el fin de investigar y desarrollar nuevos modelos de carretas. Ocasionalmente, el diseño de carretas mejoraba, pero por lo común era gracias al ingenio de algún carpintero local que nunca había puesto el pie en una universidad y ni siquiera sabía leer.

Esto era tan cierto para el sector público como para el privado. Aunque los estados modernos piden a sus científicos que les proporcionen soluciones en casi todas las áreas de la política nacional, desde la energía a la salud y a la eliminación de residuos, los antiguos reinos rara vez lo hacían. El contraste entre entonces y ahora es más pronunciado en la fabricación de armamento. Cuando el presidente saliente Dwight Eisenhower advertía en 1961 del poder creciente del complejo militar-industrial, dejó fuera parte de la ecuación. Debió de alertar a su país acerca del complejo militar-industrial-científico, porque las guerras de hoy en día son producciones científicas. Las fuerzas militares del mundo inician, financian y dirigen una gran parte de la investigación científica y del desarrollo tecnológico de la humanidad.

Cuando la Primera Guerra Mundial quedó empantanada en una interminable guerra de trincheras, ambos bandos convocaron a los científicos para que rompieran el empate y salvaran a sus respectivos países. Los hombres de blanco respondieron a la llamada, y de los laboratorios surgió un torrente constante de nuevas armas maravillosas: aviones de combate, gas venenoso, tanques, submarinos y ametralladoras, piezas de artillería, rifles y bombas cada vez más eficaces.

La ciencia desempeñó un papel incluso mayor en la Segunda Guerra Mundial. A finales de 1944, Alemania perdía la guerra y la derrota era inminente. Un año antes, los aliados de los alemanes, los italianos, habían hecho caer a Mussolini y se habían rendido a los Aliados. Pero Alemania siguió combatiendo, aunque los ejércitos británico, norteamericano y soviético la estaban rodeando. Una de las razones por las que los soldados y civiles alemanes pensaron que no todo estaba perdido era que creían que los científicos alemanes estaban a punto de cambiar el curso de los acontecimientos con las llamadas armas milagrosas, como el cohete V2 y los aviones de propulsión a chorro.

Mientras los alemanes trabajaban en cohetes y aviones de propulsión a chorro, el Proyecto Manhattan estadounidense desarrolló con éxito bombas atómicas. Cuando la bomba estuvo lista, a principios de agosto de 1945, Alemania ya se había rendido, pero Japón seguía luchando. Las fuerzas estadounidenses estaban a punto de invadir las islas del país. Los japoneses prometieron solemnemente resistir la invasión y luchar hasta la muerte, y todo indicaba que no se trataba de una simple amenaza. Los generales estadounidenses le dijeron al presidente Harry S. Truman que una invasión de Japón costaría la vida a un millón de soldados estadounidense y prolongaría la guerra hasta bien entrado 1946. Truman decidió utilizar la nueva bomba. Dos semanas y dos bombas atómicas después, Japón se rindió sin condiciones y la guerra terminó.

Sin embargo, la ciencia no solo trata de armas ofensivas. También desempeña un papel principal en nuestras defensas. Hoy en día, muchos norteamericanos creen que la solución al terrorismo es tecnológica y no política. Solo hay que dar unos millones más a la industria nanotecnológica y Estados Unidos podrá enviar moscas biónicas espías a todas y cada una de las cuevas afganas, reductos yemeníes y campamentos norteafricanos. Una vez que esto se haya conseguido, los herederos de Osama bin Laden no podrán tomar una copa de café sin que una mosca espía de la CIA transmita esta información vital a la sede central de Langley. Destinemos otros millones a la investigación del cerebro y cada aeropuerto podrá estar equipado con escáneres de fMRI que puedan reconocer de inmediato pensamientos iracundos y de odio en el cerebro de las personas. ¿Funcionará realmente? Quién sabe. ¿Es juicioso desarrollar moscas biónicas y escáneres que lean el pensamiento? No necesariamente. Sea como sea, mientras el lector lee estas líneas, el Departamento de Defensa de Estados Unidos está transfiriendo millones de dólares a los laboratorios de nanotecnología y del cerebro para que trabajen sobre estas y otras ideas.

Esta obsesión con la tecnología militar (desde los tanques a las bombas atómicas y a las moscas espía) es un fenómeno sorprendentemente reciente. Hasta el siglo XIX, la inmensa mayoría de las revoluciones militares eran el producto de cambios de organización y no tecnológicos. Cuando civilizaciones extrañas se encontraron por primera vez, las brechas tecnológicas desempeñaron a veces un importante papel. Pero incluso en tales casos, pocos pensaron en crear o ampliar deliberadamente dichas brechas. La mayoría de los imperios no surgieron gracias a la magia tecnológica, y sus líderes no pensaron demasiado en la mejora tecnológica. Los árabes no derrotaron al Imperio sasánida gracias a arcos o espadas superiores, los selyúcidas no gozaban de ventaja tecnológica sobre los bizantinos, y los mongoles no conquistaron China con ayuda de alguna nueva e ingeniosa arma. En realidad, en todos estos casos los vencidos disponían de una tecnología militar y civil superior.

El ejército romano es un buen ejemplo de ello. Era el mejor ejército de su época pero, desde el punto de vista tecnológico, Roma no tenía ventaja sobre Cartago, Macedonia o el Imperio selyúcida. Su ventaja residía en una organización eficiente, una disciplina férrea y enormes reservas de efectivos militares. El ejército romano nunca estableció un departamento de investigación y desarrollo, y sus armas fueron más o menos las mismas a lo largo de varios siglos. Si las legiones de Escipión Emiliano (el general que arrasó Cartago y derrotó a los numantinos en el siglo II a.C.) hubieran aparecido de repente 500 años más tarde en la era de Constantino el Grande, Escipión habría tenido una clara probabilidad de vencer a Constantino. Imaginemos ahora qué le habría sucedido a un general de hace algunos siglos, digamos que Napoleón, si hubiera mandado su ejército contra una brigada acorazada moderna. Napoleón era un estratega brillante, y sus hombres eran excelentes profesionales, pero sus habilidades habrían sido inútiles frente a las armas modernas.

Tal como ocurría en Roma, también en la antigua China la mayoría de los generales y filósofos no pensaban que fuera su deber desarrollar nuevas armas. El invento militar más importante en la historia de China fue la pólvora. Pero, hasta donde sabemos, la pólvora se inventó por accidente, por parte de alquimistas taoístas que buscaban el elixir de la vida. La carrera subsiguiente de la pólvora es todavía más reveladora. Se podría pensar que los alquimistas taoístas habrían convertido a China en dueña del mundo. En realidad, los chinos emplearon el nuevo compuesto principalmente para fabricar petardos. Incluso cuando el Imperio Song se hundía ante una invasión mongola, ningún emperador estableció un Proyecto Manhattan medieval para salvar el imperio mediante el invento de un arma apocalíptica. Solo en el siglo XV (unos 600 años después de la invención de la pólvora), los cañones se convirtieron en un factor decisivo en los campos de batalla de Afroasia. ¿Por qué se tardó tanto en poner el mortífero potencial de esta sustancia al servicio del uso militar? Porque apareció en una época en la que ni reyes, ni sabios, ni mercaderes pensaron que una nueva tecnología militar podría salvarlos o hacerlos ricos.

La situación empezó a cambiar en los siglos XV y XVI, pero tuvieron que pasar otros 200 años antes de que la mayoría de los gobernantes demostraran algún interés por financiar la investigación y el desarrollo de nuevas armas. La logística y la estrategia continuaron teniendo un impacto mucho mayor en el resultado de las guerras que la tecnología. La máquina militar napoleónica que aplastó a los ejércitos de las potencias europeas en Austerlitz (1805) estaba dotada con el mismo armamento, más o menos, que había usado el ejército de Luis XVI. El propio Napoleón, a pesar de ser un artillero, tenía poco interés por las armas modernas, aunque científicos e inventores intentaron persuadirlo para que financiara el desarrollo de máquinas voladoras, submarinos y cohetes.

La ciencia, la industria y la tecnología militar solo se entrelazaron con la llegada del sistema capitalista y de la revolución industrial. Sin embargo, una vez que se hubo establecido dicha relación, el mundo se transformó rápidamente.

EL IDEAL DE PROGRESO

Hasta la revolución científica, la mayoría de las culturas no creían en el progreso. Pensaban que la Edad de Oro era cosa del pasado, y que el mundo se había estancado, si no algo peor. La fidelidad estricta a la sabiduría de los siglos quizá podría devolver los buenos tiempos pasados, y era concebible que el ingenio humano pudiera mejorar esta o aquella faceta de la vida cotidiana. Sin embargo, se consideraba imposible que los conocimientos prácticos humanos resolvieran los problemas fundamentales del mundo. Si Mahoma, Jesús, Buda y Confucio (que sabían todo lo que hay que saber) fueron incapaces de erradicar el hambre, la enfermedad, la pobreza y la guerra en el mundo, ¿cómo podíamos esperar hacerlo nosotros?

Muchas religiones creían que algún día aparecería un mesías y acabaría con todas las guerras y hambrunas e incluso con la muerte misma. Pero la idea de que la humanidad podía hacer esto descubriendo nuevos conocimientos e inventando nuevas herramientas era peor que ridícula: era arrogancia. El relato de la Torre de Babel, el relato de Ícaro, el relato del Golem, e innumerables mitos enseñaban a la gente que cualquier intento de ir más allá de las limitaciones humanas conduciría inevitablemente al desengaño y al desastre.

Cuando la cultura moderna admitió que había muchas cosas importantes que todavía no sabía, y cuando esta admisión de ignorancia se unió a la idea de que los descubrimientos científicos nos podrían proporcionar nuevos poderes, la gente empezó a sospechar que, después de todo, el progreso real podía ser posible. Cuando la ciencia empezó a resolver un problema insoluble tras otro, muchos se convencieron de que la humanidad podía solucionar todos y cada uno de los problemas mediante la adquisición y aplicación de nuevos conocimientos. La pobreza, la enfermedad, las guerras, las hambrunas, la muerte misma, no eran el destino inevitable de la humanidad. Eran simplemente los frutos de nuestra ignorancia.

Un ejemplo famoso es el rayo. Muchas culturas creían que el rayo era el martillo de un dios enfurecido que empleaba para castigar a los pecadores. A mediados del siglo XVIII, en uno de los experimentos más célebres de la historia, Benjamin Franklin hizo volar una cometa durante una tormenta con relámpagos para comprobar la hipótesis de que el rayo es simplemente una corriente eléctrica. Las observaciones empíricas de Franklin, unidas a su conocimiento de las cualidades de la energía eléctrica, le permitieron inventar el pararrayos y desarmar a los dioses.

La pobreza es otro ejemplo pertinente. Muchas culturas han considerado que la pobreza es una parte ineludible de este mundo imperfecto. Según el Nuevo Testamento, poco antes de la crucifixión, una mujer ungió a Jesús con aceite precioso que valía 300 denarios. Los discípulos de Jesús reprendieron a la mujer por gastar esa enorme suma de dinero en lugar de dárselo a los pobres, pero Jesús la defendió diciendo: «Pobres siempre los tenéis con vosotros, y cuando queráis podéis hacerles bien; pero a mí no siempre me tenéis» (Marcos, 14,7). Hoy en día, cada vez menos gente, incluidos cada vez menos cristianos, están de acuerdo con Jesús sobre este asunto. De manera creciente, se considera que la pobreza es un problema técnico susceptible de intervención. Es algo compartido por la mayoría que las políticas basadas en los últimos hallazgos en agronomía, economía, medicina y sociología pueden eliminar la pobreza.

Y es cierto que muchas partes del mundo ya se han visto liberadas de las peores formas de privación. A lo largo de la historia, las sociedades han padecido dos tipos de pobreza: la pobreza social, que impide que algunas personas tengan las oportunidades de las que otros disponen; y la pobreza biológica, que pone en riesgo la vida de los individuos debido a la falta de sustento y refugio. Quizá la pobreza social nunca se podrá erradicar, pero en muchos países de todo el mundo la pobreza biológica es cosa del pasado.

Hasta hace muy poco, la mayoría de las personas se hallaban muy cerca de la línea de pobreza biológica, por debajo de la cual a una persona le faltan las calorías suficientes para mantener la vida durante mucho tiempo. Incluso pequeños errores de cálculo o pequeñas desgracias podían poner fácilmente a la gente por debajo de dicha línea, en la inanición. Los desastres naturales y las calamidades causadas por el hombre hundieron a menudo en el abismo a poblaciones enteras, provocando la muerte de millones de personas. Hoy en día, la mayoría de los habitantes del mundo tienen tendida bajo ellos una red de seguridad. Los individuos están protegidos de las desgracias personales por los seguros, la Seguridad Social promovida por el Estado y por una plétora de ONG locales e internacionales. Cuando la calamidad azota a una región entera, los programas de asistencia procedentes de todo el mundo suelen tener éxito en evitar lo peor. Las personas todavía padecen numerosas degradaciones, humillaciones y enfermedades relacionadas con la pobreza, pero en la mayoría de los países nadie se muere de hambre. En realidad, en muchas sociedades hay más gente en peligro de morir de obesidad que de hambre.

El Proyecto Gilgamesh

De todos los problemas ostensiblemente insolubles de la humanidad, hay uno que continúa siendo el más fastidioso, interesante e importante: el problema de la muerte. Antes de la era moderna tardía, la mayoría de las religiones e ideologías daban por sentado que la muerte era nuestro destino inevitable. Además, la mayoría de las confesiones convirtieron la muerte en la principal fuente de sentido en la vida. Intente el lector imaginar el islamismo, el cristianismo o la religión del antiguo Egipto en un mundo sin la muerte. Estas religiones enseñaban a la gente que tenían que aceptar la muerte y depositar sus esperanzas en la vida después de la muerte, en lugar de intentar superar la muerte e intentar vivir para siempre aquí en la Tierra. Las mejores mentes se concentraban en dar sentido a la muerte, no en intentar escapar de ella.

Este tema lo recoge el mito más antiguo que ha llegado hasta nosotros; el mito de Gilgamesh del antiguo Sumer. Su héroe es el hombre más fuerte y hábil del mundo, el rey Gilgamesh de Uruk, que podía vencer a cualquiera en combate. Un día, el mejor amigo de Gilgamesh, Enkidu, murió. Gilgamesh se sentó junto al cadáver y lo observó durante muchos días, hasta que vio que un gusano salía de la nariz de su amigo. En aquel momento, Gilgamesh fue presa del terror, y decidió que él nunca moriría. De alguna manera, encontraría el modo de vencer a la muerte. Gilgamesh emprendió entonces un viaje hasta los confines del universo, matando leones, luchando contra hombres escorpión y encontrando el camino hacia el infierno. Allí hizo añicos a los gigantes de piedra de Urshanabi y al barquero del río de los muertos, y encontró a Utnapishtim, el último superviviente del diluvio primordial. Pero Gilgamesh fracasó en su búsqueda. Volvió a su hogar con las manos vacías, tan mortal como siempre, pero con una nueva muestra de sabiduría. Cuando los dioses crearon al hombre, había descubierto Gilgamesh, dispusieron que la muerte fuera el destino inevitable del hombre, y el hombre ha de aprender a vivir con ello.

Los discípulos del progreso no comparten esta actitud derrotista. Para los hombres de ciencia, la muerte no es un destino inevitable, sino simplemente un problema técnico. La gente se muere no porque los dioses así lo decretaran, sino debido a varios fallos técnicos: un ataque al corazón, un cáncer, una infección. Y cada problema técnico tiene una solución técnica. Si el corazón aletea, puede ser estimulado por un marcapasos o sustituido por un nuevo corazón. Si el cáncer se extiende, se puede combatir con medicamentos o radiación. Si las bacterias proliferan, se pueden someter con antibióticos. Es verdad que, a día de hoy, no podemos resolver todos los problemas técnicos, pero estamos trabajando en ellos. Nuestras mejores mentes no pierden el tiempo intentando dar sentido a la muerte. Por el contrario, están concentradas investigando los sistemas fisiológicos, hormonales y genéticos responsables de la enfermedad y la edad avanzada. Desarrollan nuevas medicinas, tratamientos revolucionarios y órganos artificiales que alargarán nuestra vida y que un día podrán vencer a la misma Parca.

Hasta hace poco, no habríamos oído a los científicos, o a nadie, hablar de manera tan contundente. «¡¿Derrotar a la muerte?! ¡Qué tontería! Solo intentamos curar el cáncer, la tuberculosis y la enfermedad de Alzheimer», insistían. La gente evitaba el tema de la muerte porque el objetivo parecía demasiado escurridizo. ¿Por qué crear ilusiones irrazonables? Sin embargo, ahora nos hallamos en un punto en el que podemos ser francos al respecto. El proyecto principal de la revolución científica es dar a la humanidad la vida eterna. Incluso si matar a la muerte parece un objetivo inalcalzable, ya hemos conseguido cosas que eran inconcebibles hace unos pocos siglos. En 1199, el rey Ricardo Corazón de León fue alcanzado por una flecha en su hombro izquierdo. Hoy diríamos que sufrió una herida leve. Pero en 1199, a falta de antibióticos y de métodos de esterilización efectivos, esa herida leve en la carne se infectó y se gangrenó. La única manera de detener la extensión de la gangrena en la Europa del siglo XII era cortar el miembro infectado, algo imposible cuando la infección era en un hombro. La gangrena se extendió por todo el cuerpo de Ricardo y nadie pudo ayudar al rey, que murió a las dos semanas sufriendo una terrible agonía.

Hasta el siglo XIX, los mejores médicos no sabían cómo evitar la infección y detener la putrefacción de los tejidos. En los hospitales de campaña, los doctores cortaban de manera rutinaria las manos y las piernas de los soldados que recibían incluso heridas leves en las extremidades, pues temían la gangrena. Dichas amputaciones, así como todos los demás procedimientos médicos (como la extracción de muelas) se hacían sin anestesia. El uso regular de los primeros anestésicos (éter, cloroformo y morfina) no se introdujo en la medicina occidental hasta mediados del siglo XIX. Antes de la llegada del cloroformo, cuatro soldados tenían que sujetar a su camarada herido mientras el doctor serraba el miembro dañado. A la mañana siguiente de la batalla de Waterloo (1815), junto a los hospitales de campaña podían verse montones de manos y piernas serrados. En aquellos tiempos, a los carpinteros y carniceros que se alistaban en el ejército se les solía destinar a servir en el cuerpo médico, porque la cirugía requería poca cosa más que saberse manejar con cuchillos y sierras.

En los dos siglos transcurridos desde Waterloo, las cosas han cambiado hasta volverse irreconocibles. Píldoras, inyecciones y operaciones delicadas nos salvan de una serie de enfermedades y heridas que antaño suponían una sentencia de muerte ineludible. También nos protegen de incontables dolores e indisposiciones que los individuos premodernos aceptaban simplemente como parte de la vida. La esperanza media de vida saltó desde muy por debajo de los 40 años a alrededor de 67 en todo el mundo, y a unos 80 años en el mundo desarrollado.[8]

La muerte sufrió sus peores reveses en la liza de la mortalidad infantil. Hasta el siglo XX, entre la cuarta y la tercera parte de los niños de las sociedades agrícolas no llegaban nunca a la edad adulta. La mayoría de ellos sucumbían a enfermedades infantiles como la difteria, el sarampión y la viruela. En la Inglaterra del siglo XVII, 150 de cada 1.000 niños nacidos morían durante su primer año de vida, y un tercio de todos los niños habían muerto antes de alcanzar los quince años.[9] Hoy en día, solo 5 de cada 1.000 bebés ingleses mueren durante su primer año, y solo 7 de cada 1.000 mueren antes de alcanzar los quince años de edad.[10]

Podemos comprender mejor el impacto real de estas cifras si dejamos de lado las estadísticas y contamos alguna historia. Un buen ejemplo es la familia del rey Eduardo I de Inglaterra (1237-1307) y su esposa, la reina Leonor (1241-1290). Sus hijos gozaron de las mejores condiciones y del entorno más confortable que podía proporcionar la Europa medieval. Vivían en palacios, comían tanta comida como querían, poseían muchos vestidos abrigados, hogares bien abastecidos de leña, disponían del agua más limpia, de un ejército de sirvientes y de los mejores médicos. Las fuentes mencionan que la reina Leonor dio a luz dieciséis hijos entre 1255 y 1284:

1. Una hija anónima, nacida en 1255, murió al nacer.
2. Una hija, Catherine, murió a la edad de 1 o 3 años.
3. Una hija, Joan, murió a los 6 meses.
4. Un hijo, John, murió a los 5 años.
5. Un hijo, Henry, murió a los 6 años.
6. Una hija, Eleanor, murió a los 29 años.
7. Una hija anónima murió a los 5 meses.
8. Una hija, Joan, murió a los 35 años.
9. Un hijo, Alphonso, murió a los 10 años.
10. Una hija, Margaret, murió a los 58 años.
11. Una hija, Berengeria, murió a los 2 años.
12. Una hija anónima murió poco después de nacer.
13. Una hija, Mary, murió a los 53 años.

14. Un hijo anónimo murió poco después de nacer.
15. Una hija, Elizabeth, murió a los 34 años.
16. Un hijo, Edward.

El más joven, Edward, fue el primero de los niños que sobrevivió a los peligrosos años de la infancia, y a la muerte de su padre ascendió al trono inglés como el rey Eduardo II. En otras palabras, Leonor tuvo que hacer dieciséis intentos para conseguir la misión más fundamental de una reina inglesa: proporcionar a su marido un heredero varón. La madre de Eduardo II tuvo que ser una mujer de paciencia y fortaleza excepcionales. No era así la mujer que Eduardo eligió por esposa, Isabel de Francia. Hizo que lo mataran cuando el rey tenía cuarenta y tres años.[11]

Hasta donde sabemos, Leonor y Eduardo I eran una pareja sana y no transmitieron ninguna enfermedad hereditaria fatal a sus hijos. No obstante, diez de los dieciséis (el 62 por ciento) murieron durante la infancia. Solo seis consiguieron vivir más allá de los once años, y solo tres (el 18 por ciento) vivieron más de cuarenta años. Además de estos nacimientos, lo más probable es que Leonor tuviera algunos embarazos que acabaran en aborto. De promedio, Eduardo y Leonor perdieron un hijo cada tres años, diez hijos uno detrás de otro. Para un padre o una madre actuales es casi imposible concebir una pérdida así.

¿Cuánto tiempo hará falta para desarrollar el Proyecto Gilgamesh? ¿Cien años? ¿Quinientos años? ¿Mil años? Cuando recordamos lo poco que sabíamos acerca del cuerpo humano en 1900 y cuánto conocimiento hemos adquirido en un solo siglo, hay motivos para ser optimistas. La ingeniería genética ha conseguido prolongar dos veces la esperanza media de vida de *Caenorhabditis elegans*, un gusano.[12] ¿Podría hacer lo mismo para *Homo sapiens*? Expertos en nanotecnología desarrollan un sistema inmune biónico compuesto de millones de nanorrobots, que habitarían en nuestro cuerpo, abrirían vasos sanguíneos bloqueados, combatirían a virus y bacterias, eliminarían células cancerosas e incluso invertirían los procesos de envejecimiento.[13] Algunos científicos serios sugieren que hacia 2050 algunos humanos se convertirán en amortales (no inmortales, porque todavía podrían morir de algún accidente, sino amortales, que significa que, en ausencia de un trauma fatal, su vida podría extenderse indefinidamente).

Tenga éxito o no el Proyecto Gilgamesh, desde una perspectiva histórica es fascinante ver que la mayoría de las religiones e ideologías modernas han eliminado de la ecuación a la muerte y la vida después de la muerte. Hasta el siglo XVIII, las religiones consideraban que la muerte y sus consecuencias eran centrales para el significado de la vida. A partir del siglo XVIII, religiones e ideologías como el liberalismo, el socialismo y el feminismo perdieron todo interés por la vida después de la muerte. ¿Qué es, exactamente, lo que le ocurre a un o a una comunista después de morir? ¿Qué le ocurre a un capitalista? ¿Qué le ocurre a una feminista? No tiene sentido buscar una respuesta en los escritos de Marx, Adam Smith o Simone de Beauvoir. La única ideología moderna que todavía concede a la muerte un papel central es el nacionalismo. En sus momentos más poéticos y desesperados, el nacionalismo promete que quien muera por la nación vivirá para siempre en su memoria colectiva. Pero esta promesa es tan confusa que incluso la mayoría de los nacionalistas no saben realmente qué hacer con ella.

EL VIEJO AMANTE DE LA CIENCIA

Vivimos en una era técnica. Son muchos los que están convencidos de que la ciencia y la tecnología tienen las respuestas a todos nuestros problemas. Solo hemos de dejar a los científicos y técnicos que sigan con su trabajo, y crearán el cielo aquí en la Tierra. Pero la ciencia no es una empresa que tenga lugar en algún plano moral o espiritual superior por encima del resto de la actividad humana. Como todos los otros campos de nuestra cultura, está modelada por intereses económicos, políticos y religiosos.

La ciencia es un asunto muy caro. Un biólogo que quiera entender el sistema inmune humano necesita laboratorios, tubos de ensayo, productos químicos y microscopios electrónicos, por no mencionar ayudantes de laboratorio, electricistas, fontaneros y limpiadores. Un economista que pretenda modelar mercados de crédito ha de comprar ordenadores, organizar enormes bancos de datos y desarrollar complicados programas de procesamiento de datos. Un arqueólogo que desee comprender el comportamiento de los antiguos cazadores-recolectores ha de viajar a tierras lejanas, excavar ruinas antiguas y datar huesos fosilizados y objetos. Todo esto cuesta dinero.

Durante los últimos 500 años, la ciencia moderna ha logrado maravillas gracias en gran parte a la buena disposición de gobiernos, empresas, fundaciones y donantes privados que han donado miles de millones de dólares a la investigación científica. Estos miles de millones han hecho mucho más para explorar el universo, cartografiar el planeta y catalogar el reino animal que lo que hicieron Galileo Galilei, Cristóbal Colón y Charles Darwin. Si estos genios no hubieran nacido, sus intuiciones probablemente se les habrían ocurrido a otros. Pero si no se dispusiera de la financiación adecuada, no habría excelencia intelectual que la hubiera compensado. Por ejemplo, si Darwin no hubiera nacido, hoy en día atribuiríamos la teoría de la evolución a Alfred Russel Wallace, que llegó a la idea de evolución por medio de la selección natural independientemente de Darwin y solo unos años después. Pero si las potencias europeas no hubieran financiado la investigación geográfica, zoológica y botánica alrededor del mundo, ni Darwin ni Wallace habrían obtenido los datos empíricos necesarios para desarrollar la teoría de la evolución. Es probable que ni siquiera lo hubieran intentado.

¿Por qué empezaron a fluir los miles de millones desde las cajas fuertes de los gobiernos y las empresas hasta los laboratorios y las universidades? En los círculos académicos, son muchos los que son lo bastante ingenuos para creer en la ciencia pura. Creen que gobiernos y empresas les proporcionan dinero de forma altruista para que desarrollen cualesquiera proyectos de investigación que les gusten. Pero esto no describe realmente las realidades de la financiación de la ciencia.

La mayoría de los estudios científicos se financian porque alguien cree que pueden ayudar a alcanzar algún objetivo político, económico o religioso. Por ejemplo, en el siglo XVI, reyes y banqueros dedicaron enormes recursos para financiar expediciones geográficas alrededor del mundo y ni un solo penique para estudiar la psicología infantil. Esto se debe a que reyes y banqueros suponían que el descubrimiento de un nuevo conocimiento geográfico les permitiría conquistar nuevas tierras y establecer imperios comerciales, mientras que no podían ver beneficios en comprender la psicología infantil.

En la década de 1940, los gobiernos de los Estados Unidos de América y de la Unión Soviética destinaron enormes recursos al estudio de la física nuclear y no a la arqueología subacuática. Supusieron que estudiar la física nuclear les permitiría desarrollar armas nucleares, mientras que era improbable que la arqueología subacuática les ayudara a ganar guerras. Los propios científicos no siempre son conscientes de los intereses políticos, económicos y religiosos que controlan el flujo de dinero; muchos científicos, de hecho, actúan por pura curiosidad intelectual. Sin embargo, solo rara vez son los científicos los que dictan el programa científico.

Aun en el caso de que quisiéramos financiar ciencia pura, no afectada por intereses políticos, económicos o religiosos, probablemente sería imposible. Después de todo, nuestros recursos son limitados. Si se pide a un congresista que dedique un millón de dólares adicional a la Fundación Nacional para la Ciencia para investigación básica, preguntará, justificadamente, si ese dinero no se emplearía mejor en financiar la formación del profesorado o en proporcionar una exención de impuestos a una fábrica en apuros en su distrito. Para distribuir recursos limitados hemos de dar respuesta a preguntas como «¿Qué es más importante?» y «¿Qué es bueno?». Y estas no son preguntas científicas. La ciencia puede explicar lo que existe en el mundo, cómo funcionan las cosas y lo que puede haber en el futuro. Por definición, no tiene pretensiones de saber qué es lo que debería haber en el futuro. Solo las religiones y las ideologías intentan dar respuesta a estas preguntas.

Considere el lector el dilema siguiente. Dos biólogos del mismo departamento, que poseen las mismas aptitudes profesionales, han solicitado cada uno una ayuda de un millón de dólares para financiar sus proyectos de investigación en marcha. El profesor Cornezuelo quiere estudiar una enfermedad que infecta las ubres de las vacas, lo que produce una reducción del 10 por ciento en su producción de leche. La profesora Retoño quiere estudiar si las vacas sufren mentalmente cuando se las separa de sus terneros. Suponiendo que la cantidad de dinero sea limitada, y que es imposible financiar ambos proyectos de investigación, ¿cuál de ellos debería financiarse?

Esta pregunta no tiene una respuesta científica. Solo hay respuestas políticas, económicas y religiosas. En el mundo de hoy, es evidente que Cornezuelo tiene una mayor probabilidad de obtener el dinero, no porque las enfermedades de las ubres sean científicamente más interesantes que la mentalidad bovina, sino porque la industria lechera, que se beneficiará de la investigación, tiene más influencia política y económica que el grupo de presión de los derechos de los animales.

Quizá en una sociedad estrictamente hindú, en la que las vacas son sagradas, o en una sociedad comprometida con los derechos de los animales, la profesora Retoño tuviera más probabilidades. Pero mientras viva en una sociedad que valora el potencial comercial de la leche y la salud de sus habitantes humanos por encima de los sentimientos de las vacas, será mejor que escriba su proyecto de investigación apelando a tales supuestos. Por ejemplo, la profesora Retoño podría escribir que «La depresión lleva a una reducción en la producción de leche. Si comprendiéramos el mundo mental de las vacas lecheras, podríamos desarrollar medicamentos psiquiátricos que mejoraran su talante, con lo que la producción de leche podría aumentar hasta el 10 por ciento. Calculo que hay un mercado global de 250 millones de dólares anuales para los medicamentos psiquiátricos para bovinos».

La ciencia es incapaz de establecer sus propias prioridades, así como de determinar qué hacer con sus descubrimientos. Por ejemplo, desde un punto de vista puramente científico no está claro qué deberíamos hacer con nuestra comprensión creciente de la genética. ¿Deberíamos emplear este conocimiento para curar el cáncer, para crear una raza de superhombres modificados genéticamente, o para modificar a vacas lecheras y dotarlas de ubres supergrandes? Es evidente que un gobierno liberal, un gobierno comunista, un gobierno nazi y una empresa multinacional capitalista utilizarían el mismo descubrimiento científico para fines completamente diferentes, y no hay razón científica para preferir un uso frente a los demás.

En resumen, la investigación científica solo puede florecer en alianza con alguna religión o ideología. La ideología justifica los costes de la investigación. A cambio, la ideología influye sobre las prioridades científicas y determina qué hacer con los descubrimientos. De ahí que con el fin de entender cómo es que la humanidad ha llegado a Alamogordo y ha alcanzado la Luna (en lugar de cualquier otro número de destinos alternativos) no basta con revisar los logros de los físicos, los biólogos y los sociólogos. Hay que tener en cuenta las fuerzas ideológicas, políticas y económicas que han modelado la física, la biología y la sociología, y las han impulsado en unas determinadas direcciones al tiempo que ignoraban otras.

Dos fuerzas en particular merecen nuestra atención: el imperialismo y el capitalismo. El circuito recurrente entre la ciencia, el imperio y el capital ha sido sin ninguna duda el principal motor de la historia durante los últimos 500 años. Los capítulos que siguen analizan sus mecanismos. Primero consideraremos de qué manera las turbinas gemelas de la ciencia y el imperio estaban fijadas una a la otra, y después veremos cómo ambas estaban conectadas al sistema de bombeo de dinero del capitalismo.

15

El matrimonio de ciencia e imperio

¿A qué distancia se halla el Sol de la Tierra? Esta es una cuestión que intrigó a muchos astrónomos de principios de la edad moderna, en particular después de que Copérnico argumentara que es el Sol, y no la Tierra, el que está situado en el centro del universo. Varios astrónomos y matemáticos intentaron calcular la distancia, pero sus métodos proporcionaban resultados que diferían mucho. A mediados del siglo XVIII se propuso finalmente un medio fiable para efectuar la medición. Cada pocos años, el planeta Venus pasa directamente entre el Sol y la Tierra. La duración del tránsito difiere cuando se observa desde puntos distantes de la superficie de la Tierra debido a las minúsculas diferencias en el ángulo según el cual el observador lo ve. Si se hicieran varias observaciones del mismo tránsito desde diferentes continentes, solo haría falta una trigonometría sencilla para calcular nuestra distancia exacta del Sol.

Los astrónomos predijeron que los siguientes tránsitos de Venus tendrían lugar en 1761 y 1769. De modo que desde Europa se enviaron expediciones a los cuatro confines del mundo con el fin de observar los tránsitos desde tantos puntos distantes como fuera posible. En 1761, los científicos observaron el tránsito desde Siberia, Norteamérica, Madagascar y Sudáfrica. Cuando se acercaba el tránsito de 1769, la comunidad científica europea realizó un esfuerzo supremo, y se enviaron científicos a gran distancia, como el norte de Canadá y California (que entonces era una tierra salvaje). La Royal Society de Londres llegó a la conclusión de que esto no era suficiente. Para obtener unos resultados más precisos era imperativo enviar a un astrónomo directamente al océano Pacífico sudoccidental.

La Royal Society acordó enviar a un eminente astrónomo, Charles Green, a Tahití, y no escatimó esfuerzos ni dinero. Pero, puesto que financiaba una expedición tan cara, no tenía sentido emplearla para hacer solo una única observación astronómica. Por lo tanto, a Green lo acompañaba un equipo de otros ocho científicos de diversas disciplinas, encabezado por los botánicos Joseph Banks y Daniel Solander. El equipo incluía asimismo artistas que tenían asignada la producción de dibujos de las nuevas tierras, plantas, animales y personas que los científicos sin duda encontrarían. Equipados con los instrumentos científicos más avanzados que Banks y la Royal Society podían adquirir, la expedición se puso bajo el mando del capitán James Cook, un marino experimentado, así como un consumado geógrafo y etnógrafo.

La expedición partió de Inglaterra en 1768, observó el tránsito de Venus desde Tahití en 1769, exploró varias islas del Pacífico, visitó Australia y Nueva Zelanda y volvió a Inglaterra en 1771. Aportó una enorme cantidad de datos astronómicos, geográficos, meteorológicos, botánicos, zoológicos y antropológicos. Sus descubrimientos supusieron contribuciones importantes a varias disciplinas, estimularon la imaginación de los europeos con asombrosos relatos del Pacífico Sur e inspiraron a futuras generaciones de naturalistas y astrónomos.

Uno de los campos que se benefició de la expedición de Cook fue el de la medicina. En aquella época, los barcos que se hacían a la mar hacia costas distantes sabían que más de la mitad de los miembros de su tripulación morirían en el viaje. La némesis no eran los nativos enfurecidos, los buques de guerra enemigos o la nostalgia. Era una dolencia misteriosa llamada escorbuto. Los hombres que padecían la dolencia se tornaban letárgicos y deprimidos, y sus encías y otros tejidos blandos sangraban. A medida que la enfermedad avanzaba, se les caían los dientes, aparecían llagas abiertas y tenían fiebre, se tornaban ictéricos y perdían el control de sus miembros. Se calcula que entre los siglos XVI y XVIII el escorbuto fue la causa de la muerte de alrededor de dos millones de marineros. Nadie sabía qué lo causaba, y no importa qué remedios se probaran, los marineros continuaban muriendo en gran número. El punto de inflexión llegó en 1747, cuando un médico escocés, James Lind, realizó un experimento controlado en marineros que padecían la enfermedad. Los separó en varios grupos y dio a cada grupo un tratamiento diferente. A uno de los grupos de prueba se le instruyó para que comiera cítricos, un remedio popular común para el escorbuto. Los pacientes de aquel grupo pronto se recuperaron. Lind no sabía qué tenían los cítricos y de qué carecía el cuerpo de los marineros, pero ahora sabemos que es la vitamina C. Una dieta habitual a bordo en aquella época carecía notablemente de los alimentos que son ricos en este nutriente esencial. En los viajes de larga duración los marineros solían subsistir a base de galletas y tasajo de buey, y casi no comían fruta ni hortalizas.

La Royal Navy no estaba convencida con los experimentos de Lind, pero James Cook sí lo estaba. Cargó en su barco una gran cantidad de chucrut y ordenó a sus marineros que comieran fruta fresca y hortalizas en abundancia cada vez que la expedición tocara tierra. Cook no perdió ni un solo marinero por causa del escorbuto. En las décadas que siguieron, todas las armadas del mundo adoptaron la dieta náutica de Cook, y se salvaron las vidas de numerosos marineros y pasajeros.[1]

Sin embargo, la expedición de Cook tuvo otro resultado, mucho menos benigno. Cook no solo era un marino y geógrafo experimentado, sino también un oficial naval. La Royal Society financió una gran parte de los gastos de la expedición, pero el barco lo había proporcionado la Royal Navy. La armada también contribuyó con 85 marinos y marines bien armados, y equipó el buque con artillería, mosquetes, pólvora y otro armamento. Gran parte de la información reunida por la expedición (en particular los datos astronómicos, geográficos, meteorológicos y antropológicos) eran de un valor político y militar evidente. El descubrimiento de un tratamiento efectivo para el escorbuto contribuyó en gran medida al control británico de los océanos del mundo y a su capacidad de enviar ejércitos al otro extremo del planeta. Cook reclamó para Gran Bretaña muchas de las islas y tierras que «descubrió», en especial Australia. La expedición de Cook sentó las bases de la ocupación británica del océano Pacífico sudoccidental; de la conquista de Australia, Tasmania y Nueva Zelanda; de la instalación de millones de europeos en las nuevas colonias; y del exterminio de sus culturas nativas y de la mayor parte de sus poblaciones autóctonas.[2]

En el siglo que siguió a la expedición de Cook, las tierras más fértiles de Australia y Nueva Zelanda fueron arrebatadas a sus habitantes por los colonos europeos. La población nativa se redujo en hasta un 90 por ciento y los supervivientes fueron sometidos a un duro régimen de opresión racial. Para los aborígenes de Australia y, en menor medida, para los maoríes de Nueva Zelanda, la expedición de Cook fue el principio de una catástrofe de la que jamás se han recuperado completamente.

Un destino todavía peor corrieron los nativos de Tasmania. Después de haber sobrevivido durante 10.000 años en un aislamiento espléndido, fueron casi aniquilados al cabo de un siglo de la llegada de Cook. Los colonos europeos los expulsaron primero de las partes más ricas de la isla, y después, codiciando incluso las tierras salvajes que quedaban, los cazaron y los asesinaron de manera sistemática. Algunos de los pocos supervivientes fueron acosados con perros y conducidos a un campo de concentración evangélico, donde misioneros bienintencionados pero no particularmente razonables intentaron adoctrinarlos en las costumbres del mundo moderno. A los tasmanos se les instruyó en la lectura y la escritura, el cristianismo y varias «habilidades productivas», como coser ropa y labrar el campo. Pero se negaron a aprender. Se tornaron todavía más melancólicos, dejaron de tener hijos, perdieron todo interés por la vida y, finalmente, eligieron el único camino para huir del mundo moderno de la ciencia y el progreso: la muerte.

¡Qué lástima!, la ciencia y el progreso los persiguió incluso en la otra vida. Antropólogos y conservadores, en nombre de la ciencia, se apoderaron de los cadáveres tasmanos. Fueron disecados, pesados y medidos, y analizados en artículos sabios. Después, cráneos y esqueletos fueron exhibidos en museos y colecciones antropológicas. No fue hasta 1976 que el Museo Tasmano aceptó enterrar el esqueleto de Truganini, considerada por muchos la última persona con sangre totalmente tasmana, que había muerto cien años antes.* El Real Colegio Inglés de Cirujanos conservó muestras de su piel y pelo hasta 2002.

El buque de Cook, ¿fue una expedición científica protegida por una fuerza militar o una expedición militar a la que se unieron unos cuantos científicos? Esto es como preguntar si el depósito de gasolina de nuestro automóvil está medio lleno o medio vacío. Fue ambas cosas. La revolución científica y el imperialismo moderno eran inseparables.

---

* En la actualidad, aún miles de personas en Tasmania y otros lugares possen ancestros tasmanos, sobre todo en las comunidades de Palawa y de Lia Pootah.

Personas como el capitán James Cook y el botánico Joseph Banks apenas podían distinguir la ciencia del imperio. Y tampoco pudo la infortunada Truganini.

¿Por qué Europa?

El hecho de que gente procedente de una gran isla del Atlántico septentrional conquistaran una gran isla al sur de Australia es uno de los casos más extraños de la historia. No mucho antes de la expedición de Cook, las islas Británicas y Europa occidental en general no eran más que un rincón atrasado y distante del mundo mediterráneo. Allí nunca ocurrió nada de importancia. Incluso el Imperio romano (el único imperio europeo premoderno importante) obtenía la mayor parte de sus riquezas de sus provincias del norte de África, los Balcanes y Oriente Próximo. Las provincias romanas de Europa occidental eran un pobre salvaje oeste, que contribuía en poco, aparte de minerales y esclavos. La Europa septentrional era tan desolada y bárbara que ni siquiera valía la pena conquistarla.

Solo a finales del siglo xv, Europa se convirtió en sede de acontecimientos militares, políticos, económicos y culturales importantes. Entre 1500 y 1750, Europa occidental ganó ímpetu y se convirtió en dueña del «mundo exterior», es decir, de los dos continentes americanos y de los océanos. Pero incluso entonces, Europa no era rival para los grandes poderes de Asia. Los europeos consiguieron conquistar América y obtener la supremacía en el mar principalmente porque las potencias asiáticas demostraban poco interés en ello. Los inicios de la era moderna fueron una edad de oro para el Imperio otomano en el Mediterráneo, el Imperio safávida en Persia, el Imperio mogol en la India y las dinastías chinas Ming y Qing. Extendieron de manera importante sus territorios y gozaron de un crecimiento demográfico y económico sin precedentes. En 1775, Asia suponía el 80 por ciento de la economía mundial. Las economías combinadas de la India y China por sí solas representaban dos tercios de la producción global. En comparación, Europa era un enano económico.[3]

El centro global de poder no pasó a Europa hasta el período entre 1750 y 1850, cuando los europeos humillaron a las potencias asiáticas en una serie de guerras y conquistaron extensas partes de Asia. Hacia 1900, los europeos controlaban firmemente la economía mundial y la mayor parte de su territorio. En 1950, Europa occidental y Estados Unidos suponían en conjunto más de la mitad de la producción global, mientras que la porción de China se había reducido al 5 por ciento.[4] Bajo la égida europea surgió un nuevo orden global y una nueva cultura global. En la actualidad, todos los humanos son, en mucha mayor medida de lo que en general quieren admitir, europeos por su manera de vestir, de pensar y por sus gustos. Pueden ser ferozmente antieuropeos en su retórica, pero casi todo el mundo en el planeta ve la política, la medicina, la guerra y la economía con ojos europeos, y escucha música escrita al modo europeo con letras en idiomas europeos. Incluso la naciente economía china, que puede recuperar pronto su primacía global, está construida según un modelo europeo de producción y finanzas.

¿Cómo consiguieron los habitantes de este frío apéndice de Eurasia salir de su remoto rincón del globo y conquistar el mundo? A menudo se concede mucho crédito a los científicos de Europa. Es incuestionable que a partir de 1850 la dominación europea se basó en gran medida en el complejo militar-industrial-científico y en la magia tecnológica. Todos los imperios de la época moderna tardía que tuvieron éxito cultivaron la investigación científica con la esperanza de cosechar innovaciones tecnológicas, y muchos científicos invirtieron la mayor parte de su tiempo trabajando en armas, medicinas y máquinas para sus amos imperiales. Una expresión común entre los soldados europeos que se enfrentaban a enemigos africanos era: «Ocurra lo que ocurra, nosotros tenemos ametralladoras y ellos no». Las tecnologías civiles no eran menos importantes. Los alimentos enlatados alimentaban a los soldados, los ferrocarriles y barcos de vapor transportaban a los soldados y sus provisiones, mientras que un nuevo arsenal de medicinas curaba a los soldados, marinos e ingenieros de las locomotoras. Estos avances logísticos desempeñaron un papel más importante en la conquista europea de África que la ametralladora.

Sin embargo, esto no era así antes de 1850. El complejo militar-industrial-científico se hallaba todavía en su infancia; los frutos tecnológicos de la revolución científica estaban todavía verdes, y la brecha tecnológica entre las potencias europeas, asiáticas y africanas era pequeña. En 1770, James Cook disponía ciertamente de una tecnología mucho mejor que la de los aborígenes australianos, pero también disponían de ella los chinos y otomanos. ¿Por qué razón, pues, fue Australia explorada y colonizada por el capitán James Cook y no por el capitán Wan Zheng He o por el capitán Husein Pasha? Y más importante todavía, si en 1770 los europeos no tenían una ventaja tecnológica significativa sobre los musulmanes, indios y chinos, ¿cómo consiguieron en el siglo siguiente abrir semejante brecha entre ellos y el resto del mundo?

¿Por qué el complejo militar-industrial-científico floreció en Europa y no en la India? Cuando Gran Bretaña dio el gran salto adelante, ¿por qué Francia, Alemania y Estados Unidos la siguieron rápidamente, mientras que China quedaba rezagada? Cuando la brecha entre las naciones industriales y las no industriales se convirtió en un factor económico y político evidente, ¿por qué Rusia, Italia y Austria consiguieron salvarla, mientras que Persia, Egipto y el Imperio otomano fracasaron? Después de todo, la tecnología de la primera oleada industrial era relativamente simple. ¿Tan difícil era para los chinos o los otomanos diseñar máquinas de vapor, fabricar ametralladoras y tender vías férreas?

El primer ferrocarril comercial se inauguró con fines comerciales en 1830 en Gran Bretaña. En 1850, las naciones europeas estaban recorridas por casi 40.000 kilómetros de vías férreas, pero en todo el conjunto de Asia, África y América Latina solo había 4.000 kilómetros de vías. En 1880, Occidente se jactaba de tener más de 350.000 kilómetros de vías férreas, mientras que en el resto del mundo no había más de 35.000 kilómetros de líneas de tren (y la mayoría de ellas las tendieron los ingleses en la India).[5] La primera vía férrea en China no se inauguró hasta 1876. Tenía 25 kilómetros de longitud y la construyeron europeos; el gobierno chino la destruyó al año siguiente. En 1880, el Imperio chino no tenía ni un solo ferrocarril. La primera vía férrea en Persia se construyó en 1888, y conectaba Teherán con un lugar sagrado musulmán situado a unos 10 kilómetros al sur de la capital. La construyó y la gestionaba una compañía belga. En 1950, la red de ferrocarriles de Persia era solo de unos escasos 2.500 kilómetros, en un país cuyo tamaño es siete veces el de Gran Bretaña.[6]

Los chinos y los persas no carecían de inventos tecnológicos como las máquinas de vapor (que se podían copiar libremente, o comprar). Carecían de los valores, mitos, aparato judicial y estructuras sociopolíticas que tardaron siglos en cobrar forma y madurar en Occidente, y que no podían copiarse ni asimilarse rápidamente. Francia y Estados Unidos siguieron con celeridad los pasos de Gran Bretaña porque los franceses y los estadounidenses ya compartían los mitos y estructuras sociales más importantes de los británicos. Los chinos y los persas no pudieron darles alcance con tanta rapidez porque pensaban y organizaban sus sociedades de manera diferente.

Esta explicación arroja nueva luz sobre el período que va de 1500 a 1850. En esta época, Europa no gozó de ninguna ventaja obvia, tecnológica, política, militar o económica sobre las potencias asiáticas, pero el continente construyó un potencial único, cuya importancia se reveló de repente hacia 1850. La aparente igualdad entre Europa, China y el mundo musulmán en 1750 era un espejismo. Imaginemos a dos constructores, cada uno de los cuales construye atareadamente dos torres muy altas. Un constructor emplea madera y adobe, mientras que el otro emplea acero y hormigón. Al principio parece que no hay mucha diferencia entre los dos métodos, puesto que ambas torres crecen a un ritmo similar y alcanzan una altura parecida. Sin embargo, una vez que se traspasa un umbral crítico, la torre de madera y barro no puede soportar la tensión y se derrumba, mientras que la de acero y hormigón crece piso a piso, hasta donde alcanza la vista.

¿Qué potencial desarrolló Europa a principios del período moderno que le permitió dominar el mundo moderno tardío? Hay dos respuestas complementarias a esta pregunta: la ciencia moderna y el capitalismo. Los europeos estaban acostumbrados a pensar y a comportarse de una manera científica y capitalista aun antes de gozar de ninguna ventaja tecnológica significativa. Cuando empezó la bonanza tecnológica, los europeos la pudieron domeñar mucho mejor que nadie. De modo que no es en absoluto una coincidencia que la ciencia y el capitalismo formen la herencia más importante que el imperialismo europeo ha legado al mundo posteuropeo del siglo XXI. Europa y los europeos ya no gobiernan el mundo, pero la ciencia y el capital se hacen cada vez más fuertes. Las victorias del capitalismo se examinan en el capítulo siguiente. Este capítulo se dedica a la historia de amor entre el imperialismo europeo y la ciencia moderna.

LA MENTALIDAD DE CONQUISTA

La ciencia moderna floreció en los imperios europeos y gracias a ellos. La disciplina tiene evidentemente una enorme deuda con las antiguas tradiciones científicas, como las de la Grecia clásica, China, la India y el islam, pero su carácter único no empezó a tomar forma hasta el inicio del período moderno, de la mano de la expansión imperial de España, Portugal, Gran Bretaña, Francia, Rusia y los Países Bajos. Durante el período moderno temprano, chinos, indios, musulmanes, americanos nativos y polinesios continuaron haciendo contribuciones importantes a la revolución científica. Las intuiciones de los economistas árabes las estudiaron Adam Smith y Karl Marx, tratamientos que iniciaron doctores americanos nativos encontraron su camino hasta los textos médicos ingleses, y los datos extraídos de informadores polinesios revolucionaron la antropología occidental. Pero hasta mediados del siglo xx, las personas que compulsaron esta miríada de descubrimientos científicos, y en el proceso crearon disciplinas científicas, fueron las élites gobernantes e intelectuales de los imperios europeos globales. El Extremo Oriente y el mundo islámico produjeron mentes tan inteligentes y curiosas como las de Europa. Sin embargo, entre 1500 y 1950 no produjeron nada que se acerque remotamente a la física newtoniana o a la biología darwiniana.

Esto no significa que los europeos tengan un gen único para la ciencia, o que vayan a dominar para siempre el estudio de la física y la biología. De la misma manera que el islam empezó como un monopolio árabe pero del que posteriormente se apoderaron turcos y persas, la ciencia moderna empezó como una especialidad europea, si bien en la actualidad se está convirtiendo en una empresa multiétnica.

¿Qué forjó el lazo histórico entre la ciencia moderna y el imperialismo europeo? La tecnología fue un factor importante en los siglos xix y xx, pero en los inicios de la era moderna tuvo una importancia relativa. El factor clave fue que el botánico que buscaba plantas y el oficial naval que buscaba colonias compartían una manera de pensar similar. Tanto el científico como el conquistador empezaron admitiendo ignorancia al decir: «No sé qué es lo que hay allá fuera». Ambos se sintieron impulsados a ir allá y hacer nuevos descubrimientos. Y ambos confiaban en que el nuevo conocimiento que así adquirirían les convertiría en dueños del mundo.

El imperialismo europeo fue completamente distinto a todos los demás proyectos imperiales de la historia. Los anteriores buscadores de imperios solían suponer que ya comprendían el mundo. La conquista simplemente utilizaba y extendía su visión del mundo. Los árabes, para citar un ejemplo, no conquistaron Egipto, Iberia o la India con el fin de descubrir algo que no conocían. Los romanos, mongoles y aztecas conquistaron vorazmente nuevas tierras en busca de poder y riquezas, no de saber. En cambio, los imperialistas europeos se dirigieron hacia lejanas costas con la esperanza de obtener nuevos conocimientos junto con los nuevos territorios.

James Cook no fue el primer explorador que pensó de esta manera. Los viajeros portugueses y españoles de los siglos xv y xvi ya lo habían hecho. El príncipe Enrique el Navegante y Vasco da Gama exploraron las costas de África y, mientras lo hacían, tomaron el control de islas y puertos. Cristóbal Colón «descubrió» América, e inmediatamente reclamó la soberanía de las nuevas tierras para los reyes de España. Fernando de Magallanes encontró una ruta para circunnavegar el mundo, y simultáneamente preparó el terreno para la conquista española de las Filipinas.

A medida que transcurría el tiempo, la conquista de conocimientos y la conquista de territorio se entrelazaron de manera todavía más fuerte. En los siglos xviii y xix, casi todas las expediciones militares importantes que partieron de Europa en dirección a tierras distantes llevaban a bordo científicos que emprendían el viaje no para luchar, sino para realizar descubrimientos científicos. Cuando Napoleón invadió Egipto en 1798, llevó consigo 165 estudiosos, que, entre otras cosas, fundaron una disciplina completamente nueva, la egiptología, e hicieron importantes contribuciones al estudio de la religión, la lingüística y la botánica.

En 1831, la Royal Navy envió al buque HMS *Beagle* a cartografiar las costas de Sudamérica, las islas Malvinas y las islas Galápagos. La armada necesitaba este conocimiento con el fin de estar mejor preparada si había una guerra. El capitán del buque, que era un científico aficionado, decidió añadir un geólogo a la expedición para estudiar las formaciones geológicas que la expedición podía encontrar a lo largo del camino. Después de que varios geólogos profesionales rechazaran su invitación, el capitán ofreció el puesto a un graduado de Cambridge de veintidós años de edad, Charles Darwin. Darwin había estudiado para convertirse en pastor anglicano, pero estaba mucho más interesado en la geología y en las ciencias naturales que en la Biblia. Aprovechó la oportunidad, y el resto es historia. Durante el viaje, el capitán pasó su tiempo dibujando mapas militares mientras que Darwin reunía los datos empíricos y formulaba las intuiciones que finalmente se convertirían en la teoría de la evolución.

El 20 de julio de 1969, Neil Armstrong y Buzz Aldrin ponían un pie sobre la superficie de la Luna. En los meses que antecedieron a su expedición, los astronautas del Apolo 11 se adiestraron en un remoto desierto de aspecto lunar del oeste de Estados Unidos. La zona es el hogar de varias comunidades de americanos nativos, y hay una historia (o leyenda) que describe un encuentro entre los astronautas y uno de los habitantes locales:

> Un día, mientras efectuaban actividades de adiestramiento, los astronautas se encontraron con un anciano americano nativo. El hombre les preguntó qué hacían allí. Le contestaron que formaban parte de una expedición de investigación que muy pronto viajaría para explorar la Luna. Cuando el anciano oyó esto, quedó en silencio por unos momentos, y después les pidió a los astronautas si le podrían hacer un favor.
> —¿Qué quiere usted? —le preguntaron.
> —Bueno —dijo el anciano—, la gente de mi tribu cree que en la Luna viven espíritus sagrados. Me preguntaba si ustedes les podrían transmitir un mensaje importante para ellos de parte de mi pueblo.
> —¿Cuál es el mensaje? —preguntaron los astronautas.

El hombre pronunció algo en su lenguaje tribal, y después les pidió a los astronautas que lo repitieran una y otra vez hasta que lo memorizaron correctamente.

—¿Qué significa? —preguntaron los astronautas.

—¡Oh!, no puedo decírselo. Es un secreto que solo nuestra tribu y los espíritus de la Luna pueden conocer.

Cuando volvieron a su base, los astronautas buscaron y buscaron hasta que encontraron a alguien que podía hablar el lenguaje tribal, y le pidieron que tradujera el mensaje secreto. Al repetir lo que habían aprendido de memoria, el traductor empezó a reírse ruidosamente. Tras calmarse, los astronautas le preguntaron qué quería decir. El hombre les explicó que la frase que habían aprendido de memoria con tanto cuidado decía: «No os creáis ni una palabra de lo que esta gente os digan. Han venido para robaros vuestras tierras».

Mapas vacíos

La mentalidad moderna de «explora y conquista» se halla perfectamente ilustrada en el desarrollo de los mapas del mundo o mapamundis. Numerosas culturas dibujaron mapas del mundo mucho antes de la época moderna. Evidentemente, ninguna de ellas conocía en realidad la totalidad del mundo. Ninguna cultura afroasiática sabía de América, y ninguna cultura americana sabía de Afroasia. Pero las regiones desconocidas se omitían simplemente, o bien se llenaban de monstruos y maravillas imaginarios. Tales mapas no tenían espacios vacíos y daban la impresión de que había una gran familiaridad con el mundo entero (véase la figura 23).

Durante los siglos xv y xvi, los europeos empezaron a dibujar mapas del mundo con gran cantidad de espacios vacíos: una indicación del desarrollo de la forma de pensar científica, así como del impulso imperial europeo. Los mapas vacíos eran una novedad psicológica e ideológica, una admisión clara de que los europeos ignoraban los que había en grandes zonas del mundo.

El punto de inflexión crucial llegó en 1492, cuando Cristóbal Colón se hizo a la mar hacia el oeste desde España en busca de una nueva ruta a Asia oriental. Colón creía todavía en los antiguos y «completos»

FIGURA 23. Un mapamundi europeo de 1459. Europa se halla arriba a la izquierda, el Mediterráneo y África debajo, y Asia a la derecha. El mapa está lleno de detalles, incluso cuando ilustra áreas del mundo que eran completamente desconocidas para los europeos, como el África austral.

mapamundis. Utilizándolos, Colón calculó que Japón debía de hallarse a unos 7.000 kilómetros al oeste de España. Pero en realidad, más de 20.000 kilómetros y un continente entero y desconocido separaban Asia oriental de España. El 12 de octubre de 1492, hacia las dos de la madrugada, la expedición de Colón dio con el continente desconocido. Juan Rodríguez Bermejo, que actuaba de vigía desde el mástil de la nao *Pinta*, divisó una isla que ahora llamamos las Bahamas, y gritó «¡Tierra, tierra!».

Colón creía haber llegado a una pequeña isla en aguas de la costa de Asia oriental. Llamó «indios» a las gentes que allí encontró, porque pensaba que había desembarcado en las Indias, lo que ahora llamamos las Indias Orientales, o el archipiélago indonesio. Colón se mantuvo en este error durante el resto de su vida. La idea de que había descubierto un continente desconocido era inconcebible para él y para muchos de su generación. Durante miles de años, no solo los grandes pensadores y sabios, sino también las infalibles Escrituras, habían conocido solo Europa, África y Asia. ¿Podían haber estado equivocados todos? ¿Podía la Biblia haber pasado por alto la mitad del mundo? Sería algo así como si en 1969, en su camino hacia la Luna el Apolo 11 se hubiera estrellado en una luna hasta entonces desconocida que orbitara la Tierra, y que todas las observaciones previas no hubieran conseguido detectar. En su negativa a admitir ignorancia, Colón era todavía un hombre medieval. Estaba persuadido de que conocía todo el mundo, e incluso su trascendental descubrimiento no consiguió convencerlo de lo contrario.

El primer hombre moderno fue Amerigo Vespucci, un marino italiano que tomó parte en varias expediciones a América en los años 1499-1504. Entre 1502 y 1504 se publicaron en Europa dos textos que describían dichas expediciones y se atribuyeron a Vespucci. Dichos textos aducían que las nuevas tierras descubiertas por Colón no eran islas en aguas de la costa de Asia oriental, sino todo un continente desconocido por las Escrituras, los geógrafos clásicos y los europeos contemporáneos. En 1507, convencido por estos argumentos, un respetado cartógrafo llamado Martin Waldseemüller publicó un mapamundi actualizado, el primero en mostrar que el lugar en el que las flotas europeas que navegaban hacia el oeste habían desembarcado era un continente separado. Después de dibujarlo, creyendo equivocadamente que Amerigo Vespucci había sido la persona que lo había descubierto, Waldseemüller dio nombre al continente en su honor: América. El mapa de Waldseemüller se hizo muy popular y fue copiado por otros muchos cartógrafos, lo que extendió el nombre que había dado a la nueva tierra. Existe cierta justicia poética en el hecho de que una cuarta parte del mundo, y dos de sus siete continentes, hayan recibido el nombre de un italiano poco conocido cuya única contribución a la fama es que tuvo la valentía de decir: «No lo sabemos».

FIGURA 24. El mapamundi de Salviati, 1525. Mientras que el mapamundi de 1459 está lleno de continentes, islas y explicaciones detalladas, el mapa de Salviati está casi vacío. El ojo resigue la costa americana hacia el sur, hasta que esta termina en el vacío. Quienquiera que observe el mapa y posea una pizca al menos de curiosidad se sentirá tentado a preguntar: «¿Qué hay más allá de este punto?». El mapa no da respuestas. Invita al observador a hacerse a la mar y descubrirlo.

El descubrimiento de América fue el acontecimiento fundacional de la revolución científica. No solo enseñó a los europeos a preferir las observaciones actuales a las tradiciones del pasado, sino que el deseo de conquistar América obligó asimismo a los europeos a buscar nuevos conocimientos a una velocidad vertiginosa. Si realmente querían controlar los vastos territorios nuevos, tenían que reunir una cantidad enorme de nuevos datos sobre la geografía, el clima, la flora, la fauna, los idiomas, las culturas y la historia del nuevo continente. Las Escrituras cristianas, los viejos libros de geografía y las antiguas tradiciones orales eran de poca ayuda.

A partir de entonces, no solo los geógrafos europeos, sino los eruditos en casi todos los campos del conocimiento, empezaron a trazar mapas con espacios vacíos que había que llenar. Comenzaron a admitir que sus teorías no eran perfectas y que había cosas importantes que no sabían (véase la figura 24).

Los europeos fueron atraídos a los puntos vacíos del mapa como si de imanes se tratara, y pronto empezaron a rellenarlos. Durante los siglos xv y xvi, expediciones europeas circunnavegaron África, exploraron América, atravesaron los océanos Pacífico e Índico, y crearon una red de bases y colonias por todo el mundo. Establecieron los primeros imperios realmente globales y urdieron juntos la primera red comercial global. Las expediciones imperiales europeas transformaron la historia del mundo: de ser una serie de historias de pueblos y culturas aislados, se convirtió en la historia de una única sociedad humana integrada.

Estas expediciones europeas de exploración y conquista nos resultan tan familiares que solemos pasar por alto lo extraordinarias que fueron. Nunca antes había acaecido nada parecido. Las campañas de conquista a gran distancia no son una empresa natural. A lo largo de la historia la mayoría de las sociedades humanas estaban tan inmersas en los conflictos locales y pendencias con sus vecinos que nunca consideraron explorar y conquistar tierras lejanas. La mayoría de los grandes imperios extendieron su control únicamente sobre su vecindario inmediato: alcanzaron tierras remotas por el simple hecho de que su vecindario se fue expandiendo. Así, los romanos conquistaron Etruria con el fin de defender Roma (c. 350-300 a.C.). Después conquistaron el valle del Po para poder defender Etruria (c. 200 a.C.). A continuación conquistaron la Provenza para defender el valle del Po (c. 120 a.C.), la Galia para defender Provenza (c. 50 a.C.), y Britania para defender la Galia (c. 50 d.C.). Les llevó 400 años ir desde Roma a Londres. En 350 a.C., a ningún romano se le hubiera ocurrido navegar directamente hasta Britania y conquistarla.

En ocasiones, un gobernante o aventurero ambicioso se embarcaba en una campaña de conquista de largo alcance, pero dichas campañas solían seguir rutas imperiales o comerciales bien trilladas. Las campañas de Alejandro Magno, por ejemplo, no acabaron en el establecimiento de un nuevo imperio, sino en la usurpación de un imperio ya existente: el de los persas. Los precedentes más cercanos de los imperios europeos modernos fueron los antiguos imperios navales de Atenas y Cartago, y el imperio naval de Majapahit, que dominó gran parte de Indonesia en el siglo xiv. Pero incluso estos imperios rara vez se aventuraban en mares desconocidos; sus hazañas navales eran empeños locales cuando se comparan con las empresas de los europeos modernos.

Muchos expertos aducen que los viajes del almirante Zheng He, de la dinastía Ming de China, fueron precursores de los viajes europeos de descubrimiento, y los eclipsaron. Entre 1405 y 1433, Zheng He dirigió siete enormes armadas desde China hasta los extremos más alejados del océano Índico. La mayor de ellas comprendía casi 300 barcos y transportaba cerca de 30.000 personas.[7] Visitaron Indonesia, Sri Lanka, la India, el golfo Pérsico, el mar Rojo y África oriental. Barcos chinos anclaron en Yidda, el principal puerto del Hiyaz, y en Malindi, en la costa de Kenia. La flota de Colón en 1492, que consistía en tres barcos pequeños tripulados por 120 marineros, era como un trío de mosquitos comparado con la multitud de dragones de Zheng He.[8]

Sin embargo, había una diferencia crucial. Zheng He exploraba los océanos, y ayudaba a los gobernantes prochinos, pero no intentaba conquistar o colonizar los países que visitaba. Además, las expediciones de Zheng He no estaban profundamente arraigadas en la política y la cultura chinas. Cuando la facción gobernante en Beijing cambió durante la década de 1430, los nuevos jefes supremos pusieron fin abruptamente a la operación. La gran flota fue desmantelada, se perdió un conocimiento técnico y geográfico crucial y ningún otro explorador de la misma talla y con los mismos medios se hizo nunca más a la mar desde un puerto chino. Los gobernantes chinos de los siglos siguientes, al igual que la mayoría de los gobernantes chinos de los siglos anteriores, restringieron sus intereses y ambiciones al entorno inmediato del Reino Medio.

Las expediciones de Zheng He demuestran que Europa no gozaba de una ventaja tecnológica descollante. Lo que hacía excepcionales a los europeos era su ambición inigualada e insaciable de explorar y conquistar. Aunque pudieron haber tenido la capacidad, los romanos no intentaron nunca conquistar la India o Escandinavia, los persas no intentaron nunca conquistar Madagascar o España, y los chinos no intentaron nunca conquistar Indonesia o África. La mayoría de los gobernantes chinos dejaron al vecino Japón a sus propios recursos. No había nada de peculiar en ello. Lo raro es que los europeos de los albores de la edad moderna sucumbieran a una fiebre que los impulsó a navegar hasta tierras distantes y desconocidas llenas de culturas extrañas, a plantar el pie en sus playas y a declarar: «¡Reclamo todos estos territorios para mi rey!».

INVASIÓN DESDE EL ESPACIO EXTERIOR

Hacia 1517, los colonos españoles en las islas del Caribe empezaron a oír vagos rumores acerca de un poderoso imperio situado en algún lugar del centro continental mexicano. Solo cuatro años después, la capital azteca era una ruina humeante, el Imperio azteca era cosa del pasado y Hernán Cortés señoreaba un vasto y nuevo imperio español en México.

Los españoles no se detuvieron para felicitarse por el éxito y ni siquiera para tomar aliento. Iniciaron de inmediato operaciones de exploración y conquista en todas direcciones. Los antiguos gobernantes de América Central (los aztecas, los toltecas y los mayas) apenas sabían de la existencia de Sudamérica, y nunca hicieron ningún intento de sojuzgarla, a lo largo de 2.000 años. Pero en poco más de diez años después de la conquista española de México, Francisco Pizarro había descubierto el Imperio inca en Sudamérica y lo había conquistado en 1532 (véase el mapa 6).

Si los aztecas y los incas hubieran mostrado un poco más de interés en el mundo que los rodeaba, y si hubieran sabido lo que los españoles habían hecho a sus vecinos, podrían haber resistido con más entusiasmo y éxito a la conquista española. En los años que separan el primer viaje de Colón a América (1492) del desembarco de Cortés en México (1519), los españoles conquistaron la mayoría de las islas del Caribe, y establecieron una cadena de nuevas colonias. Para los nativos sometidos, dichas colonias eran el infierno en la Tierra. Estaban gobernados con puño de hierro por colonos codiciosos y sin escrúpulos que los esclavizaron y los pusieron a trabajar en minas y plantaciones, y que mataron a quienquiera que ofreciese la más mínima resistencia. La mayor parte de la población nativa murió pronto, ya fuera debido a las duras condiciones de trabajo o a la virulencia de las enfermedades que llegaron a América a bordo de los buques de vela de los conquistadores. En veinte años, casi toda la población nativa del Caribe había sido aniquilada. Y los colonos españoles empezaron a importar esclavos africanos para llenar el vacío.

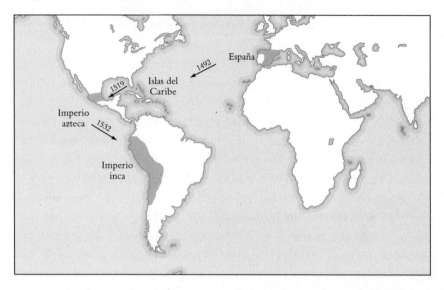

MAPA 6. Los imperios azteca e inca en la época de la conquista española.

Este genocidio tuvo lugar a las puertas mismas del Imperio azteca, pero cuando Cortés desembarcó en la costa oriental del imperio, los aztecas lo desconocían totalmente. La llegada de los españoles fue el equivalente de una invasión extraterrestre procedente del espacio exterior. Los aztecas estaban convencidos de que conocían el mundo entero y de que gobernaban la mayor parte del mismo. Para ellos era inimaginable que fuera de sus dominios pudiera existir gente como los españoles. Cuando Cortés y sus hombres desembarcaron en las soleadas playas de lo que actualmente es Veracruz, fue la primera vez que los aztecas se encontraron con un pueblo completamente desconocido.

Los aztecas no supieron cómo reaccionar. Tenían dificultad en decidir qué eran esos extranjeros. A diferencia de todos los humanos conocidos, los extraños tenían la piel blanca. También tenían mucho pelo facial. Algunos tenían el cabello del color del sol. Hedían de una manera horrible. (La higiene de los nativos era mucho mejor que la de los españoles. Cuando los españoles llegaron a México por primera vez, se les asignaron nativos portadores de quemadores de incienso para acompañarlos a dondequiera que fueran. Los españoles pensaron que se trataba de una marca de honor divino. Ahora sabemos, por fuentes de los nativos, que encontraron insoportable el olor de los recién llegados.)

La cultura material de los extranjeros era incluso más desconcertante. Habían llegado en barcos gigantescos, que los aztecas no habían imaginado nunca, y mucho menos visto. Cabalgaban sobre animales enormes y terribles, rápidos como el viento. Podían producir rayos y truenos que salían de sus palos de reluciente metal. Poseían espadas largas y relucientes y armaduras impenetrables, contra las cuales las espadas de madera y las lanzas de pedernal de los nativos eran inútiles.

Algunos aztecas pensaban que debían de ser dioses. Otros aducían que eran demonios, o los fantasmas de los muertos, o poderosos magos. En lugar de concentrar todas las fuerzas disponibles y aniquilar a los españoles, los aztecas deliberaron, perdieron el tiempo y negociaron. No veían ninguna razón para apresurarse. Después de todo, Cortés no tenía más que 550 españoles con él. ¿Qué podían hacer 550 hombres contra un imperio de millones?

Cortés era igualmente ignorante acerca de los aztecas, pero él y sus hombres disponían de algunas ventajas importantes sobre sus adversarios. Mientras que los aztecas no tenían experiencia que les preparara para la llegada de esos extranjeros de extraño aspecto y malolientes, los españoles sabían que la Tierra estaba llena de reinos humanos desconocidos, y nadie tenía más experiencia en invadir tierras ajenas y en tratar con situaciones que desconocían completamente. Para el conquistador europeo moderno, como para el científico europeo moderno, sumergirse en lo desconocido era estimulante.

De modo que cuando Cortés echó anclas en aguas de aquella soleada playa en julio de 1519, no dudó en actuar. Como un extraterrestre de ciencia ficción que sale de su nave espacial, declaró a los anonadados nativos: «Venimos en son de paz. Llevadnos ante vuestro jefe». Cortés explicó que era un emisario pacífico del gran rey de España, y solicitó una entrevista diplomática con el gobernante azteca, Moctezuma II. (Era una mentira descarada. Cortés dirigía una expedición independiente de aventureros codiciosos. El rey de España no había oído hablar de Cortés, ni de los aztecas.) A Cortés le proporcionaron guías, alimentos y ayuda militar los enemigos locales de los aztecas. Después se dirigió hacia la capital azteca, la gran metrópoli de Tenochtitlan.

Los aztecas permitieron que los extranjeros avanzaran directamente hasta la capital, y después llevaron respetuosamente al jefe de los extranjeros al encuentro con el emperador Moctezuma. En plena entrevista, Cortés hizo una señal, y los españoles, armados con el acero de sus espadas, mataron a los guardias de Moctezuma (que estaban armados solo con palos de madera y espadas de piedra). Y el invitado de honor hizo prisionero a su anfitrión.

Cortés se hallaba ahora en una situación muy delicada. Había capturado al emperador, pero estaba rodeado por decenas de miles de guerreros enemigos enfurecidos, millones de civiles hostiles y por todo un continente del que no sabía prácticamente nada. Tenía a su disposición únicamente unos pocos cientos de españoles, y los refuerzos españoles más cercanos se hallaban en Cuba, a más de 1.500 kilómetros de distancia.

Cortés mantuvo a Moctezuma cautivo en su palacio, haciendo ver que el rey estaba libre y que mandaba, y que el «embajador español» no era más que un invitado. El Imperio azteca era una organización política muy centralizada, y esta situación sin precedentes lo paralizó. Moctezuma continuaba comportándose como si gobernara el imperio, y la élite azteca continuaba obedeciéndole, lo que significaba que obedecía a Cortés. Esta situación duró varios meses, tiempo durante el cual Cortés interrogó a Moctezuma y a sus ayudantes, adiestró a traductores en diversos idiomas locales y envió pequeñas expediciones de españoles en todas direcciones para que se familiarizaran con el Imperio azteca y las diversas tribus, pueblos y ciudades que este gobernaba.

Al final, la élite azteca se rebeló contra Cortés y Moctezuma, eligió a un nuevo emperador y expulsó a los españoles de Tenochtitlan. Sin embargo, a esas alturas ya habían aparecido numerosas grietas en el edificio imperial. Cortés empleó el conocimiento que había obtenido para abrir más todavía dichas grietas y escindir el imperio desde dentro. Convenció a muchos de los pueblos tributarios del imperio para que se unieran a él contra la élite azteca gobernante. Y los pueblos tributarios cometieron un terrible error de cálculo. Odiaban a los aztecas, pero no sabían nada de España o del genocidio caribeño. Supusieron que con la ayuda de los españoles podrían librarse del yugo azteca. Nunca se les ocurrió la idea de que los españoles acabarían sojuzgándolos. Estaban seguros de que si Cortés y sus pocos cientos de secuaces causaban algún problema, podrían ser vencidos fácilmente. Los pueblos rebeldes proporcionaron a Cortés un ejército de decenas de miles de soldados locales, y con su ayuda Cortés asedió Tenochtitlan y conquistó la ciudad.

En esta fase, cada vez más soldados y colonos españoles llegaban a México, algunos desde Cuba, otros directamente desde España. Cuando los pueblos locales se dieron cuenta de lo que estaba ocurriendo, ya era demasiado tarde. Al cabo de un siglo del desembarco en Veracruz, la población nativa de las Américas se había reducido en un 90 por ciento, debido sobre todo a enfermedades con las que no estaba familiarizada y que llegaron a América con los invasores. Los supervivientes se encontraron a merced de un régimen codicioso y racista que era mucho peor que el de los aztecas.

Diez años después de que Cortés desembarcara en México, Pizarro llegó a las costas del Imperio inca. Tenía menos soldados que Cortés (¡su expedición constaba solo de 168 hombres!), pero Pizarro se aprovechó de todo el conocimiento y la experiencia conseguidos en las invasiones previas. Los incas, en cambio, no sabían nada de la suerte que habían corrido los aztecas. Pizarro emuló a Cortés. Declaró ser un emisario pacífico del rey de España, invitó al emperador inca, Atahualpa, a una entrevista diplomática y después lo secuestró. Pizarro se dedicó a conquistar el paralizado imperio con la ayuda de aliados locales. Si los pueblos tributarios del Imperio inca hubieran conocido la suerte que corrieron los habitantes de México, no se habrían puesto a merced de los invasores. Pero la desconocían.

Los pueblos nativos de América no fueron los únicos en pagar un alto precio por su punto de vista localista. Los grandes imperios de Asia (el otomano, el safávida, el mogol y el chino) tuvieron muy pronto noticias de que los europeos habían descubierto algo grande, pero mostraron muy poco interés por dichos descubrimientos. Continuaron creyendo que el mundo giraba alrededor de Asia, y no hicieron ningún intento para competir con los europeos por el control de América o de las nuevas rutas oceánicas en el Atlántico y el Pacífico. Incluso reinos europeos pequeños, como Escocia y Dinamarca, enviaron algunas expediciones de exploración y conquista a América, pero ni una sola expedición, ni de exploración ni de conquista, fue enviada nunca a América desde el mundo islámico, la India o China. La primera potencia no europea que intentó enviar una expedición militar a América fue Japón. Esto ocurrió en junio de 1942, cuando una expedición japonesa conquistó Kiska y Attu, dos pequeñas islas en aguas de Alaska, y capturó a diez soldados estadounidenses y un perro. Los japoneses no se acercaron más al continente.

Es difícil argumentar que los otomanos o los chinos se hallaban demasiado lejos, o que carecían de los medios tecnológicos, económicos o militares. Los recursos que enviaron a Zheng He desde China hasta África oriental en la década de 1420 tendrían que haber sido suficientes para alcanzar América. Los chinos, simplemente, no estaban interesados. El primer mapamundi chino que mostraba América no se produjo hasta 1602... ¡y por un misionero europeo!

Durante 300 años, los europeos gozaron de un dominio indiscutible en América y Oceanía, en el Atlántico y el Pacífico. Las únicas refriegas importantes en estas regiones fueron entre diferentes potencias europeas. Finalmente, las riquezas y los recursos acumulados por los europeos les permitieron invadir también Asia, derrotar sus imperios y dividirlos entre ellos. Cuando los otomanos, persas, indios y chinos se despertaron y comenzaron a prestar atención, ya era demasiado tarde.

No fue hasta el siglo xx cuando las culturas no europeas adoptaron una visión realmente global. Este fue uno de los factores cruciales que condujo al hundimiento de la hegemonía europea. Así, en la guerra de la independencia argelina (1954-1962), los guerrilleros argelinos derrotaron a un ejército francés con una ventaja numérica, tecnológica y económica abrumadora. Los argelinos vencieron porque los apoyaba una red anticolonial global, y porque supieron cómo hacer que simpatizaran con su causa los medios de comunicación de todo el mundo, así como la opinión pública francesa. La derrota que el pequeño Vietnam del Norte infligió al coloso estadounidense se basaba en una estrategia similar. Las fuerzas de guerrillas demostraron que incluso las superpotencias podían ser derrotadas si una lucha local se convertía en una causa global. Es interesante especular acerca de qué podría haber ocurrido si

Moctezuma hubiera podido manipular a la opinión pública en España y conseguir la ayuda de uno de los rivales de España: Portugal, Francia o el Imperio otomano.

Arañas raras y escrituras olvidadas

La ciencia moderna y los imperios modernos estuvieron motivados por la inquietud de que quizá algo importante aguardaba más allá del horizonte, algo que era mejor que exploraran y domeñaran. Pero la alianza entre ciencia e imperio era mucho más profunda. No solo la motivación, sino también las prácticas de los forjadores de imperios estaban entrelazadas con las de los científicos. Para los europeos modernos, construir un imperio era un proyecto científico, mientras que establecer una disciplina científica era un proyecto imperial.

Cuando los musulmanes conquistaron la India, no llevaron consigo arqueólogos que estudiaran la historia india de manera sistemática, antropólogos que estudiaran las culturas indias, geólogos que estudiaran los suelos indios, o zoólogos que estudiaran la fauna india. En cambio, cuando los ingleses conquistaron la India, sí lo hicieron. El 10 de abril de 1802 se puso en marcha el Gran Levantamiento de Planos de la India, que duró 60 años. Con ayuda de decenas de miles de trabajadores, estudiosos y guías nativos, los británicos cartografiaron detenidamente toda la India, marcando fronteras, midiendo distancias e incluso calculando por primera vez la altura exacta del monte Everest y de otras cumbres del Himalaya. Los ingleses exploraron los recursos militares de las provincias indias y la localización de sus minas de oro, pero también se tomaron la molestia de recabar información sobre raras arañas indias, catalogar coloridas mariposas, seguir la pista de los antiguos orígenes de lenguajes indios extinguidos y de excavar ruinas olvidadas.

Mohenjo-daro fue una de las principales ciudades de la civilización del valle del Indo que floreció en el tercer milenio a.C. y fue destruida hacia 1900 a.C. Ninguno de los gobernantes de la India anteriores a los ingleses (ni los maurias, ni los guptas, ni los sultanes de Delhi, ni los grandes mogoles) habían prestado a las ruinas mayor atención. Pero un reconocimiento arqueológico inglés advirtió la localidad en 1922. Un equipo inglés lo excavó a continuación, y descubrió la primera gran civilización de la India, de la que ningún indio había sido consciente.

Otro ejemplo revelador de la curiosidad científica de los ingleses fue el desciframiento de la escritura cuneiforme. Esta era la escritura principal utilizada en todo Oriente Próximo durante casi 3.000 años, pero la última persona capaz de leerla murió probablemente en algún momento de principios del primer milenio d.C. Desde entonces, los habitantes de la región encontraban con frecuencia inscripciones cuneiformes en monumentos, estelas, ruinas antiguas y fragmentos de cerámica, pero no tenían ni idea de cómo leer aquellos garabatos extraños y angulares y, por lo que sabemos, tampoco lo intentaron nunca. La escritura cuneiforme llamó la atención de los europeos cuando, en 1618, el embajador español en Persia fue a visitar las ruinas de la antigua Persépolis, donde vio inscripciones que nadie pudo explicarle. La noticia acerca de la desconocida escritura se extendió entre los sabios europeos y despertó su curiosidad. En 1657, estudiosos europeos publicaron la primera transcripción de un texto cuneiforme procedente de Persépolis. Siguieron cada vez más transcripciones, y durante casi dos siglos, los sabios de Occidente intentaron descifrarlas. Nadie lo consiguió.

En la década de 1830, un oficial inglés llamado Henry Rawlinson fue enviado a Persia para ayudar al sha a adiestrar a su ejército al estilo europeo. En su tiempo libre, Rawlinson viajó por Persia, y un día los guías locales lo llevaron a un acantilado en los montes Zagros y le mostraron la enorme inscripción Behistún. De unos 15 metros de alto por 25 de ancho, había sido esculpida a cierta altura sobre la pared del acantilado siguiendo órdenes del rey Darío I, en algún momento alrededor de 500 a.C. Estaba escrita en escritura cuneiforme en tres idiomas: persa antiguo, elamita y babilonio. La inscripción era bien conocida por la población local, pero nadie podía leerla. Rawlinson estaba convencido de que si podía descifrar la escritura eso le permitiría a él y a otros estudiosos leer las numerosas inscripciones y textos que por aquel entonces se estaban descubriendo en todo Oriente Próximo, lo que abriría una puerta a un mundo antiguo olvidado.

El primer paso para descifrar la escritura era producir una transcripción precisa que pudiera enviarse a Europa. Rawlinson desafió a la muerte para hacerlo, pues escaló el empinado farallón para copiar las extrañas letras. Contrató a varios nativos para que le ayudaran, en especial un muchacho kurdo que trepó hasta las partes más inaccesibles del despeñadero con el fin de copiar la parte superior de la inscripción. En 1847, el proyecto se concluyó y se envió a Europa una copia completa y exacta.

Rawlinson no se durmió en los laureles. En tanto que oficial del ejército, tenía misiones militares y políticas que llevar a cabo, pero siempre que tenía un momento libre se dedicaba a intentar descifrar la escritura secreta. Probó un método tras otro y finalmente consiguió descifrar la parte de persa antiguo de la inscripción. Esto fue lo más fácil, puesto que el persa antiguo no era muy diferente del persa moderno, que Rawlinson conocía bien. Comprender la sección de persa antiguo le dio la clave que necesitaba para revelar los secretos de las secciones de elamita y babilonio. La gran puerta se abrió, y de ella surgió un torrente de voces antiguas pero vívidas: el ajetreo de bazares sumerios, las proclamas de reyes asirios, las discusiones de los burócratas babilonios. Sin los esfuerzos de los imperialistas europeos modernos como Rawlinson, no sabríamos apenas nada acerca del destino de los antiguos imperios de Oriente Próximo.

Otro notable sabio imperialista fue William Jones. Jones llegó a la India en septiembre de 1783 para servir como juez en el Tribunal Superior de Bengala. Quedó tan cautivado por las maravillas de la India que antes de que transcurrieran seis meses de su llegada ya había fundado la Sociedad Asiática. Esta organización académica se dedicaba al estudio de las culturas, las historias y las sociedades de Asia, y en particular las de la India. Pasados otros dos años, Jones publicó *The Sanskrit Language*, el texto fundacional de la ciencia de la lingüística comparada.

En este libro Jones señalaba semejanzas sorprendentes entre el sánscrito, un antiguo lenguaje indio que se convirtió en la lengua sagrada del ritual hindú, y los idiomas griego y latín, así como semejanzas entre todas estas lenguas y el gótico, el celta, el persa antiguo, el alemán, el francés y el inglés. Así, en sánscrito, «madre» es *matar*, en latín es *mater*, en inglés *mother* y en celta antiguo es *mathir*. Jones supuso que todos estos idiomas debían de compartir un origen común, y que se desarrollaron a partir de un antepasado antiguo ahora olvidado. Fue, pues, el primero en identificar lo que posteriormente se llamaría la familia indoeuropea de idiomas.

The Sanskrit Language fue un estudio fundamental no solo debido a las hipótesis atrevidas (y exactas) de Jones, sino también por la metodología ordenada que desarrolló para comparar idiomas. Esta fue adoptada por otros expertos, lo que les permitió estudiar de manera sistemática el desarrollo de todos los idiomas del mundo.

La lingüística recibió un apoyo imperial entusiasta. Los imperios europeos creyeron que, con el fin de gobernar de manera efectiva, tenían que conocer los idiomas y culturas de sus súbditos. Se suponía que los oficiales británicos que llegaban a la India habían de pasar hasta tres años en una facultad de Calcuta, en la que estudiaban derecho hindú y musulmán junto con derecho inglés; sánscrito, urdu y persa a la vez que griego y latín; y cultura tamil, bengalí e indostaní, además de matemáticas, economía y geografía. El estudio de la lingüística proporcionó una ayuda inestimable para la comprensión de la estructura y la gramática de los idiomas locales.

Gracias al trabajo de personas como William Jones y Henry Rawlinson, los conquistadores europeos conocían muy bien sus imperios, mucho mejor que ninguno de sus conquistadores anteriores, o incluso que la propia población nativa. Su conocimiento superior tenía ventajas prácticas evidentes. Sin dicho conocimiento, es improbable que un número ridículamente pequeño de británicos pudiera haber conseguido gobernar, oprimir y explotar a tantos cientos de millones de indios durante dos siglos. A lo largo del siglo xix y comienzos del xx, menos de 5.000 funcionarios británicos, entre 40.000 y 70.000 soldados británicos y quizá otros 100.000 comerciantes ingleses, gorristas, esposas e hijos fueron suficientes para conquistar y luego gobernar a 300 millones de indios.[9]

Pero estas ventajas prácticas no eran la única razón por la que los imperios financiaban el estudio de la lingüística, la botánica, la geografía y la historia. No era de menor importancia el hecho de que la ciencia daba a los imperios una justificación ideológica. Los europeos modernos estaban convencidos de que adquirir más conocimientos siempre era bueno. El hecho de que los imperios produjeran un flujo constante de conocimientos nuevos les confería un marchamo de empresas progresistas y positivas. Incluso en la actualidad, la historia de ciencias como la geografía, la arqueología y la botánica no pueden evitar reconocer el papel de los imperios europeos, al menos indirectamente. La historia de la botánica tiene poco que decir acerca del sufrimiento de los aborígenes australianos, pero suele encontrar algunas palabras amables para James Cook y Joseph Banks.

Además, el nuevo conocimiento acumulado por los imperios hacía posible, al menos en teoría, beneficiar a las poblaciones conquistadas y llevarles los beneficios del «progreso»: proporcionarles medicina y educación, construir vías férreas y canales, asegurar la justicia y la prosperidad. Los imperialistas afirmaban que sus imperios no eran enormes empresas de explotación, sino proyectos altruistas que se realizaban en pro de las razas no europeas; en palabras de Rudyard Kipling, «La carga del Hombre Blanco»:

> *Llevad la carga del Hombre Blanco.*
> *Enviad a los mejores de entre vosotros;*
> *atad a vuestros hijos al exilio*
> *para servir a las necesidades de vuestros cautivos;*
> *para esperar, con pesadas guarniciones,*
> *a gentes tumultuosas y salvajes;*
> *a vuestros recién conquistados e indolentes pueblos,*
> *mitad demonios y mitad niños.**

Desde luego, los hechos a menudo desmentían este mito. Los ingleses conquistaron Bengala, la provincia más rica de la India, en 1764. Los nuevos gobernantes no estaban interesados en nada que no fuera enriquecerse. Adoptaron una política económica desastrosa que unos pocos años más tarde condujo al estallido de la Gran Hambruna de Bengala. Empezó en 1769, alcanzó niveles catastróficos en 1770, y duró hasta 1773. Unos diez millones de bengalíes, un tercio de la población de la provincia, murió en la calamidad.[10]

---

* *Take up the White Man's burden–/ Send forth the best ye breed–/ Go bind your sons to exile/ To serve your captives' need;/ To wait in heavy harness,/ On fluttered folk and wild–/ Your new-caught, sullen peoples,/ Half-devil and half-child.*

En realidad, ni la narración de opresión y explotación, ni la de «La carga del Hombre Blanco» se ajustan por completo a los hechos. Los imperios europeos hicieron tantas cosas diferentes a una escala tan grande, que se pueden encontrar muchísimos ejemplos que respalden lo que se quiera decir sobre ellos. ¿Queremos decir que estos imperios eran monstruosidades malignas que extendieron la muerte, la opresión y la injusticia alrededor del mundo? Fácilmente podríamos llenar una enciclopedia con sus crímenes. ¿Queremos argumentar que en realidad mejoraron las condiciones de sus súbditos con nuevos medicamentos, mejores condiciones económicas y mayor seguridad? Se podría llenar otra enciclopedia con sus logros. Debido a su estrecha cooperación con la ciencia, dichos imperios detentaban tanto poder y cambiaron de tal manera el mundo que quizá no se les pueda calificar simplemente de buenos o malos. Crearon el mundo tal como lo conocemos, incluidas las ideologías que utilizamos para juzgarlos.

Pero la ciencia fue también usada por el imperialismo para fines más siniestros. Biólogos, antropólogos e incluso lingüistas proporcionaron pruebas científicas de que los europeos eran superiores a todas las demás razas, y en consecuencia tenían el derecho (si no el deber) de gobernarlas. Después de que William Jones concluyera que todas las lenguas indoeuropeas descienden de un único idioma antiguo, muchos estudiosos estaban ansiosos por descubrir quiénes habían sido los hablantes de dicho idioma. Descubrieron que los primeros hablantes de sánscrito, que habían invadido la India desde Asia Central hacía más de 3.000 años, se habían denominado a sí mismos *Arya*. Los hablantes del primer lenguaje persa se llamaban a sí mismos *Airiia*. En consecuencia, los estudiosos europeos supusieron que las gentes que hablaban el idioma primordial que dio origen tanto al sánscrito como al persa (y también al griego, al latín, al gótico y al celta) debieron de haberse llamado arios. ¿Podía ser una coincidencia que los que fundaron las magníficas civilizaciones india, persa, griega y romana fueran todos arios?

A continuación, los estudiosos ingleses, franceses y alemanes relacionaron la teoría lingüística sobre los industriosos arios con la teoría de Darwin de la selección natural y postularon que los arios no eran solo un grupo lingüístico, sino una entidad biológica: una raza. Y no una raza cualquiera, sino una raza dominante, de humanos altos, de pelo claro, ojos azules, industriosos y superracionales que surgieron de las brumas del norte para sentar las bases de la cultura por todo el mundo. Lamentablemente, los arios que invadieron la India y Persia se casaron con los nativos locales que encontraron en esos países, y perdieron su complexión blanca y su cabello rubio, y con ellos su racionalidad y diligencia. En consecuencia, las civilizaciones de la India y Persia decayeron. En Europa, en cambio, los arios conservaron su pureza racial. Esta es la razón por la que los europeos habían conseguido conquistar el mundo, y por la que estaban destinados a domeñarlo... siempre que tomaran precauciones para no mezclarse con razas inferiores.

Estas teorías racistas gozaron de prominencia y respetabilidad durante muchas generaciones y justificaron la conquista occidental del mundo. Finalmente, al concluir el siglo xx, al tiempo que los imperios occidentales se desmoronaban, el racismo se convirtió en anatema tanto entre los científicos como entre los políticos. Pero la creencia en la superioridad occidental no desapareció. Adoptó, por el contrario, una forma nueva. El racismo ha sido sustituido por el «culturismo». Este término no existe, pero ya es hora de que lo inventemos. Las élites actuales suelen justificar la superioridad en términos de diferencias históricas entre culturas en lugar de hacerlo en términos de diferencias biológicas entre razas. Ya no decimos: «Está en su sangre». Ahora decimos: «Está en su cultura».

Así, los partidos europeos de derechas que se oponen a la inmigración musulmana suelen tener cuidado en evitar la terminología racial. Los que le escriben los discursos a Marine Le Pen habrían sido despedidos al instante si le hubieran sugerido a la líder del Frente Nacional que declarara en la televisión que «No queremos que estos semitas inferiores diluyan nuestra sangre aria y echen a perder nuestra civilización aria». En lugar de ello, el Frente Nacional francés, el Partido por la Libertad holandés, la Alianza por el Futuro de Austria y sus afines tienden a argumentar que la cultura occidental, al haber evolucionado en Europa, está caracterizada por valores democráticos, tolerancia e igualdad de género, mientras que la cultura musulmana, que evolucionó en Oriente Próximo, se caracteriza por una política jerárquica, fanatismo y misoginia. Puesto que las dos culturas son tan distintas, y puesto que muchos inmigrantes musulmanes no quieren (y quizá no pueden) adoptar los valores occidentales, no se les debería permitir entrar, no sea que fomenten conflictos internos y corroan la democracia y el liberalismo europeos.

Estos argumentos culturistas están alimentados por estudios científicos en las humanidades y las ciencias sociales que ponen de relieve el llamado choque de civilizaciones y las diferencias fundamentales entre culturas diferentes. No todos los historiadores y antropólogos aceptan estas teorías o respaldan su uso político. Pero mientras que en la actualidad los biólogos lo tienen fácil para desautorizar el racismo, explicando simplemente que las diferencias biológicas entre las poblaciones humanas actuales son triviales, para los historiadores y antropólogos es difícil desautorizar el culturismo. Después de todo, si las diferencias entre las culturas humanas son triviales, ¿por qué habríamos de pagar a historiadores y antropólogos para que las estudien?

Los científicos proporcionaron al proyecto imperial conocimientos prácticos, justificación ideológica y artilugios tecnológicos. Sin su contribución resultaría muy cuestionable que los europeos hubieran conquistado el mundo. Los conquistadores devolvieron el favor al proporcionar a los científicos información y protección, al apoyar todo tipo de proyectos extraños y fascinantes y al extender la manera de pensar científica a los rincones más alejados de la Tierra. Sin el respaldo imperial, es dudoso que la ciencia moderna hubiera progresado mucho. Hay muy pocas disciplinas científicas que no empezaran su vida como servidoras del crecimiento imperial y que no deban una gran proporción de sus descubrimientos, colecciones, edificios y estudios a la ayuda generosa de oficiales del ejército, capitanes de la armada y gobernadores imperiales.

Evidentemente, esta no es toda la historia. La ciencia fue apoyada por otras instituciones, no solo por los imperios. Y los imperios europeos surgieron y florecieron gracias también a factores distintos de la ciencia. Detrás del ascenso meteórico tanto de la ciencia como del imperio acecha una fuerza particularmente importante: el capitalismo. Si no hubiera sido por hombres de negocios que buscaban hacer dinero, Colón no habría llegado a América, James Cook no habría alcanzado Australia y Neil Armstrong nunca habría dado aquel pequeño paso sobre la superficie de la Luna.

16

El credo capitalista

El dinero ha sido esencial tanto para construir imperios como para promover la ciencia. Ni los ejércitos modernos ni los laboratorios de las universidades pueden mantenerse sin bancos.

No es fácil entender el verdadero papel de la economía en la historia moderna. Se han escrito volúmenes enteros sobre la manera en que fundó estados y los arruinó, abrió nuevos horizontes y esclavizó a millones de personas, hizo girar las ruedas de la industria y condujo a cientos de especies a la extinción. Pero para comprender la historia económica moderna, solo necesitamos comprender una única palabra. La palabra es crecimiento. Para bien o para mal, en la salud y en la enfermedad, la economía moderna ha crecido como un quinceañero saturado de hormonas. Se come todo lo que encuentra a su paso y añade centímetros con más rapidez de lo que se tarda en contarlos.

Durante la mayor parte de la historia, la economía mantuvo aproximadamente el mismo tamaño. Sí, la producción global aumentó, pero esto se debió principalmente a la expansión demográfica y a la colonización de nuevas tierras. La producción per cápita se mantuvo estática. Sin embargo, todo esto cambió en la época moderna. En 1500, la producción global de bienes y servicios era del orden de unos 185.000 millones de euros; en la actualidad se sitúa alrededor de los 45 billones de euros. Y aún más importante, en 1500 la producción anual per cápita era de 400 euros de promedio, mientras que en la actualidad cada hombre, mujer y niño produce, de promedio, 6.500 euros.[1] ¿Qué es lo que explica este crecimiento prodigioso?

La economía es un asunto notoriamente complicado. Para hacer las cosas más fáciles, imaginemos un ejemplo sencillo.

Samuel Avaro, un astuto financiero, funda un banco en El Dorado, California.

A. A. Marrullero, un constructor con futuro en El Dorado, termina su primer trabajo de envergadura, y recibe el pago en metálico por la cantidad de 1 millón de dólares. Deposita esta suma en el banco del señor Avaro. Ahora el banco dispone de 1 millón de dólares en capital.

Mientras tanto, Juana Rosquilla, una cocinera experimentada pero pobre, piensa que existe una oportunidad de negocio: en su parte de la ciudad no hay una panadería y pastelería realmente buena. Pero no tiene suficiente dinero propio para comprar una instalación completa con hornos industriales, fregaderos, cuchillos y cacerolas. Se dirige al banco, presenta su plan de negocio a Avaro y lo persuade de que se trata de una inversión que vale la pena. Este le concede un préstamo de 1 millón de dólares, acreditando dicha suma en la cuenta bancaria de Rosquilla.

Juana contrata ahora a Marrullero, el constructor, para que construya y amueble su pastelería. Su precio es de 1 millón de dólares.

Cuando ella le paga, con un cheque contra su cuenta, Marrullero lo deposita en su cuenta en el banco de Avaro.

De modo que ¿cuánto dinero tiene Marrullero en su cuenta bancaria? Correcto, 2 millones de dólares.

¿Cuánto dinero en efectivo tiene en su caja fuerte del banco? Correcto, 1 millón de dólares.

La cosa no termina aquí. Como suelen hacer los constructores, a los dos meses de empezar las obras, Marrullero informa a Rosquilla de que, debido a problemas y gastos imprevistos, la factura por la construcción de la panadería y pastelería subirá en realidad a 2 millones de dólares. La señora Rosquilla no está en absoluto contenta, pero no puede detener las obras a medio terminar. De manera que efectúa otra visita al banco, convence al señor Avaro para que le conceda un préstamo adicional, y el banquero deposita otro millón de dólares en la cuenta de la cocinera. Esta transfiere el dinero a la cuenta del constructor.

¿Cuánto dinero tiene ahora Marrullero en su cuenta bancaria? Ha conseguido 3 millones de dólares.

Pero ¿cuánto dinero hay realmente depositado en el banco? Sigue habiendo solo 1 millón de dólares. En realidad, el mismo millón de dólares que ha estado todo el tiempo en el banco.

Las leyes bancarias estadounidenses actuales permiten que el banco repita este ejercicio otras siete veces. El constructor tendría al final 10 millones de dólares en su cuenta, aunque el banco sigue sin tener más que 1 millón de dólares en su cámara acorazada. A los bancos se les permite prestar diez dólares por cada dólar que posean realmente, lo que significa que el 90 por ciento de todo el dinero de nuestras cuentas bancarias no está cubierto por monedas y billetes reales.[2] Si todos los cuentacorrentistas del Barclays Bank pidieran de repente su dinero, el Barclays se hundiría de inmediato (a menos que el gobierno se decidiera a salvarlo). Lo mismo ocurre con el Lloyds, el Deutsche Bank, Citibank y todos los demás bancos del mundo.

Esto se parece a un gigantesco sistema Ponzi, o piramidal, ¿no es verdad? Pero, si es un fraude, entonces toda la economía moderna es un fraude. El hecho es que no es un engaño, sino más bien un tributo a las asombrosas capacidades de la imaginación humana. Lo que permite que los bancos (y la economía entera) sobrevivan y prosperen es nuestra confianza en el futuro. Esta confianza es el único respaldo para la mayor parte del dinero del mundo.

En el ejemplo de la pastelería, la discrepancia entre el estado de la cuenta corriente del constructor y la cantidad de dinero que hay realmente en el banco es la pastelería de la señora Rosquilla. El señor Avaro ha puesto el dinero del banco en el activo, confiando en que un día dará beneficios. La pastelería todavía no ha horneado ni una hogaza de pan, pero Rosquilla y Avaro prevén que dentro de un año estará vendiendo diariamente miles de hogazas, panecillos, bollos, pasteles y galletas, con unos magníficos beneficios. Entonces la señora Rosquilla podrá devolver su crédito con intereses. Si en ese momento el señor Marrullero decide retirar sus ahorros, Avaro podrá darle el dinero. Así, toda la operación se basa en la confianza en un futuro imaginario: la confianza que la empresaria y el banquero tienen en la panadería de sus sueños, junto con la confianza del constructor en la solvencia futura del banco.

Ya hemos visto que el dinero es una cosa asombrosa porque puede representar multitud de objetos diferentes y convertir cualquier cosa en casi cualquier otra cosa. Sin embargo, antes de la era moderna esta capacidad estaba limitada. En la mayoría de los casos, el dinero podía representar y convertir únicamente cosas que ya existían en el presente.

EL DILEMA DEL EMPRENDEDOR

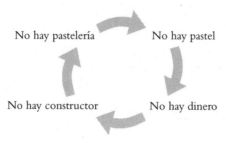

No hay pastelería

No hay pastel

No hay constructor

No hay dinero

Esto imponía graves limitaciones al crecimiento, puesto que hacía muy difícil financiar empresas nuevas.

Consideremos de nuevo nuestra panadería. ¿Podría haberla obtenido la señora Rosquilla si el dinero solo pudiera representar objetos tangibles? No. En el presente, ella tiene muchos sueños, pero ningún recurso tangible. La única manera de que pudiera conseguir la construcción de la panadería habría sido encontrar un constructor dispuesto a trabajar hoy y a recibir el pago a algunos años vista, siempre que la panadería y pastelería empezara a producir dinero. ¡Ay!, estos constructores son una raza muy rara. De modo que nuestra emprendedora se encuentra en apuros. Si no tiene una pastelería, no puede hornear pasteles. Sin pasteles, no puede conseguir dinero. Sin dinero, no puede contratar a un constructor. Sin un constructor, no tiene pastelería.

La humanidad estuvo atrapada en este brete durante miles de años. Como resultado, las economías permanecieron congeladas. La manera de salir de la trampa no se descubrió hasta la época moderna, con la aparición de un nuevo sistema basado en la confianza en el futuro. En él, la gente acordó representar bienes imaginarios (bienes que no existen en el presente) con un tipo de dinero especial al que llamaron «crédito». El crédito nos permite construir el presente a expensas del futuro. Se basa en la suposición de que es seguro que nuestros recursos futuros serán mucho más abundantes que nuestros recursos actuales. Hay toda una serie de oportunidades nuevas y magníficas que se abren ante nosotros si podemos construir cosas en el presente utilizando los ingresos futuros.

EL CÍRCULO MÁGICO DE LA ECONOMÍA MODERNA

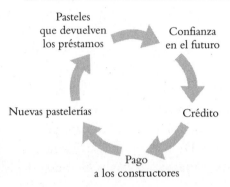

Pasteles
que devuelven
los préstamos

Confianza
en el futuro

Nuevas pastelerías

Crédito

Pago
a los constructores

Si el crédito es una cosa tan maravillosa, ¿por qué nadie pensó antes en él? Claro que lo hicieron. Los acuerdos crediticios de un tipo u otro han existido en todas las culturas humanas, y se remontan al menos hasta el antiguo Sumer. El problema en las épocas anteriores no era que nadie hubiera tenido la idea o supiera cómo usarla. Era que la gente raramente quería extender mucho crédito porque no confiaban en que el futuro fuera mejor que el presente. Por lo general, creían que las épocas pasadas habían sido mejores que su propia época y que el futuro sería peor o, en el mejor de los casos, muy parecido. Para expresarlo en términos económicos, creían que la cantidad total de riqueza era limitada, si acaso no se reducía. Por lo tanto, la gente consideraba que era una mala apuesta suponer que ellos personalmente, o su reino, o todo el mundo, producirían más riquezas dentro de diez años. Los negocios parecían un juego de suma cero. Desde luego, los beneficios de una panadería concreta podían aumentar, pero solo a expensas de la panadería vecina. Venecia podría medrar, pero solo si Génova se empobrecía. El rey de Inglaterra podría enriquecerse, pero solo robando al rey de Francia. El pastel se podía cortar de muchas maneras distintas, pero nunca aumentaba de tamaño.

Esta es la razón por la que muchas culturas llegaron a la conclusión de que amasar grandes sumas de dinero era pecaminoso. Tal como dijo Jesús: «Es más fácil que un camello entre por el ojo de una aguja que entre un rico en el reino de los cielos» (Mateo, 19, 24). Si el pastel es estático y yo poseo una porción grande del mismo, entonces debo de haber cogido la porción de alguien. Los ricos estaban obligados a hacer penitencia por sus malas obras dando parte de las riquezas que les sobraban a actos de caridad.

Si el pastel global mantenía el mismo tamaño, no había margen para el crédito. El crédito es la diferencia entre el pastel de hoy y el pastel de mañana. Si el pastel permanece invariable, ¿por qué extender crédito? Sería un riesgo inaceptable a menos que uno creyera que el panadero o el rey que nos pide nuestro dinero podrán robarle una porción a un competidor. De manera que en el mundo premoderno era difícil conseguir un préstamo, y cuando se conseguía uno solía ser *pequeño, a corto plazo y sujeto a unas tasas de interés elevadas*. De modo que a los emprendedores honrados les resultaba difícil abrir nuevas panaderías y los grandes reyes que querían construir palacios o emprender guerras no tenían otra elección que conseguir los fondos necesarios mediante impuestos y tarifas elevados. Esto ya les iba bien a los reyes (mientras sus súbditos se mantuvieran dóciles), pero una criada de trascocina que tuviera una gran idea para una pastelería y deseara ascender socialmente solo podía soñar en las riquezas mientras fregaba los suelos de la cocina real.

Era una causa perdida. Debido a que el crédito era limitado, la gente tenía dificultades en financiar nuevos negocios. Debido a que había pocos negocios nuevos, la economía no crecía. Puesto que no crecía, la gente suponía que nunca lo haría, y los que tenían capital recelaban de extender crédito. La expectativa de estancamiento se cumplía.

UN PASTEL QUE CRECE

Después vino la revolución científica y la idea de progreso. La idea de progreso se basa en la hipótesis de que si admitimos nuestra ignorancia e invertimos recursos en la investigación, las cosas pueden mejorar. Esta idea pronto se tradujo en términos económicos. Quien crea en el progreso cree que los descubrimientos geográficos, los inventos tecnológicos y las mejoras en la organización pueden aumentar la suma total de la producción, el comercio y la riqueza humanos. Nuevas rutas comerciales en el Atlántico podían prosperar sin arruinar las antiguas rutas en

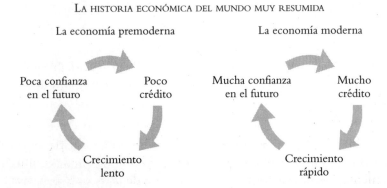

LA HISTORIA ECONÓMICA DEL MUNDO MUY RESUMIDA

La economía premoderna   La economía moderna

Poca confianza   Poco   Mucha confianza   Mucho
en el futuro   crédito   en el futuro   crédito

Crecimiento   Crecimiento
lento   rápido

el océano Índico. Se podían producir nuevos bienes sin reducir la producción de los antiguos. Por ejemplo, se podía abrir una nueva pastelería especializada en pasteles de chocolate y cruasanes sin hacer que las panaderías especializadas en producir pan se arruinaran. Simplemente, todo el mundo desarrollaría nuevos gustos y comería más. Yo puedo ser rico sin que tú te empobrezcas; yo puedo ser obeso sin que tú te mueras de hambre. Todo el pastel global puede aumentar.

A lo largo de los últimos 500 años, la idea de progreso convenció a la gente para que depositara cada vez más confianza en el futuro. Dicha confianza creó crédito; el crédito produjo crecimiento económico real; y el crecimiento reforzó la confianza en el futuro y abrió el camino para más crédito todavía. Esto no ocurrió de la noche a la mañana; la economía se comportaba más como una montaña rusa que como un globo. Pero a la larga, una vez superados los desniveles, la dirección general era inequívoca. Hoy en día, hay tanto crédito en el mundo que los gobiernos, las empresas comerciales y las personas privadas obtienen fácilmente *créditos grandes, a largo plazo y a un interés bajo* que exceden con mucho los ingresos reales.

La creencia en el pastel global en crecimiento acabó siendo revolucionaria. En 1776, el economista escocés Adam Smith publicó *La riqueza de las naciones*, probablemente el manifiesto económico más importante de todos los tiempos. En el capítulo octavo de su primer volumen, Smith planteaba el siguiente razonamiento novedoso: cuando un terrateniente, un tejedor o un zapatero obtiene mayores beneficios de los que necesita para mantener a su familia, utiliza el excedente para emplear a más ayudantes, con el fin de aumentar todavía más sus beneficios. Cuantos más beneficios obtenga, más ayudantes podrá emplear. De ahí se sigue que un aumento en los beneficios de los empresarios privados es la base del aumento de la riqueza y la prosperidad colectivas.

Quizá al lector esto no le parezca muy original, puesto que todos vivimos en un mundo capitalista que da por sentado el razonamiento de Smith. Cada día oímos en las noticias variaciones sobre este tema. Sin embargo, la afirmación de Smith de que el impulso egoísta humano de aumentar los beneficios privados es la base de la riqueza colectiva es una de las ideas más revolucionarias de la historia humana; revolucionaria no solo desde una perspectiva económica, sino, más si cabe, desde una perspectiva moral y política. Lo que Smith dice es, en realidad, que la codicia es buena, y que al hacerme rico yo beneficio a todos, no solo a mí. *El egoísmo es altruismo.*

Smith enseñó a la gente a pensar en la economía como una «situación en la que siempre se gana», en la que mis beneficios son también tus beneficios. No solo podemos gozar ambos de una porción mayor del pastel al mismo tiempo, sino que el aumento de tu porción depende del aumento de la mía. Si soy pobre, tú también lo serás, puesto que no puedo comprar tus productos o servicios. Si soy rico, tú también te enriquecerás, puesto que ahora puedes venderme algo. Smith negaba la contradicción tradicional entre riqueza y moralidad, y abría de par en par las puertas del cielo para los ricos. Ser rico significaba ser moral. En el relato de Smith, la gente se vuelve rica no al despojar a sus vecinos, sino al aumentar el tamaño global del pastel. Y cuando el pastel crece, todos salimos ganando. En consecuencia, los ricos son la gente más útil y más benévola de la sociedad, porque hacen girar las ruedas del crecimiento en beneficio de todos.

Sin embargo, todo esto depende de que los ricos empleen sus ganancias para abrir nuevas fábricas y contraten a nuevos empleados, y que no las malgasten en actividades no productivas. Por ello, Smith repetía como un mantra la máxima de que «cuando los beneficios aumentan, el terrateniente o el tejedor emplearán a más ayudantes», y no «cuando los beneficios aumentan, Scrooge guardará el dinero en una caja fuerte y solo lo sacará de allí para contar sus monedas». Una parte crucial de la moderna economía capitalista fue la aparición de una nueva ética, según la cual los beneficios debían reinvertirse en producción. Esto genera más beneficios, que de nuevo se reinvierten en producción, que genera más beneficios, y así sucesivamente *ad infinitum*. Las inversiones se pueden hacer de muchas maneras: ampliando la fábrica, realizando investigación científica, desarrollando nuevos productos. Pero todas estas inversiones han de aumentar de alguna manera la producción y traducirse en mayores beneficios. En el nuevo credo capitalista, el primer mandamiento y el más sagrado de todos es: «Los beneficios de la producción han de reinvertirse en aumentar la producción».

Esta es la razón por la que el capitalismo se llama «capitalismo». El capitalismo distingue el «capital» de la simple «riqueza». El capital consiste en dinero, bienes y recursos que se invierten en producción. La riqueza, en cambio, se entierra bajo el suelo o se malgasta en actividades improductivas. Un faraón que inyecta recursos en una pirámide no productiva no es un capitalista. Un pirata que saquea un buque español que transporta tesoros y entierra un cofre lleno de monedas relucientes en la playa de alguna isla del Caribe no es un capitalista. En cambio, el tenaz empleado de una fábrica que reinvierte parte de su salario en el mercado de valores sí que lo es.

La idea de que «los beneficios de la producción deben reinvertirse en aumentar la producción» parece trivial, pero fue ajena a la mayoría de la gente a lo largo de la historia. En la época premoderna, la gente creía que la producción era más o menos constante. Así pues, ¿por qué reinvertir los beneficios si la producción no va a aumentar mucho, con independencia de lo que hagamos? Por eso los nobles medievales adoptaron una ética de generosidad y de consumo conspicuo. Gastaban sus ganancias en torneos, banquetes, palacios y guerras, y en caridad y en catedrales monumentales. Pocos intentaban reinvertir los beneficios en aumentar la producción de su finca, desarrollar nuevas variedades de trigo o buscar nuevos mercados.

En la era moderna, la nobleza ha sido sustituida por una nueva élite cuyos miembros son verdaderos creyentes del credo capitalista. La nueva élite capitalista no está formada por duques y marqueses, sino por presidentes de juntas, corredores de Bolsa e industriales. Estos magnates son mucho más ricos que la nobleza medieval, pero están mucho me-

ECONOMÍA PREMODERNA   ECONOMÍA MODERNA

Beneficios

↑

Producción

Beneficios   Producción

nos interesados en el consumo extravagante, y gastan una parte mucho menor de sus beneficios en actividades no productivas.

Los nobles medievales vestían coloridos ropajes de oro y seda, y dedicaban gran parte de su tiempo a asistir a banquetes, carnavales y torneos glamurosos. En comparación, los directores ejecutivos modernos llevan uniformes deprimentes llamados trajes que les proporcionan toda la desenvoltura de una bandada de cuervos, y tienen poco tiempo para fiestas. El capitalista inversor se apresura de una reunión de negocios a otra, mientras intenta descubrir dónde invertir su capital y sigue los altibajos del mercado de los valores y las acciones que posee. Ciertamente, su traje puede ser de Versace y él quizá viaje en un reactor privado, pero estos gastos no son nada comparados con lo que invierte en aumentar la producción humana.

Y no son solo los magnates de los negocios vestidos de Versace los que invierten para aumentar la productividad. Las personas comunes y las agencias gubernamentales piensan de manera parecida. ¿Cuántas conversaciones de sobremesa en barrios modestos se encallan, tarde o temprano, en un debate interminable acerca de si es mejor invertir los ahorros en el mercado de valores, en bonos o en propiedad? También los gobiernos se esfuerzan por invertir sus ingresos tributarios en empresas productivas que aumenten sus ingresos futuros; por ejemplo, construir un nuevo puerto puede hacer que las fábricas lo tengan más fácil para exportar sus productos, lo que les permitirá aumentar sus rentas imponibles, con lo que aumentarán los ingresos futuros del gobierno. Otro gobierno puede preferir invertir en educación sobre la base de que la gente educada constituye los cimientos de lucrativas industrias de alta tecnología, que pagan muchos impuestos sin necesitar grandes instalaciones portuarias.

El capitalismo empezó como una teoría acerca de cómo funciona la economía. Era a la vez descriptiva y prescriptiva: ofrecía una explicación de cómo funcionaba el dinero y promovía la idea de que reinvertir los beneficios en la producción conduce a un crecimiento económico rápido. Pero el capitalismo se convirtió gradualmente en mucho más que una doctrina económica. Ahora comprende una ética: un conjunto de enseñanzas acerca de cómo debe actuar la gente, cómo debe educar a sus hijos, e incluso cómo debe pensar. Su dogma principal es que el crecimiento económico es el bien supremo, o al menos un sustituto del bien supremo, porque tanto la justicia, como la libertad e incluso la felicidad dependen todas del crecimiento económico. Preguntemos a un capitalista cómo llevar la justicia y la libertad política a lugares tales como Zimbabue o Afganistán, y es probable que nos suelte un discurso sobre cómo la afluencia económica y una clase media próspera son esenciales para tener instituciones democráticas estables, y por lo tanto sobre la necesidad de inculcar a los miembros de las tribus afganas los valores de la libre empresa, el ahorro y la confianza en sí mismos.

Esta nueva religión ha tenido asimismo una influencia decisiva en el desarrollo de la ciencia moderna. La investigación científica suele ser financiada por los gobiernos o por empresas privadas. Cuando los gobiernos y los negocios capitalistas consideran la posibilidad de invertir en un proyecto científico concreto, la primera pregunta suele ser: «¿Nos permitirá este proyecto aumentar la producción y los beneficios? ¿Producirá crecimiento económico?». Un proyecto que no pueda salvar estos obstáculos tiene pocas probabilidades de encontrar un patrocinador. No hay ninguna historia de la ciencia moderna que pueda dejar al capitalismo fuera del panorama.

Y viceversa, la historia del capitalismo es ininteligible si no se tiene en cuenta la ciencia. La creencia del capitalismo en el crecimiento económico perpetuo va en contra de casi todo lo que conocemos acerca del universo. Una sociedad de lobos sería muy necia si creyera que el suministro de corderos seguiría creciendo de manera indefinida. No obstante, la economía humana ha conseguido crecer de forma exponencial a lo largo de la era moderna, únicamente gracias al hecho de que los científicos dan con otro descubrimiento o artilugio cada pocos años: ese ha sido el caso del continente americano, del motor de combustión interna, o de ovejas modificadas genéticamente. Bancos y gobiernos imprimen dinero, pero en último término son los científicos quienes pagan la cuenta.

Durante los últimos años, bancos y gobiernos han estado imprimiendo dinero de manera frenética. Todo el mundo está aterrorizado ante la posibilidad de que la crisis económica actual pueda detener el crecimiento de la economía. De modo que están creando de la nada billones de dólares, euros y yenes, inyectando crédito barato en el sistema, y esperando que científicos, técnicos e ingenieros consigan dar con algo realmente grande antes de que estalle la burbuja. Todo depende de la gente que hay en los laboratorios. Nuevos descubrimientos en campos como la biotecnología y la inteligencia artificial podrían crear industrias totalmente nuevas, cuyos beneficios podrían respaldar los billones de dinero de mentirijillas que bancos y gobiernos han creado desde 2008. Si los laboratorios no cumplen dichas expectativas antes de que la burbuja estalle, nos encaminamos a tiempos realmente duros.

Colón busca un inversor

El capitalismo desempeñó un papel decisivo no solo en el auge de la ciencia moderna, sino también en la aparición del imperialismo europeo. Y, para empezar, fue el imperialismo europeo el que creó el sistema de crédito capitalista. Desde luego, el crédito no se inventó en la Europa moderna. Existía en casi todas las sociedades agrícolas, y en el período moderno temprano la aparición del capitalismo europeo estuvo estrechamente relacionada con los acontecimientos económicos en Asia. Recordemos asimismo que hasta finales del siglo XVIII Asia era el motor económico del mundo, lo que significa que los europeos tenían mucho menos capital a su disposición que los chinos, los musulmanes o los indios.

Sin embargo, en los sistemas sociopolíticos de China, la India y el mundo musulmán el crédito desempeñaba únicamente un papel secundario. Quizá los mercaderes y banqueros en los mercados de Estambul,

Isfahán, Delhi y Beijing pensaban al modo capitalista, pero los reyes y generales en palacios y fuertes tendían a despreciar a los mercaderes y al pensamiento mercantil. La mayoría de los imperios no europeos de principios de la era moderna fueron establecidos por grandes conquistadores como Nurhaci y Nader Sha, o por élites burocráticas y militares como en los imperios Qing y otomano. Al financiar las guerras mediante tributos y saqueo (sin hacer distinciones sutiles entre los dos), debían poco a los sistemas de crédito, y menos todavía les preocupaban los intereses de los banqueros e inversores.

En Europa, en cambio, los reyes y generales adoptaron gradualmente el modo mercantil de pensar, hasta que los mercaderes y banqueros se convirtieron en la élite gobernante. La conquista europea del mundo fue financiada de manera creciente mediante créditos en lugar de serlo mediante impuestos, y cada vez fue más dirigida por capitalistas cuya principal ambición era recibir las máximas ganancias por sus inversiones. Los imperios construidos por banqueros y comerciantes vestidos con levitas y sombreros de copa vencieron a los imperios construidos por reyes y nobles vestidos de oro y relucientes armaduras. Los imperios mercantiles fueron simplemente mucho más astutos a la hora de financiar sus conquistas. Nadie quiere pagar impuestos, pero todo el mundo está contento a la hora de invertir.

En 1484, Cristóbal Colón se dirigió al rey de Portugal con la propuesta de que este financiara una flota que navegaría hacia el oeste para encontrar una nueva ruta comercial hasta Asia oriental. Tales exploraciones eran un negocio arriesgado y costoso. Se necesitaba mucho dinero para construir los barcos, comprar provisiones y pagar a marineros y soldados, y no había garantía de que la inversión rindiera ganancias. El rey de Portugal rechazó la propuesta.

Al igual que un emprendedor inexperto en la actualidad, Colón no se rindió. Planteó su idea a otros inversores potenciales en Italia, Francia e Inglaterra, y de nuevo en Portugal. En cada ocasión fue rechazado. Después probó suerte con Fernando e Isabel, mandatarios de la España recién unificada. Llevó consigo a algunos cabilderos experimentados, y con su ayuda consiguió convencer a la reina Isabel para que invirtiera. Tal como sabe cualquier escolar, Isabel obtuvo el premio gordo. Los descubrimientos de Colón permitieron a los españoles conquistar

América, donde establecieron minas de oro y plata, así como plantaciones de azúcar y tabaco que enriquecieron a los reyes, banqueros y comerciantes españoles más allá de sus sueños más fantasiosos.

Cien años después, los príncipes y banqueros estaban dispuestos a extender mucho más crédito a los sucesores de Colón, y tenían más capital a su disposición, gracias a los tesoros obtenidos de América. E igualmente importante, los príncipes y banqueros tenían mucha más confianza en el potencial de la exploración, y estaban más dispuestos a desprenderse de su dinero. Este fue el círculo mágico del capitalismo imperial: el crédito financió nuevos descubrimientos; los descubrimientos condujeron a colonias; las colonias proporcionaron beneficios; los beneficios generaron confianza, y la confianza se tradujo en más crédito. Nurhaci y Nader Sha se quedaron sin combustible después de unos pocos miles de kilómetros. Los emprendedores capitalistas no hicieron más que aumentar su impulso financiero de una conquista a la siguiente.

Sin embargo, estas expediciones seguían siendo empresas arriesgadas, de modo que, a pesar de todo, los mercados crediticios permanecieron bastante cautelosos. Muchas expediciones volvían a Europa con las manos vacías, después de no haber descubierto nada de valor. Los ingleses, por ejemplo, malgastaron mucho capital en infructuosos intentos de descubrir un paso noroccidental a Asia a través del Ártico. Otras muchas expediciones ni siquiera retornaron. Los buques chocaron con icebergs, se hundieron debido a tempestades tropicales o cayeron a manos de piratas. Con el fin de aumentar el número de inversores potenciales y de reducir el riesgo que corrían, los europeos acudieron a sociedades anónimas de capital en acciones. En lugar de un único inversor que se jugaba todo el dinero en un solo buque destartalado, la compañía por acciones recogía dinero de un número elevado de inversores, cada uno de los cuales arriesgaba solo una pequeña fracción de su capital. Por lo tanto, se reducían los riesgos, pero no se ponía ningún límite a los beneficios. Incluso una pequeña inversión en el barco adecuado podía convertirlo a uno en millonario.

Década tras década, Europa occidental asistió al desarrollo de un sistema social refinado que podía reunir grandes sumas de crédito en poco tiempo y ponerlo a disposición de empresarios privados y de gobiernos. Este sistema podía financiar exploraciones y conquistas de manera mucho más eficiente que ningún reino o imperio. El poder recién descubierto del crédito se puede ver en la dura lucha entre España y Holanda. En el siglo XVI, España era el Estado más poderoso de Europa, y dominaba un vasto imperio global. Gobernaba sobre gran parte de Europa, grandes áreas de Norteamérica y Sudamérica, las islas Filipinas y una constelación de bases a lo largo de las costas de África y Asia. Todos los años, flotas cargadas con tesoros procedentes de América y Asia retornaban a los puertos de Sevilla y Cádiz. En cambio, Holanda era un pantano pequeño y ventoso, desprovisto de recursos naturales, un pequeño rincón de los dominios del rey de España.

En 1568, los holandeses, que eran principalmente protestantes, se rebelaron contra su amo español y católico. Al principio parecía que los rebeldes representaban el papel de Don Quijote, arremetiendo valientemente contra invencibles molinos de viento. Pero en el plazo de ochenta años, los holandeses no solo obtuvieron su independencia de España, sino que consiguieron sustituir a los españoles y a sus aliados portugueses como dueños de las rutas oceánicas, construir un imperio holandés global y convertirse en el Estado más rico de Europa.

El secreto del éxito de los holandeses fue el crédito. Los ciudadanos holandeses, que tenían poca inclinación al combate en tierra, contrataron a ejércitos de mercenarios para que lucharan por ellos contra los españoles. Mientras tanto, los holandeses se hicieron a la mar en flotas cada vez mayores. Los ejércitos de mercenarios y las flotas armadas de cañones cuestan una fortuna, pero los holandeses pudieron financiar sus expediciones militares más fácilmente que el poderoso Imperio español, porque se aseguraron la confianza del naciente sistema financiero europeo en una época en la que el rey de España erosionaba de manera negligente su confianza en él. Los financieros concedieron a los holandeses el crédito suficiente para establecer ejércitos y flotas, y dichos ejércitos y flotas dieron a los holandeses el control de las rutas comerciales mundiales, que a su vez produjeron sustanciosos beneficios. Los beneficios permitieron a los holandeses devolver los préstamos, lo que reforzó la confianza de los financieros. Amsterdam se convirtió rápidamente no solo en uno de los puertos más importantes de Europa, sino también en la meca financiera del continente.

¿Cómo consiguieron exactamente los holandeses granjearse la confianza del sistema financiero? En primer lugar, fueron escrupulosos a la hora de devolver sus préstamos a tiempo y completos, lo que hizo que la extensión del crédito fuera menos arriesgada para los prestamistas. En segundo lugar, el sistema judicial de su país gozaba de independencia y protegía los derechos privados, en particular los derechos de la propiedad privada. El capital se va paulatinamente de los estados dictatoriales que no defienden a los individuos privados y su propiedad. En cambio, afluye a los estados que hacen cumplir la norma de la ley y de la propiedad privada.

Imagine el lector que es el hijo de una sólida familia de financieros alemanes. Su padre ve una oportunidad de expandir el negocio mediante la apertura de sucursales en las principales ciudades europeas. Envía al lector a Amsterdam y a su hermano más joven a Madrid, y le da a cada uno 10.000 monedas de oro para invertir. El hermano del lector presta su capital inicial, a un interés, al rey de España, que lo necesita a fin de aprestar un ejército para luchar contra el rey de Francia. El lector decide prestar su dinero a un comerciante holandés, que quiere invertir en unos terrenos de matorrales del extremo meridional de una isla desolada llamada Manhattan, convencido como está de que los valores de la propiedad allí subirán mucho cuando el río Hudson se transforme en una arteria comercial importante. Ambos préstamos tienen que devolverse dentro de un año.

Transcurrido el año, el comerciante holandés vende los terrenos que compró con un magnífico margen de beneficios y devuelve el dinero al lector con los intereses que prometió. El padre del lector está complacido. Pero el hermano pequeño en Madrid se está poniendo nervioso. La guerra con Francia terminó bien para el rey de España, pero ahora se ha enzarzado en un conflicto con los turcos. Necesita hasta el último céntimo para financiar la nueva guerra, y piensa que esto es mucho más importante que saldar las antiguas deudas. El hermano del lector envía cartas a palacio y pide a amigos que tienen contactos en la corte que intercedan, pero sin resultado. El hermano del lector no solo no ha ganado el interés prometido, sino que ha perdido el capital. El padre no está nada contento.

Ahora, para empeorar las cosas, el rey envía a un funcionario de la Tesorería al hermano del lector para decirle, en términos nada ambiguos, que espera recibir sin dilación otro préstamo por la misma cantidad. El hermano del lector no tiene dinero para prestar. Escribe a su padre, intentando persuadirle de que esta vez el rey cumplirá. El páter familias tiene debilidad por su hijo más joven, y acepta con el corazón apesadumbrado. Otras 10.000 monedas de oro desaparecen en la Tesoría general, para no ser vistas nunca más. Mientras tanto, en Amsterdam las cosas parecen ir bien. El lector realiza cada vez más préstamos a comerciantes holandeses emprendedores, que los devuelven a tiempo y en su totalidad. Pero su suerte no dura indefinidamente. Uno de sus clientes habituales tiene el presentimiento de que los zuecos de madera van a convertirse en la nueva moda de París, y le pide al lector un préstamo para establecer una zapatería en la capital francesa. Este le presta el dinero, pero, lamentablemente, los zuecos no les gustan a las señoras francesas, y el malhumorado comerciante se niega a devolver el préstamo.

El padre está furioso, y les dice a sus dos hijos que ya es hora de soltar a los abogados. El hermano del lector pleitea en Madrid contra el monarca español, mientras que el lector entabla juicio en Amsterdam contra el que otrora fuera mago de los zapatos de madera. En España, los tribunales están subordinados al rey: los jueces son serviles ante sus mandatos y temen ser castigados si no cumplen su voluntad. En Holanda, los tribunales son una rama separada del gobierno, que no depende de los ciudadanos ni de los príncipes del país. El tribunal de Madrid rechaza el pleito del hermano del lector, mientras que el tribunal de Amsterdam falla a favor del lector y embarga los bienes del comerciante de zuecos para obligarlo a pagar. El padre del lector ha aprendido la lección: es mejor hacer negocios con comerciantes que con reyes, y mejor hacerlos en Holanda que en Madrid.

Pero las penas del hermano del lector no han terminado aquí. El rey de España necesita desesperadamente más dinero para pagar a su ejército. Está seguro de que al padre del lector le sobra el dinero, de modo que inventa cargos de traición contra su hijo. Si no le entrega 20.000 monedas de oro de inmediato, lo encerrará en una mazmorra, donde se pudrirá hasta el fin de sus días.

El padre del lector ya ha tenido suficiente. Paga el rescate de su amado hijo, pero jura que nunca jamás hará negocios en España. Cierra su sucursal de Madrid y recoloca al hermano del lector en Rotterdam. Ahora dos sucursales en Holanda parecen una idea realmente buena. Ha oído que incluso los capitalistas españoles están sacando sus fortunas del país. También ellos han comprendido que si quieren conservar su dinero y utilizarlo para conseguir más riquezas, será mejor que lo inviertan donde prevalezca la norma de la ley y donde se respete la propiedad privada, como en Holanda, por ejemplo.

De esta manera, el rey de España dilapidó la confianza de los inversores al mismo tiempo que los comerciantes holandeses consiguieron su confianza. Y fueron los comerciantes holandeses (no el Estado holandés) los que forjaron el Imperio holandés. El rey de España siguió intentando obtener tributos impopulares de una plebe descontenta. Los comerciantes holandeses financiaron la conquista a base de préstamos, y cada vez más vendiendo también acciones de sus compañías que daban derecho a sus propietarios a recibir una parte de los beneficios de la compañía. Los inversores precavidos que nunca hubieran prestado su dinero al rey de España, y que se lo habrían pensado dos veces antes de extender crédito al gobierno holandés, invirtieron gustosamente fortunas en las compañías por acciones holandesas, que eran el sostén principal del nuevo imperio.

Si alguien pensaba que una compañía iba a obtener grandes beneficios pero ya había vendido todas sus acciones, podía comprar algunas a las personas que las poseían, probablemente por un precio superior al que se pagaron originalmente. Si alguien compraba acciones y después descubría que la compañía estaba en apuros, podía intentar deshacerse de los valores por un precio menor. El comercio resultante de acciones de compañías condujo al establecimiento en la mayoría de las ciudades europeas de bolsas de valores, lugares en los que se comerciaba con las acciones de las compañías.

La más famosa compañía holandesa por acciones, la Compañía Holandesa de las Indias Orientales (VOC), se fundó en 1602, justo en la época en la que los holandeses se libraban del yugo español y el retumbar de la artillería española podía oírse todavía no lejos de los baluartes de Amsterdam. La VOC empleó el dinero que obtuvo de vender acciones para construir buques, enviarlos a Asia y retornar con mercancías chinas, indias e indochinas. También financió acciones militares que emprendían los buques de la compañía contra competidores y piratas. Y finalmente, el dinero de la VOC financió la conquista de Indonesia.

Indonesia es el mayor archipiélago del mundo. Sus miles y miles de islas estaban gobernadas a principios del siglo xvii por cientos de reinos, principados, sultanatos y tribus. Cuando los comerciantes de la VOC llegaron a Indonesia por primera vez en 1603, sus objetivos eran estrictamente comerciales. Sin embargo, con el fin de garantizar sus intereses comerciales y de maximizar los beneficios de los accionistas, los comerciantes de la VOC empezaron a luchar contra los potentados locales que cargaban tarifas exageradas, así como contra los competidores europeos. La VOC armó con cañones sus barcos mercantes; reclutó mercenarios europeos, japoneses, indios e indonesios, y construyó fuertes y libró batallas y asedios a gran escala. Esta empresa nos puede parecer un poco extraña, pero a principios de la edad moderna era común que las compañías privadas contrataran no solo soldados, sino también generales y almirantes, cañones y buques, e incluso ejércitos ya preparados. La comunidad internacional ya lo daba por hecho y ni siquiera enarcaba una ceja cuando una compañía privada establecía un imperio.

Una isla tras otra cayó ante los mercenarios de la VOC y una gran parte de Indonesia se convirtió en una colonia de la VOC. La VOC gobernó Indonesia durante casi 200 años. Solo en 1800 el Estado holandés asumió el control de Indonesia, convirtiéndola en una colonia nacional holandesa durante los 150 años siguientes. Hoy en día hay personas que advierten que las empresas multinacionales del siglo xxi acumulan demasiado poder. La historia moderna temprana muestra precisamente lo lejos que esto puede llegar si se deja que los negocios se dediquen a sus propios intereses sin que se les controle.

Mientras la VOC operaba en el océano Índico, la Compañía Holandesa de las Indias Occidentales (WIC) surcaba el Atlántico. Con el fin de controlar el comercio en el importante río Hudson, la WIC construyó una colonia llamada Nueva Amsterdam en una isla en la desembocadura del río. La colonia fue amenazada por los indios y atacada repetidamente por los ingleses, que al final la capturaron en 1664. Los ingleses cambiaron su nombre por el de Nueva York. Los restos de la muralla construida por la WIC para defender su colonia frente a los indios e ingleses se encuentran hoy bajo el pavimento de la calle más famosa del mundo: Wall Street.

A medida que el siglo XVII llegaba a su fin, la complacencia y las costosas guerras continentales hicieron que los holandeses perdieran no solo Nueva York, sino también su lugar como motor financiero e imperial de Europa. El vacío que dejó se lo disputaron de manera violenta Francia y Gran Bretaña. Al principio parecía que Francia se hallaba en una posición mucho más fuerte. Era mayor que Gran Bretaña, más rica, más poblada y poseía un ejército mayor y más experimentado. Pero Gran Bretaña consiguió ganarse la confianza del sistema financiero, mientras que Francia demostró no ser de fiar. El comportamiento de la corona francesa fue particularmente notorio durante lo que se llamó la burbuja del Mississippi, la mayor crisis financiera de la Europa del siglo XVIII. Dicha historia empieza asimismo con una compañía por acciones que construyó un imperio.

En 1717, la Compañía del Mississippi, radicada en Francia, se dispuso a colonizar el valle inferior del río Mississippi, y en el proceso estableció la ciudad de Nueva Orleans. Para financiar sus ambiciosos planes, la compañía, que tenía buenos contactos en la corte del rey Luis XV, vendió acciones en el mercado de valores de París. John Law, el director de la compañía, era también el gobernador del banco central de Francia. Además, el rey le había nombrado contrôleur général des Finances, un cargo aproximadamente equivalente al de un moderno ministro de Finanzas. En 1717, el valle inferior del Mississippi ofrecía pocos atractivos aparte de pantanos y caimanes, pero la Compañía del Mississippi hizo correr relatos de riquezas fabulosas y oportunidades sin fin. Los aristócratas y hombres de negocios franceses, y los imperturbables miembros de la burguesía urbana se creyeron tales fantasías, y el precio de las acciones de la compañía subió por las nubes. Inicialmente, las acciones se ofrecieron a 500 libras cada una. El 1 de agosto de 1719, las acciones se negociaban a 2.750 libras. El 30 de agosto valían 4.100 libras, y el 4 de septiembre alcanzaron 5.000 libras. El 2 de diciembre, el precio de una acción de la compañía superó el umbral de las 10.000 libras. La euforia recorría las calles de París. La gente vendía sus pertenencias y contrataba créditos enormes para comprar acciones de la compañía. Todos creían haber descubierto el camino fácil a la riqueza.

Unos pocos días después empezó el pánico. Algunos especuladores se dieron cuenta de que los precios de las acciones eran completamente irreales e insostenibles. Creyeron que lo mejor era vender mientras los precios de las acciones estuvieran en su máximo. Al aumentar el número de acciones, su precio bajó. Cuando otros inversores vieron que el precio se reducía, también quisieron desprenderse con celeridad de sus acciones. El precio de las acciones se desplomó todavía más, y generó una avalancha. Con el fin de estabilizar los precios, el banco central de Francia (bajo la dirección de su gobernador, John Law) compró acciones de la Compañía del Mississippi, pero no pudo hacerlo indefinidamente. Al final, se le acabó el dinero. Cuando esto ocurrió, el contrôleur général, el propio John Law, autorizó la emisión de más dinero con el fin de comprar más acciones. Esto colocó a todo el sistema financiero francés dentro de la burbuja. Y ni siquiera este acto de malabarismo financiero pudo salvar la situación. El precio de las acciones de la compañía cayó desde las 10.000 libras de nuevo hasta las 1.000, y después se hundió por completo, y las acciones perdieron hasta el último sueldo de su valor. Para entonces, el banco central y la Hacienda real poseían una enorme cantidad de acciones que no valían nada y no tenían dinero. Los grandes especuladores salieron relativamente bien parados: habían vendido a tiempo. Los pequeños inversores lo perdieron todo, y muchos se suicidaron.

La burbuja del Mississippi fue uno de los desastres financieros más sonados de la historia. El sistema financiero real francés nunca se recuperó totalmente del golpe. La manera en que la Compañía del Mississippi usó su poder político para manipular los precios de las acciones y para promover el frenesí comprador hizo que la opinión pública perdiera la fe en el sistema bancario francés y en el talento financiero del rey de Francia. A Luis XV le resultó cada vez más difícil conseguir crédito. Esta fue una de las razones principales por las que el Imperio francés de ultramar cayó en manos inglesas. Mientras que Gran Bretaña podía conseguir fácilmente dinero prestado y a bajo tipos de interés,

Francia tenía dificultades para obtener préstamos, y tenía que pagar por ellos intereses elevados. Con el fin de financiar sus crecientes deudas, el rey de Francia pidió prestado cada vez más dinero a tipos de interés cada vez más altos. Finalmente, en la década de 1780, Luis XVI, que había subido al trono a la muerte de su abuelo, se dio cuenta de que la mitad de su presupuesto anual se destinaba a pagar los intereses de sus préstamos, y que se dirigía a la bancarrota. De mala gana, Luis XVI convocó en 1789 los Estados Generales, el parlamento francés, que no se reunía desde hacía un siglo y medio, con el fin de encontrar una solución a la crisis. Así empezó la Revolución francesa.

Mientras el Imperio francés de ultramar se desmoronaba, el Imperio británico se expandía rápidamente. Al igual que el Imperio holandés antes que él, el Imperio británico lo establecieron en gran parte compañías anónimas por acciones, privadas, radicadas en la Bolsa de Valores de Londres. Las primeras colonias inglesas en Norteamérica las fundaron a principios del siglo XVII sociedades anónimas como la Compañía de Londres, la Compañía de Plymouth, la Compañía de Dorchester y la Compañía de Massachusetts.

También el subcontinente indio fue conquistado no por el capital británico, sino por el ejército mercenario de la Compañía Británica de las Indias Orientales. Dicha compañía superó incluso a la VOC. Desde su cuartel general en Leadenhall Street, en Londres, gobernó un poderoso imperio indio durante casi un siglo, en el que mantenía una enorme fuerza militar de 350.000 soldados, un número considerablemente mayor que el de las fuerzas armadas de la monarquía británica. La corona británica no nacionalizó la India hasta 1858, y con ella el ejército privado de la compañía. Napoleón se burlaba de los británicos, de los que decía que eran una nación de tenderos, pero esos tenderos derrotaron al propio Napoleón, y su imperio fue el mayor que haya visto el mundo.

EN EL NOMBRE DEL CAPITAL

La nacionalización de Indonesia por la corona holandesa (1800) y de la India por la corona británica (1858) no terminó en absoluto con el abrazo entre capitalismo e imperio. Por el contrario, la relación no hizo más que hacerse más fuerte durante el siglo xix. Las compañías por acciones ya no necesitaban establecer y gobernar colonias privadas; ahora sus gestores y sus grandes accionistas tiraban de los hilos del poder en Londres, Amsterdam y París, y podían contar con que el Estado velara por sus intereses. Tal como se mofaban Marx y otros críticos sociales, los gobiernos occidentales se estaban convirtiendo en un sindicato capitalista.

El ejemplo más notorio de cómo los gobiernos cumplieron el mandato del gran dinero fue la primera guerra del opio, que se libró entre Gran Bretaña y China (1840-1842). En la primera mitad del siglo xix, la Compañía Británica de las Indias Orientales y diversos hombres de negocios ingleses amasaron fortunas mediante la exportación de drogas, principalmente opio, a China. Millones de chinos se convirtieron en adictos, lo que debilitó al país tanto económica como socialmente. A finales de la década de 1830, el gobierno chino promulgó una prohibición del tráfico de drogas, pero los comerciantes ingleses de las drogas simplemente ignoraron la ley. Las autoridades chinas empezaron a confiscar y a destruir los cargamentos de drogas. Los monopolios de las drogas tenían estrechas conexiones en Westminster y Downing Street (de hecho, muchos miembros del Parlamento y ministros del gabinete poseían acciones de las compañías de drogas), de modo que presionaron al gobierno para que actuara.

En 1840, Gran Bretaña declaró puntualmente la guerra a China en nombre del «libre comercio». Fue un triunfo fácil. Los chinos, demasiado confiados, no eran rival para las nuevas y poderosas armas de Gran Bretaña: buques de vapor, artillería pesada, cohetes y rifles de repetición. Según el tratado de paz subsiguiente, China aceptaba no limitar las actividades de los comerciantes de drogas ingleses y compensarlos por los daños infligidos por la policía china. Además, los ingleses reclamaron y obtuvieron el control de Hong Kong, que a continuación usaron como base segura para el tráfico de drogas (Hong Kong siguió en manos inglesas hasta 1997). A finales del siglo xix, unos 40 millones de chinos, la décima parte de la población del país, eran adictos al opio.[3]

También Egipto aprendió a respetar el largo brazo del capitalismo británico. Durante el siglo xix, los inversores franceses e ingleses prestaron enormes sumas a los gobernantes de Egipto, primero con el fin de financiar el proyecto del canal de Suez, y después para promover proyectos que tuvieron mucho menos éxito. La deuda egipcia se hinchó, y los acreedores europeos intervinieron cada vez más en los asuntos egipcios. En 1881, los nacionalistas egipcios ya se habían hartado y se rebelaron. Declararon una abrogación unilateral de toda la deuda externa. A la reina Victoria no le hizo ninguna gracia. Un año después envió a su ejército y a su armada al Nilo, y Egipto se convirtió en un protectorado británico hasta después de la Segunda Guerra Mundial.

Estas no fueron en absoluto las únicas guerras que se libraron para proteger los intereses de los inversores. En realidad, la propia guerra podía convertirse en una mercancía, exactamente igual que el opio. En 1821, los griegos se rebelaron contra el Imperio otomano. El levantamiento despertó una gran simpatía en los círculos liberales y románticos de Gran Bretaña; lord Byron, el poeta, fue incluso a Grecia para luchar junto a los insurgentes. Sin embargo, los financieros de Londres vieron asimismo una oportunidad. Propusieron a los jefes rebeldes emitir bonos de la rebelión griega, negociables, en el mercado de valores de Londres. Los griegos tenían que prometer devolver el importe de los bonos, más los intereses, siempre y cuando obtuvieran la independencia. Los inversores privados compraron bonos para obtener un beneficio, o porque simpatizaban con la causa griega, o por ambas razones. El valor de los bonos de la rebelión griega subía y bajaba en la Bolsa de Londres según los éxitos y fracasos militares en los campos de batalla de la Hélade. Gradualmente, los turcos consiguieron ventaja. Con una derrota inminente de los rebeldes, los accionistas se enfrentaban a la posibilidad de perderlo todo. El interés de los accionistas era el interés nacional, de manera que los ingleses organizaron una flota internacional que, en 1827, hundió a la flotilla otomana en la batalla de Navarino. Después de siglos de dominación, Grecia se hallaba libre al fin. Pero la libertad vino acompañada de una deuda enorme que el nuevo país no tenía manera de devolver. La economía griega quedó hipotecada a los inversores ingleses durante décadas.

El abrazo del oso entre el capital y la política ha tenido implicaciones de mayor alcance para el mercado del crédito. La cantidad de crédito en una economía viene determinada no solo por factores puramente económicos como el descubrimiento de un nuevo yacimiento petrolífero o el invento de una nueva máquina, sino también por acontecimientos políticos tales como cambios de régimen o políticas exteriores más ambiciosas. Después de la batalla de Navarino, los capitalistas ingleses estaban más dispuestos a invertir su dinero en arriesgados tratos ultramarinos. Habían visto que si un deudor extranjero se negaba a devolver los préstamos, el ejército de Su Majestad conseguiría que les retornara el dinero.

Esta es la razón por la que la calificación crediticia de un país es hoy mucho más importante para su bienestar económico que sus recursos naturales. Las calificaciones crediticias indican la probabilidad de que un país pague sus deudas. Además de datos puramente económicos, tienen en cuenta factores políticos, sociales e incluso culturales. Un país rico en petróleo pero sometido a un gobierno despótico, guerras endémicas y un sistema judicial corrupto recibirá por lo general una baja calificación crediticia. Como resultado, es probable que permanezca relativamente pobre, puesto que no podrá obtener el capital necesario para sacar el máximo partido de sus riquezas petrolíferas. Un país carente de recursos naturales, pero que goza de paz, un sistema judicial justo y un gobierno libre es probable que reciba una elevada calificación crediticia. Así, podrá obtener el capital barato suficiente para sostener un buen sistema educativo y promover una floreciente industria de alta tecnología.

EL CULTO DEL LIBRE MERCADO

El capital y la política se influyen mutuamente en tal medida que sus relaciones son objeto de acalorados debates por parte de economistas, políticos y la opinión pública en general. Los acérrimos capitalistas suelen aducir que el capital debería ser libre para influir sobre la política, pero que no se debería dejar que la política influyera sobre el capital. Argumentan que, cuando los gobiernos interfieren en los mercados, los intereses políticos hacen que efectúen inversiones insensatas que conducen a un crecimiento más lento. Por ejemplo, un gobierno puede imponer elevados impuestos a los industriales y usar el dinero para proporcionar espléndidas prestaciones de desempleo, que son populares entre los votantes. Según la opinión de muchos empresarios, sería mucho mejor si el gobierno les dejara conservar el dinero. Lo emplearían, según dicen, para abrir nuevas fábricas y contratar a los desempleados.

Según esta concepción, la política económica más sensata es mantener a la política lejos de la economía, reducir los impuestos y la normativa gubernamental a un mínimo y dejar a las fuerzas del mercado libertad para tomar su camino. Los inversores privados, libres de consideraciones políticas, invertirán su dinero allí donde puedan obtener el máximo beneficio, y así la manera de asegurar el máximo crecimiento económico (que beneficiará a todos, industriales y obreros) es que el gobierno intervenga lo menos posible. Esta doctrina del libre mercado es en la actualidad la variante más común e influyente del credo capitalista. Los defensores más entusiastas del libre mercado critican las aventuras militares en el exterior con el mismo celo que los programas de bienestar en casa. Ofrecen a los gobiernos el mismo consejo que los maestros zen a los iniciados: no hagas nada.

Pero en su forma extrema, creer en el libre mercado es tan ingenuo como creer en Papá Noel. Simplemente, no existe un mercado libre de todo prejuicio político. El recurso económico más importante es la confianza en el futuro, y dicho recurso se ve amenazado constantemente por ladrones y charlatanes. Por sí mismos, los mercados no ofrecen ninguna protección contra el fraude, el robo y la violencia. Es tarea de los sistemas políticos asegurar la confianza mediante la legislación de sanciones contra los engaños y el establecimiento y respaldo de fuerzas de policía, tribunales y cárceles que hagan cumplir la ley. Cuando los reyes no cumplen su tarea y no regulan de modo adecuado los mercados, esto conduce a la pérdida de confianza, al crédito menguante y a la depresión económica. Esa fue la lección que enseñó la burbuja de la Compañía del Mississippi de 1719, y para quien la haya olvidado se la recordará la burbuja inmobiliaria de Estados Unidos de 2007, y el hundimiento del crédito y la recesión subsiguientes.

EL INFIERNO CAPITALISTA

Hay una razón más fundamental todavía por la que es peligroso conceder libertad total a los mercados. Adam Smith nos enseñó que el zapatero utilizaría sus ganancias adicionales para emplear a más ayudantes. Esto implica que la codicia egoísta es beneficiosa para todos, puesto que las ganancias se emplean para expandir la producción y contratar a más empleados.

Pero ¿qué ocurre si el avaricioso zapatero aumenta sus beneficios al pagar menos a sus empleados y al aumentar sus horas laborables? La respuesta genérica es que el libre mercado protegería a los empleados. Si nuestro zapatero paga muy poco y exige demasiado, es natural que los mejores empleados lo abandonen y se vayan a trabajar para sus competidores. El zapatero tirano se encontrará finalmente con los peores obreros, o sin obreros en absoluto. Tendrá que enmendar su comportamiento o dejar el negocio. Su propia codicia le obligará a tratar bien a sus empleados.

Esto en teoría parece a prueba de balas, pero en la práctica las balas lo atraviesan con demasiada facilidad. En un mercado completamente libre, no supervisado por reyes y sacerdotes, los capitalistas avariciosos pueden establecer monopolios o conspirar contra su fuerza laboral. Si en un país hay una única corporación que controla todas las fábricas de zapatos, o si todos los propietarios de fábricas de zapatos conspiran para reducir los salarios simultáneamente, entonces los obreros ya no pueden protegerse cambiando de puesto de trabajo.

Peor aún: los jefes avariciosos podrían recortar la libertad de movimiento de los obreros mediante el peonaje por deuda o esclavitud. A finales de la Edad Media, la esclavitud era casi desconocida en la Europa cristiana. Durante los inicios del período moderno, el auge del capitalismo europeo fue de la mano con el auge del tráfico de esclavos en el Atlántico. Los responsables de esta calamidad fueron las fuerzas desenfrenadas del mercado, más que los reyes tiránicos o los ideólogos racistas.

Cuando los europeos conquistaron América, abrieron minas de oro y plata y establecieron plantaciones de azúcar, tabaco y algodón. Dichas minas y plantaciones se convirtieron en el principal soporte de la producción y exportación americana. Las plantaciones de azúcar fueron particularmente importantes. En la Edad Media, el azúcar era un lujo raro en Europa. Se importaba de Oriente Próximo a precios prohibitivos y se usaba frugalmente como ingrediente secreto en golosinas y medicamentos de aceite de serpiente. Una vez que se hubieron establecido grandes plantaciones de caña de azúcar en América, a Europa empezaron a llegar cantidades crecientes de azúcar. El precio del azúcar bajó y Europa desarrolló un insaciable gusto por los dulces. Los emprendedores satisficieron dicha necesidad al producir cantidades enormes de dulces: pasteles, galletas, chocolate, caramelos y bebidas azucaradas como cacao, café y té. La ingesta anual de azúcar del ciudadano inglés medio pasó de casi cero a principios del siglo XVII a unos ocho kilogramos a principios del XIX.

Sin embargo, cultivar la caña y extraer su azúcar era una empresa que requería trabajo intensivo. Pocas personas querían trabajar largas horas en campos de caña infestados de malaria bajo un sol tropical. Los trabajadores contratados habrían producido un bien demasiado caro para el consumo de masas. Sensibles a las fuerzas del mercado, y codiciosos de obtener beneficios y crecimiento económico, los propietarios europeos de las plantaciones cambiaron a los esclavos.

Desde el siglo XVI al XIX, unos 10 millones de esclavos africanos fueron importados a América. Alrededor del 70 por ciento de ellos trabajaron en las plantaciones de azúcar. Las condiciones de trabajo eran abominables. La mayoría de los esclavos vivían una vida corta y miserable, y otros millones más murieron durante las guerras emprendidas para capturar esclavos o durante el largo viaje desde el interior de África a las costas de América. Y todo esto para que los europeos pudieran gozar de su té dulce y sus golosinas, y para que los magnates del azúcar pudieran obtener enormes ganancias.

El tráfico de esclavos no era controlado por ningún Estado o gobierno. Era una empresa puramente económica, organizada y financiada por el libre mercado según las leyes de la oferta y la demanda. Las compañías privadas de comercio de esclavos vendían acciones en los mercados de valores de Amsterdam, Londres y París. Los europeos de clase media que buscaban una buena inversión compraban estas acciones. Sobre la base de este dinero, las compañías compraban barcos, contrataban marinos y soldados, adquirían esclavos en África y los transportaban a América. Allí vendían los esclavos a los dueños de las plantaciones, y utilizaban las ganancias para comprar productos de las plantaciones, como azúcar, cacao, café, tabaco, algodón y ron. Regresaban a Europa, vendían el azúcar y el algodón por un buen precio, y después se dirigían a África para iniciar otra ronda. Los accionistas estaban encantados con este arreglo. A lo largo del siglo XVIII, el rendimiento de las inversiones en el tráfico de esclavos fue de alrededor del 6 por ciento anual: eran extremadamente lucrativas, como cualquier consultor moderno admitiría rápidamente.

Este es el pequeño inconveniente del capitalismo de libre mercado: no puede asegurar que los beneficios se obtengan de manera justa, o que se distribuyan de manera justa. Por el contrario, las ansias de aumentar los beneficios y la producción impiden ver a la gente cualquier cosa que se interponga en el camino. Cuando el crecimiento se convierte en un bien supremo, no limitado por ninguna otra consideración ética, puede conducir fácilmente a la catástrofe. Algunas religiones, como el cristianismo y el nazismo, han matado a millones de personas debido a un odio ardiente. El capitalismo ha matado a millones debido a una fría indiferencia ligada a la avaricia. El tráfico de esclavos del Atlántico no surgió de un odio racista hacia los africanos. Los individuos que compraban las acciones, los agentes que las vendían y los gestores de las compañías del comercio de esclavos rara vez pensaban en los africanos, así como tampoco lo hacían los propietarios de las plantaciones de caña de azúcar. Muchos propietarios vivían lejos de sus plantaciones, y la única información que pedían eran libros contables claros de ganancias y pérdidas.

Es importante recordar que el tráfico de esclavos del Atlántico no fue una aberración única en un expediente por otra parte inmaculado. La Gran Hambruna de Bengala, que se ha comentado en el capítulo anterior, fue causada por una dinámica similar: a la Compañía Británica de las Indias Orientales le importaban más sus beneficios que la vida de diez millones de bengalíes. Las campañas militares de la VOC en Indonesia fueron financiadas por probos ciudadanos holandeses que amaban a sus hijos, concedían limosnas y gozaban de la buena música y de las bellas artes, pero que no tenían ninguna consideración por el sufrimiento de los habitantes de Java, Sumatra y Malaca. Innumerables crímenes y conductas reprobables acompañaron el crecimiento de la economía moderna en otras partes del planeta.

El siglo XIX no aportó ninguna mejora a la ética del capitalismo. La revolución industrial que se extendió por toda Europa enriqueció a banqueros y a propietarios de capital, pero condenó a millones de trabajadores a una vida de pobreza abyecta. En las colonias europeas, las cosas eran peores todavía. En 1876, el rey Leopoldo II de Bélgica fundó una organización humanitaria no gubernamental cuyo objetivo declarado era explorar el África central y combatir el tráfico de esclavos a lo largo del río Congo. También tenía el encargo de mejorar las condiciones para los habitantes de la región mediante la construcción de carreteras, escuelas y hospitales. En 1885, las potencias europeas acordaron conceder a esta organización el control de 2,3 millones de kilómetros cuadrados en la cuenca del Congo. Dicho territorio, de 75 veces el tamaño de Bélgica, se conoció a partir de entonces como Estado Libre del Congo. Nadie pidió la opinión de los 20-30 millones de habitantes del territorio.

En cuestión de poco tiempo, la organización humanitaria se convirtió en una empresa de negocios cuyo objetivo real era el crecimiento y los beneficios. Las escuelas y los hospitales se olvidaron, y en cambio la cuenca del Congo se llenó de minas y plantaciones, dirigidas por funcionarios en su mayoría belgas que explotaban de manera despiadada a la población local. La industria del caucho fue particularmente notable. El caucho se estaba convirtiendo rápidamente en un producto industrial básico, y la exportación de caucho era la fuente de ingresos más importante del Congo. A los campesinos africanos que recolectaban caucho se les exigía que proporcionaran cupos cada vez mayores. Los que no conseguían cumplir con su cuota eran brutalmente castigados por su «holgazanería». Se les cortaban los brazos y en ocasiones se masacraban aldeas enteras. Según las estimaciones más moderadas, entre 1885 y 1908 la búsqueda de crecimiento y beneficios costó la vida de 6 millones de individuos (al menos el 20 por ciento de la población del Congo). Algunas estimaciones la elevan hasta 10 millones de muertos.[4]

En décadas recientes, y especialmente después de 1945, la codicia capitalista se refrenó algo, en buena parte debido al temor del comunismo.

Pero las desigualdades son todavía feroces. El pastel económico de 2014 es mucho mayor que el de 1500, pero está distribuido de manera tan desigual que muchos campesinos africanos y trabajadores indonesios regresan al hogar después de un día de arduo trabajo con menos comida de la que disponían sus antepasados hace 500 años. De manera muy parecida a la revolución agrícola, el crecimiento de la economía moderna podría resultar ser un fraude colosal. Bien pudiera ser que la especie humana y la economía global sigan creciendo, pero hay muchos más individuos que viven hambrientos y en la indigencia.

El capitalismo tiene dos respuestas a esta crítica. Primera, el capitalismo ha creado un mundo que nadie que no sea un capitalista es capaz de hacer funcionar. El único intento serio de gestionar el mundo de manera diferente (el comunismo) era mucho peor en casi todos los aspectos concebibles, hasta el punto de que nadie tiene el estómago de intentarlo de nuevo. En 8500 a.C. se podían verter amargas lágrimas a propósito de la revolución agrícola, pero era demasiado tarde para abandonar la agricultura. De manera parecida, puede que no nos guste el capitalismo, pero no podemos vivir sin él.

La segunda respuesta es que simplemente hemos de tener más paciencia; el paraíso, prometen los capitalistas, está a la vuelta de la esquina. Es cierto, se han cometido equivocaciones, como el comercio de esclavos del Atlántico y la explotación de la clase obrera europea. Pero hemos aprendido la lección, y solo con que esperemos un poco más y permitamos que el pastel crezca un poco más, todo el mundo recibirá una porción más sustanciosa. La división del botín no será nunca equitativa, pero habrá lo suficiente para satisfacer a todos los hombres, mujeres y niños, incluso en el Congo.

Es cierto que hay algunas señales positivas. Al menos cuando empleamos criterios puramente materiales (como la esperanza de vida, la mortalidad infantil y la ingesta calórica), el nivel de vida del humano medio en 2014 es significativamente superior al de 1914, a pesar del crecimiento exponencial en el número de humanos.

Pero ¿acaso el pastel económico puede crecer indefinidamente? Todo pastel requiere materias primas y energía. Los profetas de la catástrofe advierten que tarde o temprano *Homo sapiens* agotará las materias primas y la energía del planeta Tierra. ¿Y qué ocurrirá entonces?

17

Las ruedas de la industria

La economía moderna crece gracias a nuestra esperanza en el futuro y a la buena disposición de los capitalistas a reinvertir sus ganancias en la producción. Pero esto no basta. El crecimiento económico necesita también energía y materias primas, y estas son finitas. Cuando se agoten, si es que lo hacen, todo el sistema se desmoronará.

Sin embargo, las pruebas que proporciona el pasado es que son finitas solo en teoría. De forma contraintuitiva, mientras que el uso que ha hecho la humanidad de la energía y las materias primas ha crecido mucho en los últimos siglos, las cantidades disponibles para nuestra explotación en realidad han aumentado. Cada vez que una escasez de una u otras ha amenazado con hacer más lento el crecimiento económico, han fluido las inversiones hacia la investigación científica y tecnológica. Esto ha producido de forma invariable no solo maneras más eficientes de explotar los recursos existentes, sino también tipos completamente nuevos de energía y materiales.

Consideremos la industria de los vehículos. A lo largo de los últimos 300 años, la humanidad ha fabricado miles de millones de vehículos, desde carros y carretillas hasta trenes, automóviles, aviones supersónicos y lanzaderas espaciales. Cabría esperar que un esfuerzo tan prodigioso como este hubiera agotado las fuentes de energía y materias primas disponibles para la producción de vehículos, y que en la actualidad estuviéramos raspando el fondo del barril. Pero ha ocurrido lo contrario. Mientras que en 1700 la industria global del vehículo se basaba de manera abrumadora en la madera y el hierro, hoy tiene a su disposición una cornucopia de materiales descubiertos recientemente, como plástico, caucho, aluminio y titanio, ninguno de los cuales nuestros antepasados conocían siquiera. Mientras que en 1700 los carros eran construidos principalmente por el esfuerzo muscular de carpinteros y herreros, en la actualidad las máquinas en las fábricas de Toyota y Boeing son accionadas mediante motores de combustión de petróleo y centrales de energía nuclear. Una revolución parecida ha recorrido casi todos los demás ámbitos de la industria. La denominamos revolución industrial.

Durante los milenios previos a la revolución industrial, los humanos ya sabían cómo utilizar una amplia variedad de fuentes energéticas. Quemaban leña con el fin de fundir el hierro, caldear las casas y hornear pasteles. Los buques de vela domeñaban la energía eólica para desplazarse, y los molinos de agua captaban el flujo de los ríos para moler el grano. Pero todas estas fuentes tenían límites claros, y planteaban problemas. No había árboles disponibles en todas partes, el viento no siempre soplaba cuando se necesitaba, y la energía hidráulica solo era útil si uno vivía cerca de un río.

Un problema todavía mayor era que la gente no sabía cómo convertir un tipo de energía en otro. Podían domeñar el movimiento del viento y el agua para hacer navegar buques y girar piedras de molino, pero no para caldear agua o fundir hierro. E inversamente, no podían utilizar la energía calorífica producida al quemar madera para hacer que una piedra de molino se moviera. Los humanos solo tenían una máquina capaz de realizar estos trucos de conversión de energía: el cuerpo. En el proceso natural del metabolismo, el cuerpo de los humanos y de los demás animales quema combustibles orgánicos que denominamos comida y convierten la energía liberada en el movimiento de los músculos. Hombres, mujeres y bestias podían consumir grano y carne, quemar sus carbohidratos y grasas, y utilizar la energía para arrastrar un carrito oriental o empujar un arado.

Puesto que el cuerpo humano y animal era el único dispositivo de conversión energética del que se disponía, la potencia muscular era la clave de casi todas las actividades humanas. Los músculos humanos construían carretas y casas, los músculos bovinos araban los campos y los músculos equinos transportaban mercancías. La energía que accionaba estas máquinas musculares orgánicas procedía en último término de una única fuente: las plantas. Las plantas, a su vez, obtenían su energía del sol. Mediante el proceso de fotosíntesis, captaban energía solar y la empaquetaban en compuestos orgánicos. Casi todo lo que la gente ha hecho a lo largo de la historia ha estado accionado por la energía solar que es captada por las plantas y convertida en potencia muscular.

En consecuencia, la historia humana estuvo dominada por dos ciclos principales: los ciclos de crecimiento de las plantas y los ciclos cambiantes de la energía solar (día y noche, verano e invierno). Cuando la luz solar era escasa y cuando los trigales estaban todavía verdes, los humanos tenían poca energía. Los graneros permanecían vacíos, los recaudadores de impuestos estaban ociosos, los soldados encontraban difícil desplazarse y luchar, y los reyes solían mantener la paz. Cuando el sol brillaba con fuerza y el trigo maduraba, los campesinos cosechaban los campos y llenaban los graneros. Los recaudadores de impuestos se apresuraban a tomar su parte. Los soldados flexionaban sus músculos y afilaban sus espadas. Los reyes convencían a sus consejos y planeaban sus próximas campañas. Todo el mundo resultaba animado por la energía solar, captada y empaquetada en el trigo, el arroz y las patatas.

EL SECRETO EN LA COCINA

Durante estos largos milenios, un día sí y otro también la gente se encontraba cara a cara con el invento más importante de la historia de la producción de energía sin que se diera cuenta. Saltaba a la vista cada vez que un ama de casa o una criada ponía una marmita en el fuego para hervir agua para el té, o colocaba una olla llena de patatas en el hornillo. En el momento en el que el agua hervía, la tapadera de la marmita o de la olla saltaba. El calor se convertía en movimiento. Pero las tapaderas de las ollas que saltaban eran un fastidio, especialmente si se olvidaba la olla en el hornillo y el agua hervía totalmente. Nadie vio el potencial real.

Un descubrimiento parcial en la conversión de calor en movimiento siguió a la invención de la pólvora en la China del siglo IX. Al principio, la idea de emplear pólvora para impulsar proyectiles era tan contraria a la intuición que durante siglos la pólvora se usó principalmente para producir bombas incendiarias. Pero finalmente (quizá después de que algún experto en bombas moliera pólvora en un mortero y el majadero saliera disparado con fuerza) aparecieron los cañones. Pasaron unos 600 años entre la invención de la pólvora y el desarrollo de la artillería efectiva.

Incluso entonces, la idea de convertir calor en movimiento siguió siendo tan contraintuitiva que pasaron otros tres siglos antes de que la gente inventara la siguiente máquina que utilizaba calor para trasladar cosas. La nueva tecnología nació en las minas de hulla de Gran Bretaña. A medida que la población inglesa aumentaba, se talaban bosques para alimentar la creciente economía y dejar paso a casas y campos. En consecuencia, Gran Bretaña padeció una escasez creciente de leña y empezó a quemar carbón como sustituto. Muchos filones de carbón estaban situados en áreas anegadas, y la inundación impedía que los mineros accedieran a los estratos inferiores de las minas, lo cual constituía un problema que buscaba una solución. Hacia 1700, un extraño ruido empezó a reverberar alrededor de los pozos de las minas inglesas. Dicho ruido, que anunciaba la revolución industrial, era sutil al principio, pero se hizo cada vez más fuerte con cada década que pasaba, hasta que rodeó a todo el mundo en un ruido ensordecedor. Emanaba de una máquina de vapor.

Hay muchos tipos de máquinas de vapor, pero todos comparten un principio común. Se quema algún tipo de combustible, como carbón, y se usa el calor resultante para hervir agua, con lo que se produce vapor. A medida que el vapor se expande, empuja un pistón. El pistón se mueve, y todo lo que esté conectado al pistón se mueve con él. ¡Hemos convertido el calor en movimiento! En las minas de hulla de la Inglaterra del siglo XVIII, el pistón estaba conectado a una bomba que extraía agua del fondo de los pozos mineros. Las primeras máquinas eran increíblemente ineficientes. Era necesario quemar una enorme cantidad de carbón para bombear apenas una minúscula cantidad de agua. Pero en la minas el carbón era abundantísimo y se hallaba a mano, de modo que a nadie le importaba.

En los años que siguieron, los emprendedores británicos mejoraron la eficiencia de la máquina de vapor, la sacaron de los pozos de las minas y la conectaron a telares y desmotadoras. Esto revolucionó la producción textil, lo que hizo posible producir cantidades cada vez mayores de telas baratas. En un abrir y cerrar de ojos, Gran Bretaña se convirtió en la fábrica del mundo. Pero, todavía más importante, sacar a la máquina de vapor de las minas salvó una importante barrera psicológica. Si se podía quemar carbón para hacer mover telares textiles, ¿por qué no usar el mismo método para mover otras cosas como vehículos?

En 1825, un ingeniero inglés conectó una máquina de vapor a un tren de vagonetas mineras llenas de carbón. La máquina arrastró los vagones a lo largo de un raíl de hierro de unos 20 kilómetros de longitud, desde la mina al puerto más cercano. Esta fue la primera locomotora a vapor de la historia. Claramente, si se podía usar el vapor para transportar carbón, ¿por qué no otras mercancías? ¿Y por qué no incluso personas? El 15 de septiembre de 1830, se inauguró la primera línea comercial de ferrocarril, que conectaba Liverpool con Manchester. Los trenes se movían debido a la misma energía de vapor que previamente había bombeado agua y accionado los telares. Solo veinte años después, Gran Bretaña tenía decenas de miles de kilómetros de vías férreas.[1]

A partir de ahí, la gente se obsesionó con la idea de que se podían usar máquinas y motores para convertir un tipo de energía en otro. Cualquier tipo de energía, en cualquier lugar del mundo, se podía domeñar para cualquier necesidad que tuviéramos, solo con que pudiéramos inventar la máquina adecuada. Por ejemplo, cuando los físicos se dieron cuenta de que en el interior de los átomos hay almacenada una enorme cantidad de energía, empezaron de inmediato a pensar de qué manera se podía liberar dicha energía y usarla para producir electricidad, hacer funcionar submarinos y aniquilar ciudades. Pasaron 600 años entre el momento en el que los alquimistas chinos descubrieron la pólvora y el momento en el que los cañones turcos pulverizaron los muros de Constantinopla. Transcurrieron solo 40 años entre el momento en el que Einstein determinó que cualquier tipo de masa podía convertirse en energía (esto es lo que significa $E = mc^2$) y el momento en el que bombas atómicas arrasaron Hiroshima y Nagasaki, y las centrales de energía nuclear empezaron a proliferar por todo el planeta.

Otro descubrimiento crucial fue el motor de combustión interna, que tardó poco más de una generación en revolucionar el transporte humano y en transformar el petróleo en poder político líquido. El petróleo se conocía desde hacía miles de años, y se utilizaba para impermeabilizar techos y lubricar ejes. Pero hasta hace un siglo nadie pensó que fuera útil para mucho más que eso. La idea de verter sangre para conseguir petróleo habría parecido ridícula. Se podía librar una guerra por la tierra, el oro, la pimienta o los esclavos, pero no por el petróleo.

La carrera de la electricidad fue todavía más sorprendente. Hace dos siglos, la electricidad no desempeñaba papel alguno en la economía, y se usaba en el mejor de los casos para experimentos científicos arcanos y trucos de magia baratos. Una serie de inventos la transformaron en nuestro genio universal de la lámpara. Chasqueamos los dedos e imprime libros y cose ropas, mantiene nuestras hortalizas frescas y congelados nuestros helados, cocina nuestras comidas y ejecuta a nuestros criminales, registra nuestros pensamientos y plasma nuestras sonrisas, ilumina nuestras noches y nos entretiene con innumerables espectáculos televisivos. Pocos de nosotros comprendemos cómo hace la electricidad todas estas cosas, pero todavía son menos los que pueden imaginarse la vida sin ella.

UN OCÉANO DE ENERGÍA

En el fondo, la revolución industrial ha sido una revolución en la conversión de la energía. Ha demostrado una y otra vez que no hay límite a la cantidad de energía que tenemos a nuestra disposición. O, más exactamente, que el único límite es el que establece nuestra ignorancia. Cada pocas décadas descubrimos una nueva fuente de energía, de modo que la suma total de energía a nuestra disposición no hace más que aumentar.

¿Por qué hay tanta gente preocupada porque se nos pueda agotar la energía? ¿Por qué nos advierten del desastre si agotamos todos los combustibles fósiles disponibles? Es evidente que el mundo no carece de energía. De lo que carecemos es del conocimiento necesario para domeñarla y convertirla para nuestras necesidades. La cantidad de energía almacenada en todos los combustibles fósiles de la Tierra es insignificante si se compara con la cantidad que cada día dispensa el Sol, y de forma gratuita. Solo una minúscula proporción de la energía del Sol alcanza la Tierra, pero supone 3.766.800 exajulios de energía cada año (un julio es una unidad de energía en el sistema métrico que equivale aproximadamente a la cantidad de energía que gastamos cuando levantamos una pequeña manzana a un metro de altura; un exajulio es un trillón de julios... una buena cantidad de manzanas).[2] Todas las plantas de la Tierra captan únicamente unos 3.000 exajulios solares mediante el proceso de la fotosíntesis.[3] Todas las actividades e industrias humanas juntas consumen alrededor de 500 exajulios anuales, que equivalen a la cantidad de energía que la Tierra recibe del Sol en solo 90 minutos.[4] Y esta es solo energía solar. Además, estamos rodeados por otras enormes fuentes de energía, como la energía nuclear y la gravitatoria, esta última más evidente en la potencia de las mareas oceánicas causadas por la atracción de la Luna sobre la Tierra.

Con anterioridad a la revolución industrial, el mercado de la energía humana dependía casi por completo de las plantas. La gente vivía junto a un depósito verde de energía que contenía 3.000 exajulios anuales, e intentaba extraer de él tanta energía como podía. Pero había un límite claro a la cantidad que se podía extraer. Durante la revolución industrial acabamos por darnos cuenta de que en realidad estamos viviendo junto a un enorme océano de energía, un océano que contiene billones y billones de exajulios de energía potencial. Todo lo que tenemos que hacer es inventar mejores bombas.

Aprender cómo domeñar y convertir efectivamente la energía resolvió el otro problema que hace que el crecimiento económico sea lento: la escasez de materias primas. A medida que los humanos averiguaban cómo domeñar grandes cantidades de energía barata, pudieron empezar a explotar depósitos de materias primas previamente inaccesibles (por ejemplo, explotar minas de hierro en las desoladas tierras de Siberia), o transportar materias primas de localidades cada vez más alejadas (por ejemplo, suministrar lana de Australia a una fábrica de tejidos inglesa). Simultáneamente, descubrimientos científicos permitieron a la humanidad inventar materias primas completamente nuevas, como los plásticos, y descubrir materiales antes desconocidos, como el silicio y el aluminio.

Los químicos no descubrieron el aluminio hasta la década de 1820, pero separar el metal de su mena era extraordinariamente difícil y costoso. Durante décadas, el aluminio fue mucho más caro que el oro. En la década de 1860, el emperador Napoleón III de Francia encargó que para sus huéspedes más distinguidos se dispusiera cubertería de aluminio. Los visitantes menos importantes tenían que conformarse con los cuchillos y tenedores de oro.[5] Pero a finales del siglo xix, los químicos descubrieron una manera de extraer cantidades inmensas de aluminio barato, y en la actualidad la producción global se sitúa en los 30 millones de toneladas anuales. Napoleón III se sorprendería al oír que los descendientes de sus súbditos usan papel de aluminio barato y desechable para envolver sus bocadillos y eliminar sus sobras.

Hace 2.000 años, cuando los habitantes de la cuenca del Mediterráneo sufrían de piel seca, se embadurnaban las manos con aceite de oliva. En la actualidad, abren un tubo de crema para las manos. A continuación cito la lista de ingredientes de una crema de manos moderna y sencilla que compré en un almacén local:

> Agua desionizada, ácido esteárico, glicerina, caprílico/caprictiglicérido, propilén glicol, miristato de isopropilo, extracto de raíz de ginseng (*Panax ginseng*), fragancia, alcohol cetílico, trietanolamina, dimeticona, extracto de hojas de gayuba (*Arctostaphylos uva-ursi*), magnesio ascorbil fosfato, imidazolidinil urea, metil parabeno, alcanfor, propil parabeno, hidroxiisohexil 3-ciclohexeno carboxaldehído, hidroxicitronelal, linalool, butilfenil metilpropional, citronelol, limoneno, geraniol.

Casi todos estos ingredientes fueron descubiertos o se inventaron en los dos últimos siglos.

Durante la Primera Guerra Mundial, Alemania fue sometida a bloqueo y padeció una grave escasez de materias primas, en particular de nitrato sódico, un ingrediente esencial de la pólvora y otros explosivos. Los depósitos de nitrato sódico más importantes se hallaban en Chile y la India; pero en Alemania no había ninguno. Ciertamente, el nitrato sódico podía sustituirse por amoníaco, pero este también era caro de producir. Por suerte para los alemanes, uno de sus ciudadanos, un químico judío llamado Fritz Haber, había descubierto en 1908 un proceso para producir amoníaco, literalmente, del aire. Cuando estalló la guerra, los alemanes emplearon el descubrimiento de Haber para iniciar la producción industrial de explosivos usando el aire como materia prima. Algunos expertos creen que si no hubiera sido por el descubrimiento de Haber, Alemania se habría visto obligada a rendirse mucho antes de noviembre de 1918.[6] El descubrimiento le valió a Haber (quien durante la guerra también inició el uso de gases venenosos en las batallas) un premio Nobel en 1918. De Química, no de la Paz.

VIDA EN LA CINTA TRANSPORTADORA

La revolución industrial produjo una combinación sin precedentes de energía barata y abundante y de materias primas baratas y abundantes. El resultado fue una explosión de productividad humana. Esa explosión se notó primero y sobre todo en la agricultura. Por lo general, cuando pensamos en la revolución industrial pensamos en un paisaje urbano de chimeneas humeantes, o en la difícil situación de los explotados mineros del carbón sudando en las entrañas de la Tierra. Pero la revolución industrial fue, por encima de todo, la segunda revolución agrícola.

Durante los últimos 200 años, los métodos de producción industrial se convirtieron en la base fundamental de la agricultura. Máquinas como los tractores empezaron a desempeñar tareas que previamente efectuaba la energía muscular, o que no se realizaban en absoluto. Los campos y los animales fueron muchísimo más productivos gracias a los fertilizantes artificiales, los insecticidas industriales y todo un arsenal de hormonas y medicamentos. Los frigoríficos, los barcos y los aviones han hecho posible almacenar productos durante meses, y transportarlos rápidamente y a bajo precio al otro extremo del mundo. Gracias a esto, los europeos empezaron a comer carne de res argentina y sushi japonés frescos.

Incluso las plantas y los animales se mecanizaron. En la época en que *Homo sapiens* era elevado al nivel divino por las religiones humanistas, los animales de granja dejaron de verse como criaturas vivas que podían sentir dolor y angustia, y en cambio empezaron a ser tratados como máquinas. En la actualidad, estos animales son producidos en masa en instalaciones que parecen fábricas, y su cuerpo se modela según las necesidades industriales. Pasan toda su vida como ruedas de una línea de producción gigantesca, y la duración y calidad de su existencia están determinadas por los beneficios y pérdidas de las empresas. Incluso cuando la industria se ocupa de mantenerlos vivos, razonablemente saludables y bien alimentados, no tiene ningún interés intrínseco en las necesidades sociales y psicológicas de los animales, excepto cuando estas tienen un impacto directo en la producción (véase la figura 25).

Las gallinas ponedoras, por ejemplo, tienen un mundo complejo de necesidades de comportamiento e instintos. Sienten fuertes impulsos por explorar su entorno, buscar comida y picotear, determinar jerarquías sociales, construir nidos y acicalarse. Pero la industria productora de huevos suele encerrar a las gallinas dentro de jaulas minúsculas, y no es extraño que metan cuatro gallinas en una jaula, cada una de las cuales dispone de un espacio de unos 25 por 22 centímetros de suelo. Las gallinas reciben suficiente comida, pero no pueden disponer de un territorio, construir un nido o dedicarse a otras actividades naturales. De hecho, la jaula es tan pequeña que a menudo las gallinas no pueden batir las alas ni erguirse completamente.

Los cerdos son tal vez los animales más inteligentes y curiosos, y quizá solo van a la zaga en ello a los grandes simios. Pero las granjas industrializadas de cerdos confinan de manera rutinaria a las puercas que crían dentro de cajas tan pequeñas que son literalmente incapaces de darse la vuelta (por no mencionar andar o buscar comida). Las cerdas son mantenidas en estas cajas día y noche durante cuatro semanas después de parir. Después se les quitan los cochinillos para engordarlos, y las cerdas son preñadas con la siguiente camada de cerditos.

Muchas vacas lecheras viven casi todos los años que les son permitidos dentro de un pequeño recinto; allí están de pie, se sientan y duermen sobre sus propios orines y excrementos. Reciben su ración de comida, hormonas y medicamentos de un conjunto de máquinas, y son ordeñadas cada pocas horas por otro conjunto de máquinas. La vaca promedio es tratada como poco más que una boca que ingiere materias primas y una ubre que produce una mercancía. Es probable que tratar a animales vivos que poseen un mundo emocional complejo como si fueran máquinas les cause no solo malestar físico, sino también un gran estrés social y frustración psicológica.[7]

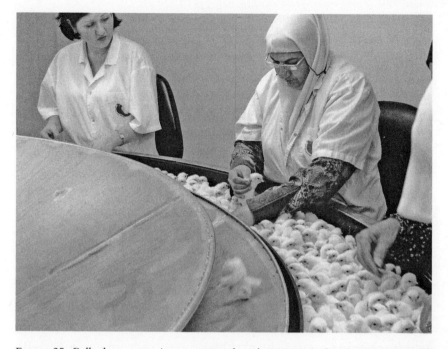

FIGURA 25. Polluelos en una cinta transportadora de una granja de cría aviar comercial. Los polluelos machos o los que son hembras imperfectas son extraídos de la cinta transportadora y después son asfixiados en cámaras de gas, introducidos en trituradoras automáticas o simplemente lanzados a la basura, donde mueren aplastados. Cientos de millones de polluelos mueren cada año en estas granjas.

De la misma manera que el comercio de esclavos en el Atlántico no fue resultado del odio hacia los africanos, tampoco la moderna industria animal está motivada por la animosidad. De nuevo, es impulsada por la indiferencia. La mayoría de las personas que producen y consumen huevos, leche y carne rara vez se detienen a pensar en la suerte de las gallinas, vacas y cerdos cuya carne y emisiones nos comemos. Los que sí piensan en ello suelen aducir que estos animales difieren poco en realidad de las máquinas, pues carecen de sensaciones y emociones, y son incapaces de sufrir. Irónicamente, las mismas disciplinas científicas que diseñan nuestras máquinas de ordeñar y de recoger huevos han demostrado últimamente, y más allá de toda duda razonable, que los mamíferos y las aves poseen una constitución sensorial y emocional compleja. No solo sienten dolor físico, sino que pueden padecer malestar emocional.

La psicología evolutiva sostiene que las necesidades emocionales y sociales de los animales de granja evolucionaron en la naturaleza, cuando eran esenciales para la supervivencia y la reproducción. Por ejemplo, una vaca salvaje tenía que saber cómo formar relaciones estrechas con otras vacas y toros; de lo contrario, no podía sobrevivir y reproducirse. Con el fin de aprender las habilidades necesarias, la evolución implantó en los terneros, como en las crías de todos los demás animales sociales, un fuerte deseo de jugar (el juego es la manera que tienen los mamíferos de aprender el comportamiento social). E implantó en ellos un deseo todavía más fuerte de establecer lazos con la madre, cuya leche y cuidados eran esenciales para la supervivencia.

¿Qué ocurre si ahora el granjero toma una ternera joven, la separa de la madre, la pone en una jaula cerrada, le da comida, agua e inoculaciones contra enfermedades, y después, cuando ya tiene la edad suficiente, la insemina con esperma de toro? Desde una perspectiva objetiva, esta ternera ya no necesita ni el lazo con la madre ni compañeras de juego para sobrevivir y reproducirse. Pero desde una perspectiva subjetiva, la ternera siente todavía un impulso muy fuerte para relacionarse con su madre y para jugar con otras terneras. Si estos impulsos no se satisfacen, la ternera sufre mucho. Esta es la lección básica de la psicología evolutiva: una necesidad modelada en la naturaleza continúa sintiéndose subjetivamente, incluso si ya no es realmente necesaria para la supervivencia y la reproducción. La tragedia de la ganadería industrial es que se cuida mucho de las necesidades objetivas de los animales al tiempo que se olvida de sus necesidades subjetivas.

La verdad de dicha teoría se conoce al menos desde la década de 1950, cuando el psicólogo estadounidense Harry Harlow estudió el desarrollo de los monos. Harlow separó a crías de mono de sus madres varias horas después del nacimiento. Los monos estaban aislados en el interior de jaulas, y fueron criados por maniquíes que funcionaban como madres sustitutas. En cada jaula, Harlow situó a dos madres sustitutas. Una estaba hecha de alambre, y disponía de una botella de leche de la que la cría de mono podía mamar. La otra estaba hecha de madera cubierta de tela, lo que hacía que se pareciera a una madre de mono real, pero no proporcionaba a la cría de mono ningún tipo de sustento material. Se suponía que los monitos se agarrarían a la madre de metal y nutritiva en lugar de hacerlo a la de trapo y yerma.

Para sorpresa de Harlow, las crías de mono mostraron una marcada preferencia por la madre de trapo, y pasaban con ella la mayor parte del tiempo. Cuando las dos madres se situaban muy cerca una de otra, los monitos se agarraban a la madre de trapo aunque se estiraban para mamar la leche de la madre de metal. Harlow sospechó que quizá los monitos hacían aquello porque tenían frío. De modo que instaló una bombilla eléctrica dentro de la madre de alambre, que ahora radiaba calor. La mayoría de los monitos, excepto los muy pequeños, continuaron prefiriendo a la madre de trapo (véase la figura 26).

Investigaciones posteriores demostraron que los monos huérfanos de Harlow crecieron como animales emocionalmente perturbados, aunque habían recibido todo el alimento que necesitaban. Nunca encajaron en la sociedad de los monos, tuvieron dificultades para comunicarse con otros monos y padecieron niveles elevados de ansiedad y agresión. La conclusión fue inevitable: los monos han de tener necesidades y deseos psicológicos que van más allá de sus requerimientos materiales, y si aquellos no se satisfacen, sufrirán mucho. Los monitos de Harlow preferían pasar el tiempo en manos de la madre de trapo porque buscaban un lazo emocional, y no solo por la leche. En las décadas que siguieron, numerosos estudios demostraron que esta conclusión era aplicable no solo a los monos, sino a otros mamíferos, así como a las aves. En la actualidad, millones de animales de granja están sometidos a las mismas condiciones que los monos de Harlow, pues los ganaderos separan de forma rutinaria a los terneros, los cabritos y a otras crías de sus madres para criarlos en aislamiento.[8]

En total, decenas de miles de millones de animales de granja viven en la actualidad formando parte de una cadena de montaje mecanizada, y anualmente se sacrifican alrededor de 5.000 millones. Estos métodos de ganadería industrial han conducido a un marcado aumento de la producción agrícola y de las reservas de alimentos para los humanos. Junto con la mecanización del cultivo de plantas, la zootecnia o ganadería industrial es la base para todo el orden socioeconómico moderno. Antes de la industrialización de la agricultura, la mayor parte del ali-

FIGURA 26. Uno de los monos huérfanos de Harlow se agarra a la madre de trapo mientras mama leche de la madre de metal.

mento producido en campos y granjas se «malgastaba» al alimentar a campesinos y animales de granja. Solo se disponía de un pequeño porcentaje para alimentar a artesanos, maestros, sacerdotes y burócratas. En consecuencia, en casi todas las sociedades los campesinos suponían más del 90 por ciento de la población. Después de la industrialización de la agricultura, un número decreciente de agricultores era suficiente para alimentar a un número creciente de dependientes de comercio y obreros de fábricas. Hoy en día, en Estados Unidos solo el 2 por ciento de la población vive de la agricultura,[9] pero este 2 por ciento produce lo suficiente no solo para alimentar a toda la población de Estados Unidos, sino también para exportar los excedentes al resto del mundo. Sin la industrialización de la agricultura, la revolución industrial urbana no habría podido tener lugar: no habría habido manos y cerebros suficientes para llenar fábricas y oficinas.

A medida que estas fábricas y oficinas empleaban a los miles de millones de manos y cerebros que se liberaban del trabajo en los campos, empezaron a lanzar una avalancha de productos sin precedentes. Los humanos producen en la actualidad mucho más acero, fabrican muchos más vestidos y construyen muchas más estructuras que nunca. Además, producen una gama apabullante de mercancías previamente inimaginables, como bombillas eléctricas, teléfonos móviles, cámaras y lavavajillas. Por primera vez en la historia humana, la oferta empezó a superar a la demanda. Y surgió un problema completamente nuevo: ¿quién iba a comprar todo ese material?

La edad de las compras

La economía capitalista moderna ha de aumentar constantemente la producción si tiene que sobrevivir, de la misma manera que un tiburón ha de nadar continuamente para no ahogarse. Pero únicamente no basta con producir. Alguien tiene que adquirir también los productos; de lo contrario industriales y accionistas se arruinarán. Para evitar esta catástrofe y asegurarse de que la gente siempre comprara lo que quiera que fuera nuevo que la industria produjera, apareció un nuevo tipo de ética: el consumismo.

A lo largo de la historia, la mayoría de la gente ha vivido en condiciones de escasez. Por ello, la consigna era frugalidad. La ética austera de los puritanos y la de los espartanos no son más que dos ejemplos famosos. Una persona buena evitaba los lujos, nunca desperdiciaba comida y remendaba los pantalones rotos en lugar de comprar unos nuevos. Solo los reyes y nobles se permitían renunciar a estos valores y hacían gala públicamente de su riqueza.

El consumismo considera que el creciente consumo de productos y servicios es positivo. Anima a la gente a permitirse placeres, a viciarse e incluso a matarse lentamente mediante un consumo excesivo. La frugalidad es una enfermedad que hay que curar. No hay que mirar muy lejos para ver en acción la ética del consumista: solo hay que leer el dorso de una caja de cereales. He aquí lo que dice la caja de uno de mis cereales favoritos para el desayuno, fabricado por una firma israelí, Telma:

> A veces necesitas un deleite. A veces necesitas un poco de energía extra. Hay ocasiones en que conviene que controles tu peso y ocasiones en las que simplemente has de tomar algo… ¡como ahora! Telma te ofrece una gran variedad de deliciosos cereales; golosinas sin remordimientos.

El mismo paquete muestra un anuncio de otra marca de cereales llamada Health Treats:

> Health Treats ofrece cantidad de granos, frutos y nueces para una experiencia que combina sabor, placer y salud. Para disfrutar de un solaz a cualquier hora del día, adecuado para un estilo de vida saludable. *Un placer real con el maravilloso sabor de más* [en cursiva en el original].

A lo largo de la mayor parte de la historia es probable que a la gente le repeliera un texto como este en lugar de atraerle. Lo habrían calificado de egoísta, decadente y moralmente corrupto. El consumismo ha trabajado muy duro, con la ayuda de la psicología popular («Simplemente, ¡hazlo!»), para convencer a la gente de que los caprichos son buenos para nosotros, mientras que la frugalidad es una opresión autoimpuesta.

Y ha tenido éxito. Todos somos buenos consumidores. Compramos innumerables productos que en realidad no necesitamos, y que hasta ayer no sabíamos que existieran. Los fabricantes diseñan deliberadamente productos de corta duración e inventan nuevos e innecesarios modelos de productos perfectamente satisfactorios que hemos de comprar con el fin de estar «a la moda». Comprar se ha convertido en uno de los pasatiempos favoritos de la gente, y los bienes de consumo se han convertido en mediadores esenciales en las relaciones entre los miembros de la familia, los cónyuges y los amigos. Las festividades religiosas, como la Navidad, se han convertido en festividades de compras. En Estados Unidos, incluso el Memorial Day (que originalmente era un día solemne para recordar a los soldados caídos) es ahora una ocasión para ventas especiales. La mayoría de la gente celebra este día yendo de compras, quizá para demostrar que los defensores de la libertad no murieron en vano.

El florecimiento de la ética consumista se manifiesta de manera más clara en el mercado alimentario. Las sociedades agrícolas tradicionales vivían bajo la sombra terrible de la hambruna. En el mundo opulento de hoy en día, uno de los principales problemas de salud es la obesidad, que golpea a los pobres (que se hartan de hamburguesas y pizzas) más que a los ricos (que comen ensaladas orgánicas y batidos de frutas). Cada año la población de Estados Unidos gasta más dinero en dietas que la cantidad que se necesitaría para dar de comer a toda la gente hambrienta en el resto del mundo. La obesidad es una doble victoria para el consumismo. En lugar de comer poco, lo que conduce a la contracción económica, la gente come demasiado y después compra productos dietéticos, con lo que contribuye doblemente al crecimiento económico.

¿Cómo podemos conciliar la ética consumista con la ética capitalista de la persona de negocios, según la cual no se deben malgastar las ganancias, sino que deben reinvertirse en la producción? Es sencillo. Como en épocas anteriores, en la actualidad existe una división del trabajo entre la élite y las masas. En la Europa medieval, los aristócratas gastaban descuidadamente su dinero en lujos extravagantes, mientras que los campesinos vivían frugalmente, fijándose en cada penique. Hoy en día las tornas han cambiado. Los ricos cuidan mucho de gestionar sus valores e inversiones, mientras que los menos acomodados se endeudan comprando coches y televisores que no necesitan realmente.

La ética capitalista y la consumista son dos caras de la misma moneda, una mezcla de dos mandamientos. El supremo mandamiento de los ricos es «¡Invierte!». El supremo mandamiento del resto de la gente es «¡Compra!».

La ética capitalista-consumista es revolucionaria en otro aspecto. La mayoría de los sistemas éticos anteriores planteaban a la gente un acuerdo muy duro. Se les prometía el paraíso, pero solo si cultivaban la compasión y la tolerancia, superaban los anhelos y la cólera y refrenaban sus intereses egoístas. Para la mayoría, esto era demasiado duro. La historia de la ética es un triste relato de ideales maravillosos que nadie cumple. La mayoría de los cristianos no imitan a Jesucristo, la mayoría de los budistas no siguen las enseñanzas de Buda y la mayoría de los confucianistas habrían provocado a Confucio un berrinche colérico.

En cambio, la mayoría de la gente vive hoy siendo capaz de cumplir con éxito el ideal capitalista-consumista. La nueva ética promete el paraíso a condición de que los ricos sigan siendo avariciosos y pasen su tiempo haciendo más dinero, y que las masas den rienda suelta a sus anhelos y pasiones y compren cada vez más. Esta es la primera religión en la historia cuyos seguidores hacen realmente lo que se les pide que hagan. ¿Y cómo sabemos que realmente obtendremos el paraíso a cambio? Porque lo hemos visto en la televisión.

18

Una revolución permanente

La revolución industrial dio a conocer nuevas maneras de convertir la energía y de producir mercancías, liberando en gran medida a la humanidad de su dependencia del ecosistema circundante. Los humanos talaron bosques, drenaron marismas, represaron ríos, inundaron llanuras, tendieron decenas de miles de kilómetros de vías férreas, y construyeron metrópolis de rascacielos. A medida que el mundo se moldeaba para que se ajustara a las necesidades de *Homo sapiens*, se destruyeron hábitats y se extinguieron especies. Nuestro planeta, antaño verde y azul, se está convirtiendo en un centro comercial de hormigón y plástico.

En la actualidad, los continentes de la Tierra son el hogar de más de 7.000 millones de sapiens. Si se pusiera a toda esta gente en una gran balanza, su masa combinada sería de unos 300 millones de toneladas. Si a continuación se cogieran a todos nuestros animales domésticos (vacas, cerdos, ovejas y gallinas) y se pusieran en una balanza todavía mayor, su masa supondría del orden de 700 millones de toneladas. En contraste, la masa combinada de todos los grandes animales salvajes que sobreviven (desde puercoespines y pájaros bobos a elefantes y ballenas) no llega a los 100 millones de toneladas. Los libros de nuestros hijos, nuestra iconografía y nuestras pantallas de televisión están todavía llenos de jirafas, lobos y chimpancés, pero en el mundo real quedan muy pocos. En el mundo hay unas 80.000 jirafas, frente a los 1.500 millones de cabezas de ganado vacuno; solo 200.000 lobos, frente a los 400 millones de perros domésticos; solo 250.000 chimpancés, frente a los miles de millones de humanos. Realmente, la humanidad se ha apoderado del mundo.[1]

Degradación ecológica no es lo mismo que escasez de recursos. Tal como hemos visto en el capítulo anterior, los recursos de que la humanidad dispone aumentan constantemente, y es probable que continúen haciéndolo. Esta es la razón por la que las profecías catastrofistas de escasez de recursos están probablemente fuera de lugar. En cambio, el temor a la degradación ecológica está demasiado bien fundamentado. El futuro puede ver a los sapiens consiguiendo el control de una cornucopia de nuevos materiales y fuentes energéticas, mientras simultáneamente destruyen lo que queda del hábitat natural y llevan a la extinción a la mayoría de las demás especies.

De hecho, el desorden ecológico puede poner en peligro la propia vida de *Homo sapiens*. El calentamiento global, la elevación del nivel de los océanos y la contaminación generalizada pueden hacer que la Tierra sea menos acogedora para nuestra especie, y en consecuencia el futuro puede asistir a una carrera acelerada entre el poder humano y los desastres naturales inducidos por los humanos. Al utilizar los humanos su poder para contrarrestar las fuerzas de la naturaleza y subyugar al ecosistema a sus necesidades y caprichos, pueden causar cada vez más efectos colaterales no previstos y peligrosos. Es probable que estos solo sean controlables por manipulaciones del ecosistema cada vez más drásticas, lo que produciría un caos todavía peor.

Muchos denominan a este proceso «la destrucción de la naturaleza». Pero no es realmente destrucción, es cambio. La naturaleza no puede ser destruida. Hace 65 millones de años, un asteroide aniquiló a los dinosaurios, pero al hacerlo abrió el camino para el progreso de los mamíferos. Hoy en día, la humanidad está llevando a muchas especies a la extinción y puede incluso llegar a aniquilarse a sí misma. Pero hay otros organismos a los que les va muy bien. Las ratas y las cucarachas, por ejemplo, están en su apogeo. Probablemente estos tenaces animales saldrían de entre las ruinas humeantes de un Armagedón nuclear, dispuestos a difundir su ADN y capaces de hacerlo. Quizá dentro de 65 millones de años, unas ratas inteligentes contemplarán agradecidas la destrucción que la humanidad provocó, igual que nosotros podemos dar las gracias a aquel asteroide que acabó con los dinosaurios.

Aun así, los rumores de nuestra propia extinción son prematuros. Desde la revolución industrial, la población humana del mundo ha crecido como nunca lo había hecho antes. En 1700, el mundo era el hogar de unos 700 millones de humanos. En 1800 había 950 millones. En 1900 casi duplicamos este número: 1.600 millones. Y en 2000 lo cuadruplicamos hasta llegar a los 6.000 millones. En la actualidad hemos sobrepasado los 7.000 millones de sapiens.

ÉPOCA MODERNA

Aunque todos estos sapiens se han hecho cada vez más impermeables a los caprichos de la naturaleza, se han visto sometidos cada vez más a los dictados de la industria y el gobierno modernos. La revolución industrial abrió el camino a una larga cola de experimentos de ingeniería social y a una serie todavía más larga de cambios no premeditados en la vida cotidiana y en la mentalidad humana. Un ejemplo entre muchos es la sustitución de los ritmos de la agricultura tradicional por el horario uniforme y preciso de la industria.

La agricultura tradicional dependía de los ciclos de tiempo natural y el crecimiento orgánico. La mayoría de las sociedades eran incapaces de efectuar mediciones precisas del tiempo, y tampoco estaban demasiado interesadas en hacerlo. El mundo se ocupaba de sus quehaceres sin relojes ni horarios, sometido únicamente a los movimientos del Sol y a los ciclos de crecimiento de las plantas. No había una jornada laboral uniforme, y todas las rutinas cambiaban drásticamente de una estación a la siguiente. La gente sabía dónde estaba el Sol, y observaba ansiosa los posibles augurios de la estación de las lluvias y del tiempo de la cosecha, pero no sabían la hora y apenas se preocupaban por el año. Si un viajero en el tiempo que se hubiera perdido apareciera en una aldea medieval y preguntara a un transeúnte: «¿En qué año estamos?», el aldeano quedaría tan sorprendido por la pregunta como por la ridícula vestimenta del extraño.

A diferencia de los campesinos y zapateros medievales, a la industria moderna le preocupa muy poco el Sol o las estaciones. Santifica la precisión y la uniformidad. Por ejemplo, en un taller medieval cada zapatero producía un zapato completo, desde la suela a la hebilla. Si un zapatero aparecía tarde en el trabajo, no afectaba al trabajo de los demás.

Sin embargo, en la cadena de montaje de una fábrica de zapatos moderna, cada obrero opera una máquina que produce solo una pequeña parte de un zapato, que después pasa a la máquina siguiente. Si el trabajador que opera la máquina n.º 5 se ha dormido, esto detiene todas las demás máquinas. Con el fin de evitar estos percances, todos deben adoptar un horario preciso. Cada obrero llega al trabajo exactamente a la misma hora. Todos hacen la pausa para comer a la misma hora, tengan o no tengan hambre. Todos vuelven a casa cuando una sirena anuncia que el turno ha terminado, no cuando han acabado su proyecto.

La revolución industrial transformó el horario y la cadena de montaje en un patrón para casi todas las actividades humanas. Poco después de que las fábricas impusieran sus horarios al comportamiento humano, también las escuelas adoptaron horarios precisos, y las siguieron los hospitales, las oficinas del gobierno y las tiendas de comercio. Incluso en lugares desprovistos de cadenas de montaje y de máquinas, el horario se convirtió en el rey. Si el turno en la fábrica termina a las 5.00 de la tarde, es mejor que la taberna local abra sus puertas a las 5.02.

Una conexión crucial en el sistema de horarios que se iba extendiendo fue el transporte público. Si los obreros tenían que iniciar su turno a los 8.00, el tren o autobús debía llegar a la puerta de la fábrica a las 7.55. Un retraso de unos pocos minutos reduciría la producción y quizá provocaría el despido de los desgraciados que llegaran tarde. En 1784 empezó a funcionar en Gran Bretaña un servicio de carruajes con un horario publicado. Dicho horario especificaba únicamente la hora de partida, no la de llegada. Por aquel entonces, cada ciudad y pueblo de Gran Bretaña tenía su hora local, que podía diferir de la de Londres en hasta media hora. Cuando eran las 12.00 en Londres, eran quizá las 12.20 en Liverpool y las 11.50 en Canterbury. Puesto que no había teléfonos, ni radio o televisión, ni trenes rápidos, ¿quién podía saberlo, y a quién le importaba?[2]

El primer servicio de trenes comerciales empezó a operar entre Liverpool y Manchester en 1830. Diez años después, se publicó el primer horario de trenes. Los trenes eran mucho más rápidos que los antiguos carruajes, de modo que las diferencias singulares en las horas locales se convirtieron en un grave fastidio. En 1847, las compañías británicas de ferrocarriles se pusieron de acuerdo en que a partir de entonces todos los horarios de trenes se sincronizarían según la hora del Observatorio de Greenwich, en lugar de hacerlo a la hora local de Liverpool, Manchester o Glasgow. Cada vez más instituciones siguieron el camino de las compañías de ferrocarriles. Finalmente, en 1880 el gobierno británico dio el paso sin precedentes de legislar que todos los horarios de Gran Bretaña debían seguir el de Greenwich. Por primera vez en la historia, un país adoptó una hora nacional y obligó a su población a vivir según un reloj artificial y no según las salidas y puestas de sol locales.

Este inicio modesto generó una red global de horarios, sincronizados hasta las más pequeñas fracciones de segundo. Cuando los medios de comunicación (primero la radio y después la televisión) hicieron su debut, entraron en un mundo de horarios y se convirtieron en sus principales evangelistas y difusores. Entre las primeras cosas que las emisoras de radio transmitían figuraban las señales horarias, pitidos que permitían a los poblados alejados y a los buques en alta mar poner en hora sus relojes. Posteriormente, las emisoras de radio adoptaron la costumbre de emitir las noticias cada hora. En la actualidad, lo primero que se oye en cualquier noticiario (más importante incluso que el estallido de una guerra) es la hora. Durante la Segunda Guerra Mundial, las noticias de la BBC se emitían a la Europa ocupada por los nazis. Cada programa de noticias se iniciaba con una emisión en directo de las campanadas del Big Ben que daban la hora: el mágico sonido de la libertad. Ingeniosos físicos alemanes encontraron la manera de determinar las condiciones meteorológicas en Londres sobre la base de minúsculas diferencias en el tono de las campanadas. Dicha información ofrecía una valiosa ayuda a la Luftwaffe. Cuando el servicio secreto lo descubrió, sustituyeron la emisión en directo por un registro del sonido del famoso reloj.

Con el fin de operar la red de horarios, se hicieron ubicuos los relojes portátiles baratos pero precisos. En las ciudades asirias, sasánidas o incas pudieron haber existido al menos algunos relojes de sol. En las ciudades medievales europeas había por lo general un único reloj: una máquina gigantesca montada sobre una torre elevada en la plaza del pueblo. Era notorio que estos relojes de las torres eran inexactos, pero puesto que no había en el pueblo otros relojes que los contradijeran, apenas suponía ninguna diferencia. Hoy en día, una única familia rica tiene generalmente más relojes en casa que todo un país medieval. Se puede saber la hora mirando el reloj de pulsera, consultando el Android, echando un vistazo al reloj despertador junto a la cama, observando el reloj de la pared de la cocina, mirando el microondas, dirigiendo una mirada al televisor o al reproductor de DVD, u observando con el rabillo del ojo la barra de tareas del ordenador. Hay que hacer un esfuerzo consciente para no saber qué hora es.

Una persona normal consulta estos relojes varias decenas de veces al día, porque casi todo lo que hacemos tiene que hacerse a su hora. Un reloj despertador nos despierta a las 7.00 de la mañana, calentamos nuestro cruasán congelado durante exactamente 50 segundos en el microondas, nos cepillamos los dientes durante 3 minutos hasta que el cepillo eléctrico suena, subimos al tren de las 7.40 para ir al trabajo, corremos en la cinta caminadora del gimnasio hasta que el timbre anuncia que ya ha pasado media hora, nos sentamos frente al televisor a las 7.00 de la tarde para ver nuestro espectáculo favorito, que es interrumpido en momentos previstos de antemano por anuncios que cuestan 1.000 dólares por segundo, y finalmente descargamos toda nuestra ansiedad visitando a un terapeuta que limita nuestra cháchara a la hora de terapia estándar, que ahora es de 50 minutos.

La revolución industrial trajo consigo decenas de trastornos importantes en la sociedad humana. Adaptarse al tiempo industrial es solo uno de ellos. Otros ejemplos notables incluyen la urbanización, la desaparición del campesinado, la aparición y el aumento del proletariado industrial, la atribución de poder a la persona común, la democratización, la cultura juvenil y la desintegración del patriarcado.

Pero todos estos trastornos quedan empequeñecidos por la revolución social más trascendental que jamás haya acaecido a la humanidad: el desplome de la familia y de la comunidad local y su sustitución por el Estado y el mercado. Hasta donde podemos saber, desde los tiempos más tempranos, hace más de un millón de años, los humanos vivían en comunidades pequeñas e íntimas, la mayoría de cuyos miembros estaban emparentados. La revolución cognitiva y la revolución agrícola no cambiaron esta situación. Agruparon familias y comunidades para crear tribus, ciudades, reinos e imperios, pero las familias y las comunidades siguieron siendo las piezas básicas de todas las sociedades humanas. La revolución industrial, en cambio, consiguió en poco menos de dos siglos desmenuzar estas piezas en átomos, y la mayor parte de las funciones tradicionales de las familias y las comunidades quedaron en manos de los estados y los mercados.

EL DESPLOME DE LA FAMILIA Y DE LA COMUNIDAD

Antes de la revolución industrial, la vida cotidiana de la mayoría de los humanos seguía su curso en el marco de tres antiguas estructuras: la familia nuclear, la familia extendida y la comunidad local íntima.* La mayoría de la gente trabajaba en el negocio familiar (la granja familiar o el taller familiar, por ejemplo) o trabajaba en los negocios familiares de sus vecinos. La familia era también el sistema de bienestar, el sistema de salud, el sistema educativo, la industria de la construcción, el gremio comercial, el fondo de pensiones, la compañía de seguros, la radio, la televisión, los periódicos, el banco, e incluso la policía.

Cuando una persona enfermaba, la familia cuidaba de ella. Cuando una persona envejecía, la familia la asistía, y sus hijos eran su fondo de pensiones. Cuando una persona moría, la familia se hacía cargo de los huérfanos. Si una persona quería construir una cabaña, la familia echaba una mano. Si una persona quería abrir un negocio, la familia reunía el dinero necesario. Si una persona quería casarse, la familia elegía, o al menos daba el visto bueno, al cónyuge en potencia. Si surgía un conflicto con un vecino, la familia participaba en él. Pero si la enfermedad de una persona era demasiado grave para que la familia la gestionara, o un nuevo negocio implicaba una inversión demasiado grande, o la pelea con el vecino llegaba hasta la violencia, intervenía la comunidad local.

La comunidad ofrecía ayuda sobre la base de tradiciones locales y una economía de favores, que a menudo difería mucho de las leyes de

---

* Una «comunidad íntima» es un grupo de personas que se conocen bien entre sí y que dependen mutuamente para su supervivencia.

la oferta y la demanda del libre mercado. En una comunidad medieval a la antigua usanza, cuando mi vecino tenía necesidad de ello, yo le ayudaba a construir su cabaña y a guardar sus ovejas, sin esperar a cambio ningún pago. Cuando era yo el que tenía una necesidad, mi vecino me devolvía el favor. Al mismo tiempo, el potentado local podía habernos reclutado a todos los aldeanos para construir su castillo sin que nos pagara un solo penique. A cambio, contábamos con que él nos defendería contra los bandidos y los bárbaros. La vida de la aldea implicaba muchas transacciones pero pocos pagos. Había algunos mercados, desde luego, pero su papel era limitado. En el mercado se podían comprar especias raras, ropa y herramientas, y contratar los servicios de abogados y doctores. Pero menos del 10 por ciento de los productos y servicios que se usaban regularmente se compraban en el mercado. La familia y la comunidad se cuidaban de la mayoría de las necesidades humanas.

Había también reinos e imperios que realizaban tareas importantes como entablar guerras, construir carreteras y edificar palacios. Para tales propósitos, los reyes establecían impuestos y ocasionalmente reclutaban soldados y trabajadores. Pero, con pocas excepciones, tendían a mantenerse apartados de los asuntos cotidianos de familias y comunidades. Incluso si deseaban intervenir, la mayoría de los reyes solo podían hacerlo con dificultad. Las economías agrícolas tradicionales tenían pocos excedentes con los que alimentar a la multitud de funcionarios gubernamentales, policías, trabajadores sociales, maestros y médicos. En consecuencia, la mayoría de los gobernantes no desarrollaron sistemas de protección social, sistemas de salud o sistemas de educación de masas. Dejaban estos asuntos en manos de las familias y comunidades. Incluso en las raras ocasiones en las que los gobernantes intentaron intervenir de manera más intensa en la vida cotidiana del campesinado (como ocurrió, por ejemplo, en el Imperio Qin en China), lo hicieron convirtiendo a los cabezas de familia y a los ancianos de la comunidad en agentes de gobierno.

Con mucha frecuencia, las dificultades en el transporte y la comunicación hacían tan complicado intervenir en los asuntos de comunidades remotas que muchos reinos preferían ceder incluso las prerrogativas reales más básicas (como los impuestos y la violencia) a las comunidades. El Imperio otomano, por ejemplo, permitía que las familias impartieran justicia por su cuenta, en lugar de sostener una gran fuerza policial imperial. Si mi primo mataba a alguien, el hermano de la víctima podía matarme en una venganza sancionada. El sultán de Estambul, o incluso el pachá provincial, no intervenían en estos conflictos mientras la violencia se mantuviera dentro de límites aceptables.

En el Imperio Ming chino (1368-1644), la población se organizaba en el sistema *baojia*. Diez familias se agrupaban para formar un *jia*, y diez *jias* constituían un *bao*. Cuando un miembro de un *bao* cometía un crimen, otros miembros del *bao* podían ser castigados por él, en particular los ancianos del *bao*. También los impuestos se recaudaban en el *bao*, y era responsabilidad de los ancianos del *bao*, y no de los funcionarios del Estado, evaluar la situación de cada familia y determinar la cantidad de impuestos que debía pagar. Desde la perspectiva del imperio, este sistema tenía una ventaja enorme. En lugar de mantener a miles de funcionarios del erario público y a miles de recaudadores de impuestos, que hubieran tenido que supervisar los ingresos y gastos de cada familia, estas tareas se dejaban a los ancianos de la comunidad. Los ancianos sabían cuánto valía cada aldeano y por lo general podían hacer cumplir el pago de los impuestos sin implicar al ejército imperial.

Muchos reinos e imperios eran ciertamente poco más que grandes sistemas organizados de protección. El rey era el *capo di tutti i capi*, que recogía el dinero de la protección, y a cambio se aseguraba de que los sindicatos del crimen vecinos y los pececillos locales no dañaran a los que estaban bajo su protección. Y poco más.

La vida en el seno de la familia y la comunidad distaba mucho de ser ideal. Las familias y las comunidades podían oprimir a sus miembros de manera no menos brutal que lo que hacen los estados y los mercados modernos, y su dinámica interna estaba a menudo repleta de tensión y violencia; pero la gente tenía poca elección. Hacia 1750, una persona que perdiera a su familia y su comunidad era como si hubiera muerto. No tenía trabajo, ni educación ni apoyo en momentos de enfermedad o penuria. Nadie le prestaría dinero ni la defendería si se metía en problemas. No había policías, ni trabajadores sociales, ni educación obligatoria. Para poder sobrevivir, dicha persona tenía que encontrar rápidamente una familia o una comunidad alternativas. Los muchachos y las muchachas que huían del hogar podían esperar, en el mejor de los casos, convertirse en criados de alguna familia nueva. En el peor de los casos, estaban el ejército y el burdel.

Todo esto cambió de manera espectacular a lo largo de los dos últimos siglos. La revolución industrial confirió al mercado poderes nuevos e inmensos, proporcionó al Estado nuevos medios de comunicación y transporte, y puso a disposición del gobierno un ejército de amanuenses, maestros, policías y trabajadores sociales. Al principio, el mercado y el Estado descubrieron que su camino estaba bloqueado por familias tradicionales a las que les gustaba poco la intervención exterior. Los padres y los ancianos de la comunidad eran reacios a dejar que la generación más joven fuera adoctrinada por sistemas educativos nacionalistas, reclutada en los ejércitos o transformada en proletariado urbano desarraigado.

Con el tiempo, los estados y los mercados emplearon su creciente poder para debilitar los lazos tradicionales de la familia y la comunidad. El Estado enviaba a sus policías para detener las venganzas familiares y sustituirlas por decisiones de los tribunales. El mercado enviaba a sus mercachifles para eliminar las tradiciones locales y sustituirlas por modas comerciales que cambiaban continuamente. Pero esto no bastaba. Con el fin de quebrar realmente el poder de la familia y la comunidad necesitaban la ayuda de una quinta columna.

El Estado y el mercado se aproximaron a la gente con una oferta que no podía rechazar. «Convertíos en individuos —decían—. Casaos con quien deseéis, sin pedirles permiso a vuestros padres. Adoptad cualquier trabajo que os plazca, incluso si los ancianos de la comunidad fruncen el entrecejo. Vivid donde queráis, aunque no podáis asistir cada semana a la cena familiar. Ya no dependéis de vuestra familia o vuestra comunidad. Nosotros, el Estado y el mercado, cuidaremos de vosotros en su lugar. Os proporcionaremos sustento, refugio, educación, salud, bienestar y empleo. Os proporcionaremos pensiones, seguros y protección.»

La literatura romántica suele presentar al individuo como alguien que brega contra el Estado y el mercado. Nada podría estar más lejos de la verdad. El Estado y el mercado son la madre y el padre del individuo, y el individuo únicamente puede sobrevivir gracias a ellos. El mercado nos proporciona trabajo, seguros y una pensión. Si queremos estudiar una profesión, las escuelas del gobierno están ahí para enseñarnos. Si queremos abrir un negocio, el banco nos presta dinero. Si queremos construir una casa, una compañía constructora la edifica y el banco nos concede una hipoteca, en algunos casos subsidiada o asegurada por el Estado. Si estalla la violencia, la policía nos protege. Si enfermamos por algunos días, nuestro seguro de enfermedad se cuida de nosotros. Si quedamos postrados durante meses, aparece la Seguridad Social. Si necesitamos asistencia continuada, podemos ir al mercado y contratar a una enfermera, que por lo general es alguna extranjera procedente del otro extremo del mundo que nos cuida con la devoción que ya no esperamos de nuestros propios hijos. Si disponemos de los medios, podemos pasar nuestros años dorados en una residencia para gente mayor. Las autoridades tributarias nos tratan como individuos y no esperan que paguemos los impuestos del vecino. Los tribunales, asimismo, nos ven como individuos, y nunca nos castigan por los crímenes de nuestros primos.

No solo los hombres adultos, sino las mujeres y los niños son reconocidos como individuos. A lo largo de la mayor parte de la historia, las mujeres han sido consideradas a menudo como propiedad de la familia o la comunidad. Los estados modernos, en cambio, consideran a las mujeres como individuos, que gozan de derechos económicos y legales con independencia de su familia y comunidad. Pueden tener sus propias cuentas bancarias, decidir con quién se casan e incluso elegir divorciarse o vivir solas.

Pero la liberación del individuo tiene un precio. Muchos de nosotros lamentamos ahora la pérdida de familias y comunidades fuertes y nos sentimos alienados y amenazados por el poder que el Estado y el mercado impersonales ejercen sobre nuestras vidas. Los estados y mercados compuestos de individuos alienados pueden intervenir en la vida de sus miembros mucho más fácilmente que los estados y mercados compuestos de familias y comunidades fuertes. Cuando ni siquiera los vecinos de un edificio de apartamentos de muchos pisos pueden ponerse de acuerdo acerca de cuánto pagar a su portero, ¿cómo podemos esperar que resistan al Estado?

FAMILIA Y COMUNIDAD FRENTE AL ESTADO Y EL MERCADO

El círculo premoderno · El círculo moderno

Familia y comunidad fuertes → Estado y mercado débiles → Individuos débiles → Familia y comunidad fuertes

Familia y comunidad débiles → Estado y mercado fuertes → Individuos fuertes → Familia y comunidad débiles

El pacto entre estados, mercados e individuos no es fácil. El Estado y el mercado no se ponen de acuerdo acerca de sus derechos y obligaciones mutuos, y los individuos se quejan de que ambos exigen demasiado y ofrecen muy poco. En muchos casos, los individuos son explotados por los mercados, y los estados emplean sus ejércitos, fuerzas de policía y burocracias para perseguir a los individuos en lugar de defenderlos. Pero es sorprendente que este pacto funcione, aunque sea de manera imperfecta. Porque quebranta incontables generaciones de arreglos sociales humanos. Millones de años de evolución nos han diseñado para vivir y pensar como miembros de una comunidad. Y en tan solo dos siglos nos hemos convertido en individuos alienados. Nada atestigua mejor el apabullante poder de la cultura.

La familia nuclear no ha desaparecido por completo del paisaje moderno. Cuando los estados y mercados arrebataron a la familia la mayor parte de sus atribuciones económicas y sociales, le dejaron algunas importantes funciones emocionales. Todavía se supone que la familia moderna proporciona necesidades íntimas que el Estado y el mercado son incapaces (hasta ahora) de proporcionar. Pero incluso aquí la familia está sometida a intervenciones crecientes. El mercado modela hasta un grado todavía mayor la manera en que la gente lleva su vida romántica y sexual. Mientras que tradicionalmente la familia era la principal casamentera, hoy en día es el mercado el que ajusta nuestras preferencias románticas y sexuales, y después echa una mano para proporcionarlas a un precio elevado. Anteriormente, el novio y la novia se encontraban en el salón familiar, y el dinero pasaba de las manos de un padre a las del otro. En la actualidad, el cortejo se hace en bares y cafés, y el dinero pasa de las manos de los amantes a las de los camareros. Y todavía se transfiere más dinero a las cuentas bancarias de los diseñadores de modas, dueños de gimnasios, dietistas, cosmetólogos y cirujanos plásticos, que nos ayudan a llegar al café con un aspecto lo más parecido posible al ideal de belleza del mercado.

También el Estado mantiene bajo un fuerte escrutinio las relaciones familiares, en especial entre padres e hijos. Los padres están obligados a mandar a sus hijos a que el Estado los eduque. Los padres que son especialmente ofensivos o violentos con sus hijos pueden verse refrenados por el Estado. Si fuera necesario, el Estado puede incluso encarcelar a los padres o transferir a sus hijos a familias adoptivas. Hasta hace muy poco, la sugerencia de que el Estado debería evitar que los padres pegaran o humillaran a sus hijos habría sido rechazada del todo como absurda e impracticable. En la mayoría de las sociedades, la autoridad de los padres era sagrada. El respeto y la obediencia a los padres figuraban entre los valores más venerados, y los padres podían hacer casi todo lo que quisieran, incluido matar a niños recién nacidos, vender a los hijos como esclavos y casar a las hijas con hombres que les doblaban la edad. Actualmente, la autoridad paterna se bate en retirada. Cada vez más se excusa que los jóvenes no obedezcan a sus mayores, mientras que se acusa a los padres de cualquier cosa que no funcione en la vida de su hijo. Los padres tienen tantas probabilidades de salir indemnes del tribunal freudiano como las que tenían los acusados en un simulacro de juicio estalinista.

COMUNIDADES IMAGINADAS

Al igual que la familia nuclear, la comunidad no podía desaparecer completamente de nuestro mundo sin algún sustituto emocional. Los mercados y estados proporcionan hoy la mayor parte de las necesidades materiales que antaño proporcionaban las comunidades, pero también han de suministrar lazos tribales.

Los mercados y estados lo hacen promoviendo «comunidades imaginadas» que contienen millones de extraños, y que se ajustan a las necesidades nacionales y comerciales. Una comunidad imaginada es una comunidad de gente que en realidad no se conocen mutuamente, pero que imaginan que sí. Tales comunidades no son una invención reciente. Reinos, imperios e iglesias han funcionado durante milenios como comunidades imaginadas. En la antigua China, decenas de millones de personas se veían a sí mismas como miembros de una única familia, cuyo padre era el emperador. En la Edad Media, millones de devotos musulmanes imaginaban que todos eran hermanos y hermanas en la gran comunidad del islam. Sin embargo, a lo largo de la historia estas comunidades imaginadas desempeñaban un papel secundario frente a las comunidades íntimas de varias decenas de personas que se conocían bien unas a otras. Las comunidades íntimas satisfacían las necesidades emocionales de sus miembros y eran esenciales para la supervivencia y el bienestar de todos. En los dos últimos siglos, las comunidades íntimas se han desvanecido, dejando que las comunidades imaginadas ocupen el vacío emocional.

Los dos ejemplos más importantes para el auge de estas comunidades imaginadas son la nación y la tribu de consumidores. La nación es la comunidad imaginada del Estado. La tribu de consumidores es la comunidad imaginada del mercado. Ambas son comunidades imaginadas, porque es imposible que todos los clientes de un mercado o que todos los miembros de una nación se conozcan unos a otros de la manera en que los aldeanos se conocían en el pasado. Ningún alemán puede conocer de manera íntima a los 80 millones de miembros restantes de la nación alemana, o a los 500 millones de clientes que viven en el Mercado Común Europeo (que evolucionó para convertirse primero en la Comunidad Europea y finalmente en la Unión Europea).

El consumismo y el nacionalismo hacen horas extras para hacernos imaginar que millones de extraños pertenecen a la misma comunidad que nosotros, que todos tenemos un pasado común, intereses comunes y un futuro común. Esto no es una mentira. Es imaginación. Al igual que el dinero, las sociedades anónimas y los derechos humanos, las naciones y las tribus de consumidores son realidades intersubjetivas. Únicamente existen en nuestra imaginación colectiva, pero su poder es inmenso. Mientras millones de alemanes crean en la existencia de una nación alemana, se exciten a la vista de símbolos nacionales alemanes, continúen relatando mitos nacionales alemanes y estén dispuestos a sacrificar dinero, tiempo y extremidades por la nación alemana, Alemania seguirá siendo una de las potencias más poderosas del mundo.

La nación hace todo lo que puede para ocultar este carácter imaginario. La mayoría de las naciones aducen que son una entidad natural y eterna, creada en alguna época primordial al mezclar el suelo de la patria con la sangre de la gente. Pero tales afirmaciones suelen ser exageradas. En el pasado lejano había naciones, si bien su importancia era mucho más pequeña que en la actualidad debido a que la importancia del Estado era mucho menor. Un residente de la Nuremberg medieval pudo haber sentido una cierta lealtad hacia la nación alemana, pero sentía mucha más lealtad hacia su familia y su comunidad local, que cuidaba de la mayor parte de sus necesidades. Además, tuvieran la importancia que tuvieran las naciones antiguas, pocas de ellas sobrevivieron. Muchas de las naciones actuales solo se formaron en los últimos siglos.

Oriente Próximo es un buen ejemplo de ello. Las naciones siria, libanesa, jordana e iraquí son el producto de fronteras fortuitas dibujadas en la arena por diplomáticos franceses y británicos que ignoraban la historia, la geografía y la economía locales. Estos diplomáticos determinaron en 1918 que los habitantes de Kurdistán, Bagdad y Basora serían a partir de entonces «iraquíes». Fueron sobre todo los franceses quienes decidieron quién sería sirio y quién libanés. Sadam Husein y Hafez al-Asad hicieron lo que pudieron para promover y reforzar su conciencia nacional creada por ingleses y franceses, pero sus altisonantes discursos acerca de las naciones iraquí y siria, supuestamente eternas, sonaban hueros.

Ni que decir tiene que las naciones no pueden crearse de la nada. Los que trabajaron duramente para construir Irak o Siria hicieron uso de materias primas históricas, geográficas y culturales reales, algunas de las cuales tienen siglos y milenios de antigüedad. Sadam Husein se apropió de la herencia del califato abásida y del Imperio babilonio, e incluso bautizó a una de sus unidades acorazadas de élite como División Hammurabi. Sin embargo, esto no transforma a la nación iraquí en una entidad antigua. Si cocino un pastel a partir de harina, aceite y azúcar que han permanecido los dos últimos años en mi despensa, eso no significa que el pastel tenga dos años de antiguedad.

En la batalla por la lealtad humana, las comunidades nacionales han de competir con tribus de consumidores. Las personas no se conocen de manera íntima entre sí pero comparten los mismos hábitos e intereses de consumo, se sienten miembros de la misma tribu de consumidores y se definen a sí mismos como tales. Los fans de Madonna, por ejemplo, constituyen una tribu de consumidores. Se definen en gran medida por las compras. Adquieren entradas para los conciertos de Madonna, CD, pósters, camisetas y tonos de alarma de los móviles, y de esta manera definen quiénes son. Los hinchas del Real Madrid, los vegetarianos y los ecologistas son otros ejemplos. Es cierto que hay pocas personas dispuestas a morir por el medio ambiente o por el Real Madrid. Pero hoy en día la mayoría de las personas pasan mucho más tiempo en el supermercado que en el campo de batalla, y en el supermercado la tribu de consumidores suele ser más poderosa que la nación.

PERPETUUM MOBILE

Las revoluciones de los dos últimos siglos han sido tan céleres y radicales que han cambiado la característica más fundamental del orden social. Tradicionalmente, el orden social era duro y rígido. «Orden» implicaba estabilidad y continuidad. Las revoluciones sociales rápidas eran excepcionales, y la mayoría de las transformaciones sociales provenían de la acumulación de numerosos pasos pequeños. Los humanos solían asumir que la estructura social era inflexible y eterna. Las familias y comunidades podían esforzarse para cambiar su lugar dentro del orden, pero la idea de que pudiera cambiarse la estructura fundamental les era ajena. La gente tendía a conformarse con el statu quo, declarando que «así es como ha sido siempre, y así es como siempre será».

A lo largo de los dos últimos siglos, el ritmo del cambio se hizo tan rápido que el orden social adquirió una naturaleza dinámica y maleable. Ahora se halla en un estado de flujo permanente. Cuando hablamos de revoluciones modernas tendemos a pensar en 1789 (la Revolución francesa), en 1848 (las revoluciones liberales) o en 1917 (la Revolución rusa). Pero lo cierto es que, en estos días, cada año es revolucionario. Hoy, incluso una persona de treinta años puede decirles sin faltar a la verdad a los quinceañeros: «Cuando yo era joven, el mundo era completamente diferente». Internet, por ejemplo, no empezó a usarse de manera generalizada hasta los primeros años de la década de 1990, apenas hace 20 años. Hoy no podemos imaginar el mundo sin él.

De ahí que cualquier intento de definir las características de la sociedad moderna es como definir el color de un camaleón. La única característica de la que podemos estar seguros es del cambio incesante. La gente se ha llegado a acostumbrar, y la mayoría de nosotros pensamos en el orden social como algo flexible, que podemos manipular y mejorar a voluntad. La principal promesa de los gobernantes premodernos era salvaguardar el orden tradicional o incluso retornar a alguna edad dorada perdida. En los dos últimos siglos, la moneda corriente de la política es que promete destruir el viejo mundo y construir en su lugar uno mejor. Ni siquiera el más conservador de los partidos políticos se compromete simplemente a mantener las cosas como están. Todos prometen reformas sociales, reformas educativas, reformas económica... y a menudo cumplen sus promesas.

De la misma manera que los geólogos predicen que los movimientos tectónicos producirán terremotos y erupciones volcánicas, nosotros también podemos esperar que los movimientos sociales drásticos provoquen sangrientas explosiones de violencia. La historia política de los siglos XIX y XX se suele contar como una serie de guerras mortíferas, holocaustos y revoluciones. Al igual que un niño con botas nuevas que salta de charco en charco, esta perspectiva ve la historia como sucesivos saltos de un baño de sangre al siguiente, desde la Primera Guerra Mundial a la Segunda Guerra Mundial, de esta a la guerra fría, del genocidio armenio al genocidio judío, y de este al genocidio ruandés, de Robespierre a Lenin y a Hitler.

No está exento de verdad, pero esta lista demasiado familiar de infaustos acontecimientos es algo engañosa. Nos fijamos demasiado en los charcos y olvidamos la tierra seca que hay entre ellos. Los últimos tiempos de la era moderna han visto niveles sin precedentes no solo de violencia y horror, sino también de paz y tranquilidad. Charles Dickens escribió de la Revolución francesa que «era el mejor de los tiempos, era el peor de los tiempos». Esto bien puede ser cierto no solo de la Revolución francesa, sino de toda la época que anunciaba.

Es especialmente cierto de las siete décadas que han transcurrido desde el final de la Segunda Guerra Mundial. Durante este período, la humanidad ha contemplado por primera vez la posibilidad de autoaniquilación completa, y ha experimentado un buen número de guerras reales y de genocidios. Pero estas décadas fueron asimismo la época más pacífica en la historia humana, y por un amplio margen. Esto es sorprendente porque estas mismas décadas experimentaron más cambio económico, social y político que cualquier época anterior. Las placas tectónicas de la historia se mueven a un ritmo frenético, pero los volcanes están en su mayoría dormidos. El nuevo orden elástico parece poder contener e incluso iniciar cambios estructurales radicales sin que desemboquen en conflictos violentos.[3]

PAZ EN NUESTRA ÉPOCA

La mayoría de la gente no aprecia lo pacífica que es la era en la que vivimos. Ninguno de nosotros estaba vivo hace 1.000 años, de modo que olvidamos fácilmente que el mundo solía ser mucho más violento. Y cuanto más raras se hacen las guerras, mucha más atención atraen. Hay muchas más personas que piensan en las guerras que hoy azotan Afganistán e Irak que en la paz en la que viven la mayoría de los brasileños e hindúes.

Y aún más importante, nos concierne más fácilmente el sufrimiento de los individuos que el de poblaciones enteras. Sin embargo, para poder comprender los macroprocesos históricos tenemos que examinar las estadísticas de masas y no los relatos individuales. En el año 2000, las guerras causaron la muerte de 310.000 individuos, y el crimen violento mató a otros 520.000. Cada una de las víctimas es un mundo destruido, una familia arruinada, amigos y parientes heridos de por vida. Pero, desde una perspectiva macroscópica, esas 830.000 víctimas supusieron solo el 1,5 por ciento de los 56 millones de personas que murieron en 2000. Ese año, 1.260.000 personas murieron en accidentes de automóvil (2,25 por ciento de la mortalidad total) y 815.000 personas se suicidaron (1,45 por ciento).[4]

Las cifras correspondientes a 2002 son todavía más sorprendentes. De los 57 millones de muertes, solo 172.000 personas murieron en una guerra y 569.000 murieron por causa del crimen violento (un total de 741.000 víctimas de la violencia humana). En contraste, cometieron suicidio 873.000 personas.[5] Resulta que al año siguiente de los atentados del 11 de septiembre, a pesar de todo lo que se llegó a hablar de terrorismo y guerra, la persona promedio tenía más probabilidades de suicidarse que de morir en manos de un terrorista, un soldado o un traficante de drogas.

En la mayoría de las regiones del mundo, la gente se va a dormir sin temor a que en plena noche una tribu vecina pueda rodear su aldea y asesinar a todos sus moradores. Los súbditos británicos acomodados viajan diariamente desde Nottingham a Londres a través del bosque de Sherwood sin temor a que una partida de alegres bandidos vestidos de verde les tiendan una emboscada y les quiten el dinero para dárselo a los pobres (o, más probablemente, los asesinen y se queden su dinero). Los estudiantes no han de soportar palmetazos de sus profesores, los niños no han de temer que sus padres los vendan como esclavos al no poder pagar las facturas, y las mujeres saben que la ley prohíbe que su marido las apalee y las obligue a quedarse en casa. Cada vez más, en todo el mundo, estas expectativas se van cumpliendo.

La reducción de la violencia se debe en gran parte al auge del Estado. En toda la historia, la mayor parte de la violencia era resultado de luchas locales entre familias y comunidades. (Incluso en la actualidad, como indican las cifras anteriores, el crimen local es mucho más mortífero que las guerras internacionales.) Como hemos visto, los primeros agricultores, que no conocían ninguna organización política superior a la comunidad local, sufrían una violencia desenfrenada.[6] A medida que reinos e imperios se hacían más fuertes, contuvieron a las comunidades y el nivel de violencia se redujo. En los reinos descentralizados de la Europa medieval, todos los años eran asesinadas 20-40 personas por cada 100.000 habitantes. En décadas recientes, en las que estados y mercados se han hecho todopoderosos y las comunidades han desaparecido, las tasas de violencia se han reducido todavía más. En la actualidad, el promedio global es de solo 9 homicidios anuales por cada 100.000 personas, y la mayoría de estos homicidios tienen lugar en estados débiles, como Somalia y Colombia. En los estados centralizados de Europa, el promedio es de un asesinato al año por cada 100.000 personas.[7]

Ciertamente, hay casos en los que los estados utilizan su poder para matar a sus propios ciudadanos, y tales casos los tenemos muy presentes en nuestros recuerdos y temores. Durante el siglo XX, decenas de millones, si no centenas de millones, de personas fueron asesinadas por las fuerzas de seguridad de sus propios estados. Aun así, desde una macroperspectiva, los tribunales y las fuerzas policiales estatales han aumentado probablemente el nivel de seguridad en todo el mundo. Incluso en las dictaduras opresivas, la persona moderna promedio tiene menos probabilidades de morir a manos de otra persona que en las sociedades premodernas. En 1964 se instauró en Brasil una dictadura militar que gobernó el país hasta 1985. Durante esos veinte años, el régimen asesinó a varios miles de brasileños y otros miles fueron encarcelados y torturados. Sin embargo, incluso en los peores años de la dictadura, el brasileño promedio en Río de Janeiro tenía muchas menos probabilidades de morir a manos humanas que el waorani, arawete o yanomamo promedio. Los waorani, arawete y yanomamos son pueblos indígenas que viven en las profundidades de la selva amazónica, sin ejército, policía o prisiones. Los estudios antropológicos han indicado que entre la cuarta parte y la mitad de su población masculina muere tarde o temprano en conflictos violentos sobre la propiedad, las mujeres o el prestigio.[8]

RETIRADA IMPERIAL

Tal vez sea discutible si la violencia dentro de los estados se ha reducido o ha aumentado desde 1945, pero lo que nadie puede negar es que la violencia internacional ha caído hasta el nivel más bajo de todos los tiempos. Quizá el ejemplo más evidente sea el hundimiento de los imperios europeos. A lo largo de la historia, los imperios han aplastado las rebeliones con mano de hierro, y cuando llegaba su hora, un imperio que se hundiera empleaba todo su poder para salvarse, lo que usualmente implicaba desplomarse en medio de un baño de sangre. Por lo general, su desaparición final llevaba a la anarquía y a guerras de sucesión. Desde 1945, la mayoría de los imperios han optado por una retirada pacífica y temprana y su proceso de hundimiento ha resultado ser relativamente célere, calmado y ordenado.

En 1945, Gran Bretaña mandaba sobre la cuarta parte del planeta. Treinta años después, solo gobernaba unas cuantas islas pequeñas. En las décadas intermedias se retiró de la mayoría de sus colonias de manera pacífica y ordenada. Aunque en algunos lugares como Malasia y Kenia los ingleses intentaron quedarse por la fuerza de las armas, en la mayor parte de los lugares aceptaron el fin del imperio con un suspiro en lugar de con un berrinche. Centraron sus esfuerzos no en conservar el poder, sino en transferirlo de la manera más tranquila posible. Al menos parte del elogio que generalmente se atribuye al Mahatma Gandhi por su credo no violento se debe en realidad al Imperio británico. A pesar de muchos años de pugnas acerbas y a menudo violentas, cuando llegó el final del Raj, los indios no tuvieron que luchar con los británicos en las calles de Nueva Delhi o Calcuta. El lugar del imperio lo ocuparon un montón de estados independientes, la mayoría de los cuales han gozado desde entonces de fronteras estables y han vivido en general de forma pacífica junto a sus vecinos. Ciertamente, decenas de miles de personas perecieron en manos del amenazado Imperio británico, y en algunos puntos calientes su retirada condujo al estallido de conflictos étnicos que provocaron cientos de miles de víctimas (en particular en la India). Pero cuando se compara con el promedio histórico a largo plazo, la retirada británica fue un ejemplo de paz y orden. El Imperio francés fue más obstinado. Su desplome implicó sangrientas acciones en la retaguardia en Vietnam y Argelia que se cobraron la vida de cientos de miles de personas. Pero también los franceses se retiraron del resto de sus dominios rápida y pacíficamente, dejando tras de sí estados ordenados en lugar de una caótica ley de la selva.

El desplome soviético de 1989 fue incluso más pacífico, a pesar del estallido de conflictos étnicos en los Balcanes, el Cáucaso y Asia Central. Nunca antes un imperio tan poderoso había desaparecido de manera tan célere y tan tranquila. El Imperio soviético de 1989 no había sufrido ninguna derrota militar excepto en Afganistán, ninguna invasión externa, ninguna rebelión, ni siquiera campañas de desobediencia civil a gran escala al estilo de la de Martin Luther King. Los soviéticos tenían todavía millones de soldados, decenas de miles de tanques y aviones, y suficientes armas nucleares para aniquilar varias veces al resto de la humanidad. El Ejército Rojo y los demás ejércitos del Pacto de Varsovia permanecieron leales. Si el último mandatario soviético, Mijaíl Gorbachov, hubiera dado la orden, el Ejército Rojo habría abierto fuego sobre las masas sometidas.

Sin embargo, la élite soviética, y los regímenes comunistas en la mayor parte de Europa oriental (Rumanía y Serbia fueron las excepciones), decidieron no emplear siquiera una minúscula fracción de esa potencia militar. Cuando sus miembros se dieron cuenta de que el comunismo había fracasado renunciaron a la fuerza, admitieron su fracaso, hicieron las maletas y regresaron a sus casas. Gorbachov y sus colegas cedieron sin lucha no solo las conquistas soviéticas de la Segunda Guerra Mundial, sino también las conquistas zaristas, mucho más antiguas, en el Báltico, Ucrania, el Cáucaso y Asia Central. Estremece imaginar qué habría ocurrido si Gorbachov se hubiera comportado como los líderes serbios o como los franceses en Argelia.

Pax atomica

Los estados independientes que vinieron después de estos imperios estaban muy poco interesados en la guerra. Con muy pocas excepciones, desde 1945 ya no hay estados que invadan a otros estados con el fin de absorberlos. Tales conquistas habían sido el pan de cada día de la historia política desde tiempo inmemorial. Así fue como se establecieron la mayor parte de los grandes imperios, y como la mayoría de los gobernantes y de las poblaciones esperaban que fueran las cosas. Sin embargo, campañas de conquista como las de los romanos, los mongoles y los otomanos no pueden ocurrir en la actualidad en ningún lugar del mundo. Desde 1945, ningún país independiente reconocido por las Naciones Unidas ha sido conquistado y eliminado del mapa. Todavía ocurren de vez en cuando guerras internacionales limitadas, y todavía mueren en las guerras millones de personas, pero las guerras ya no son la norma. Una persona puede ahogarse en una poza y también puede morir en una guerra internacional. Pero sumideros locales como la segunda guerra del Congo o la primera guerra de Afganistán no cambian el panorama general.

Muchas personas creen que la desaparición de la guerra internacional es exclusiva de las democracias ricas de Europa occidental. En realidad, la paz alcanzó Europa después de que prevaleciera en otras partes del mundo. Así, las últimas guerras internacionales graves entre países sudamericanos fueron la guerra de Perú-Ecuador de 1941 y la guerra de Bolivia-Paraguay de 1932-1935. Y antes de estas no había habido una guerra seria entre países sudamericanos desde 1879-1884, con Chile en un bando y Bolivia y Perú en el otro.

Rara vez consideramos que el mundo árabe sea particularmente pacífico, pero desde que los países árabes consiguieron su independencia en solo una ocasión uno de ellos organizó una invasión a gran escala de otro país (la invasión iraquí de Kuwait en 1990). Ha habido varias escaramuzas fronterizas (por ejemplo, entre Siria y Jordania en 1970), muchas intervenciones armadas de uno en los asuntos de otro (por ejemplo, Siria y el Líbano), numerosas guerras civiles (Argelia, Yemen, Libia) y frecuentes golpes de Estado y revueltas. Pero no ha habido guerras internacionales a gran escala entre los estados árabes con excepción de la guerra del Golfo. Incluso si ampliamos el radio para incluir a todo el mundo musulmán, solo se añade otro ejemplo, la guerra Irán-Irak. No ha habido una guerra Turquía-Irán, Pakistán-Afganistán ni una guerra Indonesia-Malasia.

En África las cosas son mucho menos favorables. Pero incluso allí, la mayoría de los conflictos son guerras civiles y golpes de Estado. Desde que los estados africanos consiguieron su independencia en las décadas de 1960 y 1970, muy pocos países han invadido a otros con la expectativa de conquista.

Anteriormente ha habido períodos de calma relativa, como por ejemplo en Europa entre 1871 y 1914, y siempre han terminado mal. Pero esta vez es diferente. Porque la paz real no es la simple ausencia de guerra. La paz real es la improbabilidad de guerra. Nunca ha habido paz real en el mundo. Entre 1871 y 1914, una guerra europea era una eventualidad plausible, y la expectativa de una guerra dominaba el pensamiento de ejércitos, políticos y ciudadanos corrientes. Este presentimiento ocurrió también en todos los demás períodos pacíficos de la historia. Una ley de hierro de la política internacional decretaba: «Para cada dos entidades políticas vecinas, existe una perspectiva plausible que hará que vayan a la guerra una contra otra en el plazo de un año». Esta ley de la jungla estuvo vigente en la Europa de finales del siglo XIX, en la Europa medieval, en la antigua China y en la Grecia clásica. Si Esparta y Atenas estaban en paz en el año 450 a.C., existía la perspectiva plausible de que estuvieran en guerra en el 449 a.C.

En la actualidad, la humanidad ha roto la ley de la jungla. Finalmente existe paz real, y no solo ausencia de guerra. Para la mayoría de las organizaciones políticas, no hay una perspectiva plausible que lleve a un conflicto a gran escala en el plazo de un año. ¿Qué podría hacer que estallara una guerra entre Alemania y Francia el próximo año? ¿O entre China y Japón? ¿O entre Brasil y Argentina? Puede que tengan lugar algunas escaramuzas fronterizas menores, pero solo una situación hipotética realmente apocalíptica podría conducir a una guerra a gran escala, al estilo antiguo, entre estos últimos países en 2015, con las divisiones acorazadas argentinas llegando hasta las puertas de Río y los bombarderos brasileños pulverizando los barrios de Buenos Aires. Aun así, guerras de este tipo todavía podrían estallar el próximo año entre varios estados, Israel y Siria, Etiopía y Eritrea o Estados Unidos e Irán, pero estas son solo excepciones que confirman la regla.

Desde luego, esta situación podría cambiar en el futuro y, en retrospectiva, el mundo de hoy podría parecerle increíblemente ingenuo a un observador del futuro. Pero desde una perspectiva histórica, nuestra propia ingenuidad es fascinante. Nunca antes la paz ha sido tan generalizada hasta el punto de que la gente ni siquiera puede imaginar la guerra.

Los expertos han intentado explicar esta feliz situación en más libros y artículos de los que el lector desearía leer, y han identificado varios factores que contribuyen a esto. El primero y principal es que el coste de la guerra ha aumentado de manera espectacular. El Premio Nobel de la paz, para terminar todos los premios de la paz, deberían habérselo dado a Robert Oppenheimer y a sus colegas artífices de la bomba atómica. Las armas nucleares han convertido la guerra entre superpotencias en suicidio colectivo, y han hecho imposible pretender dominar el mundo por la fuerza de las armas.

En segundo lugar, aunque el precio de la guerra ha ido aumentando, sus beneficios se han ido reduciendo. Durante la mayor parte de la historia, las organizaciones políticas se podían enriquecer al saquear o anexionarse territorios enemigos. La mayor parte de las riquezas eran los campos, el ganado, esclavos y oro, de modo que era fácil pillarlas u ocuparlas. En la actualidad, la riqueza consiste principalmente en capital humano, conocimientos técnicos y estructuras socioeconómicas complejas como los bancos. En consecuencia, es difícil llevársela o incorporarla al propio territorio.

Consideremos el caso de California. Su riqueza se basó inicialmente en las minas de oro. Pero en la actualidad se basa en el silicio y en el celuloide: Silicon Valley y las colinas de celuloide de Hollywood. ¿Qué ocurriría si los chinos organizaran una invasión armada de California, desembarcaran un millón de soldados en las playas de San Francisco y asaltaran el interior del estado? Obtendrían muy poco. No hay minas de silicio en Silicon Valley. La riqueza está en la mente de los ingenieros de Google y en los guionistas, directores y magos de los efectos especiales de Hollywood, que habrían tomado el primer avión con destino a Bangalore o Mumbai mucho antes de que los tanques chinos recorrieran Sunset Boulevard. No es coincidencia que las pocas guerras internacionales a gran escala que todavía tienen lugar en el mundo, como la invasión iraquí de Kuwait, ocurran en lugares en los que la riqueza es riqueza material a la antigua usanza. Los jeques kuwaitíes pudieron huir al extranjero, pero los pozos de petróleo se quedaron allí y fueron ocupados.

Mientras que la guerra se hacía menos provechosa, la paz se tornaba más lucrativa que nunca. En las economías agrícolas tradicionales, el comercio de larga distancia y las inversiones extranjeras eran actividades secundarias. En consecuencia, la paz generaba pocos beneficios, aparte de evitar los costes de guerra. Si, pongamos por caso, en 1400 Inglaterra y Francia estaban en paz, los franceses no tenían que pagar onerosos tributos de guerra y padecer destructivas invasiones de los ingleses, pero esto no beneficiaba a sus billeteras. En las economías capitalistas modernas, el comercio y la inversión exteriores se han vuelto importantísimos.

Por lo tanto, la paz proporciona dividendos únicos. Mientras China y Estados Unidos estén en paz, los chinos pueden prosperar al vender productos a Estados Unidos, comerciar en Wall Street y recibir inversiones estadounidenses.

Y, finalmente, pero no menos importante, en la cultura política global ha ocurrido un cambio tectónico. A lo largo de la historia, muchas élites (los caudillos hunos, los nobles vikingos y los sacerdotes aztecas, por ejemplo) consideraban que la guerra era un bien positivo. Otros la veían como un mal inevitable del que convenía obtener la mejor ventaja posible. La nuestra es la primera época en la historia en la que el mundo está dominado por una élite amante de la paz: políticos, empresarios, intelectuales y artistas que de manera genuina consideran que la guerra es a la vez mala y evitable. (En el pasado hubo pacifistas, como los primeros cristianos, pero en las raras ocasiones en las que llegaron al poder solían olvidar la demanda que se les hacía de «poner la otra mejilla».)

Hay un circuito recurrente positivo entre estos cuatro factores. La amenaza de un holocausto nuclear promueve el pacifismo; cuando el pacifismo se extiende, la guerra retrocede y el comercio prospera, y el comercio aumenta tanto los beneficios de la paz como los costes de la guerra. A lo largo del tiempo, este circuito recurrente crea otro obstáculo para la guerra, que en último término puede resultar el más importante de todos: la red cada vez más apretada de conexiones internacionales erosiona la independencia de la mayoría de los países, lo que reduce la posibilidad de que cualquiera de ellos pueda por sí solo soltar a los perros de la guerra. La mayoría de los países ya no se enzarzan en una guerra a gran escala por la simple razón de que ya no son independientes. Aunque los ciudadanos de Israel, Italia, México o Tailandia puedan albergar ilusiones de independencia, la realidad es que sus gobiernos no pueden llevar a cabo políticas económicas o exteriores independientes, y ciertamente son incapaces de iniciar y dirigir por su cuenta una guerra a gran escala. Tal como se ha explicado en el capítulo 11, estamos asistiendo a la formación de un imperio global. Al igual que los imperios anteriores, también este hace cumplir la paz dentro de sus fronteras. Y puesto que sus fronteras cubren todo el planeta, el imperio mundial hace cumplir de manera efectiva la paz mundial.

Así pues, ¿la era moderna es una época de matanzas insensatas, de guerra y opresión, tal como atestiguan las trincheras de la Primera Guerra Mundial, la nube del hongo nuclear sobre Hiroshima y los sangrientos delirios de Hitler y Stalin? ¿O acaso es una era de paz, ejemplificada por las trincheras que nunca se cavaron en Sudamérica, las nubes en forma de hongo que nunca se cernieron sobre Moscú y Nueva York, y la faz serena de Mahatma Gandhi y Martin Luther King?

La respuesta depende del momento. Da que pensar darse cuenta de lo a menudo que nuestra concepción del pasado queda distorsionada por los acontecimientos de los últimos años. Si este capítulo se hubiera escrito en 1945 o 1962, probablemente habría sido mucho más sombrío. Puesto que se ha escrito en 2013, hace una aproximación relativamente animada a la historia moderna.

Para contentar a la vez a optimistas y pesimistas, podemos concluir diciendo que nos hallamos en el umbral tanto del cielo como del infierno, moviéndonos nerviosamente entre el portal de uno y la antesala del otro. La historia todavía no ha decidido dónde terminaremos, y una serie de coincidencias todavía nos pueden enviar en cualquiera de las dos direcciones.

19

Y vivieron felices por siempre jamás

Los últimos 500 años han sido testigos de una serie de revoluciones pasmosas. La Tierra se ha unido en una única esfera ecológica e histórica. La economía ha crecido de forma exponencial, y en la actualidad la humanidad goza del tipo de riqueza que solía ser propia de los cuentos de hadas. La ciencia y la revolución industrial han conferido a la humanidad poderes sobrehumanos y una energía prácticamente ilimitada. El orden social se ha transformado por completo, como lo han hecho la política, la vida cotidiana y la psicología humana.

Pero ¿somos más felices? Las riquezas que la humanidad ha acumulado a lo largo de los cinco últimos siglos, ¿se han traducido en nuevas satisfacciones? El descubrimiento de recursos energéticos inagotables, ¿ha abierto ante nosotros almacenes inagotables de dicha? Remontándonos más atrás en el tiempo, los aproximadamente 70 milenios transcurridos desde la revolución cognitiva, ¿han hecho que el mundo sea un lugar mejor para vivir? ¿Fue más feliz el recientemente fallecido Neil Armstrong, cuyas huellas permanecen intactas sobre la Luna carente de viento, que el cazador-recolector anónimo que hace 30.000 años dejó la huella de su mano en una pared de la cueva de Chauvet? Y, si no es así, ¿qué sentido ha tenido desarrollar la agricultura, las ciudades, la escritura, las monedas, los imperios, la ciencia y la industria?

Los historiadores rara vez se plantean estas preguntas. No se preguntan si los ciudadanos de Uruk y Babilonia eran más felices que sus antepasados cazadores-recolectores, si el auge del islam hizo que los egipcios estuvieran más contentos con su vida o cómo el desplome de los imperios europeos en África influyó sobre la felicidad de millones de personas. Pero estas son las preguntas más importantes que se pueden hacer a la historia. La mayoría de las ideologías y programas políticos actuales se basan en ideas bastante triviales acerca del origen real de la felicidad humana. Los nacionalistas creen que la autodeterminación política es esencial para nuestra felicidad. Los comunistas postulan que todos seremos dichosos bajo la dictadura del proletariado. Los capitalistas sostienen que solo el libre mercado puede asegurar la mayor felicidad para el mayor número al crear crecimiento económico y abundancia material y al enseñar a la gente a confiar en sí misma y ser emprendedora.

¿Qué ocurriría si investigaciones rigurosas refutaran estas hipótesis? Si el crecimiento económico y la confianza en uno mismo no hacen que la gente sea más feliz, ¿cuál es el beneficio del capitalismo? ¿Qué pasaría si resultara que los súbditos de grandes imperios son por lo general más felices que los ciudadanos de estados independientes y que, por ejemplo, los argelinos eran más felices bajo el mandato francés que bajo el suyo propio? ¿Qué diría esto acerca del proceso de descolonización y del valor de la autodeterminación nacional?

Todas estas posibilidades son hipotéticas, porque hasta ahora los historiadores han evitado plantear estas preguntas, por no decir intentar darles respuesta. Han investigado la historia de casi todo (política, sociedad, economía, género, enfermedades, sexualidad, alimentos, vestidos), pero raramente se han detenido en preguntar de qué manera estas cuestiones influyen sobre la felicidad humana.

Aunque son pocos los que han estudiado la historia de la felicidad a largo plazo, casi todos los estudiosos y profanos tienen alguna vaga preconcepción al respecto. Según una consideración común, las capacidades humanas han aumentado a lo largo de la historia. Puesto que los humanos suelen usar sus capacidades para aliviar los sufrimientos y realizar aspiraciones, de ahí se sigue que hemos de ser más felices que nuestros antepasados medievales, y ellos tuvieron que ser más felices que los cazadores-recolectores de la Edad de Piedra.

Pero este relato de progreso no es convincente. Tal como hemos visto, nuevas aptitudes, comportamientos y habilidades no sirven necesariamente para tener una vida mejor. Cuando los humanos aprendieron a cultivar la tierra en la revolución agrícola, su poder colectivo para modelar su ambiente aumentó, pero el sino de muchos humanos individuales se hizo más cruel. Los campesinos tenían que trabajar más duro que los cazadores-recolectores para conseguir un alimento menos variado y nutritivo, y se hallaban mucho más expuestos a las enfermedades y a la explotación. De manera parecida, la expansión de los imperios europeos aumentó muchísimo el poder colectivo de la humanidad al hacer circular ideas, tecnología y cultivos, y al abrir nuevas rutas comerciales. Pero esto no fueron precisamente buenas noticias para millones de africanos, americanos nativos y aborígenes australianos. Dada la demostrada propensión humana a utilizar mal el poder, parece ingenuo creer que cuanta más influencia tiene la gente, más feliz vive.

Algunos contrarios a esta interpretación adoptan una posición diametralmente opuesta. Argumentan que existe una correlación inversa entre capacidades humanas y felicidad. El poder corrompe, dicen, y a medida que la humanidad conseguía cada vez más poder, creó un mundo mecanicista y frío mal adaptado a nuestras necesidades reales. La evolución moldeó nuestra mente y nuestro cuerpo a la vida de los cazadores-recolectores. La transición primero a la agricultura y después a la industria nos ha condenado a vivir una vida antinatural que no puede dar expresión completa a nuestras inclinaciones e instintos innatos, y por lo tanto no puede dar satisfacción a nuestros anhelos más profundos. No hay nada en la vida confortable de la clase media urbana que se acerque a la excitación salvaje y al gozo absoluto que experimentaba una banda de cazadores-recolectores durante una caza exitosa de mamuts. Con cada nuevo invento ponemos otro kilómetro más de distancia entre nosotros y el jardín del Edén.

Pero esta insistencia romántica en ver una sombra negra detrás de cada invento es tan dogmática como la creencia en la inevitabilidad del progreso. Quizá no estemos en contacto con nuestro cazador-recolector interior, pero esto no es del todo malo. Por ejemplo, a lo largo de los dos últimos siglos la medicina moderna ha reducido la mortalidad infantil de un 33 por ciento a menos de un 5 por ciento. ¿Puede alguien dudar de que esto ha contribuido a la felicidad no solo de estos niños, que de otro modo habrían muerto, sino también de sus familias y amigos?

Una posición más matizada adopta el camino intermedio. Hasta la revolución científica, no había una correlación clara entre el poder y la felicidad. Los campesinos medievales podían haber sido, efectivamente, más desdichados que sus antepasados cazadores-recolectores, pero en los últimos siglos los humanos han aprendido a utilizar más sensatamente sus capacidades. Los triunfos de la medicina moderna no son más que un ejemplo. Otros logros sin precedentes incluyen la fuerte caída de la violencia, la práctica desaparición de guerras internacionales y la casi erradicación de hambrunas a gran escala.

Pero también esto es una simplificación excesiva. En primer lugar, basa su evaluación optimista en una muestra muy pequeña de años. La mayoría de los humanos empezaron a gozar de los frutos de la medicina moderna no antes de 1850, y la drástica caída de la mortalidad infantil es un fenómeno del siglo XX. Las hambrunas en masa continuaron azotando a gran parte de la humanidad hasta mediados del siglo XX. Durante el Gran Salto Hacia Delante de la China comunista de 1958-1961, entre 10 y 50 millones de seres humanos murieron de hambre. Las guerras internacionales cada vez se hicieron más raras a partir de 1945, en gran parte gracias a la nueva amenaza de aniquilación nuclear. De ahí que, aunque las últimas décadas han sido una edad dorada sin precedentes para la humanidad, es demasiado temprano para saber si esto representa un cambio fundamental en las corrientes de la historia o un remolino efímero de buena fortuna. Cuando se juzga la modernidad, es demasiado tentador adoptar el punto de vista de un ciudadano occidental de clase media del siglo XXI. No debemos olvidar los puntos de vista de un minero del carbón galés, de un adicto al opio chino o de un aborigen australiano, todos del siglo XIX. Truganini no es menos importante que Homer Simpson.

En segundo lugar, quizá resulte que incluso la breve edad dorada del último medio siglo pueda haber sembrado las semillas de la futura catástrofe. A lo largo de las últimas décadas hemos alterado el equilibrio ecológico de nuestro planeta de tantas formas nuevas que parece probable que tenga consecuencias nefastas. Hay muchas pruebas que indican que estamos destruyendo los cimientos de la prosperidad humana en una orgía de consumo temerario.

Finalmente, podemos felicitarnos por los logros sin precedentes de los sapiens modernos únicamente si ignoramos por completo la suerte de todos los demás animales. Gran parte de la riqueza material de la que nos jactamos que nos aísla de la enfermedad y de la hambruna se ha acumulado a expensas de monos de laboratorio, vacas lecheras y pollos en cintas transportadoras. Decenas de miles de millones de estos animales se han visto sometidos a lo largo de los dos últimos siglos a un régimen de explotación industrial cuya crueldad no tiene precedentes en los anales del planeta Tierra. Solo con que aceptemos la mera décima parte de lo que afirman los activistas por los derechos de los animales, entonces bien pudiera ser que la agricultura industrial moderna fuera el mayor crimen de la historia. Cuando se evalúa la felicidad global, es un error contar solo la felicidad de las clases altas, de los europeos o de los hombres, como quizá también lo sea considerar únicamente la felicidad de los humanos.

CONTAR LA FELICIDAD

Hasta aquí hemos comentado la felicidad como si fuera en gran parte un producto de factores materiales, como la salud, la dieta y la riqueza. Si la gente es más rica y está más sana, entonces también tiene que ser más feliz. Pero ¿es esto realmente tan obvio? Filósofos, sacerdotes y poetas han meditado durante milenios sobre la naturaleza de la felicidad, y muchos han llegado a la conclusión de que los factores sociales, éticos y espirituales tienen un impacto tan grande sobre nuestra felicidad como las condiciones materiales. ¿Acaso en las sociedades opulentas modernas la gente padece mucho debido a la alienación y a la vacuidad, a pesar de su prosperidad? ¿Y quizá nuestros antepasados menos prósperos encontraban gran satisfacción en la comunidad, la religión y los lazos con la naturaleza?

En décadas recientes, psicólogos y biólogos han aceptado el reto de estudiar científicamente aquello que hace realmente que la gente sea feliz. ¿Es el dinero, la familia, la genética, o quizá la virtud? El primer paso es definir qué es lo que se medirá. La definición generalmente aceptada de felicidad es «bienestar subjetivo». La felicidad, según esta concepción, es algo que siento en mi interior, una sensación o bien de placer inmediato, o bien de satisfacción a largo plazo con la manera como se desarrolla mi vida. Si es algo que se siente dentro, ¿cómo puede medirse desde fuera? Presumiblemente podemos hacerlo preguntando a la gente que nos diga cómo se siente. De modo que los psicólogos o biólogos que quieren evaluar lo feliz que se siente la gente proporcionan cuestionarios para que los contesten y luego puntúan los resultados.

Por lo general, un cuestionario subjetivo del bienestar pide a los entrevistados que indiquen, en una escala del 0 al 10, su conformidad con afirmaciones tales como: «Me gusta ser como soy», «Siento que la vida es muy gratificante», «Soy optimista con respecto al futuro» y «La vida es buena». A continuación, el investigador suma todas las respuestas y calcula el nivel general de bienestar subjetivo del entrevistado.

Dichos cuestionarios se emplean para correlacionar la felicidad con varios factores objetivos. Un estudio puede comparar 1.000 personas que ganan 100.000 euros anuales con 1.000 personas que ganan 50.000 euros. Si el estudio descubre que el primer grupo tiene un nivel de bienestar subjetivo de 8,7, mientras que el segundo tiene un promedio de solo 7,3, el investigador puede concluir razonablemente que existe una correlación positiva entre la riqueza y el bienestar subjetivo. Para expresarlo llanamente: el dinero da la felicidad. Puede utilizarse el mismo método para investigar si la gente que vive en democracias es más feliz que la que vive en dictaduras, y si los casados son más felices que los solteros, los divorciados o los viudos.

Esto les proporciona un fundamento a los historiadores, que pueden estudiar la riqueza, la libertad política y las tasas de divorcio del pasado. Si la gente es más feliz en las democracias y los casados son más felices que los divorciados, un historiador tiene una base para argumentar que el proceso de democratización de las últimas décadas ha contribuido a la felicidad de la humanidad, mientras que las tasas crecientes de divorcio indican la tendencia contraria.

Esta manera de pensar no es perfecta, pero antes de indicar algunas lagunas vale la pena considerar los hallazgos.

Una conclusión interesante es que el dinero produce realmente la felicidad. Pero solo hasta cierto punto, y pasado dicho punto carece de importancia. Para la gente situada en la base de la escala económica, más dinero significa mayor felicidad. Imagine el lector que es una madre soltera española cuyos ingresos son 12.000 euros anuales limpiando casas y de golpe gana 500.000 euros en la lotería, probablemente experimentará un aumento importante y a largo plazo del bienestar subjetivo. Podrá dar de comer y vestir a sus hijos sin hundirse más en las deudas. Sin embargo, si el lector es un alto ejecutivo con ingresos del orden de los 250.000 euros anuales y gana 1 millón de euros en la lotería, o si el consejo de dirección de su empresa decide de repente doblarle el salario, es probable que su aumento de bienestar subjetivo dure solo unas pocas semanas. Según los resultados empíricos, es casi seguro que esto no suponga una gran diferencia en la manera cómo se sienta a la larga. Podrá comprar un automóvil más llamativo, mudarse a una casa suntuosa, habituarse a beber Vega Sicilia Único en lugar de un Rioja medio, pero pronto todo esto le parecerá rutinario y nada excepcional.

Otro resultado interesante es que la enfermedad reduce la felicidad a corto plazo, pero solo es causa de aflicción a largo plazo si la salud de una persona se deteriora constantemente o si la enfermedad implica dolor progresivo y debilitante. Las personas a las que se les diagnostican enfermedades crónicas como la diabetes, suelen deprimirse durante un tiempo, pero si la enfermedad no empeora se adaptan a la nueva situación y valoran su felicidad tan alta como la gente sana. Imagine el lector que Lucía y Lucas son unos mellizos de clase media que aceptan participar en un estudio de bienestar subjetivo. En el viaje de vuelta a casa desde el laboratorio de psicología, el automóvil de Lucía es embestido por un autobús, lo que le produce varias roturas de huesos y una pierna permanentemente lisiada. Mientras el equipo de rescate extrae a Lucía del interior del coche accidentado, su teléfono móvil suena y Lucas le dice gritando que él acaba de ganar un premio gordo de la lotería: ¡10 millones de euros! Dos años más tarde, ella andará cojeando y él será mucho más rico, pero cuando el psicólogo aparezca para realizar un estudio de seguimiento, es probable que ambos den las mismas respuestas que dieron la mañana de aquel día aciago.

La familia y la comunidad parecen tener más impacto en nuestra felicidad que el dinero y la salud. Las personas con familias fuertes que viven en comunidades bien trabadas y que apoyan a sus miembros son significativamente más felices que las personas cuyas familias son disfuncionales y que nunca han encontrado (o nunca han buscado) una comunidad de la que formar parte. El matrimonio es particularmente importante. Diversos estudios han demostrado que hay una correlación muy estrecha entre buenos matrimonios y un elevado bienestar subjetivo y entre malos matrimonios y desdicha. Esto se mantiene con independencia de las condiciones económicas e incluso de las físicas. Un inválido pobre rodeado de una amante esposa, una familia devota y una comunidad acogedora puede sentirse mejor que cualquier millonario alienado, mientras la pobreza del inválido no sea muy severa y su enfermedad no sea degenerativa o dolorosa.

Esto plantea la posibilidad de que la inmensa mejora en las condiciones materiales a lo largo de los dos últimos siglos se haya visto enmascarada por el desplome de la familia y la comunidad. Si así fuera, la persona promedio de hoy bien pudiera no ser más feliz que en 1800. Incluso la libertad que tanto valoramos bien pudiera ir en nuestra contra. Podemos elegir a nuestro cónyuge, a nuestros amigos y vecinos, pero ellos pueden elegir abandonarnos. Al ejercer el individuo un poder sin precedentes para decidir su propio camino en la vida, encontramos que cada vez es más difícil aceptar compromisos. Así, vivimos en un mundo cada vez más solitario de comunidades y familias que se deshacen.

Sin embargo, el hallazgo más importante de todos es que la felicidad no depende realmente de condiciones objetivas, ni de la riqueza, la salud o incluso la comunidad. Depende, más bien, de la correlación entre las condiciones objetivas y las expectativas subjetivas. Si uno quiere un carro de bueyes y obtiene un carro de bueyes, está contento. Si uno quiere un Ferrari último modelo y obtiene solo un Fiat de segunda mano, esto lo asimila como una pérdida. Esta es la razón por la que ganar la lotería tiene, con el tiempo, el mismo impacto sobre la felicidad de la gente que un accidente automovilístico incapacitante. Cuando las cosas mejoran, las expectativas aumentan, y en consecuencia mejoras incluso espectaculares en las condiciones objetivas nos pueden dejar insatisfechos. Cuando las cosas empeoran, las expectativas se reducen y en consecuencia una enfermedad grave nos puede dejar tan felices como lo éramos antes.

Podríamos decir que no necesitábamos un montón de psicólogos y sus cuestionarios para descubrir esto. Profetas, poetas y filósofos se dieron cuenta hace miles de años que estar satisfecho con lo que se tiene es mucho más importante que obtener más de lo que se desea. Aun así, es reconfortante cuando la investigación moderna (reforzada por gran cantidad de números y gráficos) llega a la misma conclusión a la que llegaron los antiguos.

La importancia crucial de las expectativas humanas tiene implicaciones de mucho alcance para comprender la historia de la felicidad. Si la felicidad dependiera solo de condiciones objetivas como la riqueza, la salud y las relaciones sociales, habría sido relativamente fácil investigar su historia. El descubrimiento de que depende de expectativas subjetivas hace mucho más difícil la tarea de los historiadores. Nosotros, los modernos, tenemos un arsenal de tranquilizantes y analgésicos a nuestro alcance, pero nuestras expectativas de comodidad y placer, y nuestra intolerancia a los inconvenientes y las incomodidades han aumentado hasta tal extremo que es probable que padezcamos más dolor del que nuestros antepasados sintieron nunca.

Es difícil aceptar esta línea de razonamiento. El problema es una falacia del razonamiento profundamente incrustada en nuestra psique. Cuando intentamos adivinar o imaginar lo felices que son ahora otras personas, o lo felices que eran las gentes en el pasado, inevitablemente nos imaginamos a nosotros mismos en su lugar. Pero esto no funciona, porque adhiere nuestras expectativas a las condiciones materiales de otros. En las sociedades opulentas modernas es habitual ducharse y cambiarse la ropa cada día. Los campesinos medievales no se lavaban durante meses, y casi nunca se cambiaban de ropa. El solo hecho de pensar en vivir de esta manera, sucios y malolientes en extremo, es algo que detestamos. Pero parece que a los campesinos medievales no les importaba. Estaban acostumbrados a la sensación y al olor de una camisa que no se lavaba desde hacía mucho tiempo. No es que desearan cambiarse de ropa pero no pudieran; tenían lo que querían. Así, al menos en lo que al vestido se refiere, estaban contentos.

Esto no es sorprendente cuando se piensa en ello. Después de todo, nuestros primos chimpancés rara vez se lavan y nunca se cambian la ropa. Tampoco nos desagrada que nuestros perros y gatos domésticos no se duchen ni cambien diariamente su pelaje. Les damos palmaditas, los abrazamos y los besamos igual. A los niños pequeños de las sociedades opulentas no les suele gustar ducharse, y les lleva años de educación y disciplina por parte de los padres adoptar esta costumbre supuestamente atractiva. Todo es cuestión de expectativas.

Si la felicidad viene determinada por las expectativas, entonces dos pilares de nuestra sociedad (los medios de comunicación y la industria publicitaria) pueden estar vaciando, sin saberlo, los depósitos de satisfacción del planeta. Si el lector fuera un joven de dieciocho años en una pequeña aldea de hace 5.000 años, probablemente pensaría que era bien parecido porque solo había otros 50 hombres en su aldea y la mayoría de ellos eran ancianos, o tenían cicatrices o arrugas, o todavía eran niños pequeños. Pero si el lector es un adolescente en la actualidad, tiene muchas más probabilidades de sentirse incómodo. Incluso si los demás chicos de la escuela son feos, el adolescente no se compara con ellos, sino con las estrellas de cine, atletas y supermodelos que vemos continuamente en la televisión, en Facebook y en las carteleras gigantes.

¿Podría ser, pues, que el descontento del Tercer Mundo no estuviera fomentado únicamente por la pobreza, la enfermedad, la corrupción y la opresión política, sino también por la simple exposición a los estándares del Primer Mundo? El ciudadano egipcio promedio tenía muchas menos probabilidades de morir de hambre, de la peste o de violencia bajo el gobierno de Hosni Mubarak que bajo Ramsés II o Cleopatra. Las condiciones materiales de la mayoría de los egipcios nunca habían sido tan buenas. Uno pensaría que en 2011 estarían cantando por las calles y dando gracias a Alá por su buena fortuna. En cambio, se levantaron furiosamente para derrocar a Mubarak. No se comparaban con sus antepasados bajo los faraones, sino con sus contemporáneos en los Estados Unidos de América de Obama.

Si esto fuera así, incluso la inmortalidad podría producir descontento. Supongamos que la ciencia da con curas para todas las enfermedades, terapias efectivas contra el envejecimiento y tratamientos regenerativos que mantienen a la gente indefinidamente joven. Con toda probabilidad, el resultado inmediato sería una epidemia sin precedentes de ira y ansiedad.

Los que fueran incapaces de permitirse los nuevos tratamientos milagrosos (la inmensa mayoría de la gente) estarían fuera de sí con rabia. A lo largo de la historia, los pobres y los oprimidos se han confortado al pensar que al menos la muerte es justa, que los ricos y poderosos también mueren. A los pobres no les confortaría la idea de que tienen que morir, mientras que los ricos permanecerán jóvenes y bellos para siempre.

Pero la reducida minoría capaz de permitirse los nuevos tratamientos tampoco estaría eufórica. Tendrían muchos motivos para mostrarse ansiosos. Aunque las nuevas terapias pudieran extender la vida y la juventud, no podrían revivir a los cadáveres. ¡Qué terrible sería pensar que mis seres queridos y yo podemos vivir para siempre, pero solo si no nos atropella un camión o un terrorista no nos hace volar en pedazos! Es probable que la gente potencialmente amortal no quiera tomar ni el más mínimo riesgo, y la agonía de perder un cónyuge, un hijo o un amigo íntimo sería insoportable.

FELICIDAD QUÍMICA

Los científicos sociales distribuyen cuestionarios de bienestar subjetivo y correlacionan los resultados con factores socioeconómicos tales como la riqueza y la libertad política. Los biólogos emplean los mismos cuestionarios, pero correlacionan las respuestas que la gente da con factores bioquímicos y genéticos. Sus hallazgos son sorprendentes.

Los biólogos sostienen que nuestro mundo mental y emocional está regido por mecanismos bioquímicos modelados por millones de años de evolución. Como todos los demás estados mentales, nuestro bienestar subjetivo no está determinado por parámetros externos como el salario, las relaciones sociales o los derechos políticos. Está determinado, en cambio, por un complejo sistema de nervios, neuronas, sinapsis y varias sustancias bioquímicas como la serotonina, la dopamina y la oxitocina.

A nadie le hace feliz ganar la lotería, comprar una casa, ser promovido o incluso encontrar el verdadero amor. A la gente le hace feliz una cosa, y solo una: sensaciones agradables en su cuerpo. Una persona que acaba de ganar la lotería o de encontrar un nuevo amor y salta de alegría no reacciona realmente ante el dinero o el amante. Reacciona a varias hormonas que recorren su torrente sanguíneo, y a la tormenta de señales eléctricas que destellan en diferentes partes del cerebro.

Lamentablemente para todas las esperanzas de crear el cielo en la Tierra, nuestro sistema bioquímico interno parece estar programado para mantener relativamente constantes los niveles de felicidad. No hay una selección natural para la felicidad como tal: la estirpe genética de un anacoreta feliz se extinguirá cuando los genes de una pareja de padres ansiosos sean transmitidos a la siguiente generación. La felicidad y la desdicha desempeñan un papel en la evolución únicamente en la medida que promuevan la supervivencia y la reproducción o dejen de hacerlo. Quizá no sea sorprendente, entonces, que la evolución nos haya moldeado para no ser ni demasiado desdichados ni demasiado dichosos. Nos permite gozar de una descarga momentánea de sensaciones placenteras, pero estas nunca duran para siempre. Más tarde o más temprano amainan y dan paso a sensaciones desagradables.

Por ejemplo, la evolución proporcionó sensaciones placenteras como recompensa a los machos que diseminaban sus genes al tener sexo con hembras fértiles. Si el sexo no estuviera acompañado de este placer, a pocos machos les preocuparía. Al mismo tiempo, la evolución se aseguró de que estas sensaciones placenteras se desvanecieran rápidamente. Si los orgasmos duraran siempre, los felicísimos machos morirían de hambre por falta de interés en la comida, y no se tomarían la molestia de buscar otras hembras fértiles.

Algunos expertos comparan la bioquímica humana con un sistema de aire acondicionado que mantiene la temperatura constante, ya tenga lugar una ola de calor o una tormenta de nieve. Los acontecimientos pueden cambiar momentáneamente la temperatura, pero el sistema de aire acondicionado siempre hace retornar la temperatura al mismo punto predeterminado.

Algunos sistemas de aire acondicionado se fijan a 25 grados Celsius. Otros se fijan a 20 grados. Los sistemas que acondicionan la felicidad humana también difieren de una persona a otra. En una escala de 1 a 10, algunas personas nacen con un sistema bioquímico alegre que permite que su humor oscile entre los niveles 6 y 10, y que con el tiempo se estabilice en el 8. Una persona de este tipo se siente bastante feliz incluso si vive en una ciudad grande y alienada, pierde su dinero invirtiendo en la Bolsa y se le diagnostica diabetes. Otras personas están maldecidas con una bioquímica triste que oscila entre 3 y 7 y se estabiliza en el 5. Una persona infeliz de este modo sigue estando deprimida incluso si goza del apoyo de una comunidad bien trabada, gana millones a la lotería y es tan saludable como un atleta olímpico. De hecho, aunque nuestro abatido amigo gane 50 millones de euros por la mañana, descubra a mediodía el remedio para el sida y el cáncer, consiga hacer firmar la paz entre israelíes y palestinos por la tarde y después, al atardecer, se reúna con el hijo que desapareció hace años y que estaba perdido desde entonces, todavía sería incapaz de experimentar nada más allá del nivel 7 de felicidad. Simplemente, su cerebro no está construido para el alborozo, ocurra lo que ocurra.

Piense el lector por un momento en su familia y en sus amigos. Seguramente conoce algunas personas que siempre están relativamente contentas, no importa lo que les ocurra. Y después están las que siempre están irritadas, con independencia de los regalos que el mundo ponga a sus pies. Solemos creer que si simplemente pudiéramos cambiar nuestro lugar de trabajo, casarnos, terminar de escribir aquella novela, comprar un coche nuevo o devolver la hipoteca, estaríamos en la cima del mundo. Pero cuando obtenemos lo que deseamos no parece que seamos mucho más felices. Comprar automóviles y escribir novelas no cambia nuestra bioquímica. Pueden sobresaltarla por un momento efímero, pero pronto vuelve al punto establecido.

¿Cómo se puede conciliar esto con los hallazgos psicológicos y sociológicos indicados anteriormente según los cuales, por ejemplo, los casados son más felices, de promedio, que los solteros? En primer lugar, estos hallazgos son correlaciones: la dirección de causación puede ser la opuesta de la que algunos investigadores han supuesto. Es verdad que los casados son más felices que los célibes y los divorciados, pero esto no significa necesariamente que el matrimonio produzca felicidad. Podría ser que la felicidad cause el matrimonio. O, más correctamente, que la serotonina, la dopamina y la oxitocina provoquen y mantengan un matrimonio. Las personas que nacen con una bioquímica alegre suelen ser, por lo general, felices y contentas. Son cónyuges más atractivos, y en consecuencia tienen una mayor probabilidad de casarse. También es menos probable que se divorcien, porque es mucho más fácil vivir con un cónyuge feliz y contento que con uno deprimido e insatisfecho. En consecuencia, es verdad que los casados son más felices en promedio que los solteros, pero una mujer soltera propensa al abatimiento no se volverá necesariamente más feliz si consigue atrapar a un marido.

Además, la mayoría de los biólogos no son fanáticos. Sostienen que la felicidad está determinada principalmente por la bioquímica, pero están de acuerdo en que los factores psicológicos y sociológicos desempeñan también su parte. Nuestro sistema de aire acondicionado mental tiene una cierta libertad de movimiento dentro de unos límites predeterminados. Es casi imposible superar los límites emocionales superior e inferior, pero el matrimonio y el divorcio pueden tener un impacto en el área que hay entre ambos niveles. Alguien nacido con un promedio de felicidad de nivel 5 nunca saldrá a bailar desenfrenadamente por la calle. Pero un buen matrimonio le puede permitir disfrutar de vez en cuando de un nivel 7 y evitar el desánimo del nivel 3.

Si aceptamos la aproximación biológica a la felicidad, entonces resulta que la historia tiene una importancia menor, puesto que la mayoría de los sucesos históricos no han tenido ningún impacto en nuestra bioquímica. La historia puede cambiar los estímulos externos que hacen que se segregue serotonina, pero no cambia los niveles de serotonina resultantes, y por lo tanto no puede hacer que la gente sea más feliz.

Comparemos un campesino medieval francés con un banquero parisino moderno. El campesino vivía en una choza de adobe sin calefacción que daba a la pocilga local, mientras que el banquero tiene el hogar en un ático espléndido con los últimos dispositivos tecnológicos y una vista sobre los Champs Élysées. Intuitivamente, cabría esperar que el banquero fuera mucho más feliz que el campesino. Sin embargo, chozas de adobe, áticos y los Champs Élysées no determinan realmente nuestro talante. La serotonina lo hace. Cuando el campesino medieval completó la construcción de su choza de adobe, sus neuronas cerebrales secretaron serotonina, haciéndola llegar hasta el nivel X. Cuando en 2013 el banquero efectuó el último pago de su maravilloso ático, sus neuronas cerebrales secretaron una cantidad similar de serotonina, haciéndola subir hasta un nivel X parecido. Para el cerebro no supone ninguna diferencia que el ático sea mucho más confortable que la choza de adobe. Lo único que importa es que, ahora, el nivel de serotonina es X. En consecuencia, el banquero no será ni un ápice más feliz que su tataratatarabuelo, el pobre campesino medieval.

Y esto es así no solo para las vidas privadas, sino también para los grandes acontecimientos colectivos. Tomemos, por ejemplo, la Revolución francesa. Los revolucionarios estaban atareados: ejecutaron al rey, dieron tierras a los campesinos, declararon los derechos del hombre, abolieron los privilegios de los nobles y entablaron la guerra contra toda Europa. Pero nada de todo eso cambió la bioquímica francesa. En consecuencia, a pesar de todos las turbulencias económicas que la revolución trajo consigo, su impacto en la felicidad francesa fue pequeño. Los que habían ganado una bioquímica gozosa en la lotería genética eran igual de felices antes de la revolución que después de ella. Los que tenían una bioquímica deprimente se quejaban de Robespierre y Napoleón con la misma acritud con que antes se habían quejado de Luis XVI y María Antonieta.

Si es así, ¿de qué sirvió la Revolución francesa? Si la gente no fue más feliz, ¿qué sentido tuvo todo aquel caos, terror, sangre y guerra? Los biólogos nunca hubieran asaltado la Bastilla. La gente piensa que esta revolución política o aquella reforma social los hará más felices, pero su bioquímica los engaña una y otra vez.

Solo hay un acontecimiento histórico que tenga significado real. Hoy, cuando finalmente nos damos cuenta de que las claves de la felicidad están en manos de nuestro sistema bioquímico, podemos dejar de perder nuestro tiempo en política y en reformas sociales, golpes de Estado e ideologías, y centrarnos en cambio en lo único que puede hacernos realmente felices: manipular nuestra bioquímica. Si invertimos miles de millones para comprender la química de nuestro cerebro y desarrollar tratamientos apropiados, podremos hacer que la gente sea mucho más feliz de lo que nunca ha sido antes, sin necesidad de revoluciones. El Prozac, por ejemplo, no cambia regímenes políticos, pero al elevar los niveles de serotonina hace que la gente salga de su depresión.

Nada capta mejor el argumento biológico que el famoso eslogan de la New Age: «La felicidad empieza dentro». El dinero, el nivel social, la cirugía plástica, casas bonitas, puestos poderosos… ninguna de estas cosas nos proporcionará felicidad. La felicidad duradera proviene solo de la serotonina, la dopamina y la oxitocina.[1]

En *Un mundo feliz*, la novela distópica de Aldous Huxley, publicada en 1932, en plena Gran Depresión, la felicidad es el bien supremo y las drogas psiquiátricas sustituyen a la policía y al voto como el cimiento de la política. Diariamente, cada persona toma una dosis de «soma», una droga sintética que hace que la gente sea feliz sin afectar a su productividad y eficiencia. El Estado Mundial que gobierna todo el planeta no se ve nunca amenazado por guerras, revoluciones, huelgas o manifestaciones, porque toda la gente está sumamente contenta con sus condiciones actuales, sean estas las que fueren. La visión del futuro de Huxley es mucho más preocupante que la de George Orwell en *1984*. El mundo de Huxley les parece monstruoso a muchos lectores, pero es difícil explicar por qué. Todos están siempre felices: ¿qué puede haber de malo en ello?

EL SIGNIFICADO DE LA VIDA

El desconcertante mundo de Huxley se basa en la suposición biológica de que felicidad es igual a placer. Ser feliz es nada más y nada menos que experimentar sensaciones corporales placenteras. Puesto que nuestra bioquímica limita el número y la duración de dichas sensaciones, la única manera de hacer que la gente experimente un elevado nivel de felicidad a lo largo de un período extenso de tiempo es manipular su sistema bioquímico.

Pero esta definición de felicidad es rebatida por algunos expertos. En un famoso estudio, Daniel Kahneman, que obtuvo el Premio Nobel de Economía, pidió a diversas personas que describieran un día laborable cualquiera, recorriéndolo episodio a episodio y evaluando lo mucho que disfrutaron de cada momento, o lo mucho que este les desagradó. Descubrió lo que parece ser una paradoja en la manera como la mayoría de la gente considera su propia vida. Tomemos el trabajo relacionado con criar a un hijo. Kahneman encontró que cuando se cuentan los momentos de alegría y los momentos de trabajo fatigoso, criar a un hijo resulta ser un asunto más bien desagradable. Consiste en gran medida en cambiar pañales, lavar platos y habérselas con cambios de humor, que es algo que a nadie le gusta hacer. Pero la mayoría de los padres declaran que sus hijos son su principal fuente de felicidad. ¿Es que acaso las personas no saben realmente lo que es bueno para ellas?

Esta es una opción. Otra es que los hallazgos demuestran que la felicidad no es un exceso de momentos agradables en relación con los desagradables. Más bien, la felicidad consiste en ver que la vida de uno en su totalidad tiene sentido y vale la pena. Hay un importante componente cognitivo y ético de la felicidad. Nuestros valores significan toda la diferencia entre si nos vemos como «miserables esclavos de un bebé dictador» o como «amantes formadores de una nueva vida».[2] Tal como lo planteaba Nietzsche, si uno tiene una razón por la que vivir, lo puede soportar casi todo. Una vida con sentido puede ser extremadamente satisfactoria incluso en medio de penalidades, mientras que una vida sin sentido es una experiencia desagradable y terrible, con independencia de lo confortable que sea.

Aunque en todas las culturas y épocas la gente ha sentido el mismo tipo de placeres y dolores, es probable que el significado que han adjudicado a sus experiencias haya variado ampliamente. Si es así, la historia de la felicidad podría haber sido mucho más turbulenta de lo que los biólogos imaginan. Esta es una conclusión que no favorece necesariamente a la modernidad. Si se valora la vida minuto a minuto, la gente de la Edad Media lo tenía ciertamente duro. Sin embargo, si creían en la promesa de una dicha permanente en el más allá, bien pudiera ser que consideraran que su vida tenía mucho más significado y valía mucho más la pena que la gente seglar moderna, que a largo plazo no pueden esperar otra cosa que un olvido completo y sin sentido. A la pregunta «¿Está usted satisfecho con su vida en su conjunto?», la gente de la Edad Media podría haber obtenido puntuaciones muy altas en un cuestionario de bienestar subjetivo.

¿Así que nuestros antepasados medievales eran felices porque encontraban sentido a la vida en los engaños colectivos acerca de la vida en el más allá? Sí. Mientras nadie echara por tierra sus fantasías, ¿por qué no tenían que serlo? Hasta donde podemos saber, desde un punto de vista puramente científico, la vida humana no tiene en absoluto ningún sentido. Los humanos son el resultado de procesos evolutivos ciegos que operan sin objetivo ni propósito. Nuestras acciones no forman parte de ningún plan cósmico divino, y si el planeta Tierra hubiera de explotar mañana por la mañana, probablemente el universo seguiría su camino como de costumbre. Hasta donde podemos decir en este punto, no se echaría en falta la subjetividad humana. De ahí que cualquier sentido que la gente atribuya a su vida es solo una ilusión. Los sentidos ultramundanos que las gentes medievales encontraban que tenía su vida no eran más ilusión que lo que las gentes modernas encuentran en los modernos sentidos humanistas, nacionalistas y capitalistas. La científica que dice que su vida tiene sentido porque aumenta el compendio del saber humano, el soldado que declara que su vida tiene sentido porque lucha para defender a su patria, y el empresario que encuentra sentido en la creación de una nueva compañía, se engañan igual que sus homólogos medievales que encontraban sentido en la lectura de las Escrituras, en emprender una cruzada o en construir una nueva catedral.

De modo que quizá la felicidad consista en sincronizar las ilusiones personales del sentido con las ilusiones colectivas dominantes en cada situación. Mientras mi narración personal esté en sintonía con las narraciones de la gente que me rodea, puedo convencerme de que mi vida tiene sentido, y encontrar felicidad en esta convicción.

Esta es una conclusión bastante deprimente. ¿Acaso la felicidad depende realmente de engañarse a sí mismo?

CONÓCETE A TI MISMO

Si la felicidad se basa en sentir sensaciones agradables, entonces para poder ser más felices necesitamos reorganizar nuestro sistema bioquímico. Si la felicidad se basa en sentir que la vida tiene un significado, entonces para poder ser más felices necesitamos engañarnos de manera más efectiva. ¿Existe una tercera alternativa?

Estos dos supuestos previos comparten la hipótesis de que la felicidad es algún tipo de sensación subjetiva (ya sea de placer o de sentido), y que con el fin de juzgar la felicidad de la gente todo lo que necesitamos es preguntarle cómo se sienten. Para muchos de nosotros esto parece lógico porque la religión dominante de nuestra época es el liberalismo. El liberalismo santifica los sentimientos subjetivos de los individuos. Considera que dichos sentimientos son la fuente suprema de la autoridad. Lo que es bueno y lo que es malo, lo que es bello y lo que es feo, lo que debería ser y lo que no debería ser, todo está determinado por lo que cada uno de nosotros siente.

La política liberal se basa en la idea de que los votantes saben lo que hacen, y que no hay necesidad alguna de que el Gran Hermano nos diga lo que es bueno para nosotros. La economía liberal se basa en la idea de que el cliente siempre tiene la razón. El arte liberal declara que la belleza está en el ojo del observador. A los estudiantes de las escuelas y universidades liberales se les enseña a pensar por sí mismos. Los anuncios nos apremian a «¡Simplemente, hágalo!». Los filmes de acción, los dramas teatrales, los melodramas, las novelas y las canciones populares pegadizas nos adoctrinan constantemente: «Sé fiel a ti mismo», «Escúchate a ti mismo», «Sigue los dictados de tu corazón». Jean-Jacques Rousseau planteó de la manera más clásica esta opinión: «Lo que siento que es bueno, es bueno. Lo que siento que es malo, es malo».

La gente que ha crecido desde la infancia a base de una dieta de eslóganes como estos es propensa a creer que la felicidad es un sentimiento subjetivo y que cada individuo es quien mejor conoce si es feliz o es desgraciado. Pero esta opinión es exclusiva del liberalismo. La mayoría de las religiones e ideologías a lo largo de la historia afirmaron que existen varas de medir objetivas para la bondad y la belleza, y para cómo deberían ser las cosas. Desconfiaban de los sentimientos y preferencias de la persona ordinaria. En la entrada del templo de Apolo en Delfos, los peregrinos eran recibidos con la inscripción «¡Conócete a ti mismo!». Su significado era que la persona promedio es ignorante de su verdadero yo, y por lo tanto es probable que ignore la felicidad verdadera. Probablemente Freud estaría de acuerdo.*

Y lo mismo ocurriría con los teólogos cristianos. San Pablo y san Agustín conocían perfectamente bien que si se le preguntara a la gente

---

* Resulta paradójico que, mientras que los estudios psicológicos del bienestar subjetivo se basan en la capacidad de la gente de diagnosticar correctamente su felicidad, la *raison d'être* básica de la psicoterapia es que la gente no se conoce realmente a sí misma y que a veces necesita ayuda profesional para librarse de comportamientos autodestructivos.

sobre ello, la mayoría preferirían tener sexo que rezar a Dios. ¿Acaso demuestra esto que tener sexo es la clave de la felicidad? No según Pablo y Agustín. Solo demuestra que la humanidad es pecadora por naturaleza, y que la gente se deja seducir fácilmente por Satanás. Desde un punto de vista cristiano, la inmensa mayoría se encuentran en una situación que es más o menos la misma que la de los adictos a la heroína. Imagine el lector a un psicólogo que se embarca en un estudio de la felicidad entre drogadictos. Les plantea una encuesta y encuentra que declaran, de manera unánime, que solo son felices cuando se pinchan. ¿Publicaría el psicólogo un artículo científico que declarara que la heroína es la clave de la felicidad?

La idea de que no hay que fiarse de los sentimientos no se limita al cristianismo. Cuando se trata del valor de los sentimientos, incluso Darwin y Dawkins podrían encontrar similitudes con san Pablo y san Agustín. Según la teoría del gen egoísta, la selección natural hace que las personas, como los demás organismos, elijan lo que es bueno para la reproducción de sus genes, aunque sea malo para ellas como individuos. La mayoría de los machos pasan la vida afanándose, preocupándose, compitiendo y luchando, en lugar de gozar de una dicha pacífica, porque su ADN los manipula para sus propios objetivos egoístas. Como Satanás, el ADN emplea placeres fugaces para tentar a la gente y someterla a su poder.

En consecuencia, la mayoría de las religiones y filosofías han adoptado una postura muy distinta con respecto a la felicidad que la del liberalismo.[3] La posición budista es particularmente interesante. El budismo ha asignado a la cuestión de la felicidad más importancia quizá que cualquier otro credo humano. Durante 2.500 años los budistas han estudiado de manera sistemática la esencia y las causas de la felicidad, que es la razón por la que hay un interés creciente entre la comunidad científica tanto por su filosofía como por sus prácticas de meditación.

El budismo comparte la idea básica del acercamiento biológico a la felicidad, es decir, que la felicidad es el resultado de procesos que tienen lugar dentro del cuerpo, no de acontecimientos que ocurren en el mundo exterior. Sin embargo, partiendo de la misma idea el budismo alcanza conclusiones muy distintas.

Según el budismo, la mayoría de la gente identifica la felicidad con sensaciones placenteras, al tiempo que identifica el sufrimiento con sensaciones desagradables. Por lo tanto, la gente atribuye una gran importancia a lo que siente, y anhela experimentar cada vez más sensaciones placenteras al tiempo que evita las dolorosas. Sea lo que fuere que hacemos a lo largo de nuestra vida, ya sea rascarnos una pierna, movernos ligeramente en la silla o librar guerras mundiales, solo estamos intentando obtener sensaciones agradables.

El problema, según el budismo, es que nuestras sensaciones no son más que vibraciones pasajeras, que cambian a cada momento, como las olas del océano. Si hace cinco minutos me sentía gozoso y con un fin determinado, ahora estas sensaciones han desaparecido y quizá me sienta triste y abatido. De modo que si quiero experimentar sensaciones agradables, he de buscarlas constantemente, al tiempo que alejo las sensaciones desagradables. Aun en el caso de que tenga éxito, tengo que empezar de nuevo todo el proceso, sin siquiera obtener ninguna recompensa duradera por mis esfuerzos.

¿Qué hay de tan importante en la obtención de estos premios efímeros? ¿Por qué esforzarnos tanto para conseguir algo que desaparece casi tan pronto como surge? Según el budismo, la raíz del sufrimiento no es ni la sensación de dolor ni la tristeza, ni siquiera la falta de sentido. Más bien, el origen real del sufrimiento es la búsqueda continua e inútil de sensaciones fugaces, que hace que estemos en un estado de tensión constante, de desazón y de insatisfacción. Debido a esta búsqueda, la mente nunca está satisfecha. Incluso cuando experimenta placer no está contenta, porque teme que esta sensación desaparezca pronto, y anhela que dicha sensación permanezca y se intensifique.

La gente se libera del sufrimiento no cuando experimenta este o aquel placer pasajero, sino cuando comprende la naturaleza no permanente de todas sus sensaciones y deja de anhelarlas. Este es el objetivo de las prácticas budistas de meditación. En la meditación se supone que uno observa de cerca su mente y su cuerpo, presencia la aparición y desaparición incesante de todas sus sensaciones, y se da cuenta de lo inútil que es intentar conseguirlas. Cuando la búsqueda se detiene, la mente se vuelve más relajada, clara y satisfecha. Siguen surgiendo y pasando todo tipo de sensaciones (alegría, ira, aburrimiento, lujuria), pero cuando uno deja de anhelar sensaciones concretas, estas se aceptan sencillamente por lo que son. Uno vive en el momento presente en lugar de fantasear acerca de lo que pudo haber sido.

La serenidad que resulta es tan profunda que los que pasan su vida en una búsqueda frenética de sensaciones agradables apenas pueden imaginarla. Es como un hombre que permanece durante décadas en la playa, abrazando algunas olas «buenas» e intentando impedir que se desintegren, mientras que simultáneamente aparta las olas «malas» para evitar que se acerquen a él. Un día tras otro, el hombre sigue de pie en la playa, volviéndose loco con su ejercicio infructuoso. Finalmente, se sienta en la arena y simplemente deja que las olas vengan y se vayan a su antojo. ¡Qué apacible!

Esta idea es tan ajena a la cultura liberal moderna que cuando los movimientos de la New Age en Occidente dieron con los descubrimientos budistas, los tradujeron en términos liberales, con lo que les dieron la vuelta. Los cultos de la New Age suelen decir: «La felicidad no depende de condiciones externas. Solo depende de lo que uno sienta en su interior. La gente debería dejar de buscar logros externos como riqueza y estatus social, y conectar en cambio con sus sentimientos interiores». O, de manera más sucinta: «La felicidad empieza dentro». Esto es exactamente lo que dicen los biólogos, más o menos lo contrario de lo que dijo Buda.

Buda coincidía con la biología moderna y con los movimientos de la New Age en que la felicidad es independiente de las condiciones externas. Pero su hallazgo más importante y mucho más profundo fue que la verdadera felicidad es también independiente de nuestros sentimientos internos. De hecho, cuanta más importancia damos a nuestras sensaciones, más las anhelamos y más sufrimos. La recomendación de Buda fue detener no solo la búsqueda de los logros externos, sino también la búsqueda de los sentimientos internos.

Resumiendo, los cuestionarios de bienestar subjetivo identifican nuestro bienestar con nuestros sentimientos subjetivos, e identifican la búsqueda de la felicidad con la búsqueda de determinados estados emocionales. En contraposición, para muchas filosofías y religiones tradicionales, como el budismo, la clave de la felicidad es conocer la verdad sobre sí mismo: comprender quién, o qué, es uno realmente. La mayoría de la gente se identifica equivocadamente con sus sentimientos, pensamientos, gustos y aversiones. Cuando sienten ira, piensan «Estoy enfurecido. Esta es mi ira». En consecuencia, pasan su vida evitando algunos tipos de sensaciones y en busca de otras. Nunca se dan cuenta de que no son sus sensaciones, y que la búsqueda incesante de determinadas sensaciones no hace más que dejarlos atrapados en la desdicha.

Si es así, entonces toda nuestra comprensión de la historia de la felicidad puede estar descaminada. Quizá no sea tan importante que las expectativas de la gente se cumplan y que gocen de sensaciones placenteras. La principal cuestión es si las personas conocen la verdad acerca de sí mismas. ¿Qué pruebas tenemos de que en la actualidad la gente comprenda esta verdad mejor que los antiguos cazadores-recolectores o los campesinos medievales?

Los expertos empezaron a estudiar la historia de la felicidad hace solo algunos años, y todavía estamos formulando hipótesis iniciales y buscando los métodos de investigación apropiados. Es demasiado temprano para adoptar conclusiones rígidas y terminar un debate que apenas se ha iniciado. Lo que es importante es conseguir conocer tantos enfoques diferentes como sea posible y plantear las preguntas adecuadas.

La mayoría de los libros de historia se centran en las ideas de los grandes pensadores, la valentía de los guerreros, la caridad de los santos y la creatividad de los artistas. Tienen mucho que decir acerca de cómo se tejen y se desenredan las estructuras sociales, sobre el auge y caída de los imperios, acerca del descubrimiento y la expansión de las tecnologías; pero no dicen nada acerca de cómo todo esto influyó sobre la felicidad y el sufrimiento de los individuos. Esta es la mayor laguna en nuestra comprensión de la historia, y sería mejor que empezáramos a llenarla.

20

El final de *Homo sapiens*

Este libro ha empezado presentando la historia como la fase siguiente en el continuo que va desde la física a la química y a la biología. Los sapiens están sometidos a las mismas fuerzas físicas, reacciones químicas y procesos de selección natural que rigen a todos los seres vivos. La selección natural pudo haber proporcionado a *Homo sapiens* un campo de juego mucho más amplio del que ha dado a cualquier otro organismo, pero este campo tiene todavía sus límites. La consecuencia ha sido que, con independencia de cuáles sean sus esfuerzos y logros, los sapiens son incapaces de librarse de sus límites determinados biológicamente.

Sin embargo, en los albores del siglo XXI esta asunción ya no es verdad: *Homo sapiens* trasciende dichos límites. Ahora está empezando a quebrar las leyes de la selección natural, sustituyéndolas con las leyes del diseño inteligente.

Durante cerca de 4.000 millones de años, todos y cada uno de los organismos sobre el planeta evolucionaron sometidos a la selección natural. Ni uno solo fue diseñado por un creador inteligente. La jirafa, por ejemplo, consiguió su largo cuello gracias a la competencia entre jirafas arcaicas y no debido a los caprichos de un ser superinteligente. Las protojirafas que tenían el cuello más largo tenían acceso a más alimento y, en consecuencia, produjeron más descendientes que las de cuello más corto. Nadie, y ciertamente las jirafas no, dijo: «Un cuello largo permitirá que las jirafas roncen las hojas de la bóveda arbórea. Vamos a extendérselo». La belleza de la teoría de Darwin es que no necesita suponer la existencia de un diseñador inteligente para explicar cómo es que las jirafas han terminado teniendo un cuello largo.

Durante miles de millones de años, el diseño inteligente no fue siquiera una opción, porque no había inteligencia que pudiera diseñar cosas. Los microorganismos, que hasta hace muy poco eran los únicos seres vivos que había, son capaces de hazañas asombrosas. Un microorganismo perteneciente a una especie puede incorporar en su célula códigos genéticos de una especie completamente distinta y con ello obtener nuevas capacidades, como la resistencia a los antibióticos. Pero, hasta donde sabemos, los microorganismos no tienen conciencia, ni objetivos en la vida, ni capacidad de planificar por adelantado.

En algún momento, organismos como las jirafas, los delfines, los chimpancés y los neandertales adquirieron por evolución conciencia y la capacidad de planificar por adelantado. Pero incluso si un neandertal fantaseaba sobre aves tan gordas y lentas que las podía coger siempre que tuviera hambre, no tenía manera de transformar esta fantasía en realidad. Tenía que cazar las aves que habían sido seleccionadas naturalmente.

La primera grieta en el antiguo régimen apareció hace unos 10.000 años, durante la revolución agrícola. Los sapiens que soñaban con pollos gordos y lentos descubrieron que si emparejaban la gallina más gorda con el gallo más lento, algunos de sus descendientes serían a la vez gordos y lentos. Si se cruzaban estos descendientes entre sí, se podía producir un linaje de aves gordas y lentas. Era una raza de pollos desconocidos en la naturaleza, producidos por el diseño inteligente no de un dios, sino de un humano.

Aun así, en comparación con una deidad todopoderosa, *Homo sapiens* tenía habilidades de diseño limitadas. Los sapiens podían utilizar la cría selectiva para esquivar y acelerar los procesos de selección natural que afectaban normalmente a los pollos, pero no podían introducir características totalmente nuevas que estaban ausentes del acervo génico de los pollos salvajes. De alguna manera, la relación entre *Homo sapiens* y los pollos era semejante a otras muchas relaciones simbióticas que han surgido con mucha frecuencia y por su cuenta en la naturaleza. Los sapiens ejercían presiones selectivas peculiares sobre los pollos que provocaban que proliferaran los gordos y lentos, de la misma manera que las abejas polinizadoras seleccionan a las flores y hacen que las de colores brillantes proliferen.

Hoy en día, el régimen de la selección natural, de 4.000 millones de años de antigüedad, se enfrenta a un reto completamente distinto. En los laboratorios de todo el mundo, los científicos están manipulando seres vivos genéticamente. Quebrantan con impunidad las leyes de la selección natural, ni siquiera limitados por las características originales de un organismo. Eduardo Kac, un bioartista brasileño, decidió crear en 2000 una nueva obra de arte: un conejo verde fluorescente. Kac contactó con un laboratorio francés y le ofreció una cantidad por producir un conejito radiante según sus especificaciones. Los científicos franceses tomaron un embrión de conejo blanco corriente, implantaron en su ADN un gen tomado de una medusa verde fluorescente y *voilà!* Un conejo verde fluorescente para *le monsieur*. Kac bautizó Alba al conejo.

Es imposible explicar la existencia de Alba mediante las leyes de la selección natural. Es el producto del diseño inteligente. También es el heraldo de lo que tiene que venir. Si el potencial que Alba significa se realiza totalmente (y mientras tanto la humanidad no se aniquila a sí misma), la revolución científica puede resultar ser mucho mayor que una simple revolución histórica. Puede suceder que sea la revolución biológica más importante desde la aparición de la vida en la Tierra. Después de 4.000 millones de años de selección natural, Alba se encuentra en los albores de una nueva era cósmica, en la que la vida será regida por el diseño inteligente. Si esto es así, toda la historia humana hasta este momento puede reinterpretarse, en retrospectiva, como un proceso de experimentación y aprendizaje que revolucionó el juego de la vida; un proceso debería entenderse desde una perspectiva cósmica de miles de millones de años, y no desde una perspectiva humana de milenios.

Los biólogos de todo el mundo están enzarzados en una batalla contra el movimiento del diseño inteligente, que se opone a la enseñanza de la evolución darwiniana en las escuelas y afirma que la complejidad biológica demuestra que tuvo que haber un creador que pensara en todos los detalles biológicos por adelantado. Los biólogos tienen razón acerca del pasado, pero los defensores del diseño inteligente, irónicamente, podrían estar en lo cierto en lo que respecta al futuro.

En el momento de escribir estas líneas, la sustitución de la selección natural por el diseño inteligente podría ocurrir de tres maneras diferentes: mediante ingeniería biológica, mediante ingeniería de cíborgs (los cíborgs son seres que combinan las partes orgánicas con partes no orgánicas) o mediante la ingeniería de vida inorgánica.

DE RATONES Y HOMBRES

La ingeniería biológica es la intervención humana deliberada a nivel biológico (es decir, la implantación de un gen), destinada a modificar la forma, las capacidades, las necesidades o los deseos de un organismo, con el fin de realizar alguna idea cultural preconcebida, como las predilecciones artísticas de Eduardo Kac.

No hay nada nuevo en la ingeniería biológica per se. La gente la ha estado usando durante milenios con el fin de remodelarse a sí mismos y a otros organismos. Un ejemplo de ello es la castración. Hace quizá 10.000 años que los humanos empezaron a castrar toros con el fin de crear bueyes. Los bueyes son menos agresivos, y así es más fácil adiestrarlos para arrastrar arados. Los humanos castraban asimismo a sus propios machos jóvenes para crear sopranos con voces encantadoras y eunucos a los que se podía confiar con seguridad que vigilaran el harén del sultán.

Sin embargo, los avances recientes en nuestra comprensión de cómo funcionan los organismos, hasta los niveles celular y nuclear, han abierto posibilidades inimaginables. Por ejemplo, en la actualidad no solo podemos castrar a un hombre, sino cambiar su sexo mediante tratamientos quirúrgicos y hormonales. Pero esto no es todo. Considere el lector la sorpresa, la repugnancia y la consternación que se produjeron cuando, en 1996, apareció en los periódicos y la televisión la fotografía que aparece en la figura 27.

No, no se trata de un truco de Photoshop. Se trata de una foto sin retocar de un ratón real en cuyo dorso los científicos implantaron células de cartílago bovino. Los científicos pudieron controlar el crecimiento del nuevo tejido, y en este caso le dieron la forma de algo que parece una oreja humana. El proceso permitirá pronto a los científicos producir orejas artificiales, que después se implantarán en humanos.[1]

Con la ingeniería genética se pueden producir maravillas más notables todavía, que es la razón por la que esta plantea un cúmulo de

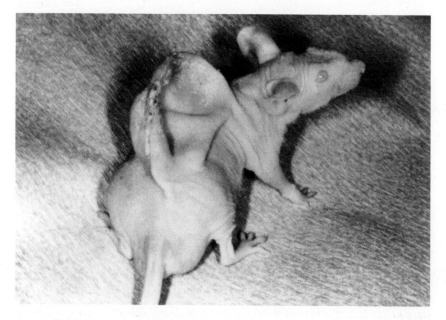

FIGURA 27. Un ratón en cuyo dorso los científicos han hecho crecer una «oreja» hecha de células de cartílago de vaca. Es un eco pavoroso de la estatua del hombre león de la cueva de Stadel. Hace 30.000 años, los seres humanos ya fantaseaban con combinar diferentes especies. En la actualidad, esas quimeras se han hecho realidad.

cuestiones éticas, políticas e ideológicas. Y no son solo los piadosos monoteístas los que ponen objeciones a que el hombre pueda usurpar el papel de Dios. Muchos ateos confesos quedan no menos aturdidos por la idea de que los científicos se calcen los zapatos de la naturaleza. Los activistas por los derechos de los animales condenan el sufrimiento que se causa a los animales de laboratorio en los experimentos de ingeniería genética, así como a los animales de granja que son modificados sin tener para nada en cuenta sus necesidades y deseos. Los activistas por los derechos humanos temen que la ingeniería genética pueda usarse para crear superhombres que nos conviertan al resto de nosotros en siervos. Los jeremías presentan visiones apocalípticas de biodictaduras que clonarán a soldados intrépidos y obreros obedientes. La sensación generalizada es que se abren demasiado deprisa muchas oportunidades y que nuestra capacidad de modificar genes va por delante de nuestra capacidad de hacer un uso prudente y perspicaz de esa facultad.

El resultado es que en la actualidad usamos solo una fracción del potencial de la ingeniería genética. La mayoría de los organismos que ahora son sometidos a manipulación genética son los que tienen los cabilderos políticos más débiles: plantas, hongos, bacterias e insectos. Por ejemplo, se han manipulado genéticamente linajes de *Escherichia coli*, una bacteria que vive simbióticamente en el tubo digestivo humano (y que aparece en los titulares de los periódicos cuando sale del tubo digestivo y causa infecciones letales), para que produzcan biocombustible.[2] *E. coli* y varias especies de hongos han sido asimismo manipuladas genéticamente para producir insulina, con lo que se ha reducido el coste del tratamiento de la diabetes.[3] Un gen extraído de un pez ártico se ha insertado en patatas, lo que ha hecho que las plantas sean más resistentes al frío.[4]

También se ha sometido a manipulación genética unas pocas especies de animales. Cada año la industria lechera sufre miles de millones de dólares de pérdidas debido a la mastitis, una enfermedad que afecta a las ubres de las vacas lecheras. Los científicos están experimentando ahora con vacas manipuladas genéticamente cuya leche contiene lisostafina, una sustancia bioquímica que ataca a la bacteria responsable de la enfermedad.[5] La industria porcina, que ha sufrido una reducción de las ventas porque los consumidores desconfían de las grasas poco saludables del jamón y la panceta, tiene esperanzas de un linaje de cerdos, todavía experimental, a los que se ha implantado material genético procedente de un gusano. Los nuevos genes hacen que los cerdos transformen los ácidos grasos omega 6 en sus parientes saludables, los omega 3.[6]

La nueva generación de ingeniería genética hará que los cerdos con grasa buena parezcan un juego de niños. Los genetistas han conseguido no solo prolongar seis veces la esperanza de vida de los gusanos, sino producir ratones manipulados que son genios y muestran una memoria y habilidades de aprendizaje muy mejoradas.[7] Los topillos son roedores pequeños y robustos que parecen ratones, y la mayoría de las especies son promiscuas. Pero hay una especie en la que los machos y las hembras de topillos forman relaciones monógamas y duraderas. Los genetistas afirman haber aislado los genes responsables de la monogamia de los topillos. Si la inserción de un gen puede transformar a un topillo don

Juan en un marido leal y amoroso, ¿acaso estamos lejos de poder manipular genéticamente no solo las capacidades individuales de los roedores (y los humanos), sino también sus estructuras sociales?[8]

EL RETORNO DE LOS NEANDERTALES

Sin embargo, los genetistas no solo quieren transformar linajes vivos. Pretenden revivir también animales extinguidos. Y no solo dinosaurios, como en *Jurassic Park*. Un equipo de científicos rusos, japoneses y coreanos ha cartografiado recientemente el genoma de los antiguos mamuts que se han encontrado congelados en el hielo siberiano. Ahora quieren tomar un óvulo fecundado de un elefante actual, sustituir el ADN elefantino por un ADN reconstruido de mamut e implantar el óvulo en el útero de una elefanta. Esperan que, al cabo de unos veintidós meses, nazca el primer mamut en 5.000 años.[9]

Pero ¿por qué pararse en los mamuts? El profesor George Church, de la Universidad de Harvard, sugirió recientemente que, con la compleción del Proyecto del Genoma Neandertal, ahora podemos implantar ADN reconstruido de neandertal en un óvulo de sapiens, y producir así el primer niño neandertal en 30.000 años. Church afirmaba que podría hacerlo por unos insignificantes 30 millones de dólares. Varias mujeres se han ofrecido ya para actuar como madres de alquiler.[10]

¿Para qué necesitamos a los neandertales? Hay quien afirma que si pudiéramos estudiar a neandertales vivos, podríamos dar respuesta a algunas de las preguntas más insistentes acerca del origen y el carácter único de *Homo sapiens*. Comparando el cerebro de un neandertal con el de un *Homo sapiens* y cartografiando aquellos lugares en los que sus estructuras difieran, quizá podríamos identificar qué cambio biológico produjo la conciencia tal como la experimentamos. También hay una razón ética; hay quien ha aducido que si *Homo sapiens* fue el responsable de la extinción de los neandertales, tiene el deber moral de resucitarlos. Y tener algunos neandertales por ahí podría resultar útil. Muchísimos empresarios industriales pagarían con gusto a un neandertal para que hiciera las tareas serviles de dos sapiens.

Pero ¿por qué pararse en los neandertales? ¿Por qué no retroceder hasta la mesa de dibujo de Dios y diseñar un sapiens mejor? Las capacidades, necesidades y deseos de *Homo sapiens* tienen una base genética, y el genoma de los sapiens no es más complejo que el de topillos y ratones. (El genoma del ratón contiene unos 2.500 millones de nucleobases, el genoma del sapiens unos 2.900 millones de bases; es decir, este último es un 14 por ciento mayor que el del ratón.)[11] A medio plazo (quizá en unas pocas décadas), la ingeniería genética y otras formas de ingeniería biológica quizá nos permitan realizar alteraciones importantes no solo en nuestra fisiología, el sistema inmunitario y la esperanza de vida, sino también en nuestras capacidades intelectuales y emocionales. Si la ingeniería genética puede crear ratones que son genios, ¿por qué no humanos que sean genios? Si podemos crear topillos monógamos, ¿por qué no humanos programados para permanecer fieles a su pareja?

La revolución cognitiva que ha transformado a *Homo sapiens* de un simio insignificante en el amo del mundo no requirió ningún cambio apreciable en la fisiología, ni siquiera en el tamaño y la forma externa del cerebro de los sapiens. Aparentemente, no implicó más que unos pocos y pequeños cambios en la estructura interna del cerebro. Quizá otro pequeño cambio sería suficiente para iniciar una segunda revolución cognitiva, crear un tipo completamente nuevo de conciencia y transformar a *Homo sapiens* en algo totalmente diferente.

Es cierto que todavía no tenemos el ingenio para lograrlo, pero no parece existir ninguna barrera técnica insuperable que nos impida producir superhumanos. Los principales obstáculos son las objeciones éticas y políticas que han hecho que se afloje el paso en la investigación en humanos. Y por muy convincentes que puedan ser los argumentos éticos, es difícil ver cómo pueden detener durante mucho tiempo el siguiente paso, en especial si lo que está en juego es la posibilidad de prolongar indefinidamente la vida humana, vencer enfermedades incurables y mejorar nuestras capacidades cognitivas y mentales.

¿Qué ocurriría, por ejemplo, si desarrolláramos una cura para la enfermedad de Alzheimer que, como beneficio adicional, pudiera mejorar de forma espectacular la memoria de la gente sana? ¿Habría alguien capaz de detener la investigación relevante? Y cuando se desarrollara la cura, ¿podría alguna autoridad competente limitarla a los pacientes de Alzheimer e impedir que las personas sanas la usaran para adquirir una supermemoria?

No está claro si la bioingeniería podrá realmente hacer resucitar a los neandertales, pero es muy probable que pueda poner punto final a *Homo sapiens*. Manipular nuestros genes no nos matará necesariamente, pero puede que lleguemos a chapucear con *Homo sapiens* hasta tal extremo que ya no seamos *Homo sapiens*.

VIDA BIÓNICA

Hay otra tecnología nueva que puede cambiar las leyes de la vida: la ingeniería de cíborgs. Los cíborgs son seres que combinan partes orgánicas e inorgánicas, como un humano con manos biónicas. En cierto sentido, casi todos somos biónicos hoy en día, puesto que nuestros sentidos y funciones naturales están complementados por dispositivos como gafas, marcapasos, ortóticos e incluso ordenadores y teléfonos móviles (que descargan a nuestro cerebro de algunas de sus tareas de almacenar y procesar datos). Estamos a punto de convertirnos en verdaderos cíborgs, de tener características inorgánicas que sean inseparables de nuestro cuerpo, características que modificarán nuestras capacidades, deseos, personalidades e identidades.

La Agencia de Proyectos de Investigación Avanzados en Defensa (DARPA), una agencia de investigación militar de Estados Unidos, desarrolla cíborgs a partir de insectos. La idea es implantar chips, detectores y procesadores electrónicos en el cuerpo de una mosca o una cucaracha, lo que permitirá a un operador humano o automático controlar remotamente los movimientos del insecto y captar y transmitir información. Una mosca de este tipo podría estar situada en la pared del cuartel general enemigo, espiar las conversaciones más secretas y, si no la captura primero una araña, podría informarnos exactamente de lo que está planeando el enemigo.[12] En 2006, el Centro de Guerra Naval Submarina de Estados Unidos informó de su intención de desarrollar tiburones cíborg, declarando: «El NUWC desarrolla un marbete para peces cuyo objetivo es el control del comportamiento de los animales portadores a través de implantes neurales». Los investigadores esperan identificar los campos electromagnéticos submarinos generados por submarinos y minas, al explotar las capacidades de detección magnética de los tiburones, que son superiores a las de cualquier detector artificial.[13]

También los sapiens se están transformando en cíborgs. A menudo se hace referencia a las generaciones más nuevas de audífonos como «oídos biónicos». El dispositivo consiste en un implante que absorbe el sonido a través de un micrófono situado en la parte externa del oído. El implante filtra los sonidos, identifica las voces humanas y las traduce en señales eléctricas que son enviadas directamente al nervio auditivo central, y de este al cerebro.[14]

Retina Implant, una compañía alemana subvencionada por el gobierno, desarrolla una prótesis retiniana que puede permitir que las personas ciegas consigan una visión parcial. Consiste en la implantación de un pequeño microchip dentro del ojo del paciente. Unas fotocélulas absorben la luz que incide en el ojo y la transforman en energía eléctrica, que estimula a las neuronas intactas de la retina. Los impulsos nerviosos procedentes de estas células estimulan el cerebro, donde son traducidas en visión. En la actualidad, esta tecnología permite que los pacientes se orienten en el espacio, identifiquen letras e incluso reconozcan caras.[15]

Jesse Sullivan, un electricista estadounidense, perdió ambos brazos, hasta la altura del hombro, en un accidente en 2001. Hoy usa dos brazos biónicos, cortesía del Instituto de Rehabilitación de Chicago. La característica especial de los nuevos brazos de Jesse es que son accionados únicamente mediante el pensamiento. Las señales neurales que llegan del cerebro de Jesse son traducidas por microordenadores en órdenes eléctricas y los brazos se mueven. Cuando Jesse quiere levantar su brazo, hace lo que cualquier persona normal hace inconscientemente... y el brazo se levanta. Estos brazos pueden realizar una variedad de movimientos mucho más limitada que la de los brazos orgánicos, pero permiten que Jesse realice funciones cotidianas sencillas. Recientemente, Claudia Mitchell ha recibido un brazo biónico similar; Claudia es una soldado estadounidense que perdió un brazo en un accidente de motocicleta. Los científicos creen que pronto tendremos brazos biónicos que no solo se moverán cuando queramos que se muevan, sino que también serán capa-

FIGURA 28. Jesse Sullivan y Claudia Mitchell cogidos de la mano. Lo sorprendente de sus brazos biónicos es que son accionados por el pensamiento.

ces de transmitir señales al cerebro, ¡con lo que permitirán que los amputados recuperen incluso la sensación del tacto! (véase la figura 28).[16]

Ahora mismo, estos brazos biónicos son un pobre sustituto de nuestros originales orgánicos, pero tienen el potencial de un desarrollo ilimitado. Por ejemplo, puede hacerse que los brazos biónicos sean mucho más poderosos que sus parientes orgánicos, lo que haría que incluso un campeón de boxeo se sintiera como un enclenque. Además, los brazos biónicos tienen la ventaja de que pueden ser sustituidos cada pocos años o separados del cuerpo y accionados a distancia.

Científicos de la Universidad Duke, en Carolina del Norte, lo han demostrado recientemente con macacos en cuyo cerebro se han implantado electrodos. Los electrodos captan señales del cerebro y las transmiten a dispositivos externos. Se ha adiestrado a los monos para que controlen brazos y piernas biónicos separados únicamente con el pensamiento. Una mona llamada Aurora aprendió a controlar mediante el pensamiento un brazo biónico separado al tiempo que movía simultáneamente sus dos brazos orgánicos. Como alguna diosa hindú, Aurora tiene ahora tres brazos y sus brazos pueden situarse en habitaciones (o incluso ciudades) diferentes. Puede sentarse en su laboratorio de Carolina del Norte, rascarse la espalda con una mano, rascarse la cabeza con una segunda mano y simultáneamente robar un plátano en Nueva York (aunque la capacidad de comer una fruta robada a distancia sigue siendo un sueño). Otro macaco, Idoya, adquirió fama mundial en 2008 cuando controló con la mente un par de piernas biónicas en Kioto, Japón, desde su silla en Carolina del Norte. Las piernas pesaban veinte veces el peso de Idoya.[17]

El síndrome de enclaustramiento es una condición en la que una persona pierde toda o casi toda su capacidad para mover cualquier parte del cuerpo, aunque sus capacidades cognitivas permanecen intactas. Los pacientes que padecen este síndrome podían comunicarse únicamente con el mundo exterior mediante pequeños movimientos de los ojos. Sin embargo, a unos pocos pacientes se les ha implantado en el cerebro electrodos que captan señales cerebrales. Se está intentando traducir dichas señales no simplemente en movimientos, sino también en palabras. Si los experimentos tienen éxito, los pacientes enclaustrados podrán hablar directamente con el mundo exterior, y nosotros podremos finalmente utilizar la tecnología para leer la mente de otras personas.[18]

Sin embargo, de todos los proyectos que actualmente están en desarrollo, el más revolucionario es el intento de diseñar una interfaz directa en dos sentidos cerebro-ordenador que permitirá a los ordenadores leer las señales eléctricas de un cerebro humano y transmitir simultáneamente señales que el cerebro pueda leer a su vez. ¿Qué sucederá si estas interfaces se emplean para conectar directamente un cerebro a internet, o para conectar directamente varios cerebros entre sí, creando de este modo algo así como un internet cerebral? ¿Qué puede ocurrirle a la memoria humana, a la conciencia humana y a la identidad humana si el cerebro tiene acceso directo a un banco de memoria colectivo? En una situación así, un cíborg podría, por ejemplo, recuperar los recuerdos de otro; no oír acerca de ellos, no leerlos en una autobiografía, no imaginarlos, sino recordarlos directamente como si fueran suyos propios. ¿Qué ocurriría con conceptos como el yo y la identidad de género cuando las mentes se volvieran colectivas? ¿Cómo podría uno conocerse a sí mismo o seguir sus sueños si el sueño no estaría ya en su mente, sino en un almacén colectivo de aspiraciones?

Un cíborg con estas características no sería humano, ni siquiera orgánico. Sería algo completamente diferente. Sería tan fundamentalmente otro tipo de ser que no podemos siquiera comprender sus implicaciones filosóficas, psicológicas o políticas.

OTRA VIDA

La tercera manera de cambiar las leyes de la vida es producir seres completamente inorgánicos. Los ejemplos más obvios son los programas informáticos que pueden experimentar una evolución independiente.

Avances recientes en aprendizaje automático ya permiten que los programas informáticos actuales evolucionen por sí mismos. Aunque el programa está codificado inicialmente por ingenieros humanos, después puede adquirir nueva información él solo, enseñarse nuevas habilidades y obtener conocimientos para ir más allá que sus creadores humanos. El programa informático es por lo tanto libre de evolucionar en direcciones que sus creadores podrían no haber considerado nunca.

Estos programas informáticos pueden aprender a jugar al ajedrez, a conducir automóviles, a diagnosticar enfermedades y a invertir dinero en el mercado de valores. En todos estos campos pueden superar cada vez más a los anticuados humanos, pero tendrán que competir entre sí. Así, se enfrentarán a nuevas formas de presiones evolutivas. Cuando mil programas informáticos inviertan dinero en el mercado de valores, muchos se arruinarán, pero algunos se convertirán en multimillonarios. En el proceso, desarrollarán por evolución habilidades notables con las que los humanos no podrán rivalizar, ni las entenderán. Un programa de este tipo no podría explicar su estrategia de inversión a un sapiens, por la misma razón que un sapiens no puede explicar Wall Street a un chimpancé. Muchos de nosotros acabaremos trabajando para estos programas, que decidirán no solo dónde invertir dinero, sino también a quién contratar para un empleo determinado, a quién conceder una hipoteca y a quién enviar a prisión.

¿Son organismos vivos? Depende de lo que se entienda por «organismos vivos». Ciertamente, han sido producidos por un nuevo proceso evolutivo, completamente independiente de las leyes y limitaciones de la evolución orgánica.

Imaginemos otra posibilidad; suponga el lector que puede hacer una copia de seguridad de su cerebro en un disco duro portátil y después conectarlo a su ordenador portátil. ¿Sería el portátil capaz de pensar y sentir igual que un sapiens? Y, si así fuera, ¿sería el lector o alguna otra persona? ¿Qué pasaría si los programadores informáticos pudieran crear una mente completamente nueva pero digital, compuesta de código de ordenador, completo con un sentido del yo, conciencia y memoria? Si hiciéramos funcionar el programa en nuestro ordenador, ¿se trataría de una persona? Si lo borráramos, ¿se nos podría acusar de asesinato?

Quizá obtengamos pronto la respuesta a estas preguntas. El Proyecto Cerebro Humano, fundado en 2005, espera recrear un cerebro humano completo dentro de un ordenador, con circuitos electrónicos en el ordenador que imiten las redes neurales del cerebro. El director del proyecto ha afirmado que, si tiene la financiación suficiente, en una o dos décadas podremos tener un cerebro humano artificial dentro de un ordenador que podrá hablar y comportarse prácticamente como lo hace un humano. Si tiene éxito, eso significaría que después de 4.000 millones de años de dar vueltas dentro del pequeño mundo de los compuestos orgánicos, la vida irrumpirá de repente en la vastedad del reino inorgánico, dispuesta a adoptar formas que superarán nuestros sueños más fantásticos. No todos los expertos están de acuerdo en que la mente funciona de una manera análoga a la de los ordenadores digitales de hoy en día; y si no lo hace, los ordenadores actuales no podrán simularla. Pero sería muy necio rechazar categóricamente la posibilidad antes de comprobarlo. En 2013, el proyecto recibió una ayuda de 1.000 millones de euros de la Unión Europea.[19]

LA SINGULARIDAD

En la actualidad, solo se ha realizado una pequeña fracción de estas nuevas oportunidades. Sin embargo, el mundo de 2014 ya es un mundo en el que la cultura se está liberando de los grilletes de la biología. Nuestra capacidad de manipular no solo el mundo que nos rodea, sino sobre todo el mundo que hay en el interior de nuestro cuerpo y nuestra mente, se desarrolla a una velocidad vertiginosa. Cada vez hay más esferas de actividad que son expulsadas de sus maneras de actuar satisfechas de sí mismas. Los abogados necesitan repensar cuestiones de privacidad e identidad; los gobiernos se ven obligados a repensar cuestiones de atención sanitaria y de igualdad; las asociaciones deportivas y las instituciones educativas necesitan redefinir el juego limpio y los logros; los fondos de pensiones y los mercados laborales deberán reajustarse ante un mundo en el que los sesenta años podrían ser los nuevos treinta. Todos deberán tratar de los asuntos complejos de la bioingeniería, los cíborgs y la vida inorgánica.

Para hacer el mapa del primer genoma humano hicieron falta quince años y 3.000 millones de dólares. Hoy en día se puede hacer el mapa del ADN de una persona en pocas semanas y a un coste de unos cuantos cientos de dólares.[20] La era de la medicina personalizada (medicina que adapta el tratamiento al ADN) ya ha comenzado. El médico de familia pronto podrá decirnos con la mayor certeza que nos enfrentamos a un riesgo elevado de cáncer de hígado, mientras que no tenemos que preocuparnos demasiado por los ataques al corazón. Podrá determinar que un medicamento popular que ayuda al 92 por ciento de la población es inútil para nosotros, que en cambio deberíamos tomar otra píldora, fatal para muchas personas, pero que es exactamente la que necesitamos. Ante nosotros se abre el camino hacia la medicina casi perfecta.

Sin embargo, con las mejoras en el saber médico se plantearán nuevos dilemas éticos. Los expertos en ética y en asuntos legales ya están bregando con el espinoso asunto de la privacidad en relación con el ADN. ¿Acaso las compañías aseguradoras tendrán derecho a pedirnos nuestros perfiles de ADN y a aumentar las primas si descubren una tendencia genética a un comportamiento temerario? ¿Se nos pedirá que enviemos por fax nuestro ADN, en lugar de nuestro CV, a nuestros patronos en potencia? ¿Podrá un patrono favorecer a un candidato porque su ADN tiene mejor aspecto? ¿O podremos querellarnos en estos casos por «discriminación genética»? ¿Podrá una compañía que desarrolla un nuevo organismo o un nuevo órgano registrar una patente sobre sus secuencias de ADN? Es evidente que podemos ser propietarios de una gallina concreta, pero ¿puede alguien ser propietario de toda una especie?

Estos dilemas quedan pequeños ante las implicaciones éticas, sociales y políticas de la búsqueda de la inmortalidad y de nuestras nuevas capacidades potenciales para crear superhumanos. La Declaración Universal de los Derechos Humanos, los programas médicos gubernamentales en todo el mundo, los programas nacionales de seguros sanitarios y las constituciones nacionales en todo el planeta reconocen que una sociedad humanitaria debería conceder a todos sus miembros un tratamiento médico justo y procurarles una salud relativamente buena. Esto estaba muy bien mientras la medicina se preocupaba principalmente de evitar las enfermedades y de curar a los enfermos. ¿Qué puede ocurrir cuando la medicina se preocupe de aumentar las capacidades humanas? ¿Acaso todos los humanos tendrán derecho a estas capacidades mejoradas o habrá una nueva élite sobrehumana?

Nuestro mundo moderno reciente se enorgullece de reconocer, por primera vez en la historia, la igualdad básica de todos los humanos, pero puede estar a punto de crear la más desigual de todas las sociedades. A lo largo de la historia, las clases superiores siempre afirmaron ser más inteligentes, más fuertes y generalmente mejores que las clases inferiores. Por lo general, se equivocaban. Un niño nacido en el seno de una familia de campesinos pobres tenía las mismas probabilidades de ser tan inteligente como el príncipe heredero. Con la ayuda de las nuevas capacidades médicas, las pretensiones de las clases superiores podrán pronto convertirse en una realidad objetiva.

Esto no es ciencia ficción. La mayoría de los argumentos de ciencia ficción describen un mundo en el que sapiens idénticos a nosotros gozan de una tecnología superior, como naves espaciales que se desplazan a la velocidad de la luz y cañones láser. Los dilemas éticos y políticos centrales de estos argumentos se toman de nuestro propio mundo, y simplemente recrean nuestras tensiones emocionales y sociales con un telón de fondo futurista. Pero el potencial real de las tecnologías futuras es cambiar al propio *Homo sapiens*, incluidas nuestras emociones y deseos, y no simplemente nuestros vehículos y armas. ¿Qué es una nave espacial comparada con un cíborg eternamente joven que no se reproduce y no tiene sexualidad, que puede intercambiar pensamientos directamente con otros seres, cuyas capacidades para centrarse y recordar son mil veces superiores a las nuestras y que nunca está enfadado o triste, pero que posee emociones y deseos que no podemos empezar a imaginar?

La ciencia ficción rara vez describe un futuro de este tipo, porque una descripción precisa es, por definición, incomprensible. Producir un filme acerca de la vida de algún superciborg equivale a producir *Hamlet* para una audiencia de neandertales. De hecho, los futuros amos del mundo serán probablemente más diferentes de nosotros de lo que nosotros somos de los neandertales. Mientras que nosotros y los neandertales somos al menos humanos, nuestros herederos serán como dioses.

Los físicos definen el big bang como una singularidad. Es un punto en el que todas las leyes conocidas de la física no existían. Tampoco existía el tiempo. Por lo tanto, no tiene sentido decir que «antes» del big bang existiera algo. Quizá nos estemos acercando rápidamente a una nueva singularidad, en la que todos los conceptos que dan sentido a nuestro mundo (yo, tú, hombres, mujeres, amor y odio) serán irrelevantes. Cualquier cosa que ocurra más allá de este punto no tiene sentido para nosotros.

La profecía de Frankenstein

En 1818, Mary Shelley publicó *Frankenstein*, el relato de un científico que crea un ser artificial que queda fuera de control y causa estragos. En los dos últimos siglos, el mismo relato se ha contado una y otra vez en innumerables versiones. Se ha convertido en un pilar fundamental de nuestra nueva mitología científica. A primera vista, el relato de Frankenstein parece advertirnos de que si intentamos jugar a ser dioses y manipular la vida seremos severamente castigados. Pero el relato tiene un significado más profundo.

El mito de Frankenstein enfrenta a *Homo sapiens* con el hecho de que los últimos días se están acercando rápidamente. A menos que alguna catástrofe nuclear o ecológica nos destruya primero, el ritmo del desarrollo tecnológico conducirá pronto a la sustitución de *Homo sapiens* por seres completamente distintos que no solo poseen un físico diferente, sino mundos cognitivos y emocionales muy distintos. Esto es algo que la mayoría de los sapiens encuentran muy desconcertante. Nos gusta creer que en el futuro personas igual que nosotros viajarán de un planeta a otro en rápidas naves espaciales, pero no nos gusta, en cambio, contemplar la posibilidad de que en el futuro seres con emociones e identidades como las nuestras ya no existirán, y que nuestro lugar lo ocuparán formas de vida extrañas cuyas capacidades empequeñecerán a las nuestras.

De alguna manera nos conforta pensar que el doctor Frankenstein creó un monstruo terrible, al que tuvimos que destruir para podernos salvar nosotros. Nos gusta contar la historia de esta manera porque significa que nosotros somos los mejores de todos los seres, que nunca hubo ni nunca habrá algo mejor que nosotros. Cualquier intento de mejorarnos fracasará inevitablemente, porque aunque nuestro cuerpo pueda ser mejorado, el espíritu humano no se puede tocar.

Nos costará mucho aceptar el hecho de que los científicos puedan manipular los espíritus al igual que los cuerpos y que, por lo tanto, futuros doctores Frankensteins podrán crear algo realmente superior a nosotros, algo que nos mirará de manera tan condescendiente como nosotros miramos a los neandertales.

No podemos estar seguros de si los Frankensteins de hoy en día cumplirán realmente esta profecía. El futuro es desconocido y sería sorprendente que los pronósticos de estas últimas páginas se realizaran en su totalidad. La historia nos enseña que aquello que parece estar a la vuelta de la esquina puede no materializarse nunca debido a barreras imprevistas, y que otras situaciones hipotéticas no imaginadas serán las que de hecho ocurran. Cuando la era nuclear hizo erupción en la década de 1940 se hicieron muchos pronósticos sobre el futuro mundo nuclear en el año 2000. Cuando el Sputnik y el Apolo 11 encendieron la imaginación del mundo, todos empezaron a predecir que, a finales de siglo, la gente viviría en colonias espaciales en Marte y Plutón. Pocas de estas predicciones se han hecho realidad. En cambio, nadie previó internet.

De manera que no vaya el lector a contratar un seguro de responsabilidad para ser indemnizado frente a pleitos entablados por seres digitales. Las fantasías (o pesadillas) que se mencionan más arriba son solo para estimular la imaginación del lector. Lo que tenemos que tomarnos en serio es la idea de que la próxima etapa de la historia incluirá no solo transformaciones tecnológicas y de organización, sino también transformaciones fundamentales en la conciencia y la identidad humanas. Y podrían ser transformaciones tan fundamentales que pongan en cuestión el término «humano». ¿Cuánto tiempo tenemos? Nadie lo sabe realmente. Como se ha mencionado, hay quien dice que hacia 2050 algunos humanos serán ya amortales. Predicciones menos radicales indican que será el próximo siglo o el próximo milenio. Pero, desde la perspectiva de 70.000 años de historia de los sapiens, ¿qué son unos pocos siglos?

Si realmente el telón está a punto de caer sobre la historia de los sapiens, nosotros, miembros de una de sus generaciones finales, deberíamos dedicar algún tiempo a dar respuesta a una última pregunta: ¿en qué deseamos convertirnos? Dicha pregunta, que a veces se ha calificado como la pregunta de la Mejora Humana, empequeñece los debates que en la actualidad preocupan a políticos, filósofos, estudiosos y gente ordinaria. Después de todo, el debate actual entre las religiones, las ideologías, las naciones y las clases desaparecerán, con toda probabilidad, junto con *Homo sapiens*. Si nuestros sucesores funcionan efectivamente a un nivel de conciencia diferente (o quizá poseen algo más allá de la conciencia que ni siquiera podemos concebir), parece dudoso que el cristianismo o el islam les resulten de interés, que su organización social pueda ser comunista o capitalista o que sus géneros puedan ser macho o hembra.

Y aun así, los grandes debates de la historia son importantes porque al menos la primera generación de estos dioses estaría modelada por las ideas culturales de sus diseñadores humanos. ¿Serían creados a imagen del capitalismo, del islam o del feminismo? La respuesta a esta pregunta podría hacerles tambalearse en direcciones completamente distintas.

La mayoría de la gente prefiere no pensar en ello. Incluso el campo de la bioética prefiere plantear otra pregunta: «¿Qué está prohibido hacer?». ¿Es aceptable realizar experimentos genéticos en seres humanos vivos? ¿En fetos abortados? ¿En células madre? ¿Es ético clonar ovejas? ¿Y chimpancés? ¿Y qué hay de los humanos? Todas estas preguntas son importantes, pero es ingenuo imaginar que podremos simplemente pisar el freno y detener los proyectos científicos que están transformando a *Homo sapiens* en un ser diferente, porque estos proyectos están inextricablemente entrelazados con el Proyecto Gilgamesh. Preguntemos a los científicos por qué estudian el genoma o intentan conectar un cerebro a un ordenador, o intentan crear una mente dentro de un ordenador. Nueve de cada diez veces obtendremos la misma respuesta estándar: lo hacemos para curar enfermedades y salvar vidas humanas. Aunque las implicaciones de crear una mente dentro de un ordenador son mucho más espectaculares que curar enfermedades psiquiátricas, esta es la justificación típica que se da, porque nadie puede discutirla. Esta es la razón por la que el Proyecto Gilgamesh es el buque insignia de la ciencia. Sirve para justificar todo lo que hace. El doctor Frankenstein está montado a hombros de Gilgamesh. Puesto que es imposible detener Gilgamesh, también es imposible detener al doctor Frankenstein.

La única cosa que podemos hacer es influir sobre la dirección que tomen. Puesto que pronto podremos manipular también nuestros deseos, quizá la pregunta real a la que nos enfrentamos no sea «¿En qué deseamos convertirnos?», sino «¿Qué queremos desear?». Aquellos que no se espanten ante esta pregunta es que probablemente no han pensado lo suficiente en ella.

Epílogo

El animal que se convirtió en un dios

Hace 70.000 años, *Homo sapiens* era todavía un animal insignificante que se ocupaba de sus propias cosas en un rincón de África. En los milenios siguientes se transformó en el amo de todo el planeta y en el terror del ecosistema. Hoy en día está a punto de convertirse en un dios, a punto de adquirir no solo la eterna juventud, sino las capacidades divinas de la creación y la destrucción.

Lamentablemente, el régimen de los sapiens sobre la Tierra ha producido hasta ahora pocas cosas de las que podamos sentirnos orgullosos. Hemos domeñado nuestro entorno, aumentado la producción de alimentos, construido ciudades, establecido imperios y creado extensas redes comerciales. Pero ¿hemos reducido la cantidad de sufrimiento en el mundo? Una y otra vez, un gran aumento del poder humano no mejoró necesariamente el bienestar de los sapiens individuales y por lo general causó una inmensa desgracia a otros animales.

En las últimas décadas hemos hecho al menos algún progreso real en lo que a la condición humana se refiere, reduciendo el hambre, la peste y la guerra. Sin embargo, la situación de otros animales se está deteriorando más rápidamente que nunca, y la mejora en la suerte de la humanidad es demasiado reciente y frágil para poder estar seguro.

Además, a pesar de las cosas asombrosas que los humanos son capaces de hacer, seguimos sin estar seguros de nuestros objetivos y parecemos estar tan descontentos como siempre. Hemos avanzado desde las canoas a los galeones, a los buques de vapor y a las lanzaderas espaciales, pero nadie sabe adónde vamos. Somos más poderosos de lo que nunca fuimos, pero tenemos muy poca idea de qué hacer con todo ese poder. Peor todavía, los humanos parecen ser más irresponsables que nunca.

Dioses hechos a sí mismos, con solo las leyes de la física para acompañarnos, no hemos de dar explicaciones a nadie. En consecuencia, causamos estragos a nuestros socios animales y al ecosistema que nos rodea, buscando poco más que nuestra propia comodidad y diversión, pero sin encontrar nunca satisfacción.

¿Hay algo más peligroso que unos dioses insatisfechos e irresponsables que no saben lo que quieren?

Notas

Debido a limitaciones de espacio, esta sección de notas incluye solo una pequeña parte de las fuentes en las que se basa el libro. Para una lista completa de fuentes y referencias, se sugiere al lector visitar: <https://www.ynharari.com/ sapiens-references/>.

1. Un animal sin importancia

1. Ann Gibbons, «Food for Thought: Did the First Cooked Meals Help Fuel the Dramatic Evolutionary Expansion of the Human Brain?», *Science*, 316, 5831 (2007), pp. 1.558-1.560.

2. El árbol del saber

1. Robin Dunbar, *Grooming, Gossip, and the Evolution of Language*, Cambridge, Mass., Harvard University Press, 1998.
2. Frans de Waal, *Chimpanzee Politics: Power and Sex among Apes*, Baltimore, Johns Hopkins University Press, 2000 [hay trad. cast.: *La política de los chimpancés. El poder y el sexo entre los simios*, Madrid, Alianza, 1993]; Frans de Waal, *Our Inner Ape: A Leading Primatologist Explains Why We Are Who We Are*, Nueva York, Riverhead Books, 2005 [hay trad. cast.: *El mono que llevamos dentro*, Barcelona, Tusquets, 2007]; Michael L. Wilson y Richard W. Wrangham, «Intergroup Relations in Chimpanzees», *Annual Review of Anthropology*, 32 (2003), pp. 363-392; M. McFarland Symington, «Fission-Fusion Social Organization in *Ateles* and *Pan*», *International Journal of Primatology*, 11, 1 (1990), p. 49; Colin A. Chapman y Lauren J. Chapman, «Determinants of Groups Size in Primates: The Importance of Travel Costs», en Sue Boinsky y Paul A. Gar-

ber, eds., *On the Move: How and Why Animals Travel in Groups*, Chicago, University of Chicago Press, 2000, p. 26.

3. Dunbar, *Grooming, Gossip, and the Evolution of Language*, pp. 69-79; Leslie C. Aiello y R. I. M. Dunbar, «Neocortex Size, Group Size, and the Evolution of Language», *Current Anthropology*, 34, 2 (1993), p. 189. Para una crítica a esta interpretación, véase Christopher McCarthy *et al.*, «Comparing Two Methods for Estimating Network Size», *Human Organization*, 60, 1 (2001), p. 32; R. A. Hill y R. I. M. Dunbar, «Social Network Size in Humans», *Human Nature*, 14, 1 (2003), p. 65.

4. Yvette Taborin, «Shells of the French Aurignacian and Perigordian», en Heidi Knecht, Anne Pike-Tay y Randall White, eds., *Before Lascaux: The Complete Record of the Early Upper Paleolithic*, Boca Raton, CRC Press, 1993, pp. 211-228.

5. G. R. Summerhayes, «Application of PIXE-PIGME to Archaeological Analysis of Changing Patterns of Obsidian Use in West New Britain, Papua New Guinea», en Steven M. Shackley, ed., *Archaeological Obsidian Studies: Method and Theory*, Nueva York, Plenum Press, 1998, pp. 129-158.

3. Un día en la vida de Adán y Eva

1. Christopher Ryan y Cacilda Jethá, *Sex at Dawn: The Prehistoric Origins of Modern Sexuality*, Nueva York, Harper, 2010 [hay trad. cast.: *En el principio era el sexo. Los orígenes de la sexualidad moderna, cómo nos emparejamos y por qué nos separamos*, Barcelona, Paidós, 2012]; S. Beckerman y P. Valentine, eds., *Cultures of Multiple Fathers. The Theory and Practice of Partible Paternity in Lowland South America*, Gainesville, University Press of Florida, 2002.

2. Noel G. Butlin, *Economics and the Dreamtime: A Hypothetical History*, Cambridge, Cambridge University Press, 1993, pp. 98-101; Richard Broome, *Aboriginal Australians*, Sidney, Allen & Unwin, 2002, p. 15; William Howell Edwards, *An Introduction to Aboriginal Societies*, Wentworth Falls, N. S. W., Social Science Press, 1988, p. 52.

3. Fekri A. Hassan, *Demographic Archaeology*, Nueva York, Academic Press, 1981, pp. 196-199; Lewis Robert Binford, *Constructing Frames of Reference: An Analytical Method for Archaeological Theory Building Using Hunter Gatherer and Environmental Data Sets*, Berkeley, University of California Press, 2001, p. 143.

4. Brian Hare, *The Genius of Dogs: How Dogs Are Smarter Than You Think*, Dutton, Penguin Group, 2013.

5. Christopher B. Ruff, Erik Trinkaus y Trenton W. Holliday, «Body Mass and Encephalization in Pleistocene *Homo*», *Nature*, 387 (1997), pp. 173-176; M. Henneberg y M. Steyn, «Trends in Cranial Capacity and Cranial Index in Subsaharan Africa During the Holocene», *American Journal of Human Biology*, 5, 4 (1993), pp. 473-479; Drew H. Bailey y David C. Geary, «Hominid Brain Evolution: Testing Climatic, Ecological, and Social Competition Models», *Human Nature*, 20 (2009), pp. 67-79; Daniel J. Wescott y Richard L. Jantz, «Assessing Craniofacial Secular Change in American Blacks and Whites Using Geometric Morphometry», en Dennis E. Slice, ed., *Modern Morphometrics in Physical Anthropology: Developments in Primatology: Progress and Prospects*, Nueva York, Plenum Publishers, 2005, pp. 231-245.

6. Nicholas G. Blurton Jones *et al.*, «Antiquity of Postreproductive Life: Are There Modern Impact on Hunter-Gatherer Postreproductive Life Spans?», *American Journal of Human Biology*, 14 (2002), pp. 184-205.

7. Kim Hill y A. Magdalena Hurtado, *Aché Life History: The Ecology and Demography of a Foraging People*, Nueva York, Aldine de Gruyter, 1996, pp. 164 y 236.

8. Hill y Hurtado, *Aché Life History*, p. 78.

9. Vincenzo Formicola y Alexandra P. Buzhilova, «Double Child Burial from Sunghir (Russia): Pathology and Inferences for Upper Paleolithic Funerary Practices», *American Journal of Physical Anthropology*, 124, 3 (2004), pp. 189-198; Giacomo Giacobini, «Richness and Diversity of Burial Rituals in the Upper Paleolithic», *Diogenes*, 54, 2 (2007), pp. 19-39.

10. I. J. N. Thorpe, «Anthropology, Archaeology, and the Origin of Warfare», *World Archaeology*, 35, 1 (2003), pp. 145-165; Raymond C. Kelly, *Warless Societies and the Origin of War*, Ann Arbor, University of Michigan Press, 2000; Azar Gat, *War in Human Civilization*, Oxford, Oxford University Press, 2006; Lawrence H. Keeley, *War before Civilization: The Myth of the Peaceful Savage*, Oxford, Oxford University Press, 1996; Slavomil Vencl, «Stone Age Warfare», en John Carman y Anthony Harding, eds., *Ancient Warfare: Archaeological Perspectives*, Stroud, Sutton Publishing, 1999, pp. 57-73.

4. El Diluvio

1. James F. O'Connel y Jim Allen, «Pre-LGM Sahul (Pleistocene Australia-New Guinea) and the Archeology of Early Modern Humans», en Paul Mellars, Ofer Bar-Yosef y Katie Boyle, eds., *Rethinking the Human Revolution: New Behavioural and Biological Perspectives on the Origin and Dispersal of Modern*

Humans, Cambridge, McDonald Institute for Archaeological Research, 2007, pp. 395-410; James F. O'Connel y Jim Allen, «When Did Humans First Arrived in Greater Australia and Why Is It Important to Know?», *Evolutionary Anthropology*, 6, 4 (1998), pp. 132-146; James F. O'Connel y Jim Allen, «Dating the Colonization of Sahul (Pleistocene Australia-New Guinea): A Review of Recent Research», *Journal of Radiological Science*, 31, 6 (2004), pp. 835-853; Jon M. Erlandson, «Anatomically Modern Humans, Maritime Voyaging, and the Pleistocene Colonization of the Americas», en Nina G. Jablonski, ed., *The first Americans: the Pleistocene Colonization of the New World*, San Francisco, University of California Press, 2002, pp. 59-60 y 63-64; Jon M. Erlandson y Torben C. Rick, «Archeology Meets Marine Ecology: The Antiquity of Maritime Cultures and Human Impacts on Marine Fisheries and Ecosystems», *Annual Review of Marine Science*, 2 (2010), pp. 231-251; Atholl Anderson, «Slow Boats from China: Issues in the Prehistory of Indo-China Seafaring», *Modern Quaternary Research in Southeast Asia*, 16 (2000), pp. 13-50; Robert G. Bednarik, «Maritime Navigation in the Lower and Middle Paleolithic», *Earth and Planetary Sciences*, 328 (1999), pp. 559-560; Robert G. Bednarik, «Seafaring in the Pleistocene», *Cambridge Archaeological Journal*, 13, 1 (2003), pp. 41-66.

2. Timothy F. Flannery, *The Future Eaters: An Ecological History of the Australasian Lands and Peoples*, Port Melbourne, Vic., Reed Books Australia, 1994; Anthony D. Barnosky *et al.*, «Assessing the Causes of Late Pleistocene Extinctions on the Continents», *Science*, 306, 5693 (2004), pp. 70-75; Bary W. Brook y David M. J. S. Bowman, «The Uncertain Blitzkrieg of Pleistocene Megafauna», *Journal of Biogeography*, 31, 4 (2004), pp. 517-523; Gifford H. Miller *et al.*, «Ecosystem Collapse in Pleistocene Australia and a Human Role in Megafaunal Extinction», *Science*, 309, 5732 (2005), pp. 287-290; Richard G. Roberts *et al.*, «New Ages for the Last Australian Megafauna: Continent Wide Extinction about 46,000 Years Ago», *Science*, 292, 5523 (2001), pp. 1.888-1.892.

3. Stephen Wroe y Judith Field, «A Review of Evidence for a Human Role in the Extinction of Australian Megafauna and an Alternative Explanation», *Quaternary Science Reviews*, 25, 21-22 (2006), pp. 2.692-2.703; Barry W. Brooks *et al.*, «Would the Australian Megafauna Have Become Extinct If Humans Had Never Colonised the Continent? Comments on "A Review of the Evidence for a Human Role in the Extinction of Australian Megafauna and an Alternative Explanation" by S. Wroe y J. Field», *Quaternary Science Reviews*, 26, 3-4 (2007), pp. 560-564; Chris S. M. Turney *et al.*, «Late-Surviving Megafauna in Tasmania, Australia, Implicate Human Involvement in their Extinction», *Proceedings of the National Academy of Sciences*, 105, 34 (2008), pp. 12.150-12.153.

4. John Alroy, «A Multispecies Overkill Simulation of the End-Pleistocene Megafaunal Mass Extinction», *Science*, 292, 5523 (2001), pp. 1.893-1.896; O'Connel y Allen, «Pre-LGM Sahul», pp. 400-401.

5. L. H. Keeley, «Proto-Agricultural Practices Among Hunter-Gatherers: A Cross-Cultural Survey», en T. Douglas Price y Anne Birgitte Gebauer, eds., *Last Hunters, First Farmers: New Perspectives on the Prehistoric Transition to Agriculture*, Santa Fe, N. M., School of American Research Press, 1995, pp. 243-272; R. Jones, «Firestick Farming», *Australian Natural History*, 16 (1969), pp. 224-228.

6. David J. Meltzer, *First Peoples in a New World: Colonizing Ice Age America*, Berkeley, University of California Press, 2009.

7. Paul L. Koch y Anthony D. Barnosky, «Late Quaternary Extinctions: State of the Debate», *The Annual Review of Ecology, Evolution, and Systematics*, 37 (2006), pp. 215-250; Anthony D. Barnosky *et al.*, «Assessing the Causes of Late Pleistocene Extinctions on the Continents», pp. 70-75.

5. El mayor fraude de la historia

1. El mapa se basa principalmente en: Peter Bellwood, *First Farmers: The Origins of Agricultural Societies*, Malden, Blackwell Pub., 2005. El mapa, y todo el capítulo, se basan también en Jared Diamond, *Guns, Germs and Steel: The Fate of Human Societies*, Nueva York, W. W. Norton, 1997 [hay trad. cast.: *Armas, gérmenes y acero*, Barcelona, Debate, 2007].

2. Azar Gat, *War in Human Civilization*, Oxford, Oxford University Press, 2006, pp. 130-131; Robert S. Walker y Drew H. Bailey, «Body Counts in Lowland South American Violence», *Evolution and Human Behavior*, 34 (2013), pp. 29-34.

3. Katherine A. Spielmann, «A Review: Dietary Restriction on Hunter-Gatherer Women and the Implications for Fertility and Infant Mortality», *Human Ecology*, 17, 3 (1989), pp. 321-345. Véase también Bruce Winterhalder y Eric Alder Smith, «Analyzing Adaptive Strategies: Human Behavioral Ecology at Twenty Five», *Evolutionary Anthropology*, 9, 2 (2000), pp. 51-72.

4. Alain Bideau, Bertrand Desjardins y Hector Perez-Brignoli, eds., *Infant and Child Mortality in the Past*, Oxford, Clarendon Press, 1997; Edward Anthony Wrigley *et al.*, *English Population History from Family Reconstitution, 1580-1837*, Cambridge, Cambridge University Press, 1997, pp. 295-296 y 303.

5. Manfred Heun *et al.*, «Site of Einkorn Wheat Domestication Identified by DNA Fingerprints», *Science*, 278, 5341 (1997), pp. 1.312-1.314.

6. Charles Patterson, *Eternal Treblinka: Our Treatment of Animals and the Holocaust*, Nueva York, Lantern Books, 2002, pp. 9-10 [hay trad. cast.: *¿Por qué maltratamos tanto a los animales? Un modelo para la masacre de personas en los campos de exterminio nazis*, Lleida, Milenio, 2008]; Peter J. Ucko y G.W. Dimbleby, eds., *The Domestication and Exploitation of Plants and Animals*, Londres, Duckworth, 1969, p. 259.

7. Avi Pinkas, ed., *Farmyard Animals in Israel. Research, Humanism and Activity*, Rishon Le-Ziyyon, The Association for Farmyard Animals, 2009 (hebreo), pp. 169-199; «Milk Production-the Cow» (hebreo), The Dairy Council, consultado el 22 de marzo de 2012, http://www.milk.org.il/cgi-webaxy/sal/sal.pl?lang=he&ID=645657_milk&act=show&dbid=katavot&dataid=cow.htm.

8. Edward Evan Evans-Pritchard, *The Nuer: A Description of the Modes of Livelihood and Political Institutions of a Nilotic People*, Oxford, Oxford University Press, 1969 [hay trad. cast.: *Los nuer*, Barcelona, Anagrama, 1997]; E. C. Amoroso y P. A. Jewell, «The Exploitation of the Milk-Ejection Reflex by Primitive People», en A. E. Mourant y F. E. Zeuner, eds., *Man and Cattle: Proceedings of the Symposium on Domestication at the Royal Anthropological Institute, 24-26 May 1960*, Londres, The Royal Anthropological Institute, 1963, pp. 129-134.

9. Johannes Nicolaisen, *Ecology and Culture of the Pastoral Tuareg*, Copenhague, National Museum, 1963, p. 63.

6. CONSTRUYENDO PIRÁMIDES

1. Angus Maddison, *The World Economy*, vol. 2, París, Development Centre of the Organization of Economic Co-operation and Development, 2006, p. 636 [hay trad. cast.: *La economía mundial*, Madrid, Mundi-Prensa, 2002]; «Historical Estimates of World Population», U. S. Census Bureau, consultado el 10 de diciembre de 2010, http://www.census.gov/ipc/www/worldhis.html.

2. Robert B. Mark, *The Origins of the Modern World: A Global and Ecological Narrative*, Lanham, MD, Rowman & Littlefield, 2002, p. 24.

3. Raymond Westbrook, «Old Babylonian Period», en Raymond Westbrook, ed., *A History of Ancient Near Eastern Law*, vol. 1, Leiden, Brill, 2003, pp. 361-430; Martha T. Roth, *Law Collections from Mesopotamia and Asia Minor*, 2.ª ed., Atlanta, Scholars Press, 1997, pp. 71-142; M. E. J. Richardson, *Hammurabi's Laws: Text, Translation and Glossary*, Londres, T & T Clark International, 2000.

4. Roth, *Law Collections from Mesopotamia*, p. 76.

5. *Ibid.*, p. 121.

6. *Ibid.*, pp. 122-123.

7. *Ibid.*, pp. 133-134.

8. Constance Brittaine Bouchard, *Strong of Body, Brave and Noble: Chivalry and Society in Medieval France*, Nueva York, Cornell University Press, 1998, p. 99; Mary Martin McLaughlin, «Survivors and Surrogates: Children and Parents from the Ninth to Thirteenth Centuries», en Carol Neel, ed., *Medieval Families: Perspectives on Marriage, Household and Children*, Toronto, University of Toronto Press, 2004, p. 81, n. 81; Lise E. Hull, *Britain's Medieval Castles*, Westport, Praeger, 2006, p. 144.

7. SOBRECARGA DE MEMORIA

1. Andrew Robinson, *The Story of Writing*, Nueva York, Thames and Hudson, 1995, p. 63 [hay trad. cast.: *La historia de la escritura*, Barcelona, Destino, 1996]; Hans J. Nissen, Peter Damerow y Robert K. Englung, *Archaic Bookkeeping: Writing and Techniques of Economic Administration in the Ancient Near East*, Chicago, Londres, The University of Chicago Press, 1993, p. 36.

2. Marcia y Robert Ascher, *Mathematics of the Incas. Code of the Quipu*, Nueva York, Dover, 1981.

3. Gary Urton, *Signs of the Inka Khipu*, Austin, University of Texas Press, 2003; Galen Brokaw, *A History of the Khipu*, Cambridge, Cambridge University Press, 2010.

4. Stephen D. Houston, ed., *The First Writing: Script Invention as History and Process*, Cambridge, Cambridge University Press, 2004, p. 222.

8. NO HAY JUSTICIA EN LA HISTORIA

1. Sheldon Pollock, «Axialism and Empire», en Johann P. Arnason, S. N. Eisenstadt y Björn Wittrock, eds., *Axial Civilizations and World History*, Leiden, Brill, 2005, pp. 397-451.

2. Harold M. Tanner, *China: A History*, Indianapolis, Hackett, Pub. Co., 2009, p. 34.

3. Ramesh Chandra, *Identity and Genesis of Caste System in India*, Delhi, Kalpaz, 2005; Michael Bamshad *et al.*, «Genetic Evidence on the Origins of Indian Caste Population», *Genome Research*, 11 (2001), pp. 904-1.004; Susan

Bayly, *Caste, Society and Politics in India from the Eighteenth Century to the Modern Age*, Cambridge, Cambridge University Press, 1999.

4. Houston, *First Writing*, p. 196.

5. The Secretary-General, United Nations, *Report of the Secretary-General on the In-depth Study on All Forms of Violence Against Women*, delivered to the General Assembly, U. N. Doc. A/16/122/Add.1 (6 de julio de 2006), p. 89.

6. Sue Blundell, *Women in Ancient Greece*, Cambridge, Mass., Harvard University Press, 1995, pp. 113-129 y 132-133.

10. EL OLOR DEL DINERO

1. Francisco López de Gómara, *Historia de la conquista de México*, vol. 1, Joaquín Ramírez Cabañes, ed., Ciudad de México, Pedro Robredo, 1943, p. 106.

2. Andrew M. Watson, «Back to Gold-and Silver», *Economic History Review*, 20, 1 (1967), pp. 11-12; Jasim Alubudi, *Repertorio bibliográfico del islam*, Madrid, Visión Libros, 2003, p. 194.

3. Watson, «Back to Gold-and Silver», pp. 17-18.

4. David Graeber, *Debt: The First 5,000 Years*, Brooklyn, N.Y., Melville House, 2011 [hay trad. cast.: *En deuda. Una historia alternativa de la economía*, Barcelona, Ariel, 2012].

5. Glyn Davies, *A History of Money: from Ancient Times to the Present Day*, Cardiff, University of Wales Press, 1994, p. 15.

6. Szymon Laks, *Music of Another World*, trad. de Chester A. Kisiel, Evanston, Ill., Northwestern University Press, 1989, pp. 88-89. El «mercado» de Auschwitz estaba restringido a determinadas clases de prisioneros, y las condiciones cambiaron mucho a lo largo del tiempo.

7. Niall Ferguson, *The Ascent of Money*, Nueva York, The Penguin Press, 2008, p. 4 [hay trad. cast.: *El triunfo del dinero. Cómo las finanzas mueven el mundo*, Barcelona, Debate, 2011].

8. Para la información sobre el dinero de cebada me he basado en una tesis doctoral inédita: Refael Benvenisti, *Economic Institutions of Ancient Assyrian Trade in the Twentieth to Eighteenth Centuries BC*, Hebrew University of Jerusalem, tesis electoral inédita, 2011. Véase también Norman Yoffee, «The Economy of Ancient Western Asia», en J. M. Sasson, ed., *Civilizations of the Ancient Near East*, vol. 1, Nueva York, C. Scribner's Sons, 1995, pp. 1.387-1.399; R. K. Englund, «Proto-Cuneiform Account-Books and Journals», en Michael Hudson y Cornelia Wunsch, eds., *Creating Economic Order: Record-keeping, Standar-*

dization, and the Development of Accounting in the Ancient Near East, Bethesda, MD, CDL Press, 2004, pp. 21-46; Marvin A. Powell, «A Contribution to the History of Money in Mesopotamia prior to the Invention of Coinage», en B. Hruška y G. Komoróczy, eds., *Festschrift Lubor Matouš*, Budapest, Eötvös Loránd Tudományegyetem, 1978, pp. 211-243; Marvin A. Powell, «Money in Mesopotamia», *Journal of the Economic and Social History of the Orient*, 39, 3 (1996), pp. 224-242; John F. Robertson, «The Social and Economic Organization of Ancient Mesopotamian Temples», en Sasson, ed., *Civilizations of the Ancient Near East*, vol. 1, 443-500; M. Silver, «Modern Ancients», en R. Rollinger y U. Christoph, eds., *Commerce and Monetary Systems in the Ancient World: Means of Transmission and Cultural Interaction*, Stuttgart, Steiner, 2004, pp. 65-87; Daniel C. Snell, «Methods of Exchange and Coinage in Ancient Western Asia», en Sasson, ed., *Civilizations of the Ancient Near East*, vol. 1, pp. 1.487-1.497.

11. VISIONES IMPERIALES

1. Nahum Megged, *The Aztecs*, Tel Aviv, Dvir, 1999 (hebreo), p. 103.

2. Tácito, *Agricola*, cap. 30, Cambridge, Mass., Harvard University Press, 1958, pp. 220-221.

3. A. Fienup-Riordan, *The Nelson Island Eskimo: Social Structure and Ritual Distribution*, Anchorage, Alaska Pacific University Press, 1983, p. 10.

4. Yuri Pines, «Nation States, Globalization and a United Empire-the Chinese Experience (third to fifth centuries BC)», *Historia*, 15 (1995), 54 (hebreo).

5. Alexander Yakobson, «Us and Them: Empire, Memory and Identity in Claudius' Speech on Bringing Gauls into the Roman Senate», en Doron Mendels, ed., *On Memory: An Interdisciplinary Approach*, Oxford, Peter Land, 2007, pp. 23-24.

12. LA LEY DE LA RELIGIÓN

1. W. H. C. Frend, *Martyrdom and Persecution in the Early Church*, Cambridge, James Clarke, 2008, pp. 536-537.

2. Robert Jean Knecht, *The Rise and Fall of Renaissance France, 1483-1610*, Londres, Fontana Press, 1996, p. 424.

3. Marie Harm y Hermann Wiehle, *Lebenskunde fuer Mittelschulen-Fuenfter Teil. Klasse 5 fuer Jungen*, Halle, Hermann Schroedel, 1942, pp. 152-157.

13. EL SECRETO DEL ÉXITO

1. Susan Blackmore, *The Meme Machine*, Oxford, Oxford University Press, 1999 [hay trad. cast.: *La máquina de los memes*, Barcelona, Paidós, 2000. Véase también Robert Aunger, *El meme eléctrico*, Barcelona, Paidós, 2004].

14. EL DESCUBRIMIENTO DE LA IGNORANCIA

1. David Christian, *Maps of Time: An Introduction to Big History*, Berkeley, University of California Press, 2004, pp. 344-345 [hay trad. cast.: *Mapas del tiempo: Introducción a la «gran historia»*, Barcelona, Crítica, 2006]; Angus Maddison, *The World Economy*, vol. 2, París, Development Centre of the Organization of Economic Co-operation and Development, 2001, p. 636; «Historical Estimates of World Population», U. S. Census Bureau, consultado el 10 de diciembre de 2010, http://www.census.gov/ipc/www/world his.html.

2. Maddison, *The World Economy*, vol. 1, p. 261.

3. «Gross Domestic Product 2009», The World Bank, Data and Statistics, consultado el 10 de diciembre de 2010, http://siteresources.worldbank.org/ DATASTATISTICS/Resources/GDP.pdf.

4. Christian, *Maps of Time*, p. 141.

5. El mayor buque mercante contemporáneo puede contener unas 100.000 toneladas. En 1470, todas las flotas del mundo podían llevar en su conjunto no más de 320.000 toneladas. Hacia el año 1570, el tonelaje total global había aumentado hasta las 730.000 toneladas (Maddison, *The World Economy*, vol. 1, p. 97).

6. El mayor banco del mundo, The Royal Bank of Scotland, ha declarado en 2007 depósitos por un valor de 1,3 billones de dólares. Esto es cinco veces la producción total global de 1500. Véase «Annual Report and Accounts 2008», The Royal Bank of Scotland, 35, consultado el 10 de diciembre de 2010, http://files.shareholder.com/downloads/RBS/626570033x0x278481/ eb7a003a-5c9b-41ef-bad3-81fb98a6c823/RBS_GRA_2008_09_03_09. pdf.

7. Ferguson, *Ascent of Money*, pp. 185-198.

8. Maddison, *The World Economy*, vol. 1, p. 31; Wrigley, *English Population History*, p. 295; Christian, *Maps of Time*, pp. 450 y 452; «World Health Statistic Report 2009», pp. 35-45, World Health Organization, consultado el 10 de

diciembre de 2010, http://www.who.int/whosis/whostat/EN_WHS09_Full.pdf.

9. Wrigley, *English Population History*, p. 296.

10. «England, Interim Life Tables, 1980-1982 to 2007-09», Office for National Statistics, consultado el 22 de marzo de 2012, http://www.ons.gov.uk/ons/publications/re-reference-tables.html?edition=tcm%3A77-61850.

11. Michael Prestwich, *Edward I*, Berkley, University of California Press, 1988, pp. 125-126.

12. Jennie B. Dorman *et al.*, «The *age-1* and *daf-2* Genes Function in a Common Pathway to Control the Lifespan of *Caenorhabditis elegans*», *Genetics*, 141, 4 (1995), pp. 1.399-1.406; Koen Houthoofd *et al.*, «Life Extension via Dietary Restriction is Independent of the Ins/IGF-1 Signaling Pathway in *Caenorhabditis elegans*», *Experimental Gerontology*, 38, 9 (2003), pp. 947-954.

13. Shawn M. Douglas, Ido Bachelet y George M. Church, «A Logic-Gated Nanorobot for Targeted Transport of Molecular Payloads», *Science*, 335, 6070 (2012), pp. 831-834; Dan Peer *et al.*, «Nanocarriers As An Emerging Platform for Cancer Therapy», *Nature Nanotechnology*, 2 (2007), pp. 751-760; Dan Peer *et al.*, «Systemic Leukocyte-Directed siRNA Delivery Revealing Cyclin D1 as an Anti-Inflammatory Target», *Science*, 319, 5863 (2008), pp. 627-630.

15. EL MATRIMONIO DE CIENCIA E IMPERIO

1. Stephen R. Bown, *Scurvy: How a Surgeon, a Mariner, and a Gentleman Solved the Greatest Medical Mystery of the Age of Sail*, Nueva York, Thomas Dunne Books, St. Matin's Press, 2004 [hay trad. cast.: *Escorbuto. Cómo un médico, un navegante y un caballero resolvieron el misterio de la peste de las naos*, Barcelona, Juventud, 2005]; Kenneth John Carpenter, *The History of Scurvy and Vitamin C*, Cambridge, Cambridge University Press, 1986.

2. James Cook, *The Explorations of Captain James Cook in the Pacific, as Told by Selections of his Own Journals 1768-1779*, Archibald Grenfell Price, ed., Nueva York, Dover, 1971, pp. 16-17 [hay trad. cast.: *Los viajes del capitán Cook (1768-1779)*, Barcelona, Serbal, 1985]; Gananath Obeyesekere, *The Apotheosis of Captain Cook: European Mythmaking in the Pacific*, Princeton, Princeton University Press, 1992, p. 5; J. C. Beaglehole, ed., *The Journals of Captain James Cook on His Voyages of Discovery*, vol. 1, Cambridge, Cambridge University Press, 1968, p. 588.

3. Mark, *Origins of the Modern World*, p. 81.

4. Christian, *Maps of Time*, p. 436.

5. John Darwin, *After Tamerlane: The Global History of Empire since 1405*, Londres, Allen Lane, 2007, p. 239 [hay trad. cast.: *El sueño del imperio. Auge y caída de las potencias globales, 1400-2000*, Tres Cantos, Taurus, 2012].

6. Soli Shahvar, «Railroads i. The First Railroad Built and Operated in Persia», en la edición en línea de la *Encyclopaedia Iranica*, modificada por última vez el 7 de abril de 2008, http://www.iranicaonline.org/articles/railroads-i; Charles Issawi, «The Iranian Economy 1925-1975: Fifty Years of Economic Development», en George Lenczowski, ed., *Iran under the Pahlavis*, Stanford, Hoover Institution Press, 1978, p. 156.

7. Mark, *The Origins of the Modern World*, p. 46.

8. Kirkpatrik Sale, *Christopher Columbus and the Conquest of Paradise*, Londres, Tauris Parke Paperbacks, 2006, pp. 7-13.

9. Edward M. Spiers, *The Army and Society: 1815-1914*, Londres, Longman, 1980, p. 121; Robin Moore, «Imperial India, 1858-1914», en Andrew Porter, ed., *The Oxford History of the British Empire: The Nineteenth Century*, vol. 3, Nueva York, Oxford University Press, 1999, p. 442.

10. Vinita Damodaran, «Famine in Bengal: A Comparison of the 1770 Famine in Bengal and the 1897 Famine in Chotanagpur», *The Medieval History Journal*, 10, 1-2 (2007), p. 151.

16. El credo capitalista

1. Maddison, *World Economy*, vol. 1, pp. 261 y 264; «Gross National Income Per Capita 2009, Atlas Method and PPP», The World Bank, consultado el 10 de diciembre de 2010 http://siteresources.worldbank.org/DATASTATIS-TICS/Resources/GNIPC.pdf.

2. Las matemáticas de mi ejemplo de la pastelería no son tan precisas como deberían. Puesto que a los bancos se les permite prestar diez dólares por cada dólar que tienen en su posesión, de cada millón de dólares depositados en el banco, este puede prestar a emprendedores solo unos 909.000, y conservar en sus cámaras 91.000. Pero para facilitar la vida a los lectores, he preferido trabajar con números redondos. Además, los bancos no siempre siguen las reglas.

3. Carl Trocki, *Opium, Empire and the Global Political Economy*, Nueva York, Routledge, 1999, p. 91.

4. Georges Nzongola-Ntalaja, *The Congo from Leopold to Kabila: A People's History*, Londres, Zed Books, 2002, p. 22.

17. Las ruedas de la industria

1. Mark, *Origins of the Modern World*, p. 109.

2. Nathan S. Lewis y Daniel G. Nocera, «Powering the Planet: Chemical Challenges in Solar Energy Utilization», *Proceedings of the National Academy of Sciences*, 103, 43 (2006), p. 15.731.

3. Kazuhisa Miyamoto, ed., «Renewable Biological Systems for Alternative Sustainable Energy Production», *FAO Agricultural Services Bulletin*, 128, Osaka, Osaka University, 1997, cap. 2.1.1, consultado el 10 de diciembre de 2010, http://www.fao.org/docrep/W7241E/w7241e06.htm#2.1.1percent20 solarpercent20energy; James Barber, «Biological Solar Energy», *Philosophical Transactions of the Royal Society A* 365, 1853 (2007), p. 1.007.

4. «International Energy Outlook 2010», U. S. Energy Information Administration, 9, consultado el 10 de diciembre de 2010, http://www.eia.doe.gov/oiaf/ieo/pdf/0484(2010).pdf.

5. S. Venetsky, «"Silver" from Clay», *Metallurgist*, 13, 7 (1969), p. 451; Fred Aftalion, *A History of the International Chemical Industry*, Filadelfia, University of Pennsylvania Press, 1991, p. 64; A. J. Downs, *Chemistry of Aluminum, Gallium, Indium and Thallium*, Glasgow, Blackie Academic & Professional, 1993, 15.

6. Jan Willem Erisman *et al.*, «How a Century of Ammonia Synthesis Changed the World», *Nature Geoscience*, 1 (2008), p. 637.

7. G. J. Benson y B. E. Rollin, eds., *The Well-Being of Farm Animals: Challenges and Solutions*, Ames, IA, Blackwell, 2004; M. C. Appleby, J. A. Mench y B. O. Hughes, *Poultry Behaviour and Welfare*, Wallingford, CABI Publishing, 2004; J. Webster, *Animal Welfare: Limping Towards Eden*, Oxford, Blackwell Publishing, 2005; C. Druce y P. Lymbery, *Outlawed in Europe: How America Is Falling Behind Europe in Farm Animal Welfare*, Nueva York, Archimedean Press, 2002.

8. Harry Harlow y Robert Zimmermann, «Affectional Responses in the Infant Monkey», *Science*, 130, 3373 (1959), pp. 421-432; Harry Harlow, «The Nature of Love», *American Psychologist*, 13 (1958), pp. 673-685; Laurens D. Young *et al.*, «Early Stress and Later Response to Seprate in Rhesus Monkeys», *American Journal of Psychiatry*, 130, 4 (1973), pp. 400-405; K. D. Broad, J. P. Curley y E. B. Keverne, «Mother-infant Bonding and the Evolution of Mammalian Social Relationships», *Philosophical Transactions of the Royal Society B* 361, 1476 (2006), pp. 2.199-2.214; Florent Pittet *et al.*, «Effects of Maternal Experience on Fearfulness and Maternal Behaviour in a Precocial Bird», *Ani-*

mal Behavior (marzo de 2013), en prensa; disponible en línea en: http://www.sciencedirect.com/science/article/pii/S0003347213000547).

9. «National Institute of Food and Agriculture», United States Department of Agriculture, consultado el 10 de diciembre de 2010, http://www.csrees.usda.gov/qlinks/extension.html.

18. Una revolución permanente

1. Vaclav Smil, *The Earth's Biosphere: Evolution, Dynamics, and Change*, Cambridge, Mass., MIT Press, 2002; Sarah Catherine Walpole *et al.*, «The Weight of Nations: An Estimation of Adult Human Biomass», *BMC Public Health*, 12, 439 (2012), http://www.biomedcentral.com/1471-2458/12/439.

2. William T. Jackman, *The Development of Transportation in Modern England*, Londres, Frank Cass & Co., 1966, pp. 324-327; H. J. Dyos y D. H. Aldcroft, *British Transport. An Economic Survey from the Seventeenth Century to the Twentieth*, Leicester, Leicester University Press, 1969, pp. 124-131; Wolfgang Schivelbusch, *The Railway Journey: The Industrialization of Time and Space in the 19th Century*, Berkeley, University of California Press, 1986.

3. Para una discusión detallada de la tranquilidad sin precedentes de las últimas décadas, véanse en particular Steven Pinker, *The Better Angels of Our Nature: Why Violence Has Declined*, Nueva York, Viking, 2011 [hay trad. cast.: *Los ángeles que llevamos dentro. El declive de la violencia y sus implicaciones*, Barcelona, Paidós, 2012]; Joshua S. Goldstein, *Winning the War on War: The Decline of Armed Conflict Worldwide*, Nueva York, Dutton, 2011; Gat, *War in Human Civilization*.

4. «World Report on Violence and Health: Summary, Geneva 2002», World Health Organization, consultado el 10 de diciembre de 2010, http://www.who.int/whr/2001/en/whr01_annex_en.pdf. Para tasas de mortalidad en períodos anteriores, véase Lawrence H. Keeley, *War before Civilization: The Myth of the Peaceful Savage*, Nueva York, Oxford University Press, 1996.

5. «World Health Report, 2004», World Health Organization, 124, consultado el 10 de diciembre de 2010, http://www.who.int/whr/2004/en/report04_en.pdf.

6. Raymond C. Kelly, *Warless Societies and the Origin of War*, Ann Arbor, University of Michigan Press, 2000, p. 21. Véanse también Gat, *War in Human Civilization*, pp. 129-131; Keeley, *War before Civilization*.

7. Manuel Eisner, «Modernization, Self-Control and Lethal Violence», *British Journal of Criminology*, 41, 4 (2001), pp. 618-638; Manuel Eisner, «Long-

Term Historical Trends in Violent Crime», *Crime and Justice: A Review of Research*, 30 (2003), pp. 83-142; «World Report on Violence and Health: Summary, Geneva 2002», World Health Organization, consultado el 10 de diciembre de 2010, http://www.who.int/whr/2001/en/whr01_annex_en.pdf; «World Health Report, 2004», World Health Organization, 124, consultado el 10 de diciembre de 2010, http://www.who.int/whr/2004/en/report04_en.pdf.

8. Walker y Bailey, «Body Counts in Lowland South American Violence», p. 30.

19. Y VIVIERON FELICES POR SIEMPRE JAMÁS

1. Tanto para la psicología como para la bioquímica de la felicidad, las siguientes referencias son buenos puntos de partida: Jonathan Haidt, *The Happiness Hypothesis: Finding Modern Truth in Ancient Wisdom*, Nueva York, Basic Books, 2006 [hay trad. cast.: *La hipótesis de la felicidad. La búsqueda de verdades modernas en la sabiduría antigua*, Barcelona, Gedisa, 2006]; R. Wright, *The Moral Animal: Evolutionary Psychology and Everyday Life*, Nueva York, Vintage Books, 1994; M. Csikszentmihalyi, «If We Are So Rich, Why Aren't We Happy?», *American Psychologist*, 54, 10 (1999), pp. 821-827; F. A. Huppert, N. Baylis y B. Keverne, eds., *The Science of Well-Being*, Oxford, Oxford University Press, 2005; Michael Argyle, *The Psychology of Happiness*, 2.ª ed., Nueva York Routledge, 2001 [hay trad. cast.: *La psicología de la felicidad*, Madrid, Alianza, 1992]; Ed Diener, ed., *Assessing Well-Being: The Collected Works of Ed Diener*, Nueva York, Springer, 2009; Michael Eid y Randy J. Larsen, eds., *The Science of Subjective Well-Being*, Nueva York, Guilford Press, 2008; Richard A. Easterlin, ed., *Happiness in Economics*, Cheltenham, Edward Elgar, 2002; Richard Layard, *Happiness: Lessons from a New Science*, Nueva York, Penguin, 2005 [hay trad. cast.: *Felicidad. Lecciones de una nueva ciencia*, Madrid, Taurus, 2005].

2. Daniel Kahneman, *Thinking, Fast and Slow*, Nueva York, Farrar, Straus and Giroux, 2011 [hay trad. cast.: *Pensar rápido, pensar despacio*, Barcelona, Círculo de lectores, 2013]; Inglehart *et al.*, «Development, Freedom, and Rising Happiness», pp. 278-281.

3. D. M. McMahon, *The Pursuit of Happiness: A History from the Greeks to the Present*, Londres, Allen Lane, 2006.

20. EL FINAL DE *HOMO SAPIENS*

1. Keith T. Paige *et al.*, «De Novo Cartilage Generation Using Calcium Alginate-Chondrocyte Constructs», *Plastic and Reconstructive Surgery*, 97, 1 (1996), pp. 168-178.

2. David Biello, «Bacteria Transformed into Biofuels Refineries», *Scientific American*, 27 de enero de 2010, consultado el 10 de diciembre de 2010, http://www.scientificamerican.com/article.cfm?id=bacteria-transformed-into-biofuel-refineries.

3. Gary Walsh, «Therapeutic Insulins and Their Large-Scale Manufacture», *Applied Microbiology and Biotechnology*, 67, 2 (2005), pp. 151-159.

4. James G. Wallis *et al.*, «Expression of a Synthetic Antifreeze Protein in Potato Reduces Electrolyte Release at Freezing Temperatures», *Plant Molecular Biology*, 35, 3 (1997), pp. 323-330.

5. Robert J. Wall *et al.*, «Genetically Enhanced Cows Resist Intramammary *Staphylococcus aureus* Infection», *Nature Biotechnology*, 23, 4 (2005), pp. 445-451.

6. Liangxue Lai *et al.*, «Generation of Cloned Transgenic Pigs Rich in Omega-3 Fatty Acids», *Nature Biotechnology*, 24, 4 (2006), pp. 435-436.

7. Ya-Ping Tang *et al.*, «Genetic Enhancement of Learning and Memory in Mice», *Nature*, 401 (1999), pp. 63-69.

8. Zoe R. Donaldson y Larry J. Young, «Oxytocin, Vasopressin, and the Neurogenetics of Sociality», *Science*, 322, 5903 (2008), pp. 900-904; Zoe R. Donaldson, «Production of Germline Transgenic Prairie Voles (*Microtus ochrogaster*) Using Lentiviral Vectors», *Biology of Reproduction*, 81, 6 (2009), pp. 1.189-1.195.

9. Terri Pous, «Siberian Discovery Could Bring Scientists Closer to Cloning Woolly Mammoth», *Time*, 17 de septiembre de 2012, consultado el 19 de febrero de 2013; Pasqualino Loi *et al.*, «Biological time machines: a realistic approach for cloning an extinct mammal», *Endangered Species Research*, 14 (2011), pp. 227-233; Leon Huynen, Craig D. Millar y David M. Lambert, «Resurrecting ancient animal genomes: The extinct moa and more», *Bioessays*, 34 (2012), pp. 661-669.

10. Nicholas Wade, «Scientists in Germany Draft Neanderthal Genome», *New York Times*, 12 de febrero de 2009, consultado el 10 de diciembre de 2010, http://www.nytimes.com/2009/02/13/science/13neanderthal.html?_r=2&ref=science; Zack Zorich, «Should We Clone Neanderthals?», *Archaeology*, 63, 2 (2009), consultado el 10 de diciembre de 2010, http://www.archaeology.org/1003/etc/neanderthals.html.

11. Robert H. Waterston *et al.*, «Initial Sequencing and Comparative Analysis of the Mouse Genome», *Nature*, 420, 6915 (2002), p. 520.

12. «Hybrid Insect Micro Electromechanical Systems (HI-MEMS)», Microsystems Technology Office, DARPA, consultado el 22 de marzo de 2012, http://www.darpa.mil/Our_Work/MTO/Programs/Hybrid_Insect_Micro_Electromechanical_Systems_percent28HI-MEMSpercent29.aspx. Véanse también Sally Adee, «Nuclear-Powered Transponder for Cyborg Insect», *IEEE Spectrum*, diciembre de 2009, consultado el 10 de diciembre de 2010, http://spectrum.ieee.org/semiconductors/devices/nuclearpowered-transponder-for-cyborg-insect?utm_source=feedburner&utm_medium=feed&utm_campaign=Feedpercent3A+IeeeSpectrum+percent28I EEE+Spectrumpercent29&utm_content=Google+Reader; Jessica Marshall, «The Fly Who Bugged Me», *New Scientist*, 197, 2646 (2008), pp. 40-43; Emily Singer, «Send In the Rescue Rats», *New Scientist*, 183, 2466 (2004),pp. 21-22; Susan Brown, «Stealth Sharks to Patrol the High Seas», *New Scientist*, 189, 2541 (2006), pp. 30-31.

13. Bill Christensen, «Military Plans Cyborg Sharks», *Live Science*, 7 de marzo de 2006, consultado el 10 de diciembre de 2010, http://www.livescience.com/technology/060307_shark_implant.html.

14. «Cochlear Implants», National Institute on Deafness and Other Communication Disorders, consultado el 22 de marzo de 2012, http://www.nidcd.nih.gov/health/hearing/pages/coch.aspx.

15. Retina Implant, http://www.retina-implant.de/en/doctors/technology/default.aspx.

16. David Brown, «For 1st Woman With Bionic Arm, a New Life Is Within Reach», *The Washington Post*, 14 de septiembre de 2006, consultado el 10 de diciembre de 2010, http://www.washingtonpost.com/wp-dyn/content/article/2006/09/13/AR2006091302271.html?nav=E8.

17. Miguel Nicolelis, *Beyond Boundaries: The New Neuroscience of Connecting Brains and Machines – and How It Will Change Our Lives*, Nueva York Times Books, 2011 [hay trad. cast.: *Más allá de nuestros límites. Los avances en la conexión de cerebros y máquinas*, Barcelona, RBA, 2012].

18. Chris Berdik, «Turning Thought into Words», *BU Today*, 15 de octubre de 2008, consultado el 22 de marzo de 2012, http://www.bu.edu/today/2008/turning-thoughts-into-words/.

19. Jonathan Fildes, «Artificial Brain "10 years away"», *BBC News*, 22 de julio de 2009, consultado el 19 de septiembre de 2012, http://news.bbc.co.uk/2/hi/8164060.stm.

20. Radoje Drmanac *et al.*, «Human Genome Sequencing Using Unchained Base Reads on Self-Assembling DNA Nanoarrays», *Science*, 327, 5961 (2010), pp. 78-81; «Complete Genomics», http://www.completegenomics.com/; Rob Waters, «Complete Genomics Gets Gene Sequencing under 5000$ (Update 1)», *Bloomberg*, 5 de noviembre de 2009, consultado el 10 de diciembre de 2010, http://www.bloomberg.com/apps/news?pid=newsarchive&sid=aWutnyE4SoWw; Fergus Walsh, «Era of Personalized Medicine Awaits», *BBC News*, actualizado por última vez el 8 de abril de 2009, consultado el 22 de marzo de 2012, http://news.bbc.co.uk/2/hi/health/7954968.stm; Leena Rao, «PayPal Co-Founder And Founders Fund Partner Joins DNA Sequencing Firm Halcyon Molecular», *TechCrunch*, 24 de septiembre de 2009, consultado el 10 de diciembre de 2010, http://techcrunch.com/2009/09/24/paypal-co-founder-and-founders-fund-partner-joins-dna-sequencing-firm-halcyon-molecular.

Agradecimientos

Por sus valiosos consejos y ayuda, deseo expresar mi agradecimiento a Sarai Aharoni, Dorit Aharonov, Amos Avisar, Tzafrir Barzilai, Noah Beninga, Tirza Eisenberg, Amir Fink, Benjamin Z. Kedar, Yossi Maurey, Eyal Miller, Shmuel Rosner, Rami Rotholz, Ofer Steinitz, Michael Shenkar, Idan Sherer, Halm Watzman, Guy Zaslavsky y a todos los profesores y estudiantes del programa de «Historia del mundo» de la Universidad Hebrea de Jerusalén.

También quiero expresar un agradeciminento especial a Jared Diamond, que me enseñó a ver el panorama general; a Diego Olstein, que me inspiró a escribir un relato, y a Deborah Harris e Itzik Yahav, que me ayudaron a distribuir la narración.

Créditos de las figuras

1. Impresión de una mano en la pared de la cueva de Chauvet. © Image-bank/Getty Images Israel.
2. Reconstrucciones modernas de *Homo rudolfensis*, *Homo erectus* y *Homo neanderthalensis*. © Visual/Corbis.
3. Una reconstrucción de un niño neandertal. © Anthropologisches Institut und Museum, Universität Zürich.
4. Una figurita de marfil de un «hombre león» (o de una «mujer leona»), de la cueva de Stadel en Alemania. Foto de Thomas Stephan, © Ulmer Museum
5. El león de Peugeot. © magiccarpics.co.uk.
6. Tumba de 12.000 años de antigüedad, en el norte de Israel, con el esqueleto de una mujer de cincuenta años de edad junto al de un cachorro. The Upper Galilee Museum of Prehistory.
7. Una pintura de la cueva de Lascaux, hace entre 15.000 y 20.000 años. © Visual/Corbis.
8. Impresiones de manos de la «cueva de las Manos», en Argentina, hacia 7.000 a.C. © Visual/Corbis.
9. Una pintura mural de una tumba egipcia, que ilustra escenas típicas de los agricultores antiguos. © Visual/Corbis.
10. Restos de estructuras monumentales de Göbekli Tepe. © Deutsches Ar-chäologisches Institut.
11. Un par de bueyes que labran un campo, en una pintura de una tumba egipcia, de 1.200 a.C. © Visual/Corbis.
12. Una ternera moderna. © Anonymous for Animal Rights (Israel).
13. Una tablilla de arcilla con un texto administrativo procedente de la ciudad de Uruk, hacia 3400-3000 a.C. © The Schøyen Collection, Oslo y Londres, MS 1717. http://www.schoyencollection.com/.
14. Un quipu del siglo XII, procedente de los Andes. © The Schøyen Collec-tion, Oslo y Londres, MS 1717. http://www.schoyencollection.com/.

15. Retrato oficial del rey Luis XIV de Francia. © Réunion des musées nationaux / Gérard Blot.

16. Retrato oficial de Barack Obama. © Visual/Corbis.

17. Peregrinos circulando alrededor de la Kaaba, en la Meca. © Visual/Corbis.

18. La estación de ferrocarril Chhatrapati Shivaji en Mumbai. © Stuart Blark/ Robert Harding World Imagery/Getty Images.

19. El Taj Mahal. Foto de Guy Gelbgisser Asia Tours.

20. Un cartel de propaganda nazi. Library of Congress, Bildarchiv Preussischer Kulturbesitz, United States Holocaust Memorial Museum, © Roland Klemig.

21. Una caricatura nazi. Foto de Boaz Neumann. De *Kladderadatsch* 49 (1933), p. 7.

22. Alamogordo. 16 de julio de 1945, 5.29.53 de la madrugada. © Visual/ Corbis.

23. Un mapamundi europeo de 1459. © British Library Board, Shelfmark Add. 11267.

24. El mapamundi de Salviati, 1525. © Florencia, Biblioteca Medicea Laurenziana, Ms. Laur. Med. Palat. 249 (mappa Salviati).

25. Polluelos en una cinta transportadora de una granja de cría aviar comercial. © Anonymous for Animal Rights (Israel).

26. El experimento de Harlow. © Photo Researchers / Visualphotos.com.

27. Un ratón en cuyo dorso los científicos han hecho crecer una «oreja» hecha de células de cartílago de vaca. © Charles Vacanti.

28. Jesse Sullivan y Claudia Mitchell cogidos de la mano. © Imagebank/Getty Images (Israel).

Índice alfabético

Descubre tu próxima lectura

Si quieres formar parte de nuestra comunidad,
regístrate en **libros.megustaleer.club**
y recibirás recomendaciones personalizadas

Penguin
Random House
Grupo Editorial

❚❚ ❚❚ ⊡ megustaleer